台湾海陸客家語語彙集

附同音字表

遠藤 雅裕 著

中央大学出版部

装幀　道吉　剛

まえがき

　本書は、台湾客家語のひとつである海陸客家語を調査した成果の一部である。本書の基礎となる調査は、筆者が本務校の在外研究制度を利用して、新竹市の国立清華大学言語学研究所（大学院に相当）に在籍していた2005年5月から2006年3月にかけて集中的におこなった。この調査では、字音については中国社会科学院語言研究所編『方言調査字表』（1981年、商務印書館）を、語彙については米国プリンストン大学CHInese LINguistics Projectの『方言詞彙調査手冊 Handbook of Chinese Dialect Vocabulary』（1972年）を利用した。さらに、今日にいたる文法調査の中で、データの修正や増補を適宜おこなってきた。なお、調査では、媒介言語として標準中国語（台湾華語）を使用している。

　もともと、この在外研究では台湾閩南語（ホーロー語）の文法について記述する予定であった。しかし、滞在していた新竹市や隣接する新竹県は客家人の集住地域であるため、あわせて客家語を勉強することをおもいたった。そこで、当時、言語学研究所の講義で同席していた海陸客家人の小学校教師である盧彦傑先生に、海陸客家語の先生を紹介していただくことをおねがいしたところ、盧先生のかつての同僚であった元小学校教師の詹智川先生をご紹介いただくことになったのである。そして、これを機に、単なる語学の勉強ではなく本格的な調査をおこなうことを決心し、海陸客家語の調査にとりかかったのである。こうして研究の比重が客家語にうつり、現在はもっぱら海陸客家語の文法研究をおこなうようになった。

　ところで、わたしが調査をはじめた2005年は、台湾では、ちょうど客家語の研究成果が陸続と公にされはじめる時期にあたっていた。辞書や語彙集については、それ以前に出版されていたものは、点数がそれほどおおくなかった。たとえば、四県客家語の辞書である中原周刊社客家文化學術研究會編（1992）『客話辭典』（臺灣客家中原周刊社）、四県客家語の字典である劉添珍（2000）『漢字客家語文字典』（愛華出版社）、海陸客家語と四県客家語双方の語彙を収録している徐兆泉編（2001）『臺

灣客家話辞典』(南天書局)や、海陸客家語の字典である詹益雲編(2003)『海陸客語字典』などである。これらは語彙数や記述の精度について、なお十分とはいえなかった。特に、海陸客家語についてのものは、四県客家語とくらべて、さらにすくなかった。地点などを明確にしている、まとまった形での調査報告や語彙資料も数すくなく、語彙を断片的に収録している楊時逢(1957)『臺灣桃園客家方言』(中央研究院歴史語言研究所)や、橋本萬太郎(1972)『客家語基礎語彙集』(アジアアフリカ言語文化研究所)があるだけであった。しかし、わたしが調査をはじめるのとほぼ同時に、海陸客家語をはじめとした台湾客家語の語彙関係の文献が、つぎつぎと世にだされはじめた。単行本にかぎれば、鍾有猷編(2005)『標註國語注音符號四縣客音字典』(張致遠文化工作室)・徐登志等編(2005)『台灣大埔音客語詞典』(台中縣下寮文化學會)・莊萬貴編(2005)『客家後生人罕得聽過介話－海陸腔詞彙篇』(新竹縣政府)・莊萬貴編(2006)『客家老古人言海陸腔詞彙篇』(新竹縣海陸客家語文協會)・楊師昇編(2006)『新竹縣常見植物海陸客家語名稱(1)』(新竹縣政府)・楊師昇編(2007)『新竹縣常見植物海陸客家語名稱(2)』(新竹縣海陸客家語文協會)・何石松等編(2007)『客語詞庫(客語音標版)』(臺北市政府客家事務委員會)・徐兆泉編(2009)『臺灣四縣腔海陸腔客家話辭典』(南天書局)・詹益雲編(2010)『海陸客語人體語彙』(新竹縣海陸客家語文協會)・詹益雲編(2011)『海陸客語客華對譯』(新竹縣海陸客家語文協會)などをあげることができる。また、張屏生氏の労作、『台灣地區漢語方言的語音和詞彙』1～4(2007年、開朗雜誌事業有限公司)は調査地点を明示した閩南(ホーロー)語・閩東語・客家語等の対照語彙集であり、海陸客家語については、新竹県竹東と桃園県新屋の語彙データが収録されている。このほか、ウェブサイトとしては、台湾教育部によって、海陸のほか、四県・大埔・饒平・詔安の各客家語の語彙を収録するオンライン辞典「臺灣客家語常用詞辭典」が2006年より公開されている[1]。

以上のように、台湾客家語の語彙資料は、この10年ほどで飛躍的に増加した。この背景には客家語をふくむ台湾土着の言語が衰退・消滅することへの危機感があった。そして、このような情況に対して1990年代初期よりこころみられてきた土着言語復権への努力が、このような形で実をむすんできたのである。

---

1) http://hakka.dict.edu.tw/hakkadict/index.htm

調査協力者の詹智川先生(写真左)とともに(2006年3月)

　台湾の土着言語のうち、閩南語以外の客家語と先住民言語の衰微については、はやくから危惧されている。たとえば、中央研究院では、2005年に、土着言語問題の連続シンポジウムである「語言政策的多元文化思考」系列研討會を合計4回開催しているが[2]、そこで、客家語の存続があやういことが指摘されていた。客家語の存続が楽観できない理由は、いくつかかんがえられる。おおきな原因としては、客家語をふくむ土着言語に対する過去の抑圧的言語政策と、客家というエスニックグループが台湾国内では少数派であることがあげられるだろう[3]。そして、全体の使用者がすくないにもかかわらず、客家語がさらにいくつかの下位方言にわかれていること、言語権尊重の風潮の中では、言語間格差を再生産するような標準化がむずかしいことなどのために、その市場価値はますますひくくなってしまう。義務教育で本土言語(土着言語)教育を実施しているとはいえ、正書法の整備や普及はなお限定的であるし、客家電視台(客家テレビ)や寶島客家電台(客家ラジオ)といった客家語メディアも、全体の中では畢竟少数派である。このようなことから、客家語は公共の場でつかう機会がとぼしく、実用面で期待できない言語という評

---

[2] 蕭素英・張永利・江敏華. 2007.〈「語言政策的多元文化思考」系列研討會紀要〉.《語言政策的多元文化思考》399-402. http://www.ling.sinica.edu.tw/files/publication/o0006_03_6608.pdf
[3] 遠藤雅裕. 2012.「多言語共生社会、台湾における客家語」『ChuoOnline』http://www.yomiuri.co.jp/adv/chuo/opinion/20120514.htm

価をうみだし、近年の英語重視の風潮とあいまって、最終的に家庭からも駆逐されてしまうということもすくなくない。こどもには、母語である客家語よりも標準中国語や英語というわけだ。かくして、ほかの少数言語話者が直面するのとおなじように、台湾客家も、使用言語の選択については、それが自由意思にもとづくものにみえながら、外部の圧力によって母語以外の言語を選択することを余儀なくされているのである。

　このような状況下で、客家語の各側面について調査をおこない、その資料を整理し公開することは、それなりの価値をもつとおもわれる。いうまでもなく、これからも台湾で客家語の社会的生存が保証され、ひきつづき使用されることが、もっとものぞましいことである。とはいえ、これは、もとよりわたしのような部外者が口をはさめることがらではない。結局、客家語の非母語話者としては、当該言語をなるべく正確に記述するよりほかに、よい方法がないのである。ささやかではあるが、本書が言語の多様性の記録の一部になり、そしてさらには台湾客家語の維持・発展にいくばくか貢献できるようなことがあれば、望外のしあわせである。

遠　藤　雅　裕

謝　　辞

　筆者の海陸客家語についての一連の調査では、詹智川先生（1939年生、男性）にご協力をおねがいしている。詹先生は台湾北部の新竹県新埔鎮出身・在住である。詹先生の第一言語は海陸客家語であり、第二言語は標準中国語（台湾華語）である。後者は、1945年の国民党政府による台湾接収後に学校教育で身につけられている。その後、新竹県の小学校で教鞭をとられ、本土言語教育の一環として、海陸客家語の教育にもたずさわったご経験がある。詹先生には、2005年の調査開始から一貫して調査にご協力いただいており、わたしがまがりなりにも客家語研究を継続できているのは、ひとえに詹先生のおかげである。それゆえ本書は、先生との共著といってもよい。感謝してもしきれないほどの恩恵を詹先生よりいただいており、ここにあらためて、衷心より感謝の意をあらわしたい。

　さらに、つぎの方々からもさまざまな御援助をたまわった。まず、わたしの国立清華大学語言学研究所滞在にご尽力いただき、またその後の新竹訪問時には常にあたたかくむかえてくださる同研究所教授・連金発先生、語彙集についてアドバイスをいただいた恩師である早稲田大学文化構想学部教授・古屋昭弘先生、詹先生をご紹介いただいた盧彦傑先生、さらに、上掲調査手冊等を電子化するにあたって手をわずらわせた国立清華大学語言学研究所の院生（2005年当時）の陳力綺氏と陳怡君氏、また、本書の中国語および英語の点検をおねがいした中原大学応用華語系修士課程の許婉榆氏、および点検依頼の仲介をしてくださった国立新竹教育大学の黄漢君先生および国立台中科技大学の張群先生、海陸客家語の概要等について貴重ご意見をたまわった同志社大学准教授の中西裕樹先生、そして、声調の分析をしてくださった神戸大学専任講師の高橋康徳先生に、あらためてふかく感謝もうしあげたい。

　なお、この間、本務校である中央大学から2004年度在外研究費ならびに2012～14年度共同研究費を、日本学術振興会より科学研究費（平成21～23年度基盤研究C一般）の助成をうけることができたことはさいわいであった。また、本書の出版

については、中央大学より 2015 年度学術図書出版助成をうけることができた。ここにしるして感謝の意としたい。

　本書の執筆には最善をつくしたが、なお事実誤認やミスもまぬかれえないとおもわれる。筆者の言語能力の限界による誤記などもあるであろう。これらはすべて筆者の責任であることはいうまでもない。おおくの方々のご批判・ご叱正をたまわればさいわいである。

　　2016 年 2 月 29 日

　　　　　　　　　　　　　　　　　　　　　　　　　　　　　遠 藤 雅 裕

台湾海陸客家語語彙集
附同音字表

目　　次

まえがき

1. 海陸客家語の概要　　　　　　　　　　　　　　　　　　　1

2. 同 音 字 表　　　　　　　　　　　　　　　　　　　　　11
　2.1　同音字表凡例
　2.2　海陸客家語の音韻体系

3. 語　彙　集　　　　　　　　　　　　　　　　　　　　　63
　　　凡　　例

Ⅰ. 自然・自然現象（自然, 自然現象 Nature, Natural phenomena）　67
　Ⅰ.ⅰ. 天文・気象・光（天文, 天氣, 光 Sky, weather, light）
　Ⅰ.ⅱ. 地理・火（地理, 火 Earth, fire）
　Ⅰ.ⅲ. 人と自然（人與自然 Man and nature）

Ⅱ. 動物（動物 Animals）　　　　　　　　　　　　　　　　81
　Ⅱ.ⅰ. 獣類（走獣 Beasts）
　Ⅱ.ⅱ. 鳥類（飛禽 Fowl）
　Ⅱ.ⅲ. 家畜（家畜 Domestic animals）
　Ⅱ.ⅳ. 爬虫類・昆虫（爬虫, 昆虫 Insects）
　Ⅱ.ⅴ. 魚類（魚 Fish）
　Ⅱ.ⅵ. 人と動物（人與動物 Man and animals）

Ⅲ. 植物（植物 Plants）　　　　　　　　　　　　　　　　99
　Ⅲ.ⅰ. 樹木（樹木 Trees）
　Ⅲ.ⅱ. 草花（花草 Flowers and grasses）
　Ⅲ.ⅲ. 穀物（穀物 Grains）
　Ⅲ.ⅳ. 野菜（蔬菜 Vegetables）
　Ⅲ.ⅴ. くだもの（水果 Fruits）
　Ⅲ.ⅵ. 人と植物（人與植物 Man and plants）

Ⅳ. 飲食（飲食 Food and Drink） 122
    Ⅳ.ⅰ. 主食（主食 Staple food）
    Ⅳ.ⅱ. 料理（菜餚 Dishes of food）
    Ⅳ.ⅲ. 菓子・軽食（點心 Pastry, snack）
    Ⅳ.ⅳ. 調味料・香辛料（作料, 香料 Ingredients, condiments）
    Ⅳ.ⅴ. のみもの・タバコ（飲料, 煙 Drinks, cigarettes）
    Ⅳ.ⅵ. 炊事・調理道具（炊事, 炊具 Food preparation, cooking utensils）
    Ⅳ.ⅶ. 生薬（藥材 Herbs）

Ⅴ. 服飾（服飾 Clothing） 144
    Ⅴ.ⅰ. 衣料・裁縫など（衣料, 縫衣 Fabrics, clothes-making, cleaning, ect.）
    Ⅴ.ⅱ. 衣服（衣服 Garments）
    Ⅴ.ⅲ. アクセサリーなど（首飾, 飾物 Adornments, etc.）

Ⅵ. 建物（房舍 Dwelling） 155
    Ⅵ.ⅰ. 家屋の各部分（房子各部份 Parts of a house）
    Ⅵ.ⅱ. 建築（建築 Building, construction）
    Ⅵ.ⅲ. 家事（家務 Housework）

Ⅶ. 家具・道具（傢俱, 器具 Furniture, Tools） 164
    Ⅶ.ⅰ. 家具・設備（傢俱, 設備 Furniture, furnishing）
    Ⅶ.ⅱ. 寝具（臥具 Bedding）
    Ⅶ.ⅲ. 道具・材料（工具, 材料 Tools, materials）

Ⅷ. 社会（社會 Community） 177
    Ⅷ.ⅰ. 都会といなか（城鄉 Town and country）
    Ⅷ.ⅱ. 国家・政治（國家, 政治 Nation and government）
    Ⅷ.ⅲ. 地名（地名 Local place names）

Ⅸ. 商業・売買（商業, 買賣 Commerce, Trade） 188
    Ⅸ.ⅰ. 経営・交易（經營, 交易 Business, transactions）
    Ⅸ.ⅱ. 市場・商店（市場, 商店 Markets, shops）

Ⅸ.ⅲ. 貨幣（貨幣 Money）
Ⅸ.ⅳ. 度量衡（度量衡 Measure）

Ⅹ. コミュニケーション・交通
　　（通訊, 交通 Communication, Transportation）　　201
　Ⅹ.ⅰ. 言語・コミュニケーション（語言, 通訊 Languages, Communication）
　Ⅹ.ⅱ. 旅行（旅行 Travelling）
　Ⅹ.ⅲ. 交通・運輸（交通, 運輸 Transportation）

ⅩⅠ. 文化・娯楽（文化, 娛樂 Culture, Entertainment）　　209
　ⅩⅠ.ⅰ. 教育（教育 Education）
　ⅩⅠ.ⅱ. 文具（文具 Stationery）
　ⅩⅠ.ⅲ. ゲーム・娯楽（遊戲, 娛樂 Games, entertainment）

ⅩⅡ. 宗教・習俗・交際
　　（宗教, 習俗, 交際 Religions, Customs, Socializing）　　224
　ⅩⅡ.ⅰ. 宗教（宗教 Religions）
　ⅩⅡ.ⅱ. 節句（節令 Festivals）
　ⅩⅡ.ⅲ. 習俗（習俗 Social customs）
　ⅩⅡ.ⅳ. 交際（交際 Socializing）

ⅩⅢ. 人体（人體 Human Body）　　239
　ⅩⅢ.ⅰ. 体とその機能（身體, 生理 Body parts and functions）
　ⅩⅢ.ⅱ. 動作（人體動作 Body movements）
　ⅩⅢ.ⅲ. みだしなみ（梳洗 Grooming）

ⅩⅣ. 人生・病気など（生老病死 Life, Sickness, and Death）　　281
　ⅩⅣ.ⅰ. ライフサイクル（生死 Life cycle）
　ⅩⅣ.ⅱ. 病気（疾病 Sickness）
　ⅩⅣ.ⅲ. 薬と治療（醫藥 Medicine and cure）
　ⅩⅣ.ⅳ. 戦闘と負傷（戰事, 受傷 Battle, wounds）

XV. 人間関係（與人關係 Human Relationships） 293
　XV.ⅰ. 姓名・出身（姓名, 出身 Identity）
　XV.ⅱ. 親族（親屬 Kinship）
　XV.ⅲ. その他の関係（其他 Other human relations）
　XV.ⅳ. 調査地点付近の姓（本地姓氏 Local family names）

XVI. 人品（人品 Types of People） 303

XVII. 職業（職業 Occupation） 308

XVIII. 行為（活動 Activities） 316
　XVIII.ⅰ. 人に対する行為（對人 Activities towards people）
　XVIII.ⅱ. その他の行為（其他 Others）

XIX. 精神活動（精神活動 Mental Activities） 329
　XIX.ⅰ. 感情（感情 Sentiments）
　XIX.ⅱ. 意志（意志 Thoughts）
　XIX.ⅲ. 可能と当為（能願 Optatives）

XX. 五感（生理感受 Sensations） 343
　XX.ⅰ. 感覚（感覺 Touch）
　XX.ⅱ. 味覚（味 Taste）
　XX.ⅲ. 嗅覚（嗅 Smell）
　XX.ⅳ. 形・色（形, 觀 Sight, shape）
　XX.ⅴ. 音（音 Sound）
　XX.ⅵ. 擬声語（擬聲詞 Onomatopoeia）

XXI. 状態（狀態 State, Quality） 358

XXII. 性格・行為
　　　（品性, 行為 Character, Temperament, Manner, Behavior） 371

XXIII. 時間（時間 Time） 382

XXIV. 方向と位置・移動（方位 , 移動 Location, Movement） 388
   XXIV. ⅰ. 位置・方向・距離（方位 , 距離 place, direction, distance）
   XXIV. ⅱ. 移動（移動 Motion）

XXV. コピュラ・存在（存現 Copula, Existential） 392

XXVI. 数量・数（數量 , 數目 Quantity, Numbers） 393

XXVII. 代詞・不定の表現
      （代詞 , 不定詞 Pronoun, Indefinite Words） 396

XXVIII. 副詞（副詞 Adverbs） 402

XXIX. アスペクト（體貌 Aspects） 418
   XXIX. ⅰ. 完了相（完整體 perfective aspect）
   XXIX. ⅱ. 非完了相（非完整體 non-perfective aspect）

XXX. 否定（否定 Negation） 422

XXXI. 介詞・助詞（介詞 , 助詞 Particles） 424

XXXII. 接続詞（連詞 Connectives） 427

XXXIII. 類別詞（量詞 Classifier） 433

1. 海陸客家語の概要

1.1. 客家語の形成と使用地域・話者数

　客家語は漢諸語（Sinitic languages、中国語方言）の1つで、中国東南部・台湾および東南アジアなどの地域において、主として客家人に使用されている。従来の説では、客家人は黄河中流域に居住していた漢民族であり、自然災害や戦乱等で次第に南下し、長江中下流域をへて江西・福建・広東の省境地域に移住したといわれている。

　客家語の形成については、今日、北方漢語が南下して土着言語（特にショオ

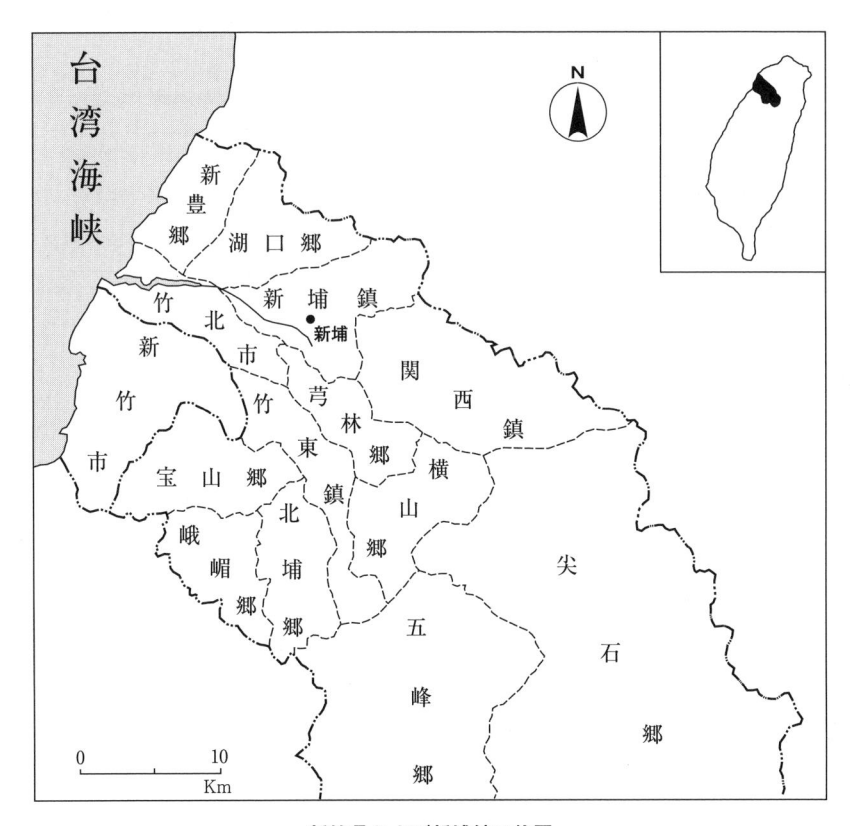

新竹県および新埔鎮の位置

語) にかぶさるような形で混淆したとする説 (土着言語説) が有力である (Norman 1988、羅美珍・鄧曉華 1995、張光宇 1996、鄧曉華・王士元 2009 等)[4]。ただし、土着言語の関与の程度について、諸家の見解には相違がみられる。張光宇 (1996) は、土着言語の関与におもきをおいておらず、客家語の主体は中原西部 (司豫) の言語であるとする。そして、漢族と南方少数民族であるショオ族との通婚による言語接触も関係すると指摘するにとどめている。Norman (1988) は、まず、客家人は本来漢族ではないことを強調し、その上で、4 世紀に南方にもたらされた北方漢語を古南方漢語 (Old Southern Chinese) と称し、客家語は西晋までに形成された古南方漢語が土着言語であるショオ語などとの相互作用により形成されたとする。羅美珍・鄧曉華 (1995) も、漢族と移住先の民族との混淆により客家語が形成されたと指摘している。鄧曉華・王士元 (2009) も同様であるが、特に単純な北方漢語の南下ではないことを強調し、音韻面では宋代の北方漢語、語彙面では南方土着言語の影響が顕著であることを指摘している。

現在、客家語の全話者人口は約 4220 万人と推定されている (《中国语言地图集 第 2 版 汉语方言卷》)。また、客家語の下位方言については、前掲書所収の謝留文・黄雪貞の解説によると、(1) 粵台、(2) 海陸、(3) 粵北、(4) 粵西、(5) 汀州、(6) 寧竜、(7) 于信、(8) 銅桂の 8 つであり、台湾の海陸客家語は、広東省の海豊・陸豊・陸河各県とともに、(2) 海陸方言区にふくまれる。また、台湾で使用人口がもっともおおい四県客家語は、広東省梅県客家語などと同様に粵台方言区に属する。

1.2. 台湾客家語の使用地域と話者数

江西・福建・広東の省境地域を中心として客家というエスニックグループが形成されると、彼らはさらに海をこえて台湾に移住した。客家人の台湾移住が本格化するのは、閩南 (ホーロー) 人よりおそく、清・康熙年間の 17 世紀末といわれている。海陸客家の祖は、現在の新竹や桃園を中心に入植する。海陸客家の「海

---

[4] これに対し、周振鶴・游汝杰 (1986) は北方漢語を客家語の直接の祖とみなし、土着言語の関与については言及していない。周・游説では、客家語の形成過程を 3 期にわけている。第 1 期は 4-6 世紀で、永嘉の乱 (311 年) 等を契機に客贛語 (客家語・贛語) の原型となる言語が江西にはいる。第 2 期では、唐代の安史の乱 (755-763 年) 等を契機におおくの北方漢人が江西に移住し客贛語が形成された。その後 1127 年北宋が滅亡し南宋がおこる第 3 期に、最終的に客家語が形成されたとする。

陸」という名称は、広東省旧恵州府に属していた海豊・陸豊両県に由来するが、それはこの地域が海陸客家人の故地であるためである（羅肇錦 2000、陳運棟 2007）。なお、海豊・陸豊の客家人は、明初から清初にかけて、江西南部・福建西部などから移住してきている（潘家懿 2010）。

つぎに、行政院客家委員會（2011）『99年至100年全國客家人口基礎資料調査研究』（以下「報告書」と略）にもとづいて、海陸客家語を中心に、台湾客家語の使用地域と話者数などの概略を紹介しよう。

客家基本法[5]によれば、客家人とは「血統的に客家であるか客家出身であり、かつ自分でも客家人であるとみとめている者（指具有客家血緣或客家淵源，且自我認同為客家人者）」（第2条）である。この定義による客家人の人口は、台湾の全人口2316.2万人（2010年現在）のうち18.1％をしめる約419.7万人である。また、客家人比率がたかい上位5つの県・市は、新竹県（71.6％）・苗栗県（64.6％）・桃園県（39.2％）・花蓮県（39.2％）・新竹市（30.1％）である（報告書 p. 31）。海陸客家語の主たる使用地域は、桃園県観音・新屋・楊梅、新竹県全域、苗栗県頭份・三湾・南庄・西湖・後龍・造橋・通霄・銅鑼などである。筆者の調査協力者である詹智川氏の出身地、新竹県新埔鎮の客家人比率は91.64％にのぼる（報告書 p. 36）。

なお、客家人であることは、かならずしも客家語話者であることを意味しない。報告書（p. 78）によれば、客家語をはなすことができる客家人は、全客家人口の約半数の50.1％である[6]。

台湾客家語には、本語彙集であつかう海陸客家語のほか、四県・大埔・饒平・詔安などの客家語がある[7]。これらのうち最大勢力は苗栗・屏東各県と高雄市を中心に使用されている四県客家語で、海陸客家語がこれにつぐ。これらの使用率は、四県客家語は63.4％、海陸客家語は47％である（報告書 p. 83）[8]。これを人口に換算すれば、四県客家語は約133.3万人に、海陸客家語は約98.8万人に使用されていることになる。

---

5) 客家の言語・文化や伝統的産業などの保護発展のために、2010年に公布された法律。
6) 「客家語をはなすことができる」という内訳は、「大変に流暢である」26.2％、「流暢である」15.1％、「普通である」8.8％である（報告書 p. 78）。
7) このほか、海陸客家語と四県客家語が接触する桃園・苗栗などでは、これらが融合した「四海話」と呼ばれる客家語が近年形成されている（羅肇錦 2000：234）。
8) 使用率は複数言語使用者をふくむ。

1.3. 音韻・語彙・文法特徴[9]

1.3.1. 音韻

　客家語の音節は「(C)(M)V(E)/T」という構造をもっている。Cは音節頭子音（声母）、Mは介音（わたり音）、Vは主母音、Eは音節末母音あるいは音節末子音である。MVEをあわせて「韻母」という。音節全体には超分節音素の声調（T）がかかる。

　声調は7つで、陰平53、陽平55、上声35、陰去21、陽去33、陰入5、陽入32である。入声（陰入・陽入）は内破音 -p, -t, -k を音節末子音としてもつ。声調交替は上声と陰入にあらわれ、おおくの場合、うしろに他の音節がくる時にそれぞれ陽去・陽入にかわる。

　音節頭子音は20（p, pʰ, m, f, v, t, tʰ, n, l, ts, tsʰ, s, tʃ, tʃʰ, ʃ, ʒ, k, kʰ, ŋ, h）である。うち m, n, ŋ, p, t, k は音節末にもあらわれる。このとき、p, t, k は内破音である。また、m と ŋ は独立に音節を構成できる。ʒ と v については、ʒ の約6割が中古音の喩母に、約3割が中古音の影母に由来している。また v は、影母・喩母・微母由来が各2割以上、匣母由来が2割弱である。弱化して i あるいは u にきこえることがあるため、それぞれ音節頭の母音 i あるいは u に由来するとかんがえられる。

　海陸客家語の音韻体系には、音素として有声閉鎖音は存在しない。しかし、借用語には有声閉鎖音とうたがわれる例が存在する。たとえば、「ba⁵⁵ si⁵³ □□」（バス）の第1音節の声母は、[p], [b], [v] のいずれでもかまわない。しかし、閩南語あるいは日本語由来の借用語については、海陸客家語母語話者は、有声閉鎖音を認識している可能性がある。その理由は2つである。1つ目は、前述のように借用される語の有声閉鎖音（たとえば [b]）に対応する声母として、有声摩擦音（たとえば [v]）をあてるケースがあることである。2つ目は、徐兆泉編（2009）『臺灣四縣腔海陸腔客家話辭典』（南天書局）では、たとえば bb[b] のように、有声閉鎖音のローマ字表記をたてていることである。たとえば、日本語「バター」に由来する借用語は、bba dà と記述している。ミニマルペアではないが、これと対立する無声閉鎖音の例としては ba dai（背帶）をあげることができる。この点については、なお結論がでていないが、本語彙集では、暫時これを有声閉鎖音の無声化として記述した。そのほか、名詞接尾辞 [ə⁵⁵] あるいは [e⁵⁵]、名詞化接辞（構造助詞）[e²¹]

---

[9]　例の表記については、同音字表凡例（p. 11）、または語彙集凡例（pp. 63-66）を参照されたい。

あるいは動詞接辞 [a³³] にあらわれる連音現象では、音節末子音の [p] と [k] が、それぞれ有声音の [b] あるいは [g] 〜 [ɣ] としてあらわれる。これについては、本語彙集では音韻論的な整理をくわえず、そのまま記述してある（語彙集凡例参照）。

母音は7つ（a, e, o, u, i, ɨ, ə）である。精密表記では、a は [ɐ]、e は [ɛ]、o は [o] あるいは [ɔ] である。これらのうち、ə が接辞の位置にのみにあらわれるほかは、すべて主母音の位置にあらわれる。また、u, i は介音および音節末の位置にもあらわれる。なお、ɨ は声母 ts, tsʰ, s とのみむすびつく。

1.3.2. 語彙

人称代名詞の体系は単複の対立があり、単数はそれぞれ、「ŋai⁵⁵ 我」（第一人称）、「ŋi⁵⁵ 你」（第二人称）、「ki⁵⁵ 佢」（第三人称）で、これに「teu⁵³ (sa⁵⁵) □（儕）」が後接すると複数になる。第一人称複数には排除形と包括形の対立がある。排除形は「ŋai⁵⁵ teu⁵³ (sa⁵⁵) 我□（儕）」のみであるのに対し、包括形にはさらに多数と双数の対立がある。すなわち、多数「en⁵³ ŋi⁵⁵ teu⁵³ (sa⁵⁵) □你□（儕）」（わたしとあなた方）と双数「en⁵³ ŋi⁵⁵ □你」（わたしとあなた）である。属格をあらわす場合は、「kai²¹ 個」あるいはその摩滅した形式の「e²¹ □」という標識を人称代名詞の後におく。たとえば、「わたしの」は「ŋai⁵⁵ kai²¹ 我個」、「あなたの」は「ŋi⁵⁵ e²¹ 你□」である（詳細は pp. 401-402 を参照）。第二人称単数と第三人称単数には、この融合音とかんがえられる「ŋia⁵⁵ □」（あなたの）、「kia⁵⁵ □」（彼／彼女の）という形式がある。これらは、親族名称や組織などについてのみ使用される。

「kai²¹ 個」は人などに使用される類別詞であるが、関係節標識でもある。中国東南部の漢諸語では、類別詞・関係節標識と指示詞が同一の形式あるいは類似する形式である場合がすくなくない。海陸客家語の指示詞は「lia⁵⁵ □」（近称）と「kai⁵⁵ □」（遠称）であるが、後者は類別詞「kai²¹ 個」に由来するものとかんがえられる（遠藤 2007）。

形態音韻論的な特徴としては、変音現象とでもいえる、意味を区別するための上声（35調）への変化がある。たとえば、「どこ」を意味する「lai³³ vui³³ □位」の第1音節が上声で発音され lai³⁵ vui³³ となると「どこか」という任意・不定の意味になる。また「ʒit⁵⁻³² ha³³ 一下」は動詞に後置し、その動詞の指示する動作の継続時間がわずかであることをあらわすが、「ʒit⁵⁻³² ha³⁵ (ə⁵⁵) 一下(仔)」と「ha³³ 下」が上声になると、「しばらくの間」という意味になる。これに類似する現象は、単音

節形容詞の重ね型（AA）について、程度をより強調する場合にも観察できる。たとえば、「fuŋ^{55} fuŋ^{55} 紅紅」が fu:ŋ^{353} fuŋ^{33} と発音されると、原調の重ね型よりも程度がつよくなる。ただし、厳密にいえば、上述の変音現象とはことなる、つぎのような3つの特徴が指摘できる。すなわち、1つ目は、第1音節の主母音が長音化する傾向があること、2つ目は、第1音節が上声にちかい上昇調を呈するが、主母音が長音化すると353のように上昇の後にやや下降する調値になること、3つ目は第2音節の調値が原調よりもややひくくなる傾向があることである（遠藤 2012）[10]。なお、同一の形態素が3つ連続する形式（AAA）においても、「fu:ŋ^{353} fuŋ^{55} fuŋ^{55} 紅紅紅」のように、AA型の第1音節と同様の音声的特徴があらわれる。

語構成は、粤語・閩語などの南方漢語と同様、「被修飾語＋修飾語」という構成をとるものがある。たとえば、「kai^{53} koŋ^{53} 雞公」（オンドリ）・「kai^{53} ma^{55} 雞嬷」（メンドリ）など、動物の雌雄をあらわす成分が後置される[11]。ほかに、語構成が北方漢語とことなるものとしては、「ŋin^{55} hak^{5} 人客」（お客）・「nau^{33} ŋiet^{32} 鬧熱」（にぎやかだ）・「fon^{53} hi^{35} 歡喜」（すきだ）などがある。

1.3.3. 文法

海陸客家語は、ほかの漢諸語と同様、文の基本的構造はSVO型、修飾構造は修飾成分が被修飾成分に先行するタイプであるが、北方漢語とことなる統語構造も存在する。以下、そのような例ををあげよう。

(1) **重ね型** 重ね型は動詞と形容詞にあらわれるが、その形式・意味ともそれぞれことなっている部分がある。

〔動詞の重ね型〕以下の4通りの形式がある（Vは動詞）。(a) VV、(b) VV a^{33} lə^{33}（□□）、(c) VV ə^{33}（仔）、(d) VV k^{h}on^{21}（看）。動作の持続時間がみじかいこと、あるいはためしにその動作をおこなってみることをあらわす。

(01) ʒi^{55} kin^{53} to^{21} sin^{53} tʃuk^{5}, ts^{h}o^{33} lin^{33} p^{h}ai^{21} to^{21} t^{h}oi^{55} pet^{5} k^{h}on^{21} k^{h}on^{21} 已經到新竹，□□□到台北看看。（もう新竹についたのだから，いっそのこと台北見物に

---

[10] 賴文英（2015：53）は、このような声調変化を上声への単純な声調交替とみなしており、主母音の長音化などについては言及していない。また、上声字は声調交替規則にしたがうとするが、筆者の調査では、上声字についても、たとえば「vun$^{35\text{-}33}$ vun^{35} 穩穩」のほか「vu:n^{353} vun^{33} 穩穩」のように、上述したような変音現象のような特徴が観察された。

[11] 厳密にいえば、このような例は閩語・客家語・粤語などの南方漢語にとどまらず、北方漢語の一部にもみられる（李藍 2014）。

いったら。)

(02) tsʰoi²¹ mun⁵³ mun⁵³ na³³ lə³³ 菜悶悶□□。(料理をちょっと加熱する。)

(03) ʒuŋ³³ ʒok³² ko⁵³ ko⁵⁵ ə³³ 用藥膏□□仔。(膏薬をちょっとぬる。)

(04) ʃoŋ⁵⁵ ʃoŋ⁵⁵ kʰon²¹ 嚐嚐看。(味をみてみる。)

〔形容詞の重ね型〕つぎのように3通りの形式がある（Aは形容詞）。(a) AA、(b) A³⁵⁽³⁾ A、(c) A³⁵⁽³⁾AA（音声的な特徴については1.3.2.を参照）。

(05) vu⁵³ vu⁵³ 烏烏　　vu:³⁵³ vu⁵³ 烏烏　　vu:³⁵³ vu⁵³ vu⁵³ 烏烏烏

(06) fuŋ⁵⁵ fuŋ⁵⁵ 紅紅　　fu:³⁵³ fuŋ³³ 紅紅　　fu:ŋ³⁵ fuŋ⁵⁵ fuŋ⁵⁵ 紅紅紅

(07) tʃʰak⁵⁻³² tʃʰak⁵ 赤赤　　tʃʰa:k³⁵³ tʃʰak⁵ 赤赤　　tʃʰa:k³⁵³ tʃʰak⁵ tʃʰak⁵ 赤赤赤

(08) pʰak³² pʰak³² 白白　　pʰa:k³⁵ pʰak³² 白白　　pʰa:k³⁵ pʰak³² pʰak³² 白白白

(2) **動補構造**　結果補語構造・方向補語構造などについては、動詞と補語の結合が北方漢語ほどつよくない。動詞と補語の間には、一部の目的語（例文09）・実現モダリティ標識「ʒiu⁵³ 有」とその否定形式の「mo⁵⁵ 無」（例文10）・未然のモダリティ標識「voi³³ 會」（例文11）とその否定形式の「m⁵⁵ voi³³ 唔會」、使役フレーズの「pun⁵³ ki⁵⁵ 分佢」（例文12）など、別の成分が挿入されることがある（遠藤2013）。

(09) tʃoŋ⁵³ sam⁵³ ʃit³² tsiu³⁵⁻³³ tsui²¹ le⁵³ 張三食酒醉了。(張三はお酒をのんでよっぱらってしまった。)

(10) tʰi³³ nai⁵⁵ so²¹ mo⁵⁵ tsʰiaŋ³³ 地泥掃無淨。(床はきれいに掃除されていない。)

(11) lia⁵⁵ tuŋ⁵³ si⁵³ ʃit³² voi³³ pau³⁵ kai²¹ □東西食會飽個。(これはたべればおなかがいっぱいになるものだ。)

(12) kai⁵⁵ tʃak⁵ pui⁵³ ə⁵⁵ tsʰut⁵⁻³² pun⁵³ ki⁵⁵ kim⁵³ □隻杯仔□分佢金。(あのコップをピカピカにみがけ。)

(3) **アスペクト標識**　動詞直後におかれるアスペクト専用標識は、標準中国語よりもすくない。たとえば、完了相は動詞直後の専用標識がになうのではなく、数量表現や到達点などの限界によって、文全体が完了相をあらわしていると解釈される（遠藤2010）。(p. 422、XXIX. アスペクトを参照)

(4) **モダリティ標識**「ʒiu⁵³ 有」　動詞句や形容詞句の前におき、その動詞句や形容詞句が指示する事態がたしかに発生している、あるいは存在するという話者の主観的認定（実現モダリティ）をあらわす。「ʒiu⁵³ 有」は完了相標識・非完了相標

識とともに使用が可能である。なお、使用制限があり、質問やそれに対する回答、または対比の文で使用されることがおおい（遠藤 2014）。(p. 342、XIX. iii. 可能と当為を参照）

(5) **処置文**　処置標識は「lau^{53} □」あるいは「t^{h}uŋ^{55} 同」であり、標準中国語と平行する形式の文「NP1+「lau^{53} □/t^{h}uŋ^{55} 同」+NP2+VP」や、これに再述代名詞「ki^{55} 佢」を付加する形式の文「NP1+「lau^{53} □/t^{h}uŋ^{55} 同」+NP2+VP+「ki^{55} 佢」」を構成する（例文 13）。再述代名詞は、かならずしも処置標識を必要とせず、「NP2+VP+「ki^{55} 佢」」という文も構成する。再述代名詞をもちいた文は、基本的に未然のできごとを指す。海陸客家語の処置文は、主語（NP1）は意志性をともない、かつ自動詞からなる動詞句は VP の位置にはあらわれにくい。つまり、構文としての他動性が標準中国語の処置文よりもたかいのである。また、NP2 が NP1 の一部である場合は、おおくは処置文を構成しない（例文 14）。(p. 431、XXXI. 介詞を参照）

(13)　　kiak$^{5\text{-}32}$ kiak^5 lau^{53} kai^{55} sam^{53} fu^{21} se$^{35\text{-}33}$ tsʰiaŋ^{33} ki^{55} □□□□衫褲洗淨佢！（はやくその服をあらえ。）

(14)　　ki^{55} e^{21} muk$^{5\text{-}32}$ tʃu^{53} ʃap$^{5\text{-}32}$ hi^{35} loi^{55} le^{53} 佢□目珠眨起來了。（彼は目をとじた。）[12]

(6) **比較文**　主として以下のような 3 つの構文がもちいられる。(a) X+「pi^{35} 比」+Y+VP(+Z)」(Z は数量フレーズなど差をあらわす成分)、(b) X+VP+「ko^{21} 過」+Y(+Z)（例文 15）、(c) X+VP+Y+Z（例文 16）。(c)の Z は省略できない。なお、この 3 種の構文のうち、(a)がもっとも優勢である。(p. 428、XXXI. 介詞を参照）

(15)　　lia^{55} tʃak^5 ho$^{35\text{-}33}$ ko^{21} kai^{55} tʃak^5 □隻好過□隻。（これはあれよりよい。）

(16)　　ki^{55} tʰai^{33} ŋai^{55} sam^{53} soi^{21} 佢大我三歲。（彼はわたしより 3 歳年上だ。）

1.4. 言語接触

　台湾客家語は、長期にわたって隣接する優勢言語の影響をこうむってきた。それらは、土着言語である閩南語や日本統治時代の日本語、そして 1945 年の国民党政府による台湾接収以降は標準中国語などである。このような優勢言語の影響は、

---

12)　対応する標準中国語の文は「他把眼睛閉上了」。

特に語彙について顕著である。

　閩南語からの借用語は、たとえば、「iau⁵³ □」（空腹である）、「loŋ⁵⁵ □」（みな・すべて）などをあげることができる。また、語構成成分が部分的に借用されている「合璧詞」には、「hok³² lo³³ ma⁵⁵ 福佬嬢」（内縁の妻）、「kʰe²¹ ko⁵³ 客哥」（内縁の夫）がある。これらは、それぞれ「hok³² 福」、「kʰe²¹ 客」の部分が閩南語由来である。ほかに、音声面で閩南語の影響がうたがわれるケースがある。それは客家語の音韻体系には存在しない鼻音化母音だ。たとえば、ドアがギイギイなる時の音は「ĩ⁵⁵ ũãĩ⁵⁵ □□」である。また「歪」の字音はvai⁵³だが、「ゆがむ、ゆがめる」という意味ではũãĩ⁵³となる。「口をゆがめる」は「ũãĩ⁵³ tʃoi²¹ 歪嘴」、「ものがあちらこちらにたおれている様子」は「ũãĩ⁵⁵ ko⁵⁵ tsʰi²¹ tsʰa²¹ 歪□□□」、「ものをだましとる」ことを「ũãĩ⁵⁵ ko⁵⁵ 歪□」という。可能性のひとつとして、ũãĩ⁵⁵ ko⁵⁵は閩南語「歪哥」の借用ともかんがえられるが、閩南語「歪哥」はuai⁵⁵⁻³³ ko⁵⁵であって、鼻音化してはいない。あるいは、「びっこをひく」という意味のũãĩŋ⁵³に由来しているのかもしれないが、意味がややはなれている。いずれにせよ、このような鼻音化母音はまれである。

　日本語からの借用語もすくなくない。台湾日本語といってもよい常用の借用表現に「アタマコンクリ」（頭がわるい）があるが、海陸客家語でもa³³ ta⁵⁵ ma⁵³ kʰon³⁵ kʰu⁵⁵ li⁵³のようにいう。また、トマト・りんご・わさび・ネクタイ、さらにアルミやステンレスという語も借用されている。このような語は形式も指示対象も日本語とほとんど同一であるが、借用後に変化をしたものもある。ひとつは形式的な変化だ。例えば、ʒaŋ⁵³ kin⁵³ pʰoi⁵³ ɔ⁵⁵（＜じゃんけん）は接尾辞ɔ⁵⁵が付加されている。また、sa⁵⁵ vo⁵³（＜サボる）は、語幹のみ借用されたケースだ。o³³ nin⁵⁵ io⁵³（＜お人形）は、最後の音節の頭子音がおちている。もうひとつは意味的変化だ。そのひとつは一般化で、例えば、tʰa³³ kʰu⁵⁵ si²¹（＜タクシー）は、乗用車一般を指す。日本時代には、セダンタイプの自動車といえばタクシーだけであった。よって、タクシーで乗用車を指すようになったとかんがえられる。同様のタイプにはʃok³² pʰaŋ⁵³（食パン＞パン一般）、kʰe³⁵ len⁵³（痙攣＞ふるえる）がある。また、意味が特殊化した例もある。hai³⁵ kʰa⁵⁵ la⁵³（＜ハイカラ）は、前髪を切りそろえた髪型を指す。「様式が洋風である」ことをあらわす語が特殊化した例だ。このほか、文末詞のtet³² si³⁵（＜です）も借用されている。たとえば、「佢脈介事都做毋好，大

家罵佢阿沙布魯得使。」(ki⁵⁵ mak³² kai²¹ si³³ tu⁵³ tso²¹ m̩⁵⁵ ho³⁵, tʰai³³ ka⁵³ ma³³ ki⁵⁵ a³³ sa³³ put⁵ lu⁵³ tet³² si³⁵ 彼は何をやってもへまばかり、みんな彼をアサプル（ダメ男）だとののしる）の「得使」がそれにあたる（莊萬貴 2005）[13]。以上の借用語は、現在高齢層をのぞいて、ほとんどつかわれなくなっている。

<参考文献>

遠藤雅裕. 2014.「南方漢語のモダリティ標識「有」について―台湾海陸客家語を中心に―」『中国文学研究』（早稲田大学中国文学会）40：89-113.
遠藤雅裕. 2007.〈從類別詞演變為結構助詞―以台灣客語海陸方言的類別詞為中心―〉. *UST Working Papers in Linguistics*. vol.3（Graduate Institute of Linguistics National Tsing Hua University）: 13-21.
遠藤雅裕. 2010.〈台灣海陸客語的完整體〉.《臺灣語文研究》(臺灣語文學會) 5-1：37-52.
遠藤雅裕. 2012.〈台灣海陸客語音系與有關語音現象〉.『中央大学論集』33：119-131.
遠藤雅裕. 2013.〈台灣海陸客語的動結述補結構〉.《太田斎・古屋昭弘両教授還暦記念中国語学論集》(東京：好文出版)：320-331.
陳運棟. 2007.〈源流篇〉.《台灣客家研究概論》(徐正光主編). 台北：行政院客家委員會・台灣客家研究學會.
鄧曉華・王士元. 2009.《中國的語言及方言的分類》. 北京：中華書局.
賴文英. 2015.《臺灣客語語法導論》. 台北：臺灣大學出版中心.
李蓝. 2014.〈"鸡公"类词的共时分布与历时源流〉.《语文研究》2014-4：56-65.
罗美珍・邓晓华. 1995.《客家方言》. 福州：福建教育出版社.
羅肇錦. 2000.《臺灣客家族群史 語言篇》. 南投：臺灣省文獻委員會.
潘家懿. 2010.〈万历初进入海陆丰的漳属客家话今貌〉.《方言》2010-3：211-217.
行政院客家委員會. 2011.〈行政院客家委員會委託研究報告 99年至100年全國客家人口基礎資料調查研究〉(www.hakka.gov.tw/dl.asp?fileName=1521131271.pdf)
張光宇. 1996.《閩客方言史稿》. 台北：南天書局.
中国社会科学院语言研究所编. 2012.《中国语言地图集 第2版 汉语方言卷》. 北京：商务印书馆.
周振鶴・游汝杰. 1986.《方言与中国文化》. 上海：上海人民出版社.
莊萬貴. 2005.《客家後生人罕得聽過介話―海陸腔詞彙篇》. 新竹：新竹縣政府.
Norman, Jerry. 1988. *Chinese*. Cambridge : Cambridge University Press.

13） 例文の IPA 表記ならびに日本語訳は筆者による。

2. 同音字表

2.1. 同音字表凡例

1) 中国社会科学院语言研究所《方言调査字表（修订本）》を使用した。
2) 韻母ごとに縦軸に声母、横軸に声調を配して字表をつくり、韻母（音節末子音がない・鼻音・閉鎖音）の順番にしたがって配列した。
3) 本字が特定できない音節（有音無字）については、「□」でもってしめした。
4) 存在が確認できない音節欄は網かけにした。
5) 漢字あるいは有音無字の音節について、必要な場合は、（　）内に標準中国語で意味または用例を注記した。用例の「～」は、その位置が当該の音節であることをあらわす。

【例】把（～握，～守，一～）

6) 用例の意味を解説する必要がある場合、脚注でそれを日本語と標準中国語でしめした。

2.2. 海陸客家語の音韻体系

2.2.1. 声母

声母（音節頭子音）は全部で20である。なお、ゼロ声母（ø）をいれると21になる。

p	p^h	m	f	v
t	t^h	n		l
ts	ts^h		s	
tʃ	$tʃ^h$		ʃ	ʒ
k	k^h	ŋ	h	
ø				

2.2.2. 韻母

韻母は、音節主音的子音 2 つ (m̩, ŋ̍) をふくめて、全部で 58 である。

a	ai	au		am	an	aŋ		ap	at	ak
ia		iau		iam		iaŋ		iap	iat	iak
ua	uai				uan	uaŋ			uat	
e	eu			em	en			ep	et	
					ien				iet	
									uet	
o	oi				on	oŋ			ot	ok
io					ion	ioŋ				iok
u	ui				un	uŋ			ut	uk
					iun	iuŋ				iuk
i	iu			im	in			ip	it	
ɨ										
				m̩		ŋ̍				

2.2.3. 声調

声調は 7 つである。調値は調査者の聴覚印象にもとづき、五度法で表記した。

陰平 53、陽平 55、上声 35、陰去 21、陽去 33、陰入 5、陽入 32

声調の音響音声学的分析結果は以下のとおりである[14]。なお、図 1 および図 2 の凡例に記載している文字は、調査時に使用したものである。

---

14) 高橋康徳氏（神戸大学専任講師）による分析結果である。記して感謝の意としたい。

図1 陰平・陽平・上声・陰去・陽去

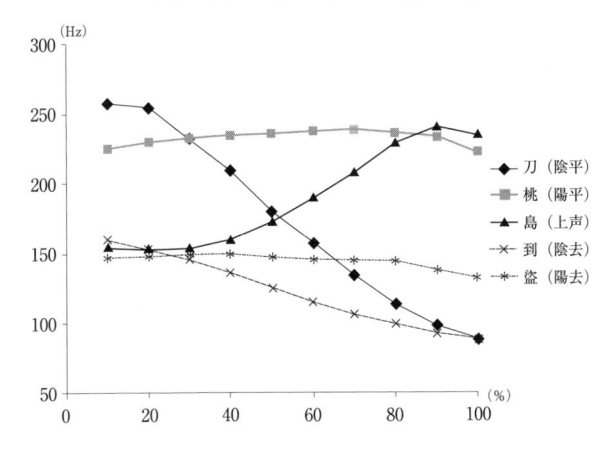

◆ 刀（陰平）
■ 桃（陽平）
▲ 島（上声）
× 到（陰去）
＊ 盗（陽去）

図2 陰入および陽入

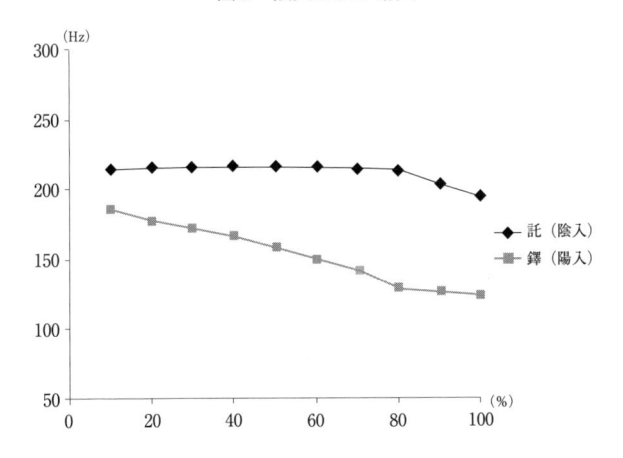

◆ 託（陰入）
■ 鐸（陽入）

a	陰平 53	陽平 55	上 35	陰去 21	陽去 33
p	疤爸	□(背)	把(~握,~守,一~)	霸壩(堤~)罷	
pʰ	□(~飯¹⁵)	爬耙(枇~)耙(犁~,~地)		怕帕	
m	馬碼	麻痲蟆(蛤~)媽	□(阿~¹⁶)	罵	□(~儕¹⁷)
f	花	華(中~,~山,姓~)		化話	畫
v	劃(~船)			□(靠)	□(可能)
t			打	□(阿~¹⁸)	
tʰ	他				
n	拿	林(坪~:地名)			
l		拉		□(撐,堵)	□(夠)
ts	渣			詐榨(~油)	
tsʰ	叉差(~別)	茶搽(塗) 查(山~,調~) 察(~看)		廁(~所,茅~) 岔(三~路)	
s	沙紗	儕(量詞;人)	灑	撒(~手,~種)	撒(~手,~種)
tʃ	遮		者	炸(~彈,用油~) 蔗炸	
tʃʰ	車(馬~,~馬炮)		扯		
ʃ	社(~會)	蛇		舍(阿~:有錢人)	射麝(~香) 赦舍(宿~) 捨社(合作~)
ʒ	耶野	爺	也		夜
k	家加嘉佳芥		假(真~,放~) 駕	架嫁價	
kʰ		伽□(撐)			
ŋ	雅	牙芽衙	瓦	□(~□□¹⁹)	
h	下(~降)	蝦(魚~) 霞蛤(~蟆,~蜊)		□(比較,更)	下(底~)夏(姓,春~) 廈(~門)
ø	鴉亞丫(~頭)	□(壟斷)	啞		阿(~膠,~哥)

---

15) pʰa⁵³ pʰon³³ □飯（ご飯を口にはこぶ、吃飯）
16) a³³ ma³⁵ 阿□（父方のおばあさん、奶奶）
17) ma³³ sa⁵⁵ □儕（だれ、誰）
18) a³³ ta²¹ 阿□（のろま・あほう、呆子）
19) ŋa²¹ ŋa²¹ ta²¹ ta²¹ □□□□（のろまだ・頭がわるい、不聰明）

2. 同音字表

ia	陰平 53	陽平 55	上 35	陰去 21	陽去 33
p				□(□□~20)	
pʰ					
m	摸				
f					
v					
t					
tʰ					
n					
l		□(這)		□(滾)	
ts		□(□~21)	□(媽)	借藉(~故)	
tsʰ	褲(~子)	斜		斜且	謝
s		邪	寫	瀉	
tʃ					
tʃʰ					
ʃ					
ʒ					
k		□(他的) □(□□~22)		□(□□~23)崎(坡)	
kʰ		□(用肩膀抬)			
ŋ	惹	□(你的)		□(挪移,靠)	
h	□(~□24)				
ø					

---

20) pi²¹ pi²¹ pia²¹ pia²¹ □□□□（(擬声語）大雨がふる音、〔擬聲詞〕下大雨的聲音）
21) ŋoŋ²¹ tsia⁵⁵ tsia⁵⁵ □□□（ぼんやりしている様子、呆呆的）
22) ki⁵⁵ ki⁵⁵ kia⁵⁵ kia⁵⁵ □□□□（(擬声語）騒々しい音、〔擬聲詞〕吵鬧聲）
23) ki²¹ ki²¹ kia²¹ kia²¹ □□□□（(擬声語）騒々しい音、〔擬聲詞〕吵鬧聲）
24) hia⁵³ pai⁵⁵ □□（奇抜な動作や服装をひけらかす、標新立異的動作或穿著）

ua	陰平 53	陽平 55	上 35	陰去 21	陽去 33
p					
pʰ					
m					
f					
v					
t					
tʰ					
n					
l					
ts					
tsʰ					
s					
tʃ					
tʃʰ					
ʃ					
ʒ					
k	瓜括(包~)		剮(刮, 划)	掛卦	
kʰ			□(一~²⁵)	跨	
ŋ					
h					
ø					

---

25) ʒit⁵⁻³² kʰua³⁵ 一□ （ひとにぎり・ひとつかみ、一把）

2. 同音字表

ai	陰平 53	陽平 55	上 35	陰去 21	陽去 33
p	□(左~仔 [26])	跛(~足)擺(~開)	擺	拜	
pʰ	□(砍樹枝)	排牌	稗	派	敗
m	買	埋			賣
f		懷槐淮			壞
v	歪	□(□~[27])			
t	低		底	戴帶	
tʰ	弟(老~)	蹄啼		態太泰替	大待
n		泥			耐奈
l	拉	犁黎		癩	賴
ts	災栽			載(~重,滿~)再債 宰詐(奸~)	
tsʰ	猜差(出~)	裁	彩采採(橡樹)	蔡	在
s	□(吃)	□(饞嘴)	徙	曬	
tʃ					
tʃʰ					
ʃ					
ʒ		椰			
k	街雞	□(那)	解(講~,~開)改	介界屆戒個	
kʰ	□(挑)		慨(慷~,慼~)		
ŋ	□(~~仔 [28])	我	□(□~仔 [29])	□(轉動來,磨)	
h	溪	孩鞋	械蟹		
ø	□(拉)		矮	隘	

---

26) tso²¹ pai⁵³ ə⁵⁵ 左□仔（左利き、左撇子）
27) tʃi⁵³ vai⁵⁵ □□ （女性器、女生殖器）
28) ŋai⁵³ ŋai⁵³ ə⁵⁵ □□仔（大体、差一點）
29) kʰat³² ŋai³⁵ ə⁵⁵ □□仔（無理やり・しぶしぶ、勉強）

au	陰平 53	陽平 55	上 35	陰去 21	陽去 33
p	包胞鮑		鮑	抱豹爆雹	
pʰ	拋	鉋		泡炮	
m	卯	茅矛		□[30]	貌
f					
v					
t		□(~子[31])			
tʰ					
n	惱				鬧
l	□(與)	流		□(~仔[32])	
ts	遭糟燥		蚤爪找		
tsʰ	操抄鈔		吵	躁糙	
s	騷臊(~氣)	□(~癢[33])			
tʃ	朝(今~)昭招			罩照	
tʃʰ	超	朝(~代)潮			趙
ʃ	燒		少(多~)	兆召紹少(~年)	
ʒ	妖邀腰繞	搖謠窯	舀(~水)	要(~求,想~,重~)耀	
k	膏交郊膠教(~書)	□(攪拌)	搞較校(學~,上~)	教(~育) 校(~對) 酵	
kʰ	犒	□(刮)	考烤巧(奇~)	拷	
ŋ	咬	傲坳(山~)		□(~頭[34])	
h	浩	耗	效(有~)	孝效(~果)好(喜~)	
ø		坳(山~)	拗	□(相~仔[35])	

---

30) mau²¹（もぐもぐとたべる様子、指沒有牙齒的人吃東西的樣子）
31) tau⁵⁵ tsi³⁵ □子（さいころ、骰子）
32) lau²¹ ɔ⁵⁵ □仔（わな、陷阱）
33) sau⁵⁵ ʒoŋ⁵³ □癢（女の子が色気づく、女孩子發情）
34) ŋau²¹ tʰeu⁵⁵ □頭（顔をそむける、扭頭）
35) sioŋ⁵³ au²¹ ɔ⁵⁵ 相□仔（いいあらそう、爭辯）

uai	陰平 53	陽平 55	上 35	陰去 21	陽去 33
p					
pʰ					
m					
f					
v					
t					
tʰ					
n					
l					
ts					
tsʰ					
s					
tʃ					
tʃʰ					
ʃ					
ʒ					
k	乖		拐(~棍)	怪	
kʰ				塊快	
ŋ					
h					
ø					

iau	陰平 53	陽平 55	上 35	陰去 21	陽去 33
p	彪		表錶		
pʰ	標	嫖(~賭)		瓢漂票(車~)	
m		苗渺	秒妙		藐廟描
f					
v					
t	刁貂雕鳥		屌	釣吊調(音~)	
tʰ	□(~~³⁶)	條調(~和,~動)	□(丟掉)	跳耀	
n	□(~面³⁷)	□(~~³⁸)			
l	□(鐐)	瞭聊遼撩(~起來) 瞭(~望)	了(~結)料(~子)	□(踢)	料廖(姓)
ts	焦蕉(芭~,香~)椒			醮(打~)	
tsʰ	□(攪拌)	樵	噍	俏	
s	消宵銷囂蕭簫霄 (通~:地名)	□(精液)	小	笑	霄(~裡橋:橋名)
tʃ					
tʃʰ					
ʃ					
ʒ					
k	驕嬌		繳(上~)	叫	
kʰ	□(~腳³⁹)	喬僑橋	巧(~妙)	竅	轎
ŋ		撓饒		貓	尿
h	□(~人⁴⁰)	□(女孩子行為放蕩)	曉		
ø	□(餓)				

36) tʰiau⁵³ tʰiau⁵³ □□（故意に、故意）
37) niau⁵³ mien²¹ □面（あばたづら、麻臉）
38) niau⁵⁵ niau⁵⁵ □□（植物の成長がわるい様子、植物長得不好）
39) kʰiau⁵³ kiok⁵ □腳（あぐらをかく、盤腿）
40) hiau⁵³ ŋin⁵⁵ □人（他人の利益をわがものにする、占人便宜）

2. 同音字表

am	陰平 53	陽平 55	上 35	陰去 21	陽去 33
p					
pʰ					
m					
f	犯(碰到看不見的邪物)				范範犯(~人)
v					
t	耽擔(~任)	□(~□⁴¹)	膽	擔(挑~)檐	
tʰ	貪淡	潭談痰		探(試~,偵~)	□(墊)
n		南男	□(摟)	□(~泥⁴²)	
l	□(混合在一起)	藍籃	欖(橄~)	□(套在脖子上)	覽
ts			斬	讚	
tsʰ	參	蠶慚	慘	杉棧	□(鏨)
s	三衫				
tʃ	詹(姓)			站(立,車~)占(占領)	
tʃʰ					
ʃ		蟾(~酥)蟬禪(~宗,~讓)	閃		
ʒ	閹	鹽			炎艷焰
k	甘柑		敢減感	監(~察,~視,~牢,國子~)鑒(通~)艦	
kʰ	堪			勘(~誤,~探)	□(壓)
ŋ	□(牙床)	癌	頷(~頭⁴³)		
h	憨	含函銜鹹(味道)		喊	
ø	□(甕)			暗	

---

41) tam⁵⁵ te⁵⁵ □□（おしゃべりをする、聊天）
42) nam²¹ nai⁵⁵ □泥（ぬかるみ、爛泥）
43) ŋam³⁵⁻³³ tʰeu⁵⁵ 頷頭（うなずく、點頭）

iam	陰平 53	陽平 55	上 35	陰去 21	陽去 33
p					
pʰ					
m					
f					
v					
t	□(~⁴⁴)		點	店	
tʰ	添	甜	□(累)		
n					
l		廉鐮簾	□(水流很少)		殮
ts	尖殲(~滅)		□(水煮)	□(擠,佔)	
tsʰ	簽	□(刺)		□(栽培植物的竹竿)	暫漸
s		潛			
tʃ					
tʃʰ					
ʃ					
ʒ					
k	兼		鹹(~性)檢儉	劍	
kʰ	謙歉	鉗		欠	□(跨)
ŋ	捻拈	黏(~米,~起來)粘(~貼)閻嚴釅(~茶)		□(~□□⁴⁵)	染驗念
h		嫌	險		
ø					

---

44) tiam⁵³ tiam⁵³ □□ （しずかにする、安靜）
45) ŋiam²¹ so⁵⁵ so⁵⁵ □□□ （元気がない、沒精神）

2. 同音字表

an	陰平 53	陽平 55	上 35	陰去 21	陽去 33
p	班斑頒汴般搬		板版阪	扮半	
pʰ	潘	攀盤		盼叛	辦伴判
m	滿	蠻饅(~頭)瞞			慢
f	翻番(~番)藩	凡帆還(~原)煩攀繁環(~境)	反	患販	飯(大~店)
v	玩(古~)彎	完玩(游~)頑(~皮,~固)灣碗(~豆)	挽		萬
t	丹單		□(一~⁴⁶)	誕旦但蛋	
tʰ	灘攤	壇彈(~琴,子~)曇	毯	炭嘆	
n	懶	難(~易)			難(患~)
l		蘭攔欄			爛
ts			□(住)	贊	
tsʰ	□(~鱗⁴⁷)	殘泉	鏟	燦	
s	山	□(偷溜)	產	散(鞋帶~了,分~)	
tʃ			展	戰	
tʃʰ		纏		□(輾)	
ʃ	□(摑)			疝(~氣)扇善膳	
ʒ	演煙冤怨淵援(~救)鴛	然延丸(肉~,彈~)圓員緣(有~,~故)園鉛	遠	雁燕宴院縣	
k	艱奸		簡揀		
kʰ	□(~⁴⁸)				
ŋ	研		眼		
h		閑還(~有)	蜆		限莧(~菜)
ø	□(太)				

---

46) ʒit⁵⁻³² tan³⁵ 一□ (いままでずっと、一向)
47) tʰan⁵³ lin⁵³ □鱗 (反骨の人のこと、形容有叛逆性的人)
48) kʰan⁵³ kʰan⁵³ □□ (あいにく、偏偏)

uan	陰平 53	陽平 55	上 35	陰去 21	陽去 33
p					
pʰ					
m					
f					
v					
t					
tʰ					
n					
l					
ts					
tsʰ					
s					
tʃ					
tʃʰ					
ʃ					
ʒ					
k	關			慣	
kʰ		環(圓~:地名)	款	□(提)	
ŋ					
h					
ø					

2. 同音字表

aŋ	陰平 53	陽平 55	上 35	陰去 21	陽去 33
p	□(拔)				
pʰ	□(□~⁴⁹)	彭膨(~脹) 棚		□(植物纖維化)	
m	猛	明(~年) 蜢(草~仔⁵⁰)			
f					
v		橫			橫(倒)
t	釘(鐵~) 疔	□(~□⁵¹)	頂	釘(~衫褲⁵²)	
tʰ	趙(一~) 廳			聽	
n		□(腳~骨⁵³)		□(用力踩)	另(~外)
l	冷	零			□(~□⁵⁴)
ts	□(手~⁵⁵)				
tsʰ				撐(~船)	□(塞進去,擠進去)
s	生(學~) 甥		省(節~)		
tʃ	正(~月)		整	伕正(オ)	
tʃʰ		程			鄭
ʃ	聲	城			
ʒ		贏營	影		
k	更(五~)庚耕羹		哽	□(~倒⁵⁶)	
kʰ				□(挖)	
ŋ					硬
h	坑	行(~為,品~)			
ø	罌(瓶子)	□(~□⁵⁷)			

---

49) ʃok³² pʰaŋ⁵³ □□（パン、麵包）
50) tsʰo³⁵⁻³³ maŋ⁵⁵ ŋɔ⁵⁵ 草蜢仔（イナゴ、蚱蜢）
51) taŋ⁵⁵ ti⁵⁵ □□（おてんばだ、淘氣）
52) taŋ²¹ sam⁵³ fu²¹ 釘衫褲（服をぬう、縫衣服）
53) kiok⁵⁻³² naŋ⁵⁵ kut⁵ 腳□骨（脛骨、脛骨）
54) laŋ³³ li³³ □□（清浄だ、清潔）
55) ʃiu³⁵⁻³³ tsaŋ⁵³ 手□（肘、胳臂肘）
56) kaŋ²¹ to³⁵ □倒（つまずいてころぶ、絆倒）
57) aŋ⁵⁵ naŋ⁵⁵ □□（いくじなし、聽不懂道理的人）

iaŋ	陰平 53	陽平 55	上 35	陰去 21	陽去 33
p		□(槍斃,射)	丙餅	拼(~命)柄拼	
pʰ	□(甩,用力扔東西)	坪平(~輩)			病
m	□(蓋住)	名明(清~)			命
f					
v					
t		□(擬聲詞)			
tʰ					
n					
l	領嶺	□(擬聲詞)			□(~仔[58])
ts	靚(漂亮)		井		
tsʰ	青清(~明)		請		淨
s	星(~~)腥		醒	姓	
tʃ					
tʃʰ					
ʃ					
ʒ					
k	驚	□(擬聲詞)	頸	鏡	
kʰ	輕(~重,年~)	□(擬聲詞)		□(很會)	□(保養)
ŋ		迎	□(展現)		
h					
ø					

---

58) liaŋ³³ ŋə⁵⁵ □仔（なぞなぞ、謎語）

2. 同音字表　27

uaŋ	陰平 53	陽平 55	上 35	陰去 21	陽去 33
p					
pʰ					
m					
f					
v					
t					
tʰ					
n					
l					
ts					
tsʰ					
s					
tʃ					
tʃʰ					
ʃ					
ʒ					
k	□(~仔 [59])	□(~肚 [60])	梗		
kʰ		□(擬聲詞)		□(擬聲詞)	
ŋ					
h					
ø					

---

59)　kuaŋ⁵³ ŋə⁵⁵ □仔（丸太、木條）
60)　kuaŋ⁵⁵ tu³⁵ □肚（太鼓腹、青蛙肚）

ap	陰入 5	陽入 32
p		
pʰ		
m		
f	法乏髮	
v		
t	貼答搭	□(零~)⁶¹
tʰ	塔塌	踏
n		納
l	□(塌)	臘蠟
ts	□(很有力氣)	
tsʰ	插(摖進隊伍)	雜插(~進裡面)
s	□(□~)⁶²	□(水煮)
tʃ	折(~疊)褶	折(~斷,~疊)
tʃʰ		
ʃ	□(目~~)⁶³	涉
ʒ		葉頁
k	鴿甲胛(肩~)	洽
kʰ		
ŋ		□(碰)
h	□(菜片)	合盒(煙~)狹
ø	鴨押壓	

iap	陰入 5	陽入 32
p		
pʰ		
m		
f		
v		
t	□(粘上去)	
tʰ	帖(碑~,請~)	疊碟蝶諜
n		燎(火~眉毛)獵
l	粒	
ts	接(迎~)	
tsʰ		
s		□(塞進去)
tʃ		
tʃʰ		
ʃ		
ʒ		
k	夾刧	
kʰ		
ŋ	□(~~)⁶⁴	業孽
h		狹峽脅協
ø		

61) laŋ⁵⁵ tap³² 零□（おやつ、零食）
62) la³³ sap⁵ □□（ごみ、垃圾）
63) muk⁵⁻³² ʃap⁵⁻³² ʃap⁵ 目□□（目をとじる、閉眼）
64) ŋiap⁵⁻³² ŋiap⁵ □□（ぺちゃんこである、扁平）

2. 同音字表

at	陰入 5	陽入 32
p	八	□(借)
pʰ	潑	跋(~扈 65)
m	襪	□(~草 66)
f	罰發(~生)闊(廣~)	活
v	挖(搬開)	滑猾(狡~)
t		值
tʰ		達
n	□(燙)	
l	□(燒焦)	辣
ts		□(東西裝得密實)
tsʰ	察(警~)	鍘(~刀)
s	薩殺	
tʃ	折(天~)	哲浙
tʃʰ	□(發~67)	徹
ʃ	設捨(施~)	舌
ʒ	乙	越曰
k		
kʰ	刻(用刀~)	
ŋ	□(吝嗇)	
h		
ø	□(生氣)	

uat	陰入 5	陽入 32
p		
pʰ		
m		
f		
v		
t		
tʰ		
n		
l		
ts		
tsʰ		
s		
tʃ		
tʃʰ		
ʃ		
ʒ		
k	刮揭	
kʰ		
ŋ		
h		
ø		

---

65) pʰat³² fu²¹ 跋扈（女の子の性格がきつい こと、形容女孩子厲害）
66) mat³² tsʰo³⁵ □草（きよめの草、驅邪的草）
67) pot⁵⁻³² tʃʰat⁵ 發□（こどもが不機嫌になる こと、小孩子不高興）

ak	陰入 5	陽入 32
p	百伯(阿~)剝	
pʰ	魄	白
m	脈(打~)	麥脈(山~)
f		
v	劃(~畫)	劃(計~)
t		
tʰ	□(綁)	
n		
l	壢(溝)	曆(農~)落
ts	摘	
tsʰ	拆(開)柵(~欄)冊	
s		
tʃ	隻	
tʃʰ	尺赤	
ʃ		石
ʒ		□(~仔 68)
k	格(格子)	隔
kʰ		搭(~拳 69)
ŋ		
h	嚇(~一跳,恐~)客	□(~卵 70)
ø	握(把~)	

iak	陰入 5	陽入 32
p	壁	
pʰ	□(丟)	
m		
f		
v		
t	□(扣上)	
tʰ		
n		
l		□(流 ~71)
ts	跡	
tsʰ		蓆(草~)
s	錫惜鵲(喜~)	
tʃ		
tʃʰ		
ʃ		
ʒ		
k	□(快)	
kʰ		□(~鞋 72)
ŋ	額	
h	□(□~73)	
ø		

68) ʒak³² gə⁵⁵ □仔（チョウ、蝴蝶）
69) kʰak³² kʰen⁵⁵ 搭拳（にぎりこぶしをつくる、握拳）
70) hak³² lon³⁵ □卵（陰囊、陰囊）

71) liu⁵⁵ liak³² 流□（敏捷だ、麻俐）
72) kʰiak³² hai⁵⁵ □鞋（下駄、木屐）
73) lak³² hiak⁵ □□（おてんばだ、女孩子淘氣活潑）

2. 同音字表

e	陰平 53	陽平 55	上 35	陰去 21	陽去 33
p		□(~仔 74)			
pʰ					
m	□(阿~75)		□(阿~76)		
f	□(撈魚)			□(~嘴 77)	
v		□(擬聲詞)			□(撒)
t		□(□~78)		□(塊)	
tʰ		□(~□79)			
n	□(~~80)			系	
l		□(~舌嬤 81)		□(吐)	
ts		姊(阿~)			
tsʰ		齊		脆	
s	□(大聲叫)		洗	細婿	
tʃ	□(引誘)	□(引誘)	醜		
tʃʰ	□(~牯 82)			□(蔓延)	
ʃ	舐(以舌舐物)		□(目~~83)	世勢	事(做~)
ʒ	挪(挪移)	□(粘滑)	□(有~仔 84)		
k			解(~開)	計	
kʰ		□(破)		契(~約)	乞
ŋ			蟻		
h	□(擬聲詞)			係	係(關~)
ø		□(擬聲詞)			

---

74) pe⁵⁵ ɔ⁵⁵ □仔（女性器、女生殖器）
75) a³³ me⁵³ 阿□（おかあさん、媽媽）
76) a³³ me³⁵ 阿□（おば、嬸母）
77) fe³⁵⁻³³ tʃoi²¹ □嘴（口をへの字にまげる、撇嘴）
78) tam⁵⁵ te⁵⁵ □□（おしゃべりをする、聊天）
79) tʰe⁵⁵ nen³⁵ □□（もたれている、依靠著）
80) ne⁵³ ne⁵³ □□（内向的で口数がすくない様子、内向不多説）
81) le⁵⁵ ʃat³² ma⁵⁵ □舌嬤（舌をだす、吐舌頭）
82) tʃʰe⁵³ ku³⁵ □牯（おろかでとんちんかんな男、沒有知識、說話行為不得體的男性）
83) muk⁵⁻³² ʃe³⁵⁻³³ ʃe³⁵ 目□□（横目でそっと見る様子、斜著眼看）
84) ʒiu⁵³ ʒe³³ ɔ⁵⁵ 有□仔（ついでに、順便）

eu	陰平 53	陽平 55	上 35	陰去 21	陽去 33
p					
pʰ					
m	某	謀			茂貿
f		浮			
v					
t	□(喘)		斗	鬥	
tʰ	偷	頭投		透	豆
n	□(使發癢)	□(稠)	紐		
l		摟(~起來) 撈樓摟(~取)		□(~狗 [85])	漏
ts	鄒		走	奏	
tsʰ			□(摻和)	湊	
s	搜	愁		瘦	
tʃ					
tʃʰ					
ʃ					
ʒ					
k	勾鉤溝鳩	勾鉤	狗	夠構	
kʰ	□(圈,套住)		□(人~)	扣(~住)	
ŋ					
h		侯喉猴	□(~水)		後厚后候
ø	歐	毆	嘔(~吐)	□(又胖又不英俊)	

---

85) leu²¹ keu³⁵ □狗（イヌをよびよせる、喚狗）

2. 同音字表

em	陰平 53	陽平 55	上 35	陰去 21	陽去 33
p					
pʰ					
m					
f					
v					
t	□(用水養)		□(踢)		□(踩)
tʰ					
n	□(滿)	□(軟)			
l		□(把手伸進小洞裡)			
ts	□(剁)				
tsʰ			□(~ □ ⁸⁶)		
s	森參(人~)猩	□(咬)		□(用手拋)	
tʃ					
tʃʰ					
ʃ					
ʒ					
k		□(蓋)			
kʰ		□(~ 起來 ⁸⁷)			
ŋ					
h	喊				
ø	□(遮蓋)				

---

86) tsʰem³⁵ tsʰi⁵³ □□ (鏡鈹、銅鈹)
87) kʰem⁵⁵ hi³⁵ loi⁵⁵ □起來 (おおいかぶせる、蓋上)

en	陰平 53	陽平 55	上 35	陰去 21	陽去 33
p	崩冰			□(靠)	
pʰ	□(鋼筆)	朋			□(~□⁸⁸)
m			猛銘孟		
f		弘衡宏			
v			□(邀請)		
t	登燈丁	□(~頭⁸⁹)	等		凳
tʰ		謄(~寫)藤		□(~手⁹⁰)	鄧
n	□(裡,上)	能寧(安~)	□(著)	□(奶)	
l					
ts	曾(姓)爭(戰~)			增贈	
tsʰ	□(呻吟)	層		□(嘆氣)	
s	僧生(~命)牲星先(你~)		省(~長,反~)	□(擤)	
tʃ					
tʃʰ					
ʃ					
ʒ					
k	肩堅捐跟	□(擬聲詞)	捲(~起)券更(~換)	見踐更(~加)	
kʰ	圈(圓~)	乾(~坤)拳權	犬懇墾肯	勸	健件
ŋ					
h	痕	□(緊)	肯		恨杏幸
ø	恩鷹			應(回答)	

88) pʰen³³ nen³⁵ □□（…にそって、靠著）
89) ten⁵⁵ tʰeu⁵⁵ □頭（風格がある、派頭）
90) tʰen²¹ ʃiu³⁵ □手（てつだう、幫忙）

2. 同音字表

ien	陰平 53	陽平 55	上 35	陰去 21	陽去 33
p	鞭編邊辮		扁匾	辯變遍(一~)	
pʰ	篇偏	便(~宜)	片(一~)	騙(欺~) 片(鴉~)	便(方~)
m	免勉娩(分~)	綿棉		面(~孔)	緬麵
f					
v					
t	顛		典奠		
tʰ	天	田填			電殿佃墊(~錢)
n					
l	□(掀)	連聯憐蓮		□(滾)	練煉棟(~樹)戀
ts	煎		剪	箭濺(~一身水)薦	
tsʰ	遷千	錢前	淺		賤
s	仙鮮(新~)喧先宣		癬選鮮(朝~)	線	
tʃ					
tʃʰ					
ʃ					
ʒ					
k	間(空~,中~)肩		簡	建見	
kʰ	牽				
ŋ		年言元原源	捻(以指捻碎)	願(~頭 91)	願(~意)
h	掀	賢弦玄軒	顯	憲獻現(出~)	現(~在)
ø					

---

91) ŋien²¹ tʰeu⁵⁵ 願頭（ねがい、希望）

ep	陰入 5	陽入 32
p		
pʰ		
m		
f		
v		
t	□(丟)	
tʰ		
n	□(肥~~)[92]	
l		□(肥~~)[93]
ts	□(抓一點東西)	
tsʰ		
s	澀嗇(吝~)	
tʃ		□(□~~)[94]
tʃʰ		
ʃ		
ʒ		
k		□(濺)
kʰ	□(網住)	
ŋ		
h		
ø	□(埋)	

et	陰入 5	陽入 32
p	逼迫北	
pʰ		別(~人)
m		密墨
f		
v	挖(~洞)	
t	得德	
tʰ	踢	
n	捏	
l	□(抱)	
ts	則澤擇(選~)	
tsʰ	策測塞	賊
s	塞色	虱
tʃ		
tʃʰ		
ʃ		舌
ʒ	□(挖)	
k	結潔格(人~)革決	鱖(~魚)
kʰ	傑缺乞(求~)	刻(時~)克
ŋ		
h		核
ø	□(打噎)	

---

92) pʰui⁵⁵ nep⁵⁻³² nep⁵ 肥□□（(女の子が) ふとっている様子、(女孩子) 胖嘟嘟）

93) pʰui⁵⁵ lep³² lep³² 肥□□（(男の子が) ふとっている様子、(男孩子) 胖嘟嘟）

94) nam²¹ tʃep³² tʃep³² □□□（ぬかるんでいる、泥濘）

2. 同音字表

iet	陰入 5	陽入 32
p	鱉憋	
pʰ		別 (區~, 離~)
m		滅
f		
v		
t	跌	
tʰ	鐵	
n		
l		列烈裂
ts	節截	□(用手掌捅)
tsʰ	切(一~)	絕
s	雪穴	薛泄(~漏)
tʃ		
tʃʰ		
ʃ		
ʒ		
k		
kʰ		
ŋ		熱月
h	血歇	
ø		

uet	陰入 5	陽入 32
p		
pʰ		
m		
f		
v		
t		
tʰ		
n		
l		
ts		
tsʰ		
s		
tʃ		
tʃʰ		
ʃ		
ʒ		
k	國摑	
kʰ		
ŋ		
h		
ø		

	陰平 53	陽平 55	上 35	陰去 21	陽去 33
p	波玻(~璃)襃(~獎)		保堡寶	報暴	
pʰ	坡泡(出~)	婆浮		破剖	
m	魔毛摸	無			磨(石~)冒帽
f		和(~氣)	火伙	禍貨	
v	窩	禾和(~尚)			
t	多刀濤	□(擬態詞)	禱島倒(打~)	到倒(顛~)	
tʰ	拖討(檢~)導	駝桃逃萄妥(~當)	討(~債)		妥(~妥)道稻套盜
n			腦		糯(~米)
l	唠(~叨)拉	羅鑼籮螺(~螄)勞	老	□(不密)	□(為~95)
ts	糟(紅~)		左早宰	佐灶做左(~手)	
tsʰ	坐昨	曹	草	糙(~米)錯(~誤)	座造(建~)
s	簑梭(織布~)叟愸(~惡)臊	唆(羅~)	所嫂鎖瑣	掃(~地,~帚)刷(牙~)	
tʃ					
tʃʰ			□(□~96)		
ʃ					
ʒ					
k	歌哥高篙(進船竿)	□(塗)	果裹稿	過告	
kʰ	科	□(討價還價)	可	課	靠
ŋ	我	蛾鵝俄		□(仰)	餓
h		河何荷(~花,薄~)豪壕	好(~壞)		賀號(呼~,~數)
ø	污屙(排泄)	蚵	襖	□(胖醜)	阿(~彌陀佛)

---

95) vui³³ lo³³ 為□ (…のために、為了)
96) lo³³ tʃʰo³⁵ □□ ((文字が) ぞんざいだ、潦草)

2. 同音字表

oi	陰平 53	陽平 55	上 35	陰去 21	陽去 33
p			□(撥開)	背	
pʰ	胚(~胎)	培陪賠		配佩	倍焙(~乾)吠背(~書)
m	□(閉上嘴咀嚼)	梅媒煤	□(閉上嘴咀嚼)	妹	
f	灰				
v	話				會(~不~)
t	堆	□(大聲責備)			
tʰ	胎梯	台(天~,~州)臺抬			貸代袋
n	□(安慰)				
l		來		□(摘)	
ts	□(~仔⁹⁷)	□(捉)			
tsʰ	在□(~□⁹⁸)	材才(~能)財豺		菜	
s	衰鰓		髓	賽歲帥	
tʃ				嘴	
tʃʰ		□(眼皮發炎)			
ʃ				稅	睡
ʒ					
k	該	□(敲打)	改□(翻土)	蓋	
kʰ	開		凱慨		
ŋ	□(我)	□(~⁹⁹)			外
h		□(癢)	海		害亥
ø	哀			愛	

---

97) tsoi⁵³ ə⁵⁵ □仔（男性器、男生殖器）
98) tsʰoi⁵³ ko²¹ □□ （かわいそうだ、可憐）
99) ŋoi⁵⁵ ŋoi⁵⁵ □□ （ぼんやりする、失神）

io	陰平 53	陽平 55	上 35	陰去 21	陽去 33
p					
pʰ					
m					
f					
v					
t					
tʰ					
n					
l					
ts					
tsʰ				□(踩)	
s		□(差勁)		□(踢)	
tʃ					
tʃʰ					
ʃ					
3					
k	□(弄亂)				
kʰ		茄(~子) 瘸			
ŋ					
h	靴	□(叱喝)			
ø	□(回答聲)				

2. 同音字表

on	陰平 53	陽平 55	上 35	陰去 21	陽去 33
p					
pʰ	□(翻捲)				飯
m					
f	歡			喚煥幻	
v			碗腕		換
t	端		短□(擠斷)	斷(決~)	
tʰ	斷(~絕)	團□(猜)			鍛(~煉)段緞
n	暖				
l			卵	□(雞~仔¹⁰⁰)	亂
ts		鑽(動詞)		鑽(木工用具)	
tsʰ	餐				賺
s	酸拴			算蒜	
tʃ	專磚		轉		
tʃʰ	川穿	傳(~達)		傳(~記)串	
ʃ		船			
ʒ					
k	干(~涉)肝乾(~濕) 官棺觀(參~)		趕管館桿	幹貫灌罐冠(~軍)	
kʰ	寬			看	
ŋ					
h	旱	寒韓		撼憾漢翰	汗
ø	安			岸按案	

---

100) kai⁵³ lɔn²¹ nɔ⁵⁵ 雞□仔（卵をうんだことがないメンドリ、未下過蛋的母雞）

ion	陰平 53	陽平 55	上 35	陰去 21	陽去 33
p					
pʰ					
m					
f					
v					
t					
tʰ					
n					
l					
ts					
tsʰ	☐(吸)	全	☐(鴨鵝吃東西)		☐(頭髮旋兒)
s					
tʃ					
tʃʰ					
ʃ					
ʒ					
k					
kʰ					
ŋ	軟				
h					
ø					

2. 同音字表

oŋ	陰平 53	陽平 55	上 35	陰去 21	陽去 33
p	幫邦	□(~~101)	榜綁□(配)	□(~空102)	
pʰ	□(敲門)	旁		膨(~大)紡	磅
m		忙芒茫亡忘盲	□(勉強嚼)		望
f	荒慌晃(~眼)方芳	皇蝗妨(~害)房防	訪	放紡	
v	往	黃王	枉		旺(興~,火~)
t	當(~時,應~)	捅	黨擋(阻~)	當(~舖)蕩(放~)	
tʰ	湯	堂棠螳(~蜋)唐糖塘		燙	
n	□(肥肉)	囊			
l	□(人造絲)	郎廊狼		□(捅)	朗浪
ts	莊裝			葬藏(西~)壯	
tsʰ	倉蒼瘡昌	藏(隱~)床	臟(心~)	創	臟(心~)狀撞
s	桑喪(~事,~失)霜		爽		
tʃ	張章樟獐帳障(保~)		長(生~)掌	漲帳障(保~)	
tʃʰ	□(姑~)	長(~短)腸場廠	杖	暢唱倡(提~)	丈
ʃ	商傷上(~山)	常嘗裳(衣~)	賞晌(~午)償		尚上(~面)
ʒ	仰央秧殃養癢鴦	羊洋楊陽揚瘍(潰~)			樣壤(土~)
k	岡崗剛綱缸光江扛	□(空罐)	廣講港(~口)	鋼(~材)降(下~)	
kʰ	康糠慷(~慨)	狂	況	抗礦	
ŋ		□(~~103)		□(~~104)	
h	糠	行(~列,銀~)航杭降(投~)		□(~起來105)	項巷
ø	□(半□~106)	□(~□仔107)		□(~~108)	□(壓著)

---

101) poŋ⁵⁵ poŋ⁵⁵ □□（すっからかんである、空空）
102) poŋ²¹ kʰuŋ⁵³ □空（爆破してつくった）坑道、礦坑）
103) ŋoŋ⁵⁵ ŋoŋ⁵⁵ □□（意識がぼんやりしている、昏昏）
104) ŋoŋ²¹ □（頭がわるい、傻）
105) hoŋ²¹ hi³⁵ loi⁵⁵ □起來（おきあがる、坐起來）
106) pan²¹ tuŋ⁵³ oŋ⁵³ 半□□（中間、中間）
107) oŋ⁵⁵ lok³² gə⁵⁵ □□仔（無職でぶらぶらしている人、無業游民）
108) oŋ³⁵ oŋ²¹ □□（ひくい音、形容低音）

ioŋ	陰平 53	陽平 55	上 35	陰去 21	陽去 33
p	枋(板)			放(~東西)	
pʰ					
m			網		
f					
v					
t	□(刁難)	□(剩餘)			
tʰ			□(過於)	□(高興)	
n					
l	兩(幾~幾錢)	良涼量(~長短)糧梁輛	兩(~個)		亮諒量(數~)
ts	將(~來)漿		蔣獎	醬將(大~)	
tsʰ	槍	墻	搶	像	
s	相(互~)箱鑲	詳祥	想	像相(~貌)	象橡(~樹)匠
tʃ					
tʃʰ					
ʃ					
ʒ					
k	薑姜(姓)羌				
kʰ	眶(眼~)腔	強(~弱,勉~,倔~)			
ŋ		娘	□(顯示)	讓	
h	香鄉			享響	向
ø					

2. 同音字表

ot	陰入 5	陽入 32
p	發	
pʰ		
m		
f		
v		
t	□(責罵)	奪
tʰ	脫	
n		
l		□(剝落)
ts	□(吸)	
tsʰ		□(~假：裝假)
s	涮(~洗)刷(~子)	
tʃ		
tʃʰ	□(啜飲)	
ʃ	說(~話)	
ʒ		
k	刈割葛	
kʰ		
ŋ		
h	渴	
ø	□(按)	

ok	陰入 5	陽入 32
p	剝□(水壩)	博駁
pʰ	薄(薄~)□(渣)拍	薄
m		莫膜幕
f		獲
v	□(打嘴巴)	鑊(鍋)
t	鐸剁	
tʰ	託托(手承物)	
n		
l	□(煮爛)	裸(~體)落駱絡樂(快~)
ts	作(~坊,工~)桌卓	
tsʰ	鑿	
s	索(繩~)縮(畏~)塑束	
tʃ	著(~衣)酌	
tʃʰ	□(用腳撥開)	著(對)
ʃ		勺(勺子)芍(~藥花)
ʒ	約	藥
k	閣郭覺(知~)角各	
kʰ	闊	擴(~充)確
ŋ		岳樂(音~)獄鱷
h	殼	鶴學
ø	惡(善~)	□(吐)

iok	陰入 5	陽入 32
p		
pʰ		□(租)
m		
f		
v		
t		□(無~[109])
tʰ		
n		
l		□(~仔[110])
ts	爵	□(□~[111])
tsʰ	雀(麻~)	
s	削	
tʃ		
tʃʰ		
ʃ		
ʒ		
k	腳	
kʰ	□(一種賭博用語)	
ŋ		弱虐
h		
ø		

---

109) mo⁵⁵ tiok³² 無□（いくじがない、沒骨氣）
110) liok³² liok³² gə⁵⁵ □□仔（すこしばかり、一點點）
111) nam²¹ tsiok³² tsiok³² □□□（(泥が) べとべととしている、泥土又濕又粘）

2. 同音字表

u	陰平 53	陽平 55	上 35	陰去 21	陽去 33
p	埔		脯(胸)補	布	
pʰ	鋪(~設,店)普簿埠	蒲菩(~薩)	譜		部步孵
m	母	模(~子,~範)	□(碰觸)	□(~□¹¹²)	
f	呼夫膚腐(~敗)婦(~女)	胡湖狐壺乎葫(~蘆)鬍瓠(~子,~瓜)敷孵(~小雞)符扶芙(~蓉)	府斧釜苦虎	戶互褲父付賦傅赴婦(夫~)訃附負富副	戶(~籍)護(保~)腐(豆~)
v	烏	吾梧(~桐)無	午武舞鵡(鸚~)戊	務	芋
t	都(~城)	□(~倒¹¹³)	賭肚魚~,豬~,腹~)	堵渡篤	
tʰ	□(推)	徒屠途涂圖	土	吐(~痰,嘔~)杜兔	度
n		奴		怒	努
l	□(推)	盧爐蘆(蘆~)廬(茅~,~山)拎(~袖)魯(粗~)		露	路
ts	租組		祖		阻
tsʰ	粗初		楚礎(柱下石)	醋	助
s	蘇酥梳(~頭)疏(~遠,注~)蔬	□(~~¹¹⁴)		素訴數	
tʃ	豬諸朱硃珠		煮主	駐住蛀鑄	
tʃʰ	柱	除儲(~蓄)廚	處(~理)丑	處(保衛~)	箸(筷子)
ʃ	書舒殊輸(運~)		薯	暑鼠黍署(專~)	樹
3					
k	姑孤估(~計)菇(生~)	□(刺)	古鼓牯股	故固雇顧	
kʰ	枯	□(蹲)	苦	庫酷	□(蹲)
ŋ				誤	誤悟
h					
ø					

---

112) mu²¹ ku²¹ □□（寡黙だ、沈默不講話）
113) tu⁵⁵ to³⁵ □倒（でくわす、碰見）
114) su⁵⁵ su⁵⁵ □□（元気がない、精神不振）

ui	陰平 53	陽平 55	上 35	陰去 21	陽去 33
p	杯悲飛(~上去)			輩貝(寶~)	
pʰ	□(擬聲詞)	肥		□(吐)	
m	每尾				味未
f	恢灰非飛(~機)匪揮輝徽	回		廢肺惠慧費悔諱	會(開~)
v	偽萎(~縮)委威葦(蘆~)未(~來)	危為(作~)維惟遺微違圍緯偉		畏	衛為(~甚麼)位未胃調慰
t	追			對	
tʰ	推		腿	退褪	
n					內
l		雷	□(簍)		累(~積)類
ts		□(鉤上)	□(鳥嘴)	最醉	
tsʰ	催			脆翠粹(純~)	罪
s	雖	隨		碎瑞	
tʃ	□(□~115)				
tʃʰ	吹炊	槌錘			垂隊
ʃ			水		
ʒ					
k	閨規龜歸		軌癸鬼	桂貴	
kʰ	虧	魁奎葵	跪	櫃愧	
ŋ					魏
h					
ø					

115) lui⁵⁵ tʃui⁵³ □□（ずんぐりむっくりだ、矮胖）

2. 同音字表 49

un	陰平 53	陽平 55	上 35	陰去 21	陽去 33
p	奔分(給)		本	笨	
pʰ	□(厚)	盆		噴(~水,~香,~嚏)	
m	蚊悶	門		問	
f	昏婚分(~開)芬紛葷暈	魂	焚粉	憤糞奮	份(一~兩~)
v	溫瘟吻	文紋聞渾	穩	□(蕪)	□(趴)
t	敦(~厚)墩	蹲	□(柱子)	頓遁盾(~牌)	
tʰ	吞	坉(填)	屯豚盾(矛~)		鈍
n		暖	□(轉)		嫩
l		侖(昆~)倫輪			論(~語,~議~)
ts	尊遵		轉	俊	
tsʰ	村	存		寸	
s	孫	旬循巡	筍損		
tʃ	□(抖)		准準	圳	
tʃʰ	春伸	純			
ʃ		唇			順舜
ʒ		勻云雲		熨	潤閏韻運
k			滾	棍	
kʰ	昆(~明,~侖)坤		捆	困	
ŋ					
h					
ø					

iun	陰平 53	陽平 55	上 35	陰去 21	陽去 33
p					
pʰ					
m					
f					
v					
t					
tʰ					
n					
l					
ts					
tsʰ					
s					
tʃ					
tʃʰ					
ʃ					
ʒ					
k	均鈞君軍				均
kʰ	近芹	群裙			近
ŋ	忍	銀			韌
h	熏勛薰			訓訊	
ø					

2. 同音字表 51

uŋ	陰平 53	陽平 55	上 35	陰去 21	陽去 33
p		□(擬聲詞)	捧		
pʰ	蜂(~仔)楓(~樹)	篷			縫(一條~)
m		蒙			夢
f	風楓豐封峰蜂鋒	紅洪鴻馮縫(裁~)逢			哄(~騙)鳳奉俸
v	翁			甕	
t	東冬	捅	董懂	凍棟	
tʰ	通動(地~:地震)	同銅桐童	筒桶統	痛	動(運~)洞
n		農膿濃籠(燈~)		□(~毛蟲¹¹⁶)	弄
l	聾	隆	籠		
ts	宗綜(~合)棕		總	粽縱(放~)	
tsʰ	聰蔥囪(煙~)從(~容)窗匆				
s	鬆雙		□(推)	送宋頌訟	
tʃ	中(當)忠終鐘鍾春(~米)		種(~類)腫	中(射)眾種(~樹)	
tʃʰ	充重(輕~)沖	蟲重(~復)	塚	銃(放~)	
ʃ					
3	廱	榮絨熊融茸(參~)容蓉(芙~)	勇永詠		擁用
k	公蚣(~蚣)工功攻(~擊)	□(凸)		貢	
kʰ	空(~虛,~缺)		孔	控	
ŋ					
h					
ø					

---

116) nuŋ²¹ mo⁵³ tʃʰuŋ⁵⁵ □毛蟲（毛虫、毛蟲）

iuŋ	陰平 53	陽平 55	上 35	陰去 21	陽去 33
p					
pʰ					
m					
f					
v					
t					
tʰ					
n					
l	壟	龍			壟
ts	蹤(~跡)		□(□~¹¹⁷)		
tsʰ		松從(跟~)			
s	相(~鬥¹¹⁸)				
tʃ					
tʃʰ					
ʃ					
ʒ					
k	弓躬宮恭供(~給,~不起)			□(動物產子)	
kʰ		瓊窮			虹共
ŋ		□(~~¹¹⁹)			□(鬆)
h	兄胸兇(吉~,~惡)	雄			
ø					

---

117) tʰiet⁵⁻³² tsiuŋ³⁵ □□ (こどもをあまやかす、慣孩子)
118) siuŋ⁵³ teu²¹ 相鬥 ((ウシが角で) 突く、鬥角)
119) ŋiuŋ⁵⁵ ŋiuŋ⁵⁵ □□ (乱雑だ、亂糟糟)

2. 同音字表

ut	陰入 5	陽入 32
p	不	
pʰ		□(砍)
m	□(腐朽)	沒(沒收)
f	窟(~窿)	佛(神~)忽核(果子~)
v	□(屁~:屁股)	物
t	□(用手碰觸)	
tʰ	□(騙)	
n		
l	□(鬆,剝落)	律率
ts	卒(兵~)	□(跌)
tsʰ	□(擦)	崒(倉~)
s	□(屑)	術
tʃ		
tʃʰ	出	
ʃ	朮(白~,蒼~)	
ʒ		
k	骨(筋~,~頭)	
kʰ		□(凝固)
ŋ		
h		
ø		

uk	陰入 5	陽入 32
p	卜腹(入~)	
pʰ	仆(倒)	僕曝瀑(~布)
m	木目(睡)穆牧	目(題~)墓募
f	幅福復(~原,~興)	複覆(反~)服伏
v	屋	
t	督	獨
tʰ		讀毒
n	□(抖)	
l	□(~傷:燙)	鹿祿
ts	捉撮(一~米)	
tsʰ	□(咳嗽)	族
s	束速	
tʃ	竹築祝燭	
tʃʰ	□(抖動)	
ʃ	叔	熟(煮~,~悉)淑贖屬怨
ʒ		浴育
k	穀谷	
kʰ		
ŋ		
h		
ø		

iuk	陰入 5	陽入 32
p		
pʰ		
m		
f		
v		
t		
tʰ		
n		
l	六	陸綠錄
ts	足	
tsʰ	刺	
s	粟	宿俗續
tʃ		
tʃʰ		
ʃ		
ʒ		
k		
kʰ	菊麴(酒~)曲(歌~)	局
ŋ	肉	玉
h	畜(~牧)	
ø		

2. 同音字表

i	陰平 53	陽平 55	上 35	陰去 21	陽去 33
p	蓖(~麻)彼坡箆(枇)	□(~~120)	臂比(~較)	弊幣斃閉秘泌痺	
p^h	批被(~臥,~子)婢譬(~喻)	皮疲脾琵(~琶)枇(~杷)		屁	備鼻
m	美密(密密)	眉覓迷謎楣	米		□(~水121)
f					
v					
t	知蜘(~蛛)	□(□~122)		帝	
t^h		堤題提	體	剃	弟(~妹)第地
n		汝彌尼		膩	
l	呂旅禮里裡理鯉	離籬璃(玻~璃)梨厘貍(野貓)	李	濾(~過)	慮濾例厲勵荔(~支)利痢
ts		□(~□123)	姊(~妹)	祭際擠濟劑(一~藥)	
ts^h	妻	徐臍	取	鰭趣	□(~□124)
s	須鬚需篩西犀		死	序四肆敘	
tʃ	□(女生殖器)	稚(幼~園)	紙只(~有)旨指止趾址	制製智致至置治(~療)志誌痣稚(幼~)蟄(驚~)	
$tʃ^h$	癡	池遲持	恥痔齒	試	治(政~)
ʃ	施尸屍詩	匙(湯~,鑰~)時	屎始(開~)	始	示市誓是氏視試
ʒ	醫以衣依	如漁余餘愉愈兒移姨而已乳寅	雨椅	譽(榮~)易(難~,交~)意異億裕	預
k	居支枝肢技妓飢肌基機譏饑緝(通~)屐(木~)拘車(~馬炮)	佢(他)	舉據己杞矩幾	鋸(~子,~木頭)繼寄紀(~律,~年~,~世~)記既季具計忌	
k^h	巨企欺區(~域)	奇騎其棋期(時~)旗豈		氣	柿
ŋ	語藝議	宜你疑	耳		儀義二貳(~心)
h	虛噓(吹~)犧希稀	熙	許啟起喜	去戲器棄氣汽	
ø					

---

120) pi⁵⁵ pi⁵⁵ □□（自動車（幼児語）、汽車（兒語））
121) mi³³ ʃui³⁵ □水（水にもぐる、潛水）
122) taŋ⁵⁵ ti⁵⁵ □□（おてんばだ、淘氣）
123) tsi⁵⁵ tsi²¹ □□（小心だ、小氣）
124) tsʰi³³ e²¹ □□（（動物の）メス、母的）

im	陰平 53	陽平 55	上 35	陰去 21	陽去 33
p					
pʰ					
m					
f					
v					
t					
tʰ					
n	□(含)				
l	□(喝)	林淋(~濕)臨凌			淋(~濕)
ts	□(吻)	□(阿~125)		浸	
tsʰ	侵	尋			
s	心			□(上下搖動)	□(上下搖動)
tʃ			針		□(扔,丟)
tʃʰ	深	澄橙沉			沉
ʃ			沈審慎	甚	
ʒ	音陰蔭(屋子很~)		吟淫飲	□(泡)	任(責任)
k	今金		錦	禁	
kʰ	欽	琴禽擒	撤(按)		
ŋ		壬			
h	欣	□(目~~126)		□(悶)	
ø					

125) a³³tsim⁵⁵阿□（おば、嬸母）
126) muk⁵⁻³²him⁵⁵him⁵⁵目□□（（いかって）目をむく様子、瞪眼）

2. 同音字表

in	陰平 53	陽平 55	上 35	陰去 21	陽去 33
p	彬賓檳(~榔)兵		秉拼	殯併(合~)並	
pʰ	□(~仔 127)	貧頻(~繁)平評瓶屏(圍~)萍憑	品	聘	
m	蚊(~帳)	民鳴明眠			命(~令)
f		□(甩)		□(甩)	
v					
t			鼎	□(暫時固定)	
tʰ	□(~動 128)	亭停廷庭艇騰		訂(~約)定	
n					
l	鱗	鄰磷靈鈴	□(男生殖器)	輪(滾動)	令另
ts	精晶睛(眼~)			進晉	
tsʰ	親卿清	秦情			盡靜
s	辛新薪先(~生)			信性	
tʃ	珍真診蒸拯(~救)貞偵征徵(~求)爭(~氣)		鎮振整	震證癥正政	
tʃʰ	稱	陳塵澄	□(炫耀)	秤(一桿~)	陣趁
ʃ	身申升	神辰晨臣承成誠盛(~滿了)		腎勝聖盛(興~)	
ʒ	因姻引櫻(~桃)英	仁仍蠅		印應	應
k	根巾斤筋莖京鯨經(~緯,~線)今(~年)		緊景	境警敬	敬(~禮)
kʰ	□(沙囊)	勤		慶競	
ŋ		人			認
h	興(~旺)	形型刑		興(高~)	
ø					

---

127) pʰin⁵³ nə⁵⁵ □仔（小さい昆虫の一種、一種蟲子）
128) tʰin⁵³ tʰuŋ⁵³ □動（うごく、動）

iu	陰平 53	陽平 55	上 35	陰去 21	陽去 33
p		□(把液體射遠)			
pʰ				□(滑)	
m					
f					
v					
t	丟				
tʰ				□(滑倒)	
n					
l	榴(石~)柳	流劉留硫(~黃)琉(~璃)溜餾	□(唔滑~[129])	□(滑)	
ts	糾	□(阿~箭[130])	酒	皺	
tsʰ	丘秋鞦	泅(游水)			就袖
s	修羞	□(高粱)		秀繡銹(鐵~)	
tʃ	周舟州洲			畫咒蛀鑄	注(~意)
tʃʰ	抽	綢稠籌綽(寬~)	丑	臭(香~)獸(禽~)	
ʃ	收輸[131]	仇酬	手首守		受獸壽
ʒ	憂有友酉	柔優尤郵由油游又	又	幼	右佑柚
k		□(噴散)	九久	救究	
kʰ	臼舅	求球	□(揪)		舊
ŋ		牛	扭		
h	休				
ø	□(~□[132])				

---

129) m⁵⁵ vat³² liu³⁵ 唔滑□（なめらかでない、澀，不滑）
130) a³³ tsiu⁵⁵ tsien²¹ 阿□箭（オウチュウ（鳥）、烏秋）
131) 「輸」の韻母はiが脱落してuとなる場合もある。
132) iu⁵³ e²¹ □□（派閥のボス、幫派頭子）

ip	陰入 5	陽入 32
p		
pʰ		
m		
f		
v		
t		
tʰ		
n	□(憋)	
l		立笠粒
ts	□(吻)	
tsʰ	□(~衫 133)	
s		繫(連~)集習襲吸熄熄昔
tʃ	汁執	
tʃʰ		
ʃ	濕	十什(~物)拾(~起來)
ʒ		
k	急給(供~)	
kʰ	級	及
ŋ		入
h	翕(悶)	
ø		

it	陰入 5	陽入 32
p	畢筆	
pʰ	僻匹(一~布,一~馬)	
m		
f	□(狐~134)	
v	□(搖尾)	
t	的(目~)滴	
tʰ		特敵
n		
l	□(轉動)	栗力歷曆(國~)隸
ts	責績積	
tsʰ	七漆戚	膝
s	惜析息釋(解釋)	席
tʃ	質織職殖植灸(針~)	秩
tʃʰ		侄直值斥
ʃ	識式適失	實室食
ʒ	一益	逸翼譯役
k	吉擊激極	
kʰ		□(塊)
ŋ	日	
h		
ø		

133) tsʰipˢ⁻³² samˢ³ □衫（服をもむ、揉衣服）　　134) fu⁵⁵ fit⁵ 狐□（わきが、狐臭）

ɿ	陰平 53	陽平 55	上 35	陰去 21	陽去 33
p					
pʰ					
m					
f					
v					
t					
tʰ					
n					
l					
ts	資姿咨茲滋		子		
tsʰ		雌慈磁(~石)辭詞祠瓷(~器)嗣	此	次	自
s	私師獅司伺(~機)絲思(~想)	□(僅)	使史駛	寺	字士仕事祀(祭~)思(意~)巳
tʃ					
tʃʰ					
ʃ					
ʒ					
k					
kʰ					
ŋ					
h					
ø					

2. 同音字表

m	陰平 53	陽平 55	上 35	陰去 21	陽去 33
p					
p^h					
m		□(不)			
f					
v					
t					
t^h					
n					
l					
ts					
ts^h					
s					
tʃ					
$tʃ^h$					
ʃ					
ʒ					
k					
k^h					
ŋ					
h					
ø					

ŋ	陰平 53	陽平 55	上 35	陰去 21	陽去 33
p					
pʰ					
m					
f					
v					
t					
tʰ					
n					
l					
ts					
tsʰ					
s					
tʃ					
tʃʰ					
ʃ					
ʒ					
k					
kʰ					
ŋ		吳蜈(~蚣)魚	五伍女		
h					
ø					

3. 語 彙 集

凡　例

1) 米国プリンストン大学 CHInese LINguistics Project の『方言詞彙調査手冊 Handbook of Chinese Dialect Vocabulary』（1972 年）の 4348 項目をもとに調査をおこない、最終的に約 5910 項目あまりを収録している。

2) 見出し項目（語・フレーズ等）の配列については、上掲調査手冊にならって意味別（一部品詞別）を採用し、章節もこれにならった。また、「XX. vi. 擬声語」および「XXXIII. 類別詞」を追加した。なお、上掲調査手冊の「Appendix 句式」（例文）の部分は収録していない。

3) 見出し項目（語・フレーズ等）は IPA（簡略表記）および正体字（繁体字）の漢字で表記し、それに日本語訳・標準中国語訳・英語訳を付した。漢字表記について本字が特定できない音節については、同音字表同様「□」をあてた。語・フレーズ等で省略可能である部分には（　）を付した。また、標準中国語訳・英語訳部分にも（　）を付した。なお、標準中国語訳は上掲調査手冊のものを下敷きにしつつ、基本的に台湾華語（台湾の標準中国語）にあらためるか、それを併記している。

　　【例】ŋit$^{5\text{-}32}$ tʰeu^{55} (kuŋ^{53})　　日頭（公）　　太陽（太陽、sun）

4) 見出し項目の類義語あるいは類義表現は、行頭をさげて記載する。

　　【例】tʰien^{53} taŋ^{35}　　　　天頂　　　　空（天空、sky）
　　　　　tʰien^{53}　　　　　　　天
　　　　　tʰien^{53} ʃoŋ^{33}　　　　天上

5) 声調表記は以下のとおりとする。

　① 5 度法を採用し、各音節の右肩に数字で表記する。声調については、2.2.3. 声調（p. 12）を参照。

　② 声調交替がある場合は、ハイフンの左側に原調を、右側に交替した声調を表記する。なお、省略可能な音節をともなう場合は、ハイフンおよび交替した声調を省略可能な音節とともに（　）内にしるす。

　　【例】ʒi$^{35\text{-}33}$ ʃui^{35} 雨水（雨）　　　　kit$^{5\text{-}32}$ lo^{55} 桔仔（ミカン）
　　　　　mi$^{35\text{-}33}$ tʃip^{5} ($^{\text{-}32}$ ʃui^{35}) 米汁（水）（米のとぎ汁）

③ 同一の音節（漢字）に声調が２種類ある場合は、スラッシュをはさみ、両者を併記する。

【例】nam²¹/³⁵ nam²¹ □□（ぬかるんでいる）

④ 声調交替が想定されながら、それが確認できなかった形態素については、交替後とかんがえられる声調のみを表記する。

【例】pu³³ tʰeu⁵⁵ 斧頭（斧）

6) 名詞接尾辞 [ə⁵⁵] あるいは [e⁵⁵]、名詞化接辞（構造助詞）[e²¹] あるいは動詞接辞 [a³³] には、以下のような連音現象があるが、音韻論的な整理をくわえず、そのまま記述する。[ə⁵⁵] などに前置する音素は弱化して、明瞭でない場合もある。

ə⁵⁵ > mə⁵⁵/-m _   　　ə⁵⁵ > nə⁵⁵/-n _   　　ə⁵⁵ > ŋə⁵⁵/-ŋ _
ə⁵⁵ > bə⁵⁵/-p _   　　ə⁵⁵ > lə⁵⁵/-t _   　　ə⁵⁵ > gə⁵⁵/-k _

【例】

ʃam⁵⁵ mə⁵⁵ 蟬仔（セミ）　　ʒan²¹ nə⁵⁵ 燕仔（ツバメ）　　siaŋ⁵³ ŋə⁵⁵ 星仔（星）

ap⁵⁻³² bə⁵⁵ 鴨仔（アヒル）　　kit⁵⁻³² lə⁵⁵ 桔仔（ミカン）　　luk³² gə⁵⁵ 鹿仔（シカ）

ta³⁵⁻³³ tʰiet⁵ le²¹ 打鐵□（鍛冶屋）

ʃan²¹ nə⁵⁵ pʰat⁵⁻³² la³³ pʰat⁵ 扇仔潑□潑（扇子であおぐ）

7) 記号 { / } の使用については以下のとおりとする。

① 見出し項目や用例で、同一の漢字に複数の音が対応すること、あるいは同一の音に複数の漢字が対応することをあらわす。

【例】

hak⁵/⁵⁻³² ka⁵³ {fa²¹ / voi⁵³}　　客家話

fuk³² si³³　　　　　　　　　　服 { 侍 / 伺 }

ʒiu⁵³ ʒi²¹ {ken²¹/ kien²¹}, toŋ⁵³ mien²¹ koŋ³⁵⁻³³ tsʰin⁵³ tsʰu³⁵ 有意見，當面講清楚。

② 用例で、同一の範列関係において複数の形式があることをあらわす。

【例】

kʰon²¹ ʃu⁵³ fa⁵³ tʰet⁵ lioŋ³⁵ {tiam³⁵⁻³³ tʃuŋ⁵³ / siau³⁵⁻³³ ʃi⁵⁵}

看書花掉兩 { 點鐘 / 小時 }。

8) 本字が特定できない常用の形態素には、便宜上のつぎのような漢字をあてる。

① ə⁵⁵ / e⁵⁵（名詞接尾辞）　　「仔」

名詞接尾辞としては、ほかに以下の波線部のように、直前の音節が開音節

3. 語彙集

である場合、その母音を複製したものがある。このようなものには、特に漢字はあてない。

【例】 tʃa⁵³ a⁵⁵ 遮□（傘） ku³⁵⁻³³ u̯⁵ 古□（物語） noŋ⁵⁵ ni⁵³ i̯⁵⁵ 囊□□（トンボ）

② ma⁵⁵（メス・名詞接辞） 「嬤」
③ to³⁵（動相補語） 「倒」
④ tʰet⁵（動相補語） 「掉」
⑤ m⁵⁵（否定詞） 「唔」
⑥ maŋ⁵⁵（否定詞） 「亡」

9) 見出し項目に重ね型がある場合は、〔重畳〕を付して、それをしめす。

【例】 lat³² 辣 からい（辣；辛辣、pepper-hot; pungent）
〔重畳〕lat³² lat³² 辣辣。

10) 語義についての背景的な情報は、それを（ ）内に記述する。

【例】 leu⁵⁵ 撈 （手や指をつっこんで）とりだす

11) 語義について補充が必要な場合は、それを〔 〕内に記述する

【例】 ka⁵³ ŋioŋ⁵⁵ 家娘 義母〔夫の母の言及称〕

12) 語義・例文等に特記事項がある場合は、それを〈 〉内に記述する。

13) 名詞については、可能な範囲内で常用名量詞を付す。量詞は基本的に漢字のみで〔 〕内にしめすが、本来の字音とことなる場合等、必要に応じて、IPAを併記する。本字を特定できない場合は、IPA 表記を「□」の直前に付す。また、波線を付したものは、使用頻度がたかいことをしめす。

【例】 〔隻〕、〔頭〕、〔lui⁵⁵ □〕

14) 同一の見出し項目について複数の量詞が適用され、その指示対象がことなる場合、量詞の間にスラッシュを挿入し、それをしめす。下例では、〔欉〕〔頭〕はピーマンの株全体に、〔隻〕〔粒〕はその果実に適用される。

【例】 tsʰiaŋ⁵³ tsiau⁵³ ɔ⁵⁵ 青椒仔 ピーマン…（中略）…〔欉〕〔頭〕/〔隻〕〔粒〕

15) 見出し項目には、適宜その用例を付す。用例は、IPA・漢字で表記し、日本語訳と中国語訳を付す。同一の中国語訳に対応する用例が複数ある場合は、それに(1)、(2)…のように番号をふり、上下に配置する。

【例】 no⁵⁵ pan³⁵⁻³³ ʒan⁵⁵ 挼粄圓。
だんごをつくる（搓湯圓。）

16) {---}は、用例の該当箇所に類義語をふくむ見出し項目がすべてはいることを
あらわす。

【例】 $t^heu^{55}\,ko^{21}$　　　　　頭過　　　　　　　以前（從前、formerly）
　　　 $t^heu^{55}\,pai^{35}$　　　　　頭擺
　　　 $ʒi^{53}\,ts^hien^{55}$　　　　　以前

　　　　　　　　　　　　　ki^{55} {---} $he^{21}\,kuŋ^{53}\,ŋin^{55}$ 佢 {---} 係工人。
　　　　　　　　　　　　　彼は以前工場労働者だった（他從前是工人。）

17) 「Ⅷ. ⅲ. 地名」については、収録地名は新竹市・新竹県を中心とする。調査
では安倍（1938）を参考にした。なお、日本語訳・英語訳等は省略する。

18) 各章・節について、個別の特記事項がある場合は、章または節の最初にそれ
をしるす。

<参 考 文 献>
安倍明義 1938『台湾地名研究』台北：蕃語研究会。
橋本萬太郎 1972『客家語基礎語彙集』東京：東京外国語大学アジア・アフリカ言語文化研究所。
何石松・劉醇鑫主編 2007『客語詞庫（客語音標版）』台北：臺北市政府客家事務委員會。
徐兆泉編著 2009『臺灣四縣腔海陸腔客家話辭典』台北：南天書局。
<参考ウェブサイト>
教育部臺灣客家話常用詞辭典（試用版）http://hakka.dict.edu.tw/hakkadict/index.htm

I. 自然・自然現象 （自然 , 自然現象 Nature, Natural phenomena）

I. i. 天文・気象・光 （天文 , 天氣 , 光 Sky, weather, light）

tʰien⁵³ taŋ³⁵	天頂	空（天空、sky）
tʰien⁵³	天	
tʰien⁵³ ʃoŋ³³	天上	
tʰien⁵³ koŋ⁵³ le⁵³	天光了	夜があけた（天亮了、the day breaks）
tʰien⁵³ am²¹ le⁵³	天暗了	日がくれた（天黑了、night falls）
tʰien⁵³ pien⁵³	天邊	空のはて（天邊、horizon）
ŋit⁵⁻³² tʰeu⁵⁵ (kuŋ⁵³)	日頭(公)	太陽・日（太陽、sun）〔隻〕
tʰai³³ ʒoŋ⁵⁵ kuŋ⁵³	太陽公	

ŋit⁵⁻³² tʰeu⁵⁵ {han⁵⁵ / toŋ⁵³} ŋiet³² 日頭 {還 / 當} 熱。
日が暑い。（日頭很熱。）

tʃʰut⁵⁻³² ŋit⁵⁻³² tʰeu⁵⁵	出日頭	日がのぼる（出太陽、the sun rises）
ŋit⁵⁻³² tʰeu⁵⁵ lok³² san⁵³	日頭落山	日がしずむ（日落、the sun sets）
sai²¹ ŋit⁵⁻³² tʰeu⁵⁵	曬日頭	日にあたる（曬、to sun）
ŋit⁵⁻³² tʰeu⁵⁵ ha⁵³ sai²¹	日頭下曬	
tʃau²¹	照	（日が）てる（照、to shine）
ŋit⁵⁻³² tʰeu⁵⁵ sai²¹	日頭曬	
tʰien⁵³ keu³⁵ ʃit³² ŋit⁵⁻³² tʰeu⁵⁵	天狗食日頭	日食（日蝕、solar eclipse）
ŋiet³² koŋ⁵³	月光	月（月亮、moon）〔隻〕
tʰien⁵³ keu³⁵ ʃit³² ŋiet³² koŋ⁵³	天狗食月光	月食（月蝕、lunar eclipse）
siaŋ⁵³ ŋə⁵⁵	星仔	星（星、star）〔隻〕
		〈接尾辞「ə⁵⁵」は「e⁵⁵」でも可。〉
so²¹ pa³⁵⁻³³ siaŋ⁵³	掃把星	ほうき星・彗星（掃帚星、comet）
liu⁵⁵ siaŋ⁵³	流星	ながれ星・流星；ほうき星・彗星（流星； 彗星、meteor；comet）
koŋ⁵³	光	光（光、light）
koŋ⁵³ sien²¹	光線	

ŋiap⁵ | □ | またたく（閃鑠、to twinkle）
koŋ⁵³ | 光 | あかるい（亮、bright）
fat⁵⁻³² koŋ⁵³ | 發光 | ひかる（發亮、shiny, shining）
am²¹ | 暗 | くらい；まっくらだ（暗；黑、obscure, dark ; pitch dark）

〔重疊〕am²¹ am²¹ 暗暗。
〈何かがみえる状態を指す。〉
toŋ⁵³ am²¹ 當暗。
まったくらだ（漆黑。）
〈何もみえない状態を指す。〉

vu⁵³ am²¹ | 烏暗 | まっくらだ（黑、pitch dark）
ʒaŋ³⁵ | 影 | 影（影子、shadow）
fuŋ⁵³ | 風 | 風（風、wind）

ʒit⁵⁻³² tʃʰin³³ fuŋ⁵³ 一陣風。
一陣の風（一陣風。）
mo⁵⁵ fuŋ⁵³ 無風。
風がない（沒有風。）
ʒiu⁵³ fuŋ⁵³ 有風。
風がある（有風。）

tʰai³³ fuŋ⁵³ | 大風 | 大風・強風（大風、big wind）
kʰioŋ⁵⁵ fuŋ⁵³ | 強風 | 強風（強風、gale）
se²¹ fuŋ⁵³ | 細風 | 微風（微風、light wind）
fuŋ⁵³ tʃʰui⁵³ | 風吹 | 風がふく（刮風 , 起風、the wind blows）

fuŋ⁵³ tʃʰui⁵³ hi³⁵ loi⁵⁵ le⁵³ 風吹起來了。
風がふきだした（風刮起來了。）
fuŋ⁵³ loi⁵⁵ le⁵³ 風來了。
風がふいてきた（刮風了。）

fuŋ⁵³ tʰin⁵⁵ le⁵³ | 風停了 | 風がやんだ（風停了、the wind stoped）
tʰoi⁵⁵ fuŋ⁵³ | 颱風 | 台風（颱風、typhoon）
tʃʰui⁵³ tʰai³³ fuŋ⁵³ | 吹大風 | 大風がふく（刮大風、there is a storm）

I. 自然・自然現象（自然, 自然現象 Nature, Natural phenomena）　69

hi$^{35\text{-}33}$ liuŋ^{55} ken$^{35\text{-}33}$ fuŋ^{53}	起龍捲風	つむじ風がおきる（起龍捲風、whirlwind）	
tʃʰui^{53} tsau^{53}	吹燥	風でかわく（吹乾、dried up by the wind）	
ʒi$^{35\text{-}33}$ ʃui^{35}	雨水	雨（雨、rain）	
lok^{32} ʃui^{35}	落水	雨がふる（下雨、it rains）	
		tu^{33} tu^{35} tu^{55} to^{35} lok^{32} ʃui^{35} □□堵倒落水。	
		ちょうど雨にでくわした（剛好碰上下雨。）	
tuk$^{5\text{-}32}$ ʃui^{35}	□水	雨にぬれる（淋雨、to get drenched by the rain）	
ʃui^{35} tʰin^{55} le^{53}	水停了	雨がやんだ（雨停了、the rain ceases）	
ŋit$^{5\text{-}32}$ tʰeu^{55} ʃui^{35}	日頭水	天気雨（太陽雨、sunshower）	
		lok^{32} ŋit$^{5\text{-}32}$ tʰeu^{55} ʃui^{35} 落日頭水。	
		天気雨がふる（下太陽雨。）	
tʰai^{33} ʃui^{35}	大水	大雨（大雨、heavy rain）	
		lok^{32} tʰai^{33} ʃui^{35} 落大水。	
		大雨がふる（下大雨。）	
se^{21} ʃui^{35}	細水	小雨（小雨、drizzle）	
fut^{32} ʒan^{55} kien^{53} lok^{32} ʃui^{35}	忽然間落水	にわか雨がふる（驟雨、shower）	
ʃui$^{35\text{-}33}$ tiam^{35}	水點	雨粒（雨滴、raindrop）	
tiam^{35}	點	しずく（滴、to drip）	
		ʒit$^{5\text{-}32}$ tiam^{35} 一點。	
		ひとしずく（一滴。）	
kʰiuŋ^{33}	虹	虹（彩虹、rainbow）	
		tʃʰut$^{5\text{-}32}$ kʰiuŋ^{33} 出虹。	
		虹がでる（出虹。）	
ʒun^{55} (tsʰai^{35})	雲(彩)	雲（雲彩、cloud）〔團、堆〕	
		ʒun^{55} tsʰai^{35} tsʰin^{33} tsiaŋ^{53} 雲彩盡靚。	
		雲がうつくしい（雲彩很漂亮。）	
		lim^{55} am^{21} mə^{55} kai^{21} ʒun^{55} tsʰai^{35} 臨暗仔個雲彩。	
		たそがれの雲（晩霞、黄昏的雲彩。）	
ʒun^{55} san^{21} tʰet^{5} le^{35}	雲散掉了	雲がはれた（雲散、the clouds disperse）	

ʒun⁵⁵ kʰoi⁵³ le³³　　　雲開了

muŋ⁵⁵ ʒan⁵³　　　濛煙　　　霧（霧、fog, mist）

　　　　　　　　　　ʒiu⁵³ muŋ⁵⁵ ʒan⁵³ 有濛煙。

　　　　　　　　　　霧がある（有霧。）

　　　　　　　　　　mo⁵⁵ muŋ⁵⁵ ʒan⁵³ 無濛煙。

　　　　　　　　　　霧がない（沒有霧。）

hi³⁵⁻³³ muŋ⁵⁵ ʒan⁵³　　起濛煙　　霧がでる（下霧、the fog spreads）

lu²¹ ʃui³⁵　　　露水　　　露；露の玉（露水；露水珠、dew; dewdrop）

　　　　　　　　　　tʃau⁵³ ʃin⁵⁵ ʒiu⁵³ lu²¹ ʃui³⁵ 朝晨有露水。

　　　　　　　　　　朝に露がつく（早上結露。）

soŋ⁵³　　　　霜　　　　霜（霜、frost）

　　　　　　　　　　lok³² soŋ⁵³ 落霜。

　　　　　　　　　　霜がおりる（下霜。）

siet⁵　　　　雪　　　　雪（雪、snow）

　　　　　　　　　　lok³² siet⁵ 落雪。

　　　　　　　　　　雪がふる（下雪。）

siet⁵ fa²¹ le⁵³　　　雪化了　　雪がとけた（融雪、the snow melts）
　siet⁵ ʒuŋ⁵⁵ le⁵³　　雪融了

pen⁵³ pau²¹　　　冰雹　　　雹（冰雹、hail）

lok³² pen⁵³ pau²¹　　落冰雹　　雹がふる（下冰雹、the hail falls）

ta³⁵⁻³³ lui⁵⁵ kuŋ⁵³　　打雷公　　稲妻がはしる；雷がなる（閃電；打雷、lightning ; it thunders）

ŋiap⁵⁻³² laŋ²¹　　　□□　　　稲光がひかる（閃電、the lightning flashes）

lui⁵⁵ kuŋ⁵³　　　雷公　　　雷（雷、thunder）

pun⁵³ lui⁵⁵ kuŋ⁵³ ta³⁵　　分雷公打　　雷にうたれる（打雷、to be struck by thunderbolt）

tʰien⁵³ hi²¹　　　天氣　　　天気（天氣、weather）

　　　　　　　　　　tʰien⁵³ hi²¹ ho³⁵ 天氣好。

　　　　　　　　　　天気がよい（天氣好。）

ho³⁵⁻³³ tʰien⁵³　　　好天　　　はれ・晴天（晴天、fine day, nice day）

I. 自然・自然現象（自然，自然現象 Nature, Natural phenomena） 71

ʒim⁵³ tʰien⁵³	陰天	くもり・曇天（陰天、cloudy day）
lok³² ʃui³⁵⁻³³ tʰien⁵³	落水天	雨・雨天（下雨天、rainy day）
tʰien⁵³ hon⁵³	天旱	日照り（天旱、drought）
ʃui³⁵⁻³³ tʰu³⁵	水土	気候風土（水土、climate）
		ʃui³⁵⁻³³ tʰu³⁵ put⁵⁻³² fuk³² 水土不服。
		気候風土がなじまない（水土不服。）
ŋiu⁵⁵ loŋ⁵⁵ (siaŋ⁵³)	牛郎（星）	彦星(牛郎)(星)、constellation of the Herd-boy）
tʃit⁵⁻³² ŋ̍³⁵ (siaŋ⁵³)	織女（星）	織姫(織女星、star Vega in the constellation of Lyra)
nam⁵⁵ fuŋ⁵³	南風	南風（南風、south wind）
pet⁵⁻³² fuŋ⁵³	北風	北風（北風、north wind）
tuŋ⁵³ fuŋ⁵³	東風	東風（東風、east wind）
si⁵³ fuŋ⁵³	西風	西風（西風、west wind）
hi²¹ sioŋ³³ po²¹ ko²¹	氣象報告	天気予報（天氣預報、weather forecast）
tʰien⁵³ hi²¹ ʒi²¹ po²¹	天氣預報	

I. ii. 地理・火（地理，火 Earth, fire）

tʰi³³	地	地面（地、the earth）
(ʒit⁵⁻³² te²¹) tʰi³³	（一□）地	土地（(一塊)地、land）
tʰi³³ ʃoŋ³³	地上	地面（地上、ground）
tʰi³³ tʰuŋ⁵³	地動	地震（地震、earthquake）
		fat⁵⁻³² sen⁵³ tʰi³³ tʰuŋ⁵³ 發生地動。
		地震がおきる（發生地震。）
liet³²	裂	さける・われる（裂、to crack）
		liet³² kʰoi⁵³ loi⁵⁵ 裂開來。
		さける（裂開來。）
pit⁵⁻³² lak⁵	□壢	亀裂ができる・さける(裂開來、to split open)
		pit⁵⁻³² tʰet⁵ □掉。
		さけてしまった（裂掉了。）
ʃip⁵⁻³² tʰi³³	濕地	湿地（濕地，沼澤、swamp）

kon⁵³ tsau⁵³ tʰu³⁵	乾燥土		かわいた土地（土（乾的）、soil, earth）
kon⁵³ tsau⁵³ tʰi³³	乾燥地		
tsau⁵³ tʰu³⁵	燥土		
ʃip⁵⁻³² nai⁵⁵	濕泥		しめった泥（泥（濕的）、mud）
nai⁵⁵ moi⁵⁵ tsioŋ⁵³	泥糜漿		泥水（泥巴漿、muddy water）
nai⁵⁵ tsioŋ⁵³	泥漿		
nam²¹ nai⁵⁵	□泥		ぬかるみ；べとべとの泥（泥濘；爛泥、mire; mud）
nam²¹/³⁵ nam²¹	□□		ぬかるんでいる（泥濘、muddy）
			lu³³ nam²¹/³⁵ nam²¹ 路□□。
			道がぬかるんでいる（路泥濘。）
			toŋ⁵³ nam²¹ 當□。
			とてもぬかるんでいる（很泥濘。）
nam²¹ tʃep³² tʃep³²	□□□		ぬかるんでいる（泥濘、muddy）
			kai⁵⁵ tʰiau⁵⁵ lu³³ nam²¹ tʃep³² tʃep³² m̩⁵⁵ ho³⁵⁻³³ haŋ⁵⁵ □條路□□□唔好行。
			あの道はぬかるんであるきにくい（那條路泥濘不好走。）
nam²¹ tsiok³² tsiok³²	□□□		（泥が）べとべとしている（泥土又濕又粘、mud is sticky）
ʃak³² tʰeu⁵⁵	石頭		石（石頭、stone）〔粒、隻〕
tʰai³³ ʃak³² tʰeu⁵⁵	大石頭		おおきな石（大石頭、rock）
se²¹ ʃak³² tʰeu⁵⁵	細石頭		小石（小石頭、pebble）
se²¹ ʃak³² gə⁵⁵	細石仔		
sa⁵³ e⁵⁵	沙仔		砂（沙、sand）
san⁵³	山		山（山、hill）〔座〕
san⁵³ taŋ³⁵	山頂		山頂（山頂、peak）
pan²¹ san⁵³ ʒau⁵³	半山腰		山の中腹（山半腰、halfway up a mountain）
san⁵³ kiok⁵	山腳		山すそ（山腳、foot of a hill）
san⁵³ pʰo⁵³	山坡		山の斜面（山坡、slope of a hill）

I. 自然・自然現象（自然，自然現象 Nature, Natural phenomena）　73

kia²¹		崎	坂（坡、slope）
			ʃoŋ⁵³ kia²¹ 上崎。
			坂をのぼる（上坡。）
pen⁵³ san⁵³		崩山	山崩れ（山崩、landslide）
tʰu³⁵⁻³³ ʃak³² liu⁵⁵		土石流	土石流（土石流、mudflow）
se²¹ san⁵³		細山	小山（小山、mound）
san⁵³ ŋa⁵⁵		山崖	崖・絶壁（山崖、cliff）
pen⁵³ koŋ⁵³		崩崗	
kʰam²¹		崁	段差がある地勢・崖・急斜面（堪、drop-off, cliff）
ko⁵³ kʰam²¹		高崁	たかい崖（高崖、high cliff）
tai⁵³ kʰam²¹		低崁	ひくい崖（矮崖、low cliff）
kʰam²¹ taŋ³⁵		崁頂	崖の上（堪的上面、the top of a cliff）
san⁵³ ŋau⁵⁵		山坳	山間のくぼ地（山坳、mountain-pass, a glen）
san⁵³ kuk⁵		山谷	谷（山谷、valley）
san⁵³ haŋ⁵³		山坑	峡谷（山坑、ravine, pit）
san⁵³ tsien²¹		山潤	谷川（山潤、gorge）
			〈使用頻度はひくい。〉
haŋ⁵³ lak⁵		坑壢	谷（山谷的水溝、山溝、ravine）
lak⁵		壢	ちいさい峡谷（小山溝、small ravine）
vo⁵³		窩	谷間（山谷、兩山之間的通道、cove）
			vo⁵³ tu³⁵ 窩肚。
			谷間の奥（山谷的最裡面。）
			kia⁵⁵ e²¹ vuk⁵ tai²¹ vo⁵³ tu³⁵ nen⁵³ □□屋□窩肚□。
			彼の家は谷間の奥にある（他的家在窩底。）
san⁵³ tʰuŋ³³		山洞	洞穴（山洞、cave）
fut⁵⁻³² lɔ⁵⁵		窟仔	穴（窟窿、hole）
fut⁵		窟	
kʰuŋ⁵³		空	
			vet⁵⁻³² ʒit⁵⁻³² tʃak⁵ kʰuŋ⁵³.挖一隻空。

穴を一つほった（挖了一個洞。）

leu³³ kʰuŋ⁵³	漏空	漏れ穴（漏洞、leak）

ʒiu⁵³ leu³³ kʰuŋ⁵³ 有漏空。

漏れ穴がある（有漏洞。）

se²¹ kʰuŋ⁵³	細空	ちいさい穴（小洞、small hole）
pʰuŋ³³	縫	隙間・さけめ（縫、crack）
kʰet⁵	缺	われめ・さけめ（缺口、breach）

koi³⁵⁻³³ ʒit⁵⁻³² tʃak⁵ kʰet⁵ pun⁵³ ʃui³⁵ liu⁵⁵ ha⁵³ hi²¹

□一隻缺分水流下去。

鋤でさけめをつくって水をながす（用鋤頭挖一個缺口把水流下去。）

ʃui³⁵	水	水（水、water）
ʃui³⁵⁻³³ mien²¹	水面	水面（水面、surface of water）
ʃui³⁵⁻³³ tai³⁵	水底	水底（水底、bottom of water）
ket⁵⁻³² pen⁵³	結冰	こおる・氷がはる（結冰, 凍、to freeze）
pen⁵³	冰	氷（冰、ice）
liu⁵⁵	流	（水が）ながれる（(水)流、to flow）
liu⁵⁵ ʃui³⁵	流水	

ʃui³⁵ liu⁵⁵ tʃʰut⁵ loi⁵⁵ 水流出來。

水がながれてくる（水流出來。）

tsʰuŋ⁵³/⁵⁵ ʃui³⁵	沖水	（水で）すすぐ・おしながす((水)沖、(water) to wash)

〈「体をあらう」という意味がある。〉

ʃui³⁵ tsʰuŋ⁵³ nen³⁵ 水沖□。

水ですすいでいる（水沖著。）

tsʰuŋ⁵³ nen³⁵⁻³³ ʃui³⁵ 沖□水。

水ですすいでいる（沖著水。）

ʒuŋ³³ ʃui³⁵ tsʰuŋ⁵⁵ tsʰuŋ⁵⁵ ŋa³³ lə³³ 用水沖沖□□。

水で（ちゃんと）すすぐ（用水沖一沖。）

tʰai³³ ʃui³⁵	大水	洪水（大水、flood）

I. 自然・自然現象（自然，自然現象 Nature, Natural phenomena）

tʃʰut⁵⁻³² tʰai³³ ʃui³⁵ 出大水。
洪水がおきる（發生洪水。）

ʃui³⁵ tsim²¹ nen³⁵	水浸□	水にひたっている（浸泡、to soak, to flood）
tsim²¹ nen³⁵⁻³³ ʃui³⁵	浸□水	
pun⁵³ ʃui³⁵ tsʰuŋ⁵³ tʰet⁵	分水沖掉	水におしながされる（被水沖掉、to be carried by the floodwater）
pʰo⁵⁵	浮	うく（浮、to float）

pʰo⁵⁵ hi³⁵ loi⁵⁵ 浮起來。
うきあがる（浮起來。）

tʃʰim⁵⁵ 沉 しずむ（沉、to sink）

tʃʰim⁵⁵ ha⁵³ hi²¹ 沉下去。
しずんでゆく（沉下去。）

tʃʰim⁵⁵/³³ ha⁵³ hi²¹ 沉下去 （ものを水中に）しずめる（把物體放進水裡、to overwhelm）

ʃui³⁵ tsʰin⁵³ 水清 水がすんでいる（(水)清、(water) clear）

ʃui³⁵ tsʰin⁵³ le⁵³ 水清了。
水がすんだ。（水不混濁了。）
〈にごっていないことを指す。「清」を白話音で「ʃui³⁵ tsʰiaŋ⁵³ le⁵³ 水清了。」というと、水が清潔になったことを指す。〉

vun⁵⁵ 渾 にごっている（渾、muddy）

vun⁵⁵ ʃui³⁵ 渾水。
水がにごる（水混濁。）

ʃui³⁵ vun⁵⁵ le⁵³ 水渾了。
水がにごった（水混濁了。）

ʃui³⁵ vun⁵⁵ vun⁵⁵ 水渾渾。
水がにごっている（水混濁。）

hoi³⁵	海	海（海、sea）
hoi³⁵⁻³³ siau⁵³	海嘯	津波（海嘯、tidal-wave）
hoi³⁵⁻³³ pien⁵³	海邊	海辺（海邊、seashore）

hoi³⁵⁻³³ van⁵³	海灣	湾（海灣、bay, gulf）
po⁵³ loŋ³³	波浪	波（波浪、wave）
hi³⁵⁻³³ po⁵³ loŋ³³	起波浪	波がたつ（起波浪、the waves rise）
loŋ³³ fa⁵³	浪花	波しぶき（浪花、foam of breaking waves）
loŋ³³ tʰeu⁵⁵	浪頭	波頭（浪頭、crest of a wave）
tʃʰau⁵⁵ ʃui³⁵	潮水	潮・潮流（潮水、tide）
tʃoŋ²¹ tʃʰau⁵⁵	漲潮	潮がみちる（潮水漲、the tide rises）
tʰui²¹ tʃʰau⁵⁵	退潮	潮がひく（潮水退、the tide ebbs）
tʰai³³ tʃʰau⁵⁵	大潮	大潮（大潮、spring tide）
se²¹ tʃʰau⁵⁵	細潮	小潮（小潮、neap tide）
sa⁵³ tʰan⁵³	沙灘	砂浜（沙灘、sandy beach）
to³⁵	島	島（島、island）
hoi³⁵⁻³³ kok⁵	海角	岬（海角、岬、cape, headland）
fu⁵⁵	湖	湖（湖、lake）〔隻〕
ho⁵⁵ pa²¹	河壩	川（河、river）〔條〕
ho⁵⁵ on²¹	河岸	川岸（河岸、river bank）
ʃoŋ³³ liu⁵⁵	上流	上流（上流、upper course of a river）
ha³³ liu⁵⁵	下流	下流（下流、lower course of a river）
ho⁵⁵ tsʰoŋ⁵⁵	河床	川床（河床、river-bed）
liam³⁵	□	水がすくない・かれている（(水)很少、(水流)不大、there is not much water in the river, dry）
		ho⁵⁵ ʃui³⁵ toŋ⁵³ liam³⁵ 河水當□。 川の水がとてもすくない（河水很少。）
tu²¹ kʰeu³⁵	渡口	渡し場（渡口、ford）
pi⁵³ tʰoŋ⁵⁵	埤塘	池（池塘、pond）〔隻〕
tʃʰi⁵⁵ tʰoŋ⁵⁵	池塘	〈「pi⁵³ tʰoŋ⁵⁵ 埤塘」が一般的である。〉
haŋ⁵³	坑	小川（溪、stream）
tʰai³³ ʃui³⁵⁻³³ keu⁵³	大水溝	
fut⁵⁻³² lɔ⁵⁵	窟仔	くぼ地（窟、puddle）

I. 自然・自然現象 （自然，自然現象 Nature, Natural phenomena）　77

tsʰan⁵⁵	泉	泉（泉、spring）
tsʰan⁵⁵ ʃui³⁵	泉水	
tʃʰut⁵⁻³² pʰo⁵³	出泡	泡がでる（冒泡、to foam）
kim⁵³ mə⁵⁵	金仔	金（金子、gold）
voŋ⁵⁵ kim⁵³	黃金	
ŋiun⁵⁵	銀	銀（銀子、silver）
tʰuŋ⁵⁵	銅	銅（銅、copper）
tʰuŋ⁵⁵ lu⁵³	銅□	綠青（銅綠、verdigris）
tʰiet⁵	鐵	鉄（鐵、iron）
lu⁵³	□	さび（鏽、rust）
saŋ⁵³ lu⁵³	生□	さびる（生鏽、to rust）
saŋ⁵³ tʰiet⁵	生鐵	銑鉄（生鐵、sponge iron）
koŋ²¹	鋼	鋼（鋼、steel）
siak⁵	錫	錫（錫、tin）
ʒan⁵⁵	鉛	鉛（鉛、lead）
a³³ lu⁵⁵ mi⁵³	□□□	アルミ（鋁、aluminum）〈日本語由来。〉
si³³ ten⁵⁵ le⁵³ si²¹	□□□□	ステンレス（不鏽鋼、stainless steel）
koŋ²¹ ŋe⁵⁵	鋼仔	〈「si³³ ten⁵⁵ le⁵³ si²¹ □□□□」は日本語由来。〉
moi⁵⁵	煤	煤（煤、coal）
moi⁵⁵ ʒan⁵³	煤煙	煤煙（煤煙、soot）
fan⁵³ nə³³ ʒiu⁵⁵	番仔油	灯油（煤油、kerosene）
hi²¹ ʒiu⁵⁵	汽油	ガソリン（汽油、gasoline）
ʃui³⁵⁻³³ ŋiun⁵⁵	水銀	水銀（水銀、quicksilver）
tʃu⁵³ sa⁵³	硃砂	水銀朱・朱砂（硃砂、cinnabar）
ŋiuk³²	玉	玉（玉、jade）〔隻〕
tson²¹ ʃak³²	鑽石	ダイアモンド（鑽石、diamond）
ku⁵³	菇	カビ（霉、mildew, mold）
	saŋ⁵³ ku⁵³ 生菇。	

カビがはえる（發霉。）

fui⁵³ tʃʰin⁵⁵	灰塵	ほこり・ちり（灰塵、dust）
ɲiam⁵⁵ to³⁵⁻³³ fui⁵³ tʃʰin⁵⁵	黏倒灰塵	ほこりをかぶる（沾灰塵、to get dusty）
fun³⁵	粉	粉；粉末（粉；粉末、powder；dust）
pʰo⁵³	泡	あぶく・泡（泡沫、foam, froth）
fo³⁵	火	火（火、fire）
ʃau⁵³	燒	やく（燒、to burn）
tʃʰok³² fo³⁵	著火	火がつく；火事になる（著火；失火、on fire, to catch fire；there is a fire）
fo³⁵⁻³³ tsai⁵³	火災	火事・火災（火災、fire disaster）
foi⁵³	灰	灰（灰、ash）
fa²¹ foi⁵³	化灰	灰になる（化成灰、to become ashes）
ʒan⁵³	煙	煙（煙、smoke）
hiun⁵³	薰	いぶす（薰、to smoke）
fo³⁵⁻³³ ʒam³³	火焰	炎（火焰、flame）
ʃui³⁵⁻³³ tʃin⁵³ hi²¹	水蒸氣	水蒸気（水蒸氣、vapor, steam）
ket⁵⁻³² kʰut³²	結□	かたまる・凝固する（凝固、to congeal）
ʒim²¹	淹	水につかる（淹、to inundate）

I. iii. 人と自然（人與自然 Man and nature）

fuk³² ʃui³⁵⁻³³ tʰu³⁵	服水土	気候風土になじむ（適應新的地方的氣候、to get used to the climate of a new place）
ʃun³³ fuŋ⁵³	順風	風にしたがう・順風（順風、to go with the wind）
tu⁵⁵ fuŋ⁵³ fuŋ⁵³ tʰien⁵³ to³⁵⁻³³ tʃʰui⁵³	堵風 風顛倒吹	風にさからう・逆風（逆風、against the wind）
kʰet³² kia²¹	□崎	（足に力をこめて）坂をのぼる（（用腳用力）上坡、to walk uphill）

kʰet³² ʃoŋ⁵³ hi²¹ tsak⁵⁻³² ɲiu⁵⁵ ŋan³⁵ □上去摘牛眼。のぼっていってリュウガンをとる（爬上去摘牛眼。）

I. 自然・自然現象（自然，自然現象 Nature, Natural phenomena） 79

kʰet³² ʃoŋ⁵³ pʰaŋ⁵⁵ taŋ³⁵ na⁵³ sien⁵³ tsʰo³⁵⁻³³ kon⁵³ ha⁵³ loi⁵⁵ tʃu³⁵ □上棚頂拿仙草乾下來煮。

屋根裏にのぼってほした仙草をとっておりてきて煮る（爬上閣樓拿仙草乾下來煮。）

pʰa⁵⁵ san⁵³	爬山	山をのぼる（爬山、to climb a hill）
kʰet³² san⁵³	□山	〈「kʰet³² san⁵³ □山」には趣味や娯楽で山にのぼるというニュアンスがある。〉
ʃoŋ⁵³ san⁵³	上山	山にのぼる（上山、to mount a hill）〈目的があって山にのぼるというニュアンスがある。〉
ha⁵³ san⁵³	下山	山をおりる（下山、to descend from a hill）
tʰun⁵⁵ pʰiaŋ⁵⁵	坉平	（へこんだところを）うめてたいらにする（填平（凹處）、to level up）
{set⁵⁻³² / tsʰet⁵⁻³²} to³⁵ (kʰuŋ⁵³)	塞倒(空)	（穴を）ふさぐ（堵塞(窟窿)、to stop up (a hole)）
la²¹	□	隙間を他のものでふさいでちいさくする（擋，放一個東西使空隙小一點、to block up, to cover in）

la²¹ nen³⁵ □□。
ふさいでいる（堵住縫隙、擋住。）

la²¹ lok³² hi²¹ □落去。
もので隙間をちいさくするようにふさぐ（放一塊東西使空隙小一點。）

ʃun³³ ʃui³⁵	順水	ながれにしたがう、順流（順水、with the current）
tsim²¹ ʃui³⁵	浸水	おぼれる（溺水、to drown）
tsim²¹ si³⁵	浸死	
mi³³ ʃui³⁵	□水	水にもぐる（潛水、to dive）
tu⁵⁵ ʃui³⁵	堵水	水をせきとめる（截水、to stop the flow of

			water)
tʰuŋ⁵³ ʃui³⁵	通水		水のながれをよくする（疏通水流、to dredge a river）
ʃui³⁵⁻³³ keu⁵³	水溝		用水路・クリーク（溝渠、ditch）
tʰai³³ ʃui³⁵⁻³³ keu⁵³	大水溝		おおきな用水路（大水溝、large ditch）
se²¹ ʃui³⁵⁻³³ keu⁵³	細水溝		ちいさな用水路（小水溝、small ditch）
tʃun²¹ keu⁵³	圳溝		灌漑用水路（灌漑用水溝、irrigation canal）
ʃui³⁵⁻³³ pa²¹	水壩		堰（水壩、embankment）
pok⁵	□		堤防・土手（堤防、dike）
ʃui³⁵⁻³³ keu⁵³ pok⁵	水溝□		排水溝の土手（水溝的堤防、ditch dike）
ho⁵⁵ tʃʰon⁵³ pok⁵	河川□		川の土手（河邊的堤防、river dike）
ho⁵⁵ pa²¹ pok⁵	河壩□		
pi⁵³ tʰoŋ⁵⁵ pok⁵	埤塘□		池の土手（池塘邊的堤防、pond dike）
tʃun²¹ keu⁵³ pok⁵	圳溝□		灌漑用水路の土手（灌漑用水溝的堤防、irrigation canal dike）
pok⁵⁻³² taŋ³⁵	□頂		土手の上（堤防上面、on top of the dike）
hoŋ⁵⁵ hoi³⁵	航海		航海する（航海、to navigate）
tʰun⁵⁵ hoi³⁵	坉海		海をうめたてる（填海、to reclaim land from the sea）
tʰien⁵⁵ hoi³⁵	填海		
			〈「tʰun⁵⁵ hoi³⁵ 坉海」が一般的。〉
tʰun⁵⁵	坉		うめる（填、to fill）
	tʰun⁵⁵ {nai⁵⁵ / tʰu³⁵} 坉 {泥 / 土}。		
	土をうめる（填土。）		
ep⁵	□		穴をほってものをうめる（挖洞埋東西、dig a pit to bury things）
liau³³ lioŋ⁵⁵	□涼		すずむ（乘涼、to enjoy coolness）
ti³³ lioŋ⁵⁵	□涼		〈「liau³³ lioŋ⁵⁵ □涼」はやすむこと、「ti³³ lioŋ⁵⁵ □涼」は日陰ですずむこと、「tʃʰui⁵³ lioŋ⁵⁵ 吹涼」は風がある場合についていう。〉
tʃʰui⁵³ lioŋ⁵⁵	吹涼		
tep⁵⁻³² lok³² ʃui³⁵⁻³³ teu²¹ tu³⁵	□落水□肚		水の中にほうりなげる（丢在水裡、to

Ⅱ．動物（動物 Animals） 81

t^{h}iau^{33} lok^{32} ʃui$^{35\text{-}33}$ teu^{21} tu^{35}　　　submerge）
　　　　　　　　　　　　　□落水□肚

Ⅱ．動物（動物 Animals）

kiuŋ^{21} (tsi^{35})	□(子)	（動物が）こどもをうむ（(動物)產子、(animals) to give birth to the young）
t^{h}iau^{55} ə^{55}	□仔	未成熟の動物（半/未成熟的動物、half-grown animal）〔隻〕〔條〕
ts^{h}iaŋ^{53} ŋə^{55}	□仔	
t^{h}un^{55} nə^{55}	□仔	〈「t^{h}iau^{55} ə^{55} □仔」「ts^{h}iaŋ^{53} ŋə^{55} □仔」はウシ・ブタ・イヌなどの家畜について、「t^{h}un^{55} nə^{55} □仔」はニワトリ・アヒル・ガチョウなどの家禽についてもちいる。〉
mo^{53}	毛	毛（毛、fur）
		saŋ^{53} mo^{53} 生毛。
		毛がはえる（長毛。）
ʒoŋ^{55} mo^{53}	羊毛	羊毛（羊毛、wool）
mui^{53}	尾	尾・しっぽ（尾巴、tail）
tʃu^{53} mui^{53}	豬尾	ブタのしっぽ（豬尾巴、pig's tail）
keu$^{35\text{-}33}$ mui^{53}	狗尾	イヌのしっぽ（狗尾巴、dog's tail）
vit^5	□	（しっぽ）をふる（搖尾巴、to wag the tail）
		mui^{53} kin^{35} vit^5 尾緊□。
		しっぽをしきりにふる（尾巴一直搖。）
		mui^{53} voi^{33} vit^5 尾會□。
		しっぽをふるだろう（尾巴會搖。）
		〈「vit^5 mui^{53} □尾」という語順は不可である。〉
tsau^{35}	爪	爪（爪子、claw）
tsau^{35}	抓	かく・ひっかく（抓、to claw）
		tsau$^{35\text{-}33}$ hoi^{55} 抓□。

かゆいところをかく（抓癢癢。）

m̩^{55} ho$^{35-33}$ tsau$^{35-33}$ ki^{55} 唔好抓佢。

それをかいてはいけない（不要抓它。）

ʃiu^{35} pun^{53} ŋiau^{21} ɔ^{55} tsau$^{35-33}$ to^{35} 手分貓仔抓倒。

手をネコにひっかかれた（手被貓抓了一下。）

tʰai^{55}		蹄	ひづめ（蹄子、hoof）
kok^5		角	つの（角、horn）
ŋiu^{55} kok^5		牛角	ウシのつの（牛角、cow's horn）〔枝〕
ʒoŋ^{55} kok^5		羊角	ヒツジのつの（羊角、sheep's horn）〔枝〕
ʒuŋ^{55}		茸	幼角（茸、soft core of the young antler of the deer）
luk^{32} ʒuŋ^{55}		鹿茸	鹿茸（鹿茸、deer velvet）
tʃu^{53} hi^{21}		豬氣	ブタの肺（豬肺、pig's lung）
liuŋ^{55}		龍	竜（龍、dragon）〔條〕
kʰiun^{55}		群	群れ（群、herd）

ʒit$^{5-32}$ kʰiun^{55} 一群。

ひと群れ（一群。）

ŋiu^{55} kʰiun^{55} 牛群。

ウシの群れ（牛群。）

hap^{32} tʃuŋ^{21}		合眾	集団になる（合群、to flock together）
hap^{32} kʰiun^{55}		合群	〈「hap^{32} kʰiun^{55} 合群」は使用頻度がひくい。〉
siuŋ^{53} pa^{55} la^{55}		相背□	交尾する（交配、copulation of animals）
siuŋ^{53} tiau^{35}		相屌	〈「siuŋ^{53} pa^{55} la^{55} 相背□」は比較的上品な表現で、動物・人にかかわらず使用される。「siuŋ^{53} tiau^{35} 相屌」は俗な表現で、主に人について使用される。〉

kuŋ^{53} lau^{53} ma^{55} {siuŋ^{53} pa^{55} la^{55} / siuŋ^{53} tiau^{35}} 公□嬷 {相背拉 / 相屌}。

オスとメスが交尾する（雌雄交配。）

kuŋ^{53} e^{21}		公□	（動物の）オス（公的、male）

II. 動物（動物 Animals） 83

| tsʰi³³ e²¹ | □□ | （動物の）メス（母的、female） |

II. i. 獣類（走獣 Beasts）

kʰim⁵⁵ tʃʰiu²¹	禽獣	禽獣（禽獣、beast）
lo³⁵⁻³³ fu³⁵	老虎	トラ（老虎、tiger）〔條〕〔頭〕〔隻〕
sɨ⁵³ ə⁵⁵	獅仔	ライオン（獅子、lion）〔條〕〔頭〕〔隻〕
		〈接尾辞「ə⁵⁵」は「e⁵⁵」も可。〉
pau²¹ ə⁵⁵	豹仔	ヒョウ（豹子、leopard）〔條〕〔頭〕〔隻〕
loŋ⁵⁵	狼	オオカミ（狼、wolf）〔條〕〔隻〕
fu⁵⁵ li⁵⁵	狐狸	キツネ（狐狸、fox）〔條〕〔隻〕
fu⁵⁵ li⁵⁵ tsiŋ⁵³	狐狸精	キツネの妖怪（狐狸精、fox-spirit）〔條〕〔隻〕
ʒa⁵³ ŋiau²¹	野貓	のらネコ（野貓、wildcat）〔條〕〔隻〕
voŋ⁵⁵ ʃu³⁵⁻³³ loŋ⁵⁵	黃鼠狼	イタチ（黃鼠狼、weasel）〔條〕〔隻〕
sioŋ³³	象	ゾウ（象、elephant）〔隻〕〔頭〕
sioŋ³³ pʰi³³	象鼻	ゾウの鼻（象鼻子、elephant's trunk）
luk³² gə⁵⁵	鹿仔	シカ（鹿、deer）〔條〕〔隻〕
tʃoŋ⁵³ ŋə⁵⁵	獐仔	ノロジカ（獐、roedeer）〔條〕〔隻〕
ʒa⁵³ tʃu⁵³	野豬	イノシシ（野豬、wild boar）〔條〕〔隻〕
ʒuŋ⁵⁵	熊	クマ（熊、bear）〔條〕〔隻〕
vu⁵³ ʒuŋ⁵⁵	烏熊	クロクマ（黑熊、black bear）
heu⁵⁵ ə⁵⁵	猴仔	サル（猴子、monkey）〔條〕〔隻〕
sem⁵³ sem⁵³	猩猩	オランウータン（猩猩、ape）〔隻〕
tʰu²¹ ə⁵⁵	兔仔	ウサギ（兔子、rabbit）〔條〕〔隻〕
lo³⁵⁻³³ ʃu³⁵	老鼠	ネズミ（老鼠、mouse）〔條〕〔隻〕
tʰien⁵⁵ ʃu³⁵	田鼠	ノネズミ（田鼠、field mouse）〔條〕〔隻〕

II. ii. 鳥類（飛禽 Fowl）

tiau⁵³ ə⁵⁵	鳥仔	鳥（鳥、bird）〔隻〕
pui⁵³	飛	（空を）とぶ（飛、to fly）
ʒit³²	翼	翼（翅膀、wing）

mo⁵³	毛	羽毛・羽（羽毛、feather）	
tiau⁵³ mo⁵³	鳥毛	鳥類の羽毛（鳥毛、plume）	
ap⁵⁻³² mo⁵³	鴨毛	アヒルの羽毛（鴨毛、duck feather）	
lut³² mo⁵³	□毛	（鳥の）羽毛がぬける（(鳥)掉毛、to moult）	
tiau⁵³ tʃoi²¹	鳥嘴	（鳥の）くちばし（(鳥)嘴、beak）	
tsui³⁵	嘴	くちばし（鳥嘴，喙、bird's beak）	
		kai⁵³ ə⁵⁵ ʃit³² kuk⁵ ʒuŋ³³ tsui³⁵ 雞仔食穀用嘴。	
		ニワトリは穀物をたべるのにくちばしをつかう（雞用啄吃米。）	
tsui³⁵	嘴	つつく・ついばむ（啄、to peck）	
tsʰion³⁵	□	（アヒルやガチョウが）ついばむ（像鵝鴨啄食、to peck like duck and geese）	
		ŋo⁵⁵ ə⁵⁵ ʃit³² tuŋ⁵³ si⁵³ ʒuŋ³³ tsʰion³⁵ 鵝仔食東西用□。	
		ガチョウはついばんでものをたべる（鵝啄食東西。）	
kʰin⁵³	□	砂嚢（(鳥)砂嚢、gizzard）	
ŋo⁵⁵ kʰin⁵³	鵝□	ガチョウの砂嚢（鵝的砂嚢、goose gizzard）	
ŋo²¹ to²¹	□□	家禽の脾臓（家禽的脾臓、poultry's lien）	
		〈やわらかく美味。これをたべると、頭がぼんやりするという。〉	
lon³⁵	卵	卵（蛋、egg）〔隻〕〔粒〕	
lon³⁵⁻³³ voŋ⁵⁵	卵黄	卵黄・卵の黄身（蛋黄、egg yolk）	
mui⁵³ tsui⁵³	尾椎	尾羽の肉づきのよい部分（尾椎、fleshy part of bird's tail）	
ʒa³³ pʰo⁵⁵	夜婆	タカ（老鷹、hawk）〔隻〕	
ɲiau²¹ tʰeu⁵⁵ tiau⁵³	貓頭鳥	フクロウ（貓頭鷹、owl）〔隻〕	
ʒan²¹ nə⁵⁵	燕仔	ツバメ（燕子、swallow）〔隻〕	
vu⁵³ a⁵³	烏鴉	カラス（烏鴉、crow）〔隻〕	
tʃʰoŋ⁵⁵ mui⁵³ siak⁵	長尾鵲	カササギ（喜鵲、magpie）〔隻〕	
vuk⁵⁻³² ʒam⁵⁵ tiau⁵³	屋簷鳥	スズメ（麻雀、sparrow）〔隻〕	
ɲiet³² kap³² bə⁵⁵	月鴿仔	ハト（鴿子、pigeon）〔隻〕	

II. 動物（動物 Animals）　85

pan⁵³ keu⁵³ ə⁵⁵	斑鳩仔	キジバト（斑鳩、turtle dove）〔隻〕
en⁵³ ko⁵³	鸚哥	オウム（鸚鵡、parrot）〔隻〕
fa³³ mi⁵⁵	畫眉	ガビチョウ（畫眉、thrush）〔隻〕
ʒan⁵³ ʒoŋ⁵³	鴛鴦	オシドリ（鴛鴦、mandarin duck）〔隻〕
ʃu³³ ə⁵⁵ e²¹ ʒi⁵³ sen⁵³	樹仔□醫生	キツツキ（啄木鳥、woodpecker）
tʃuk⁵⁻³² kai⁵³ ə⁵⁵	竹雞仔	キジ（雉, 野雞、pheasant）〔隻〕
pʰak³² hok³²	白鶴	ツル；サギ（鶴；鷺鷥、crane ; heron）〔隻〕
pʰit³² pʰo⁵⁵	蝠婆	コウモリ（蝙蝠、bat）〔隻〕
hoi³⁵⁻³³ tiau⁵³	海鳥	海鳥（海鳥、marine bird）〔隻〕
a³³ tsiu⁵⁵ tsien²¹	阿□箭	オウチュウ（烏秋、black drongo）
pʰuk³² ku⁵³ ə⁵⁵	□□仔	カッコウ（布穀鳥、cuckoo）

II. iii. 家畜（家畜 Domestic animals）

tʰeu⁵⁵ saŋ⁵³	頭生	家畜・役畜（牲口、livestock）〔隻〕
ŋiu⁵⁵	牛	ウシ（牛、cattle）
ŋiu⁵⁵ ku³⁵	牛牯	雄ウシ（公牛、ox）〔條〕〔頭〕
ŋiu⁵⁵ ma⁵⁵	牛嫲	牝ウシ（母牛、cow）〔條〕〔頭〕
ʃui³⁵⁻³³ ŋiu⁵⁵	水牛	スイギュウ（水牛、buffalo）〔條〕〔頭〕
		〈耕作にもちいる。〉
tʃʰak⁵⁻³² ŋiu⁵⁵	赤牛	アカウシ（黃牛、the common yellow cattle）
voŋ⁵⁵ ŋiu⁵⁵	黃牛	〔條〕〔頭〕
		〈「voŋ⁵⁵ ŋiu⁵⁵ 黃牛」は比較的あたらしい語。アカウシは主として車をひくのにつかった。〉
ŋiu⁵⁵ siuŋ⁵³ teu²¹	牛相鬥	（ウシがつので）突く（（牛）鬥角、to gore）
ŋiu⁵⁵ tʰiau⁵⁵ ə⁵⁵	牛□仔	仔ウシ（牛犢子、calf）〔條〕〔頭〕
ŋiu⁵⁵ tsʰiaŋ⁵³ ŋə⁵⁵	牛□仔	
tʃu⁵³ ə⁵⁵	豬仔	ブタ（豬、pig）〔條〕〔頭〕
o³³ ə⁵⁵	□仔	〈「o³³ ə⁵⁵ □仔」はブタのなき声に由来する。〉

tʃu⁵³ ko⁵³	豬哥	雄ブタ（(公)豬、pig）〔條〕〔頭〕〈去勢されていないものを指す。〉
tʃu⁵³ ma⁵⁵	豬嬤	雌ブタ（母豬、sow）〔條〕〔頭〕
tʃuŋ³⁵⁻³³ tʃu⁵³	種豬	種ブタ（種豬、breeding boar, sire pig）〔條〕〔頭〕
tʃu⁵³ tʰiau⁵⁵ ə⁵⁵ 　tʃu⁵³ tsʰiaŋ⁵³ ŋə⁵⁵	豬□仔 豬□仔	仔ブタ；中くらいに成長したブタ（小豬；半大小豬、shoat, piglet；half-grown pig）〔條〕〔頭〕
tʃu⁵³ pʰoi⁵³ e⁵⁵	豬□仔	中くらいに成長したブタ（半大小豬、half-grown pig）〔條〕
(tʃu⁵³ ə⁵⁵) pʰun²¹ nai⁵⁵	(豬仔)□泥	（ブタが）地面をほりかえす（(豬)翻泥、to root）
tʃu⁵³ mo⁵³	豬毛	ブタの（首と背の）毛（豬鬃、pig's bristles）
ʒoŋ⁵⁵ ŋə⁵⁵	羊仔	ヒツジ（羊、sheep）〔條〕〔頭〕
san⁵³ ʒoŋ⁵⁵ ŋə⁵⁵	山羊仔	ヤギ（山羊、goat）〔條〕〔頭〕
ma⁵³	馬	ウマ（馬、horse）〔條〕〔匹〕〔頭〕
ma⁵⁵ kai²¹ ma⁵³	嬤個馬	雌ウマ（母馬、mare）
kuŋ⁵³ kai²¹ ma⁵³	公個馬	雄ウマ（公馬、horse）
lu⁵⁵ ə⁵⁵	驢仔	ロバ（驢、ass, donkey）〔條〕〔頭〕
keu³⁵	狗	イヌ（狗、dog）〔條〕
keu³⁵⁻³³ ma⁵⁵	狗嬤	雌イヌ（母狗、bitch）
liap³² keu³⁵	獵狗	猟犬（獵狗、hunting dog）
loŋ⁵⁵ keu³⁵	狼狗	シェパード（狼狗、German shepherd）〔條〕
pʰoi³³	吠	ほえる（吠、to bark）
ŋiau²¹ ə⁵⁵	貓仔	ネコ（貓、cat）〔條〕
ŋiau²¹ ə⁵⁵ kiau²¹	貓仔叫	ネコがなく（貓叫、to mew）
kai⁵³ ə⁵⁵	雞仔	ニワトリ（雞、chicken）
kai⁵³ kuŋ⁵³ 　hiuŋ⁵⁵ kai⁵³ ə⁵⁵	雞公 雄雞仔	オンドリ（公雞、cock）〔隻〕
ʒam⁵³ kai⁵³	閹雞	去勢されたニワトリ（閹雞、capon）〔隻〕

II. 動物（動物 Animals）

se²¹ kai⁵³ kuŋ⁵³	細雞公	わかいオンドリ（小公雞、young cock）〔隻〕
se²¹ hiuŋ⁵⁵ kai⁵³ ə⁵⁵	細雄雞仔	
kai⁵³ ki²¹	雞□	とさか（雞冠、cockscomb）
tʰai⁵⁵	啼	（オンドリが）なく（啼、(cock) to crow）
kai⁵³ mui⁵³	雞尾	（オンドリの）ながい羽毛（雞翎、cock's tail）
kai⁵³ ma⁵⁵	雞嬷	メンドリ（母雞、hen）〔隻〕
kai⁵³ lon²¹ nə⁵⁵	雞□仔	卵をうんだことがないメンドリ（母雞（未下過蛋）、hen before laying eggs）〔隻〕
lon²¹ nə⁵⁵	□仔	卵をうんだことがない鳥（未下蛋的禽類、birds that have never produced eggs）
	ŋo⁵⁵ lon²¹ nə⁵⁵ 鵝□仔。	
	卵をうんだことがないガチョウ（未下過蛋的鵝。）	
	ap⁵⁻³² lon²¹ nə⁵⁵ 鴨□仔。	
	卵をうんだことがないアヒル（未下過蛋的鴨。）	
kai⁵³ hak³²	雞□	ニワトリの卵巣（雞的卵巣、hen's ovaria）
kai⁵³ tʰun⁵⁵ nə⁵⁵	雞□仔	ひよこ（小雞、chick）〔隻〕
saŋ⁵³ lon³⁵	生卵	卵をうむ（下蛋、to lay eggs）
pʰu³³ lon³⁵	孵卵	卵をかえす（抱蛋；孵卵、to brood over eggs；to hatch）
kai⁵³ ə⁵⁵ tsʰim⁵⁵ ʃit³²	雞仔尋食	ニワトリがひっかくようにして餌をさがす（雞覓食、(chicken) to scratch the feed）
ap⁵⁻³² bə⁵⁵	鴨仔	アヒル（鴨子、duck）〔隻〕
		〈接尾辞「ə⁵⁵」は「e⁵⁵」も可。これは四県客家語の影響である。〉
ap⁵⁻³² bə⁵⁵ kiau²¹	鴨仔叫	アヒルがなく（鴨叫、to quack）
ŋo⁵⁵ ə⁵⁵	鵝仔	ガチョウ（鵝、goose）〔隻〕
		〈接尾辞「ə⁵⁵」は「e⁵⁵」も可。〉

II. iv. 爬虫類・昆虫 （爬虫，昆虫 Insects）

pʰa⁵⁵	爬	はう（爬、to crawl）
pok⁵⁻³² hok⁵	剝殼	脱皮する（(蛇/蟬)脱殼、metamorphosis）
ɲioŋ⁵⁵ ŋə⁵⁵	娘仔	（成虫の）カイコ・カイコガ（蠶(成蟲)、silkworm）〔mui⁵⁵ 尾〕
	hiuk⁵⁻³² ɲioŋ⁵⁵ ŋə⁵⁵ 畜娘仔。	
		カイコを飼う（養蠶。）
tsʰam⁵⁵ mə⁵⁵	蠶仔	（幼虫の）カイコ（蠶(幼蟲)、silkworm）〔mui⁵⁵ 尾〕
		〈文章語的である。〉
tsʰam⁵⁵ mə⁵⁵ ʃoi³³ muk⁵	蠶仔睡目	カイコの休眠（蠶眠、sleep of the silkworm before casting its skin）
tsʰam⁵⁵ ŋo⁵⁵	蠶蛾	カイコガ（蠶蛾、silkworm moth）〔隻〕
tʰu²¹ tsʰam⁵⁵ sɿ⁵³	吐蠶絲	糸をはく（吐絲、to emit silk）
tsʰam⁵⁵ sɿ⁵³	蠶絲	蚕糸（蠶絲、silk thread）〔條〕
ɲioŋ⁵⁵ pau⁵³	娘包	繭（繭、cocoon of the silkworm）〔隻〕
tsʰam⁵⁵ pau⁵³	蠶包	
tʰoŋ⁵⁵ pʰuŋ⁵³ ŋə⁵⁵	糖蜂仔	ミツバチ（蜜蜂、bee）〔隻〕
tʰoŋ⁵⁵ fuŋ⁵³ ŋə⁵⁵	糖蜂仔	
pʰuŋ⁵³ ŋə⁵⁵	蜂仔	ハチ（蜂、bee）
pʰuŋ⁵³ mui⁵³ tʃim⁵³	蜂尾針	（ハチなどの）針（蜂蠆、sting of a bee/wasp）
tiau⁵³	□	刺す（螫、to sting）
	pun⁵³ tʰoŋ⁵⁵ pʰuŋ⁵³ ŋə⁵⁵ tiau⁵³ to³⁵ 分糖蜂仔□倒。	
		ミツバチに刺された（被蜜蜂螫到。）
	tiau⁵³ ɲin⁵⁵ □人。	
		人を刺す（螫人。）
pʰuŋ⁵³ teu²¹	蜂竇	ハチの巣（蜂窩、honeycomb, beehive）〔隻〕
pʰuŋ⁵³ tʰoŋ⁵⁵	蜂糖	蜂蜜（蜂蜜、honey）
voŋ⁵⁵ pʰuŋ⁵³ ŋə⁵⁵	黃蜂仔	スズメバチ（黃蜂、wasp）〔隻〕
fu³⁵⁻³³ tʰeu⁵⁵ pʰuŋ⁵³	虎頭蜂	〈「voŋ⁵⁵ pʰuŋ⁵³ ŋə⁵⁵ 黃蜂仔」は黃色いハチの

II. 動物（動物 Animals）　89

		総称でもある。〉
ʒak³² gə⁵⁵	□仔	チョウ；ガ（蝴蝶；蛾、butterfly；candle moth）〔隻〕
		〈「ʒak³² □」はゆれうごくこと。〉
ŋo⁵⁵	蛾	ガ（蛾、candle moth）
nuŋ²¹ mo⁵³ tʃʰuŋ⁵⁵	□毛蟲	毛虫（毛毛蟲、caterpillar）〔條〕
noŋ⁵⁵ ni⁵³ ə⁵⁵	囊□仔	トンボ（蜻蜓、dragonfly）〔隻〕
		〈ヤゴ（トンボの幼虫）は「noŋ⁵⁵ ni⁵³ iˢ⁵eʔ²¹ tʃʰuŋ⁵⁵ ŋə⁵⁵ 囊□□□蟲仔」という。〉
ʃam⁵⁵ mə⁵⁵	蟬仔	セミ（蟬、cicada）〔隻〕
fo³⁵⁻³³ ŋiam³³ tʃʰuŋ²¹	火□蟲	ホタル（螢火蟲、firefly）〔隻〕
tʰu³⁵⁻³³ keu³⁵ ə⁵⁵	土狗仔	コオロギ（蟋蟀、cricket）〔隻〕
vu⁵³ ʒin⁵⁵	烏蠅	ハエ（蒼蠅、fly）〔隻〕
vu⁵³ ʒin⁵⁵ (kai²¹) tʃʰuŋ⁵⁵	烏蠅(個)蟲	ウジ（蛆(蒼蠅的幼蟲)、maggot）〔條〕
ʃi³⁵⁻³³ tʃʰuŋ⁵⁵	屎蟲	
ŋiu⁵⁵ luk³² pi⁵³	牛鹿□	アオバエ（大麻蒼蠅、金頭蒼蠅、blue-bottle fly）〔隻〕
ŋiam⁵⁵ ʃit³² vut³²	黏食物	（ハエが）たべものにとまる（(蒼蠅)沾食物、flies gathering on food）
vu⁵³ ʒin⁵⁵ ʃi³⁵	烏蠅屎	ハエがつけたちいさなしみ（蠅糞斑、flyspecks）〔隻〕〔粒〕
mun⁵³ nə⁵⁵	蚊仔	カ（蚊子、mosquito）〔隻〕
(mun⁵³ nə⁵⁵) tiau⁵³	(蚊仔)□	（カが）刺す（(蚊子)叮、(mosquito) to bite）
pʰiau²¹	漂	カに刺された痕（包、mosquito bite）
		hi³⁵⁻³³ pʰiau²¹ 起漂。
		まめ・水ぶくれができる（起泡。）
mun⁵³ sut³² lə⁵⁵	蚊□仔	カゲロウ（蜉蝣、dayfly）
la⁵⁵ kʰia⁵⁵	□□	クモ（蜘蛛；蟢子、spider；webless spider）〔隻〕
la⁵⁵ kʰia⁵⁵ mioŋ³⁵	□□網	クモの巣（蜘蛛網、spider's web）

la^{55} k^{h}ia^{55} ket$^{5\text{-}32}$ mioŋ^{35}	□□結網	クモが巣をはる（(蜘蛛)張網、(spider) to spread a web)
ai^{53} luŋ^{55} p^{h}i^{53} p^{h}o^{53}	□礲□□	カマキリ（螳螂、praying mantis）〔隻〕〈「ai^{53} luŋ^{55} □礲」とは石臼で米をひくこと。カマキリのうごきが、それを連想させることから、このような名称になったとかんがえられる。〉
ŋe^{21} ə^{55}	蟻仔	アリ（螞蟻、ant）〔隻〕〈接尾辞「ə^{55}」は「e^{55}」も可。〉
p^{h}ak^{32} ŋe^{21} ə^{55}	白蟻仔	シロアリ（白蟻、termite）〔隻〕
p^{h}in^{53} nə^{55}	□仔	羽虫などちいさい昆虫の一種（一種蟲子、a kind of small insect）〈生ゴミなどにたかる。〉
ʒe^{55} lo^{55}	□螺	カタツムリ（蝸牛、snail）〔隻〕〈「ʒe^{55} □」は「ぬるぬるしている」という意味。使用する際は「ʒe^{55} ʒe^{55} □□」と重畳型にしなければならない。〉
tʃ^{h}uŋ^{55} sien^{35}	蟲□	ミミズ（蚯蚓、earthworm）〔條〕
ŋ^{55} kuŋ^{53} tʃ^{h}uŋ^{55}	蜈蚣蟲	ムカデ（蜈蚣、centipede）〔條〕
k^{h}i^{55} ts^{h}at^{32} lə^{55}	蜞蚻仔	ゴキブリ（蟑螂、cockroach）〔隻〕
ts^{h}o$^{35\text{-}33}$ maŋ^{55} ŋə^{55}	草蜢仔	バッタ；イナゴ（蚱蜢；蝗蟲、grasshopper；locust）〔隻〕
ʃa^{55}	蛇	ヘビ（蛇、snake）〔mui^{55}尾〕〔條〕 ʃa^{55} so^{55} ko^{21} hi^{21} 蛇□過去。 ヘビがはっていく（蛇跑過去。）
pak$^{5\text{-}32}$ p^{h}u^{33} ʃa^{55}	百步蛇	ヒャッポダ（百步蛇、Hundred-pace snake）
tʃa^{53} tsiet^{5}	遮節	アマガサヘビ（雨傘蛇、Many-banded krait）
piak$^{5\text{-}32}$ ʃa^{55}	壁蛇	ヤモリ（壁虎、house-lizard）〔條〕
keu$^{35\text{-}33}$ ma^{55} ʃa^{55}	狗孋蛇	トカゲ（蜥蜴、red-spotted lizard）〔條〕
mun^{53} tʃ^{h}uŋ^{55}	蚊蟲	ボウフラ（孑孑、wriggler）〔條〕

II. 動物（動物 Animals）　91

fu^{55} k^{h}i^{55}	湖蜞	ヒル（螞蟥、leech）〔條〕
kon^{53} pi^{53}	□□	ナンキンムシ（臭蟲、bedbug）〔隻〕
set^{32} ma^{55}	蝨嬤	シラミ（蝨子、louse）〔隻〕
set^{32} ma^{55} lon^{35}	蝨嬤卵	シラミの卵（蝨子卵, 蟣子、nit）〔隻〕

ŋi^{55} kai^{21} t^{h}eu^{55} na^{53} mo^{53} ʒiu^{53} set^{32} ma^{55} lon^{35}

你個頭□毛有蝨嬤卵。

あなたの髪の毛にはシラミの卵がある（你的頭髪有蝨子卵。）

| t^{h}iau^{21} tsau^{35} | 跳蚤 | ノミ（跳蚤、flea）〔隻〕 |
| sai^{55} tʃ^{h}uŋ^{55} | □蟲 | カイチュウ（蛔蟲、intestinal worm）〔條〕 |

〈「sai^{55} □」とは「むさぼりたべる」こと。関連する語に「sai^{55} ʃit^{32} □食」（むさぼりたべる）、「sai^{55} ʃit^{32} vun^{53} □食□」（くい意地がはった人・くいしん坊）など。〉

t^{h}ien^{53} ŋiu^{55}	天牛	カミキリムシ（天牛、a class of destructive beetles）〔隻〕
keu$^{35\text{-}33}$ set^5	狗蝨	ウズムシ（扁蝨, 狗蝨、tick）〔隻〕
tʃ^{h}uŋ^{55} ŋə^{55}	蟲仔	虫（蟲、worm）〔隻〕〔mui^{55} 尾〕〔條〕
tʃu^{21} tʃ^{h}uŋ^{55}	蛀蟲	木・衣類・書籍・穀物などにつく虫の総称（蛀蟲、insect which eats wood or bamboo）〔條〕〔隻〕
tʃu^{21} mi$^{35\text{-}33}$ tʃ^{h}uŋ^{55}	蛀米蟲	コメにつく虫（米蟲、riceworm）〔mui^{55} 尾〕〔條〕

〈罵詈語として「無駄飯ぐい」「ごくつぶし」という意味もある。〉

| tʃu^{21} ʃu^{53} tʃ^{h}uŋ^{55} | 蛀書蟲 | シミ（書蟲、silverfish）〔條〕 |

〈罵詈語として「本の虫」という意味もある。〉

| tʃu^{21} | 蛀 | （虫が）くう（蛀、worm-eaten, moth-eaten） |

tʃu^{21} mi^{35} 蛀米。

コメに虫がつく（蛀米。）

tʃu²¹ ʃu³³ 蛀樹。

虫が木をくう（蛀樹。）

ŋiu⁵⁵ ʃi³⁵⁻³³ ku⁵³	牛屎姑	カブトムシ（獨角仙、unicorn beetle）〔隻〕
kim⁵³ ku⁵³ ə⁵⁵	金姑仔	コガネムシ（金龜子、gold beetle）〔隻〕
kim⁵³ kui⁵³ ə⁵⁵	金龜仔	〈「kim⁵³ ku⁵³ ə⁵⁵ 金姑仔」の方が一般的。〉

II. v. 魚類（魚 Fish）

ŋ̍⁵⁵ (ŋə⁵⁵)	魚(仔)	魚（魚、fish）〔尾〕〔條〕
tsʰiu⁵⁵ (ʃui³⁵)	泅(水)	およぐ（浮水, 游泳, to swim）

tsʰiu⁵⁵ loi⁵⁵ tsʰiu⁵⁵ hi²¹ 泅來泅去。

およぎまわる（游來游去。）

lin⁵³	鱗	うろこ（鱗、fish scale）
ŋ̍⁵⁵ lin⁵³	魚鱗	
hoi⁵⁵ soi⁵³	頦鰓	えら（鰓、gill）

ŋ̍⁵⁵ ŋə⁵⁵ kai²¹ hoi⁵⁵ soi⁵³ 魚仔個頦鰓。

魚のえら（魚鰓。）

ŋ̍⁵⁵ pʰiau²¹	魚漂	（魚の）浮き袋（鰾、swimming bladder of fish）〈ちいさいものは「ŋ̍⁵⁵ pʰiau²¹ ə⁵⁵ 魚漂仔」という。〉
ŋ̍⁵⁵ tsʰi²¹	魚鰭	ひれ（鰭、fin）
ŋ̍⁵⁵ tsɨ³⁵	魚子	魚卵（魚子, 魚卵、fish spawn）〔隻〕〔粒〕/〔團〕〔tʃʰon²¹ 串〕〔te²¹ □〕
ŋ̍⁵⁵ kau⁵³	魚膠	（魚の浮き袋からつくった）にかわ（魚膠、isinglass, fish-glue）
ŋ̍⁵⁵ kut⁵	魚骨	魚の小骨（魚刺、small fish bones）

ŋ̍⁵⁵ kut⁵ tsʰam⁵⁵ to³⁵ 魚骨□倒。

小骨が刺さった。（魚刺刺到。）

ŋ̍⁵⁵ miau⁵⁵	魚苗	稚魚（魚苗、the fry of fish）

II. 動物（動物 Animals）

li^{53} ə^{55}	鯉仔	コイ（鯉魚、carp）〔尾〕〔條〕	
li^{53} ŋ̍^{55}	鯉魚		
tsit^{32} lə^{55}	鯽仔	フナ（鯽魚、bream）〔尾〕〔條〕	
tsit^{32} ŋ̍^{55}	鯽魚		
lien^{55} ŋ̍^{55}	鰱魚	レンギョ（鰱魚、silver carp）	
voŋ^{55} fa^{53} ə^{55}	黃花仔	キグチ（黃花魚、a kind of herring）〔尾〕	
voŋ^{55} fa^{53} ŋ̍^{55}	黃花魚	〔條〕	
ʃak^{32} pan^{53} nə^{55}	石斑仔	ハタの一種（石斑魚、garoupa）〔尾〕〔條〕	
ʃak^{32} pan^{53} ŋ̍^{55}	石斑魚		
pʰak^{32} tsʰoŋ^{53} (ŋ̍^{55})	白鯧(魚)	マンジュウダイ（白鯧、orbfish）〔尾〕〔條〕	
vu^{53} tsʰoŋ^{53} (ŋ̍^{55})	烏鯧(魚)	クロアジモドキ（烏鯧、black pomfret）〔尾〕	
		〔條〕	
fu^{55} tsʰiu^{53} ə^{55}	湖鰍仔	ドジョウ（泥鰍、loach）〔尾〕〔條〕	
ŋiam^{55} mə^{55}	鯰仔	ナマズ（鯰魚、catfish）〔尾〕〔條〕	
man^{55} nə^{55}	鰻仔	ウナギ（鰻魚、eel）〔尾〕〔條〕	
lu^{55} man^{55}	鱸鰻	オオウナギ（鱸鰻、large conger-eel）〔尾〕	
		〔條〕	
pʰak^{32} man^{55}	白鰻	ニホンウナギ（日本鰻鱺、Japanese eel）	
voŋ^{55} ʃan^{53}	黃鱔	タウナギ（黃鱔；鱔魚、yellow eel；fresh-	
		water eel）〔條〕〔尾〕	
sa^{53} ŋ̍^{55}	鯊魚	サメ（鯊魚、shark）〔尾〕〔條〕	
ŋok^{32} ŋ̍^{55}	鱷魚	ワニ（鱷魚、crocodile）〔尾〕〔條〕	
kin^{53} ŋ̍^{55}	鯨魚	クジラ（鯨魚、whale）〔尾〕〔條〕	
hoi$^{35-33}$ tsʰiu^{53}	海鰍		
kim^{53} ŋ̍^{55}	金魚	キンギョ（金魚、goldfish）〔尾〕〔條〕	
pa^{55} tai^{21} ŋ̍^{55}	背帶魚	タチウオ（白帶魚、largehead hairtail）〔尾〕	
		〔條〕	
ha^{55} ə^{55}	蝦仔	エビ（蝦、shrimp）〔隻〕	
ha^{55} kuŋ^{53}	蝦公	おおきなエビ（大蝦、large shrimp）〔隻〕	
ha^{55} sep$^{5-32}$ bə^{55}	蝦□仔	ちいさなエビ（小蝦、small shrimp）〔隻〕	

ha⁵⁵ pi⁵³ ɔ⁵⁵	蝦□仔	〈「ha⁵⁵ sep⁵⁻³² bɔ⁵⁵ 蝦□仔」は未成熟なエビを指す。「sep⁵⁻³² bɔ⁵⁵ □仔」とは「うれていない果実」のこと。〉	
ha⁵⁵ kuŋ⁵³ lon³⁵	蝦公卵	エビの卵（蝦子、shrimp egg）〔隻〕〔團〕〔串〕	
ha⁵⁵ kuŋ⁵³ si⁵³	蝦公鬚	エビのひげ（蝦鬚、shrimp's feelers）	
ha⁵⁵ (kuŋ⁵³) hok⁵	蝦(公)殼	エビの殻（蝦皮、shrimp's shell）	
mo⁵³ hai³⁵	毛蟹	カニ；ベンケイガニ（螃蟹；毛蟹（淡水）；蟛蜞、crab；hairy crab；small land crab）〔隻〕	
hoi³⁵⁻³³ mo⁵³ hai³⁵	海毛蟹	海ガニ（海蟹、sea crab）〔隻〕	
mo⁵³ hai³⁵ kiap⁵	毛蟹夾	カニのはさみ（蟹螯、crab's claws）	
mo⁵³ hai³⁵ ko⁵³	毛蟹膏	カニみそ（蟹黃、crab-spawn）	
mo⁵³ hai³⁵ ŋiuk⁵	毛蟹肉	カニの肉（蟹肉、crab meat）	
han³⁵⁻³³ pe⁵⁵	蜆□	ドブガイなどの淡水二枚貝（蚌、mussel）〔隻〕〈食用になる。〉	
hoi³⁵⁻³³ han³⁵⁻³³ pe⁵⁵	海蜆□	海の二枚貝（海裡的蚌、sea mussel）	
hoi³⁵⁻³³ han³⁵⁻³³ nɔ⁵⁵	海蜆仔	シジミ・アサリの類（蜆(海)、(sea) clam）〔隻〕〈海の二枚貝の総称。〉	
tʰai³³ han³⁵⁻³³ nɔ⁵⁵	大蜆仔	おおきなシジミ（大蜆、large clma）	
se²¹ han³⁵⁻³³ nɔ⁵⁵	細蜆仔	ちいさなシジミ（小蜆、small clam）	
han³⁵⁻³³ nɔ⁵⁵	蜆仔	川のシジミ（河邊的蜆、river clam）	
hoi³⁵⁻³³ kua⁵³ ɔ⁵⁵	海瓜仔	アサリ（蛤蜊(有沙的河里)、(river) clam）〔隻〕	
o⁵⁵ ɔ⁵⁵	蚵仔	カキ（蠔、oyster）〔隻〕	
pau²¹/⁵³ ŋ̍⁵⁵	鮑魚	アワビ（鮑魚、abalone）〔隻〕	
lo⁵⁵ ɔ⁵⁵	螺仔	マキガイ（螺、conch）〔隻〕	
hoi³⁵⁻³³ lo⁵⁵	海螺	海のマキガイ（海裡的螺、sea conch）	
ʃak³² lo⁵⁵	石螺	ヒメタニシ（湖螺、Sinotaia quadrata	

II. 動物（動物 Animals） 95

(Benson)）

tʰien⁵⁵ lo⁵⁵	田螺	タニシ（田螺、Viviparidae）
hoi³⁵⁻³³ sem⁵³	海參	ナマコ（海參、sea-slug）〔隻〕〔條〕
hoi³⁵⁻³³ fu⁵⁵ kʰi⁵⁵	海湖蜞	〈「湖蜞 fu⁵⁵ kʰi⁵⁵」とは「ヒル」のこと。現在は「hoi³⁵⁻³³ sem⁵³ 海參」が一般的である。〉
ʃui³⁵⁻³³ mu⁵³	水母	クラゲ（水母、jellyfish）〔隻〕
kuai³⁵⁻³³ ɔ⁵⁵	□仔	カエル（青蛙、green frog）〔隻〕〔條〕〈主としてちいさいカエルを指す。アマガエルや他の色のカエルをふくむ。〉
tsʰiaŋ⁵³ kuai³⁵⁻³³ ɔ⁵⁵	青□仔	アオガエル（青色的青蛙、green frog）
ʃam⁵⁵ ʃu⁵⁵	蟾蜍	ヒキガエル（癩蛤蟆、toad）〔隻〕〔條〕
tʰai³³ kuai³⁵⁻³³ ɔ⁵⁵	大□仔	おおきなカエル（大青蛙、large frog）〔隻〕
ha⁵⁵ ma⁵⁵	蛤蟆	〔條〕
se²¹ kuai³⁵⁻³³ ɔ⁵⁵	細□仔	ちいさなカエル（小青蛙、small frog）〈アヒルの餌にする。〉
kuai³⁵⁻³³ luk³² gɔ⁵⁵	□□仔	オタマジャクシ（蝌蚪、tadpole）〔尾〕〔條〕〔隻〕
vu⁵³ kui⁵³	烏龜	カメ（烏龜、turtle）〔隻〕
tʰon⁵⁵ ŋ⁵⁵	團魚	スッポン（鱉, 甲魚、soft-shell turtle）〔隻〕
piet⁵⁻³² lɔ⁵⁵	鱉仔	〈「tʰon⁵⁵ ŋ⁵⁵ 團魚」は旧語。現在は標準中国語由来の「piet⁵⁻³² lɔ⁵⁵ 鱉仔」が一般的である。〉
tʃʰim⁵⁵ mɔ⁵⁵	蟳仔	ガザミ・ワタリガニ（蟳、oval crab）〔隻〕
met³² teu³⁵	墨斗	コウイカ（烏賊、cuttle fish）〔隻〕
so³⁵⁻³³ kon³⁵⁻³³ nɔ⁵⁵	鎖管仔	スルメイカ（魷魚、squid）〔條〕
fa⁵³ ki⁵³	花枝	〈「so³⁵⁻³³ kon³⁵⁻³³ nɔ⁵⁵ 鎖管仔」はよりちいさいものを指す。〉
ʒiu⁵⁵ ŋ̩⁵⁵	魷魚	するめ・乾燥イカ（曬乾的魷魚、dried squid）〔尾〕〈1950年代ごろは乾燥イカしかなく、その

ため「met³² teu³⁵ 墨斗」「fa⁵³ ki⁵³ 花枝」等の語はなかった。〉

koŋ³³ tai⁵⁵ 　　　　　□□　　　アゲマキガイ（蟶子、solen）〔隻〕
　hoi³⁵⁻³³ han³⁵⁻³³ nə⁵⁵　海蜆仔　〈「koŋ³³ tai⁵⁵ □□」は閩南語に由来する。「hoi³⁵⁻³³ han³⁵⁻³³ nə⁵⁵ 海蜆仔」は海の二枚貝の総称でもある。〉

II. vi. 人と動物（人與動物 Man and animals）

{ʃat³² / tso²¹}lau²¹ə⁵⁵　{設/做}□仔　わなをしかける（設陷阱、to set a snare）
〈「lau²¹ə⁵⁵ □仔」は「詐欺師」のことでもある。〉
ʃat³² lau²¹ə⁵⁵ tsuk⁵⁻³² san⁵³ tʃu⁵³ 設□仔捉山豬。
わなをしかけてイノシシをとる（設陷阱抓山豬。）

tsuk⁵　　　　捉　　　つかまえる（捉、to catch）
tsuk⁵⁻³² kai⁵³ ə⁵⁵ 捉雞仔。
ニワトリをつかまえる（抓雞。）
tsuk⁵⁻³² tsʰet³² lə⁵⁵ 捉賊仔。
泥棒をつかまえる（抓賊。）

kʰep⁵　　　　□　　　網でとる（網住、to take on the web）
kʰep⁵⁻³² to³⁵⁻³³ ʒit³² tʃak⁵ ʃam⁵⁵ mə⁵⁵ □倒一隻蟬仔。
セミを一匹つかまえた（網住一隻蟬。）

tsoi⁵⁵　　　　□　　　（かぎ状・鳥のくちばし状のもので）とらえる（用彎鉤的東西捕捉、to capture by a thing like a hook）
〈「tsui⁵⁵ □」と同義。卑俗なことばである。〉
tʰuŋ⁵⁵ ki⁵⁵ tsoi⁵⁵ tʃon³⁵ loi⁵⁵ 同佢□轉來。
それをとりかえせ（把它要回來。）

ta³⁵⁻³³ liap³²　　打獵　　猟をする（打獵、to hunt）
ʃa³³　　　　　　射　　　射る・うつ（射、to shoot）
tʃʰuŋ²¹ ŋə⁵⁵　　銃仔　　銃（銃、musket）〔枝〕

II. 動物（動物 Animals）　97

hiuk⁵	畜	飼う・飼育する；繁殖させる（養；豢養、to rear；to breed）
		hiuk⁵ han³³ nə⁵⁵ 畜蜆仔。
		貝を養殖する（養殖蜆子。）
tem⁵³	□	（水をつかって）育てる・養殖する（用水養、to cultivate in water）
		(1) ʃui³⁵ tem⁵³ nen³⁵ 水□□。
		(2) tem⁵³ nen³⁵⁻³³ ʃui³⁵ □□水。
		水をつかって養殖する（用水養殖著。）
tʃoŋ³⁵⁻³³ ŋiu⁵⁵	掌牛	ウシを放牧する（放牛、to tend cattle）
tʰo⁵⁵ ŋiu⁵⁵	□牛	ウシをつなぐ（拴牛、to tie up a cow）
tʃʰon²¹ ŋiu⁵⁵ pʰi³³	串牛鼻	ウシの鼻に穴をあける（在牛鼻子上穿洞、to pierce the nose of a cow）
lam²¹	□	首にかける・はめる（套在脖子上、to put something around a neck）
		keu³⁵ ʒuŋ³³ tʰiet⁵⁻³² lien³³ nə⁵⁵ lam²¹ hi³⁵ loi⁵⁵
		狗用鐵鏈仔□起來。
		イヌは鎖でつないでおけ（把狗用鐵鏈拴起來。）
kʰi⁵⁵ ma⁵³	騎馬	ウマにのる（騎馬、to ride a horse）
liap⁵⁻³² tʃu⁵³ ə⁵⁵	□豬仔	ブタをおう（趕豬、to tend pigs）
liap⁵⁻³² ap⁵⁻³² bə⁵⁵	□鴨仔	アヒルをおう（趕鴨子、to tend ducks）
tʃon³⁵⁻³³ … lan⁵⁵	轉…欄	家畜をおって小屋にもどす（回柵欄、
tʃon³⁵⁻³³ … tsi²¹	轉…□	(animals) to return to the pen）
tiau²¹	釣	つる（釣、to fish (with a rod)）
tiau²¹ pin⁵³	釣兵	つり竿（魚竿、fishing rod）〔枝〕
tiau²¹ ə⁵⁵	釣仔	つり針（魚鉤、fishing hook）〔尾〕
tsuk⁵⁻³² ŋ̍⁵⁵	捉魚	魚を手さぐりでとる（摸魚, 抓魚、to feel about for fish）
ŋ̍⁵⁵ mioŋ³⁵	魚網	魚網（魚網、fishing net）〔領〕
leu⁵⁵ ŋ̍⁵⁵ ŋə⁵⁵	撈魚仔	魚を網ですくう（撈魚、to scoop up fish

			with a net)
fe⁵³		□	（魚を）とる（撈(魚)、to catch fishes）
			fe⁵³ hi³⁵ loi⁵⁵ □起來。
			（漁具で）とる（用撈魚的用具撈起來。）
fe⁵³ ɔ⁵⁵		□仔	漁具（漁撈用具、fishing equipment）
ŋ̍⁵⁵ tsʰa⁵³		魚叉	銛（魚叉、fishing fork）〔枝〕
ŋ̍⁵⁵ lam⁵⁵		魚籃	魚籠（魚籃、fishing basket）〔隻〕
ŋ̍⁵⁵ lui³⁵		魚□	びく（魚篸、creel）
pioŋ²¹ saŋ⁵³		放生	とった生き物をはなす（放生、to set free (fish) alive）
mioŋ³⁵⁻³³ ŋ̍⁵⁵		網魚	網で魚をとる（網魚、to net fish）
teu²¹ tʰu³⁵⁻³³ keu³⁵		鬥土狗	コオロギをたたかわせる遊び（鬥蟋蟀、cricket fight）
tʃʰi⁵⁵		□	ほふる（宰、to butcher）
paŋ⁵³ mo⁵³		□毛	毛をぬく（拔毛、to remove feathers）
tsien³⁵⁻³³ ʒit³²		剪翼	翼を切る（剪翅膀、to clip the wings）
ʒam⁵³		閹	去勢する（閹、to castrate）
mun⁵³ hioŋ⁵³		蚊香	蚊とり線香（蚊香、mosquito incense）〔枝〕/〔隻〕〔圈〕〈量詞〔隻〕〔圈〕は渦巻状の蚊とり線香にもちいる。〉
ta³⁵⁻³³ lin⁵³		打鱗	うろこをとる（去鱗、to scale (a fish)）
ta³⁵⁻³³ ŋ̍⁵⁵		打魚	漁をする（打魚，抓魚、to fish (in general)
tsuk⁵⁻³² ŋ̍⁵⁵		捉魚	
tʰeu³³ ŋ̍⁵⁵		□魚	魚を毒でころしてとる（毒魚、to poison fish）
tʰeu³³		□	毒でころす（毒、to poison）
			tʰeu³³ ŋ̍⁵⁵ ŋə⁵⁵ □魚仔。
			魚を毒でころす（毒魚。）
pʰo⁵⁵ pʰaŋ²¹ ŋə⁵⁵		浮□仔	浮標・ブイ（浮標、buoy）

Ⅲ. 植物（植物 Plants）

tʃit³² vut³²	植物	植物（植物、plants）
sen⁵³ tʃoŋ³⁵	生長	成長する・のびる（生長、to grow）
tʃʰe²¹	□	（蔓などが）のびる・ひろがる（(藤)蔓延、to creep）

tʰen⁵⁵ nɔ⁵⁵ tʃʰe²¹ man⁵³ {tʰi³³/ piak⁵} 藤仔□滿 {地 / 壁}。藤が {地面／壁} いっぱいにのびている（滿 {地/牆壁} 都是藤。）

ŋe²¹ ɔ⁵⁵ tʃʰe²¹ man⁵³ kien⁵³ 蟻仔□滿間。アリが部屋いっぱいである（整個房間都是螞蟻。）

fui²¹ pʰiaŋ³³ voi³³ tʃʰe²¹ ŋin⁵⁵ 肺病會□人。肺病は人にうつる（肺病會傳染給別人。）

tʃuŋ³⁵	種	たね（種子、seed）
tʰeu³³ tʃuŋ³⁵	豆種	マメのたね（豆子的種子、beans）〔粒〕〔隻〕
kua⁵³ tʃuŋ³⁵	瓜種	ウリのたね（瓜子、melon seeds）〔粒〕〔隻〕
fu³⁵⁻³³ kua⁵³ tʃuŋ³⁵	苦瓜種	ニガウリのたね（苦瓜子、balsam pear seeds）〔粒〕〔隻〕
voŋ⁵⁵ pʰu⁵⁵ tʃuŋ³⁵	黃蒲種	カボチャのたね（南瓜子、pumpkin seeds）
ʒoŋ⁵³	秧	苗（苗、sprouts, shoots）〔欜〕〔枝〕
miau⁵⁵	苗	〈「miau⁵⁵ 苗」は使用頻度がひくい。〉
tsʰoi²¹ ʒoŋ⁵³	菜秧	野菜の苗（菜苗、vegetable shoots）
ŋa⁵⁵	芽	芽（芽、sprout）
fat⁵⁻³² ŋa⁵⁵	發芽	芽をだす（發芽、to sprout (as from seed)）
pit⁵⁻³² ŋa⁵⁵	□芽	〈「pit⁵ □」は「さける・切れ目がはいる」こと。〉
kuaŋ³⁵	梗	茎・枝（梗子、plant-stem, stem）

〈茎は、ヤオ語で kweŋ⁵²、広州粤語では □ kwʰaŋ³⁵ である（詹伯慧 2002《广东粤方言概要》暨南大学出版社 p. 46)。〉

tsʰo³⁵⁻³³ kuaŋ³⁵	草梗	草の茎（草莖、stem of grass）	
ʃu³³ ə⁵⁵	樹仔	木（樹、tree）〔欌〕	
ʃu³³ lim⁵⁵ tu³⁵	樹林肚	森・林（樹林子、forest）	
kon²¹ muk⁵	灌木	潅木（灌木、shrubs）〔欌〕〔pʰu⁵⁵ □〕	
ʃu³³ ʒoŋ⁵³	樹秧	木の苗（樹苗、seedlings of a tree）	
ʃu³³ kin⁵³	樹根	木の根（樹根、root）〔條〕	
ʃu³³ kuaŋ³⁵	樹梗	木の幹（樹幹、tree trunk）	
ʃu³³ pʰi⁵⁵	樹皮	木の皮・樹皮（樹皮、bark）	
ʃu³³ tʃip⁵	樹汁	樹液（樹汁、sap）	
ʃu³³ nen²¹	樹□		
ʃu³³ kuaŋ³⁵	樹梗	木の枝（樹枝、branches）	
ʃu³³ va⁵³	樹□		
tsʰa²¹ va⁵³ kai²¹ vui³³ so³⁵	叉□個位所	（木の枝の）また（樹杈、tree-fork, a forked stick）	
ʃu³³ mui⁵³	樹尾	こずえ（樹梢、twigs）	
ʃu³³ taŋ³⁵	樹頂	木の根以外の部分（樹上、the upper part except roots of trees）	
ʃu³³ tʰeu⁵⁵	樹頭	木の根元（樹頭、tree stump）	
ʒap³² bə⁵⁵	葉仔	葉（葉、leaf）〔皮〕	
ʒap³² bə⁵⁵ tʃa⁵³ tʰet⁵	葉仔遮掉	葉がさえぎる（(葉子)遮、(leaves) to screen）	
ʃu³³ ʒaŋ³⁵	樹影	木陰（樹蔭、tree shade）	
fa⁵³	花	花（花、flower）〔lui⁵⁵ □〕	
fa⁵³ pʰien³⁵	花片	花びら（花瓣、petals of a flower）	
fa⁵³ sim⁵³	花心	花のしべ・花蕊；がく（花心；花蕊；蒂、center of a flower；stamens and pistil；flower stalk）	
fa⁵³ fun³⁵	花粉	花粉（花粉、pollen）	
kʰoi⁵³ fa⁵³	開花	花がさく（開花、to bloom）	
lok³² fa⁵³	落花	花がちる（落花、flowers falling）	
si⁵³	鬚	ひげ・のぎ（鬚，芒、whiskers, hair, awn）	

III. 植物（植物 Plants）　101

net^5 ($^{-32}$ lə^{55}) 　　　竻（仔）　　とげ（刺、thorn）

　　　　　　　　　　　pun^{53} net^5 ($^{-32}$ lə^{55}) {tsiuk$^{5\text{-}32}$ / ts^{h}iam^{55}}to^{35}
　　　　　　　　　　　分竻（仔）{刺/□}倒。
　　　　　　　　　　　とげに刺された。（被刺刺到了。）

　　　　　　　　　　　ʒiu^{53} net$^{5\text{-}32}$ lə^{55} 有竻仔。
　　　　　　　　　　　とげがある。（有刺。）

ʃui$^{35\text{-}33}$ ko^{35}　　　　水果　　くだもの（果子、fruit）〔隻〕〔粒〕
　　ko$^{35\text{-}33}$ tsɨ^{35}　　　果子

ket$^{5\text{-}32}$ ko^{35}　　　結果　　実をむすぶ（結果、to bear fruit）

ket^5　　　　　　　結　　　たわわにみのっている（結實累累、to grow
　　　　　　　　　　　　　　in abundance）

　　　　　　　　　　　lia^{55} ts^{h}uŋ^{55} lin̥^{53} go^{21} ʃu^{33} ta$^{35\text{-}33}$ (to$^{35\text{-}33}$) toŋ^{53} ket^5
　　　　　　　　　　　□欉□□樹打(倒)當結。
　　　　　　　　　　　このリンゴの木はたわわにみのっている（這棵蘋果
　　　　　　　　　　　樹結了很多果實。）

saŋ^{53}　　　　　　生　　　未熟な・うれていない（生、raw）
　　mo^{55} ʃuk^{32}　　　無熟

　　　　　　　　　　　saŋ^{53} kai^{21} 生個。
　　　　　　　　　　　うれていないもの；いきているもの（生的/活的。）

ʃuk^{32}　　　　　　熟　　　熟している・うれている（熟、ripe, to ripen）

　　　　　　　　　　　ʃuk^{32} kai^{21} 熟個。
　　　　　　　　　　　うれているもの（熟的。）

p^{h}aŋ^{21}　　　　　□　　　とうがたっている・たくなっている；水分
　　　　　　　　　　　　　　がおおくてあまい（植物纖維化；水分多、
　　　　　　　　　　　　　　又 脆 又 甜、to bolt；to be crisp and sweet
　　　　　　　　　　　　　　having a high water content）

　　　　　　　　　　　lia^{55} {tʃak^5 tsʰoi^{21} kua^{53} / ki^{53} kam^{53} tʃa^{21}} p^{h}aŋ^{21} t^{h}et^5 le^{53}
　　　　　　　　　　　□{隻菜瓜/枝甘蔗}□掉了。
　　　　　　　　　　　この{ヘチマ／サトウキビ}はとうがたってしまっ
　　　　　　　　　　　ている（這{個絲瓜/枝甘蔗}老了。）

		lia⁵⁵ ki⁵³ kam⁵³ tʃa²¹ {toŋ⁵³ pʰaŋ²¹ / pʰaŋ³⁵ pʰaŋ²¹}
		□枝甘蔗 {當□ / □□}。
		このサトウキビはみずみずしい（這枝甘蔗又脆又甜）
pʰaŋ³⁵ pʰaŋ²¹	□□	中が空である；水ぶとりだ（裡面不實在、不結實；虛胖、inside is empty；flabby）
meu³³ ʃin²¹	茂盛	しげっている（茂盛、luxuriant）
niau⁵⁵ niau⁵⁵	□□	植物の成長がわるい様子（植物長得不好、denotes that the plant doesn't grow well）
hok⁵	殼	（堅果の）殼（殼、nutshell）
ko³⁵⁻³³ pʰi⁵⁵	果皮	果皮（果皮、peel）
fut³²	核	（くだものなどの）たね・さね（核、kernel, stone）
ʒin⁵⁵	仁	果実の核・さね（仁、kernel (inside the stone)）
hen³³ ʒin⁵⁵	杏仁	杏仁（杏仁、apricot kernel）
tʰo⁵⁵ fut³²	桃核	モモのたね（桃核、peach kernel）
tʰeu³³ ɔ⁵⁵	豆仔	マメ（豆子、bean）〔隻〕〔粒〕
tʰeu³³ kap⁵	豆莢	マメのさや（豆莢、bean pods）
kua⁵³ ɔ⁵⁵	瓜仔	ウリ（瓜、melon）〔條〕
kua⁵³ noŋ⁵³	瓜瓤	ウリの果肉（瓜瓤、inside of a melon）
tiet⁵⁻³² ha⁵³ loi⁵⁵	跌下來	おちてくる（掉下來、to drop）
lok³²	落	しおれる（謝,凋零、to wither）
tsau⁵³	燥	
kon⁵³	乾	

(1) lok³² fa⁵³ le⁵³ 落花了。
(2) fa⁵³ lok³² le⁵³ 花落了。
(3) fa⁵³ tsau⁵³ le⁵³ 花燥了。
(4) fa⁵³ kon⁵³ le⁵³ 花乾了。
(5) fa⁵³ tsau⁵³ kon⁵³ le⁵³ 花燥乾了。
花がしおれた（花謝了。）

III. 植物（植物 Plants） 103

vui⁵³ sok⁵	萎縮	しなびる・かれる（萎縮、shrivel, dry）
ku⁵⁵ tʰet⁵ hi²¹	□掉去	かれてしまっている（枯掉了, 萎縮、to have become dry）
kʰio⁵⁵	瘸	かれる（枯、to decay）
kʰio⁵⁵	瘸	腐る（(樹根)破壞、(root) to rot）
mien⁵⁵	綿	
tsau⁵³ kon⁵³	燥乾	
kon⁵³ tsau⁵³	乾燥	
		ʃu³³ kin⁵³ {---} tʰet⁵ le⁵³ 樹根 {---} 掉了。木の根がくさってしまった。（樹根腐爛了。）
saŋ⁵³ ku⁵³	生菇	カビがはえる（發霉、to mildew）
tʃʰiu²¹ seu⁵³ mui³³	臭餿味	カビ臭（發霉味、musty smell）
saŋ⁵³ ʒap³² bə⁵⁵ le⁵³	生葉仔了	あたらしい葉がでた（長新葉子、to bud (new leaves)）
tsʰap³² tsʰo³⁵	雜草	雜草（雜草、weed）

III. i. 樹木（樹木 Trees）

ʃu³³ muk⁵	樹木	樹木（樹木、trees）［欉］［頭］
tsuŋ⁵³ ʃu³³	棕樹	シュロの木（棕樹、coir palm）〔欉〕〔頭〕
tsuŋ⁵³ ʒap³²	棕葉	シュロの葉（棕葉、leaves of coir palm）〔皮〕
tʃuk⁵⁻³² gə⁵⁵	竹仔	タケ（竹、bamboo）〔枝〕〔頭〕
kuan⁵³ ʒim⁵³ tʃuk⁵	觀音竹	ホウライチク（觀音竹、hedge bamboo）〈このタケノコは単に「tʃuk⁵⁻³² sun³⁵ 竹筍」という。〉
kui²¹ tʃuk⁵	桂竹	ケイチク（桂竹、Kei-chiku）
net⁵⁻³² tʃuk⁵	莿竹	シチク（刺竹、Bambusa stenostachya Hackel）
ma⁵⁵ tʃuk⁵	麻竹	マチク（麻竹、Dendrocalamus latiflorus Munro）
miau⁵⁵ mi⁵⁵ tʃuk⁵	□□竹	モウソウチク（孟宗竹、mousou bamboo）
liuk³² tʃuk⁵	綠竹	リョクチク（綠竹、Bambusa lodhamii Munro）

tʃuk⁵⁻³² sun³⁵	竹筍	タケノコ（竹筍、bamboo-shoot）
miau⁵⁵ mi⁵⁵ sun³⁵	□□筍	モウソウチクのタケノコ（孟宗竹的竹筍、bamboo-shoot of moso bamboo）
tuŋ⁵³ sun³⁵	冬筍	（冬ものの）モウソウチクのタケノコ（冬筍、winter bamboo-shoot）〔條〕
se²¹ tʃuk⁵⁻³² tsʰiam⁵³	細竹籤	タケひご（細竹籤、bamboo splints）
tʃuk⁵⁻³² ko⁵³	竹篙	タケ竿（竹竿、bamboo pole）〔枝〕
tʃuk⁵⁻³² kuaŋ⁵³	竹□	
tʃuk⁵⁻³² hok⁵	竹殻	タケの皮（竹皮、bamboo sheath）〔皮〕
tʃuk⁵⁻³² tʰuŋ⁵⁵	竹□	タケ筒（竹筒、bamboo cylinder）〔枝〕
tʃuk⁵⁻³² tsiet⁵	竹節	タケの節（竹節、node of a bamboo）〔條〕〔枝〕
ʒoŋ⁵⁵ liu⁵³ ʃu³³	楊柳樹	ヤナギ（柳樹、willow）〔欉〕〔頭〕
liu⁵³ ʃu³³	柳樹	
liu⁵³ va⁵³	柳□	ヤナギの枝（柳條、willow wand）〔枝〕
ʒuŋ⁵⁵ ʃu³³	榕樹	ガジュマル（榕樹、banyan）〔欉〕〔頭〕
tsʰiuŋ⁵⁵ ʃu³³	松樹	マツ（松樹、pine）〔欉〕〔頭〕
tsʰiuŋ⁵⁵ ʃu³³ ko³⁵	松樹果	まつぼっくり（松果、pine cone）〔隻〕〔粒〕
tsʰiuŋ⁵⁵ ʃu³³ ʒap³²	松樹葉	マツの葉（松針、pine needles）〔皮〕
tsʰam²¹ mə⁵⁵	杉仔	スギ（杉樹、fir）〔欉〕〔頭〕
tʃoŋ⁵³ ʃu³³	樟樹	クスノキ（樟木、camphor tree）〔欉〕〔頭〕
tʃoŋ⁵³ no³⁵⁻³³ ʒiu⁵⁵	樟腦油	樟脳（樟腦、camphor）〔罐〕〔桶〕〔甖〕
pʰuŋ⁵³ ʃu³³	楓樹	カエデ（楓樹、maple）〔欉〕〔頭〕
sioŋ³³ ʃu³³	橡樹	クヌギ（橡樹、chinese oak）〔欉〕〔頭〕
vu⁵⁵ tʰuŋ⁵⁵ ʃu³³	梧桐樹	アオギリ（梧桐、paint tree）〔欉〕〔頭〕
fuŋ³³ foŋ⁵⁵ ʃu³³	鳳凰樹	ホウオウボク（鳳凰樹、flame tree）〔欉〕〔頭〕
ŋiuk³² kui²¹ ʃu³³	肉桂樹	ニッケイ（肉桂樹、cinnamon cassia）〔欉〕〔頭〕
pin⁵³ loŋ⁵⁵ ʃu³³	檳榔樹	ビンロウジュ（檳榔樹、areca palm）〔欉〕

〔頭〕

tʰen⁵⁵ nə⁵⁵	藤仔	フジ（藤、rattan）〔條〕
ʒai⁵⁵ ə³³ ʃu³³	椰仔樹	ヤシ（椰樹、coconut tree）〔欉〕〔頭〕
ʒai⁵⁵ ə⁵⁵	椰仔	ヤシの実（椰子、cocoa）〔隻〕
ʒai⁵⁵ ə³³ ʃui³⁵	椰仔水	ヤシの水（椰子水、coconut juice）

III. ii. 草花（花草 Flowers and grasses）

moi⁵⁵ fa⁵³	梅花	ウメの花（梅花、plum-flower）〔lui⁵⁵ ☐〕
hen³³ fa⁵³	杏花	アンズの花（杏花、apricot-flower）〔lui⁵⁵ ☐〕
tʰo⁵⁵ fa⁵³	桃花	モモの花（桃花、peach-flower）〔lui⁵⁵ ☐〕
ho⁵⁵ fa⁵³	荷花	ハスの花（荷花、lotus flower）〔lui⁵⁵ ☐〕
kui²¹ fa⁵³	桂花	モクセイの花（桂花、cassia）〔lui⁵⁵ ☐〕
mien⁵⁵ fa⁵³	棉花	綿花（棉花、cotton）〔lui⁵⁵ ☐〕
tsʰioŋ⁵⁵ vui⁵⁵ fa⁵³	薔薇花	ノイバラの花（薔薇、red rose）〔lui⁵⁵ ☐〕
kʰiuk⁵⁻³² fa⁵³	菊花	キクの花（菊花、chrysanthemum）〔lui⁵⁵ ☐〕
tsʰa⁵⁵ fa⁵³	茶花	ツバキの花（茶花、camellia）〔lui⁵⁵ ☐〕
meu³³ tan⁵³ (fa⁵³)	牡丹（花）	ボタンの花（牡丹、peony）〔lui⁵⁵ ☐〕
ʃok³² ʒok³² (fa⁵³)	芍藥（花）	シャクヤクの花（芍藥花、dahlia）〔lui⁵⁵ ☐〕
hoi³⁵⁻³³ tʰoŋ⁵⁵ (fa⁵³)	海棠（花）	カイドウの花（海棠、crab apple）〔lui⁵⁵ ☐〕
fu⁵³ ʒuŋ⁵⁵ (fa⁵³)	芙蓉（花）	フヨウの花（芙蓉、African marigold）〔lui⁵⁵ ☐〕
kai⁵³ kon²¹ fa⁵³	雞冠花	ケイトウの花（雞冠花、cockscomb）〔lui⁵⁵ ☐〕
kioŋ⁵³ fa⁵³	薑花	ショウガの花（薑花、ginger-flower）〔lui⁵⁵ ☐〕
kai⁵³ lon³⁵⁻³³ fa⁵³	雞卵花	プルメリア（雞蛋花、plumeria）〔lui⁵⁵ ☐〕
ten⁵³ hioŋ⁵³ fa⁵³	丁香花	リラの花（丁香花、lilac）〔lui⁵⁵ ☐〕
kiam²¹ lan⁵⁵ fa⁵³	劍蘭花	グラジオラス（劍蘭花、calamus）〔lui⁵⁵ ☐〕
lan⁵⁵ fa⁵³	蘭花	ラン（蘭花、orchid）〔lui⁵⁵ ☐〕
tʃʰa⁵³ tsʰien⁵⁵ tsʰo³⁵	車前草	オオバコ（車前草、plaintain (grass)）〔欉〕

		〔頭〕
hoi³⁵⁻³³ tsʰoi²¹	海菜	海藻（海藻、seaweed）〔斤〕〔籃〕
hoi³⁵⁻³³ tai²¹	海帶	コンブ（海帶、kelp）〔條〕
kʰien⁵³ ŋiu⁵⁵ fa⁵³	牽牛花	アサガオ（牽牛花、ipomoea）〔lui⁵⁵ □〕
ʃui³⁵⁻³³ sien⁵³ fa⁵³	水仙花	スイセン（水仙花、narcissus）〔lui⁵⁵ □〕
tʰai³³ ʒoŋ⁵⁵ fa⁵³	太陽花	ヒマワリ（向日葵、sunflower）〔lui⁵⁵ □〕
tʰan⁵⁵ fa⁵³	曇花	ゲッカビジン（曇花、night blooming cereus）〔lui⁵⁵ □〕
ŋe²¹ tsʰo³⁵	艾草	ヨモギ（艾草、mugwort）〔欉〕〔頭〕
ŋe²¹ tsoi²¹	艾菜	
lu⁵⁵ vui⁵⁵	蘆葦	アシやヨシの総称（蘆葦、reed）〔欉〕〔頭〕
lu⁵⁵ fa⁵³	蘆花	アシの花（蘆花、flower of reeds）〔lui⁵⁵ □〕
ham⁵⁵ siu⁵³ tsʰo³⁵	含羞草	オジギソウ（含羞草、mimosa）〔欉〕〔頭〕
fu⁵⁵ pʰin⁵⁵	浮萍	ウキクサ（浮萍、duckweed）〔欉〕〔頭〕
liu⁵³ tʰoi⁵⁵	□苔	コケ（青苔、moss）〔pʰien²¹ 片〕〔團〕〈川辺のものを指す。〉
lu⁵³ ki⁵³	□枝	ワラビ（蕨草、bracken）〔欉〕〔頭〕
keu³⁵⁻³³ mo⁵³ tsʰoi²¹	狗毛菜	
keu³⁵⁻³³ mui⁵³ tsʰoi²¹	狗尾菜	
lu⁵³ ki⁵³ ket⁵	□枝結	ワラビのわかい芽（蕨草的先端、crosier of bracken）〈食用にする。〉
mau⁵⁵ ə³³ tsʰo³⁵	茅仔草	チガヤ（茅草、thatch rushes）〔欉〕〔頭〕
hioŋ⁵³ mau⁵⁵	香茅	レモングラス（香茅、lemongrass）
hioŋ⁵³ mau⁵⁵ ʒiu⁵⁵	香茅油	シトロネラ油（香茅油、citronella）〈香水などの原料。〉
lim⁵⁵ tʰeu⁵⁵	林投	タコノキ（林投、screw pine）〔欉〕〔頭〕
pʰok³² ho⁵⁵	薄荷	ミント（薄荷、mint）〔欉〕〔頭〕
kuai³³ sɨ⁵³	□□	シソ（紫蘇、Japanese basil）〔欉〕〔頭〕
tsʰo³⁵	草	草（草、grass）〔欉〕〔頭〕〔枝〕〔pʰu⁵⁵ □〕

III. 植物（植物 Plants） 107

III.iii. 穀物（穀物 Grains）

ŋ³⁵⁻³³ kuk⁵	五穀	穀物・五穀（五穀、grains）
ʒaŋ⁵³ ŋə⁵⁵	秧仔	イネの苗（秧、rice shoots, sprouting grain）
vo⁵⁵	禾	イネ（稻、growing rice）〔欉〕〔頭〕
kuk⁵	穀	もみ（稻穀、grain）
nuŋ⁵⁵ hoŋ⁵³	□糠	もみ殻（稻穀、hull）
vo⁵⁵ kon³⁵	禾稈	（穀類植物の）茎・わら（稿、stalk of grain）〔枝〕〔條〕
vo⁵⁵ tʃʰon²¹	禾串	穂（穗、ear of grain, ears of wheat）
mi³⁵	米	コメ（大米、hulled rice）〔隻〕〔粒〕
no³³ mi³⁵	糯米	モチゴメ（糯米、glutinous rice）〔隻〕〔粒〕
tsʰai³³ loi⁵⁵ mi³⁵	在來米	在来米（在來米、Zai Lai Rice）〔隻〕〔粒〕〈台湾在来のインディカ米。たいてもねばり気がない。〉
fuŋ⁵⁵ loi⁵⁵ mi³⁵	蓬萊米	台湾米・蓬萊米（蓬萊米、Penglai rice）〈日本時代以降にもちこまれて改良されたうるち米。たいてたべる。〉
sien⁵⁵ lo⁵⁵ mi³⁵	暹羅米	タイ米（泰國米、rice produced in Thailand）〔隻〕〔粒〕
tsʰo²¹ mi³⁵	糙米	玄米（糙米、brown rice）〔隻〕〔粒〕
pʰak³² mi³⁵	白米	白米（白米、white rice）〔隻〕〔粒〕
hoŋ⁵³ ŋə⁵⁵	糠仔	ぬか（糠、rice husk）〔勺〕〔tsep⁵ □〕〔tʃa³⁵ □〕〔搭〕
mi³⁵⁻³³ fu⁵³	米麩	コメ粉（米麩、rice flour）〔勺〕〔tsep⁵ □〕〔tʃa³⁵ □〕〔搭〕〈玄米や在来米をいって製粉したものである。〉
mak³²	麥	ムギ（麥子、wheat）〔隻〕〔粒〕
kʰiau⁵⁵ mak³²	蕎麥	ソバ（蕎麥、buckwheat）〔隻〕〔粒〕〈使用頻度はひくい。〉

pʰai³⁵⁻³³ ɔ⁵⁵	稗仔	ヒエの苗（稗子、tares）〔檕〕〔頭〕	
		〈雑草あつかいで、食用ではない。かつてよくイネの苗にまじっていた。〉	
tai⁵³ ɔ⁵⁵	□仔	ヒエの実（稗子的果實、Japanese millet grain）	
		〈旧語である。〉	
mak³² hoŋ⁵³	麥糠	ふすま（麩子、wheat bran）	
mien³³ kin⁵³	麵筋	グルテン（麵筋、gluten of wheat）	
mien³³ fun³⁵	麵粉	小麦粉（麵粉、wheat flour）	
kuk⁵	穀	食糧用作物・穀物（糧食作物的總稱, 穀物、cereal）	
pʰaŋ²¹ ŋɔ⁵⁵	□仔	実がはいっていない穀物（裡面空空的穀子、hollow grains）	
siuk⁵⁻³² mi³⁵	粟米	アワ（小米、millet）〔隻〕〔粒〕	
siu⁵⁵ ɔ⁵⁵	□仔	コーリャン（高粱、sorghum）	
ko⁵³ lioŋ⁵⁵	高粱	〈「siu⁵⁵ ɔ³³ □仔」は旧語。「ko⁵³ lioŋ⁵⁵ 高粱」は、コーリャン酒が普及してから、つかわれるようになった。旧時、コーリャンを製粉してだんご（湯圓）をつくった。これを「siu⁵⁵ ɔ³³ pan³⁵ □仔粄」といった。〉	
pau⁵³ siuk⁵	苞粟	トウモロコシ（玉米、Indian corn）	
pau⁵³ siuk⁵⁻³² mi³⁵	苞粟米	トウモロコシの実（玉米粒、corn）	
ma⁵⁵ ɔ⁵⁵	麻仔	アサ（麻、flax）	
vo⁵⁵ ɔ⁵⁵ kʰoi⁵³ fa⁵³	禾仔開花	イネが開花する（(稻子)開花、(rice) to bloom）	

III.iv. 野菜（蔬菜 Vegetables）

tsʰiaŋ⁵³ tsʰoi²¹	青菜	野菜（蔬菜、vegetables）〔檕〕〔頭〕	
fan⁵³ ʃu⁵⁵	蕃薯	サツマイモ（甘藷, 地瓜、sweet potato）	
fan⁵³ ʃu⁵⁵ kin⁵³	蕃薯根	サツマイモの根（甘藷根, 地瓜根、sweet	

III. 植物（植物 Plants）　109

		potato root）〔條〕
fan⁵³ ʃu⁵⁵ tʰen⁵⁵	蕃薯藤	サツマイモの蔓（甘藷藤, 地瓜藤、sweet potato stem）〔欉〕〔頭〕〔條〕
ma⁵³ lin⁵⁵ ʃu⁵⁵	馬鈴薯	ジャガイモ（馬鈴薯、potato）〈ジャガイモは1975年ごろから普及した。〉
vu³³ ə⁵⁵	芋仔	サトイモ（芋頭、taro）〔欉〕〔頭〕〔條〕
ʃu³³ ʃu⁵⁵	樹薯	クズ（葛、dolichos, creeping edible bean）
lien⁵⁵ kin⁵³	蓮根	レンコン（蓮藕、lotus-root）〔條〕
ko⁵³ li⁵⁵ tsʰoi²¹	高麗菜	キャベツ（卷心菜、cabbage）〔隻〕
fa⁵³ tsʰoi²¹	花菜	カリフラワー（花椰菜、cauliflower）〔隻〕
tsʰiaŋ⁵³ fa⁵³ tsʰoi²¹	青花菜	ブロッコリー（青花椰菜、broccoli）〔隻〕
pʰak³² tsʰoi²¹	白菜	ハクサイ（白菜、Chinese cabbage）〔頭〕
koŋ³⁵⁻³³ tuŋ⁵³ pʰak³² tsʰoi²¹	廣東白菜	ハクサイの一種（廣東白菜、native cabbage broccoli）
pau⁵³ sim⁵³ pʰak³²	包心白	ハクサイの一種（結球白菜、Chinese cabbage）
tʰai³³ pʰak³² tsʰoi²¹	大白菜	
se²¹ pʰak³² tsʰoi²¹	細白菜	チンゲンサイなどの漬菜類（小白菜、a kind of Chinese cabbage）
tsʰiaŋ⁵³ koŋ⁵³ pʰak³²	青江白	チンゲンサイ・タイサイ（青江白菜、Qing geng cai）
kok⁵⁻³² tsʰoi²¹	角菜	ホウレンソウ（菠菜、spinach）〔頭〕〔欉〕
han³³ tsʰoi²¹	莧菜	ヒユ（莧菜、purslane, greens used like spinach）〔頭〕〔欉〕
vo⁵⁵ sun³⁵	禾筍	マコモタケ（茭白筍、edible shoots of a water vegetable）
vuŋ²¹ tsʰoi²¹	甕菜	ヨウサイ（甕菜, 空心菜、water green）〔頭〕〔欉〕
si⁵³ ʒoŋ⁵⁵ tsʰoi²¹	西洋菜	オランダガラシ・クレソン（西洋菜、watercress）〔頭〕〔欉〕
tʰai³³ tsʰoi²¹	大菜	カラシナ（芥菜、mustard green）〔頭〕〔欉〕

ka⁵³ lam⁵⁵ tsʰoi²¹	芥藍菜	カランチョウ（芥蘭、Chinese kale）〔頭〕〔欉〕
ʒiu⁵⁵ tsʰoi²¹	油菜	アブラナ（油菜、rape）〔頭〕〔欉〕
voŋ⁵⁵ pʰu⁵⁵	黃蒲	カボチャ（南瓜、pumpkin）〔隻〕〔粒〕
tuŋ⁵³ kua⁵³	冬瓜	トウガン（冬瓜、winter melon）〔隻〕〔粒〕
voŋ⁵⁵ kua⁵³	黃瓜	キュウリ（黃瓜、cucumber）〔隻〕〔粒〕
fa⁵³ kua⁵³	花瓜	シロウリ（白瓜、young cucumber）〔隻〕〔粒〕
tsʰoi²¹ kua⁵³	菜瓜	ヘチマ（絲瓜、snake gourd）〔條〕
fu³⁵⁻³³ kua⁵³	苦瓜	ニガウリ（苦瓜、bitter melon）〔條〕
pʰu⁵⁵ ə⁵⁵	蒲仔	ヒョウタン・ユウガオ（葫蘆瓜、bottle gourd）〔隻〕 〈ひねてからひさごとしてつかう。これは「ʃok³² ma⁵⁵ 勺嬤」、「pʰu⁵⁵ ʃok³² 蒲勺」という。〉
tsʰoi²¹ tʰeu⁵⁵	菜頭	ダイコン（蘿蔔、turnip）〔條〕
lo⁵⁵ pet³² lə⁵⁵	蘿蔔仔	〈「lo⁵⁵ pet³² lə⁵⁵ 蘿蔔仔」は使用頻度がひくい。〉
fuŋ⁵⁵ tsʰoi²¹ tʰeu⁵⁵	紅菜頭	ニンジン（胡蘿蔔、carrot）〔條〕
fuŋ⁵⁵ lo⁵⁵ pet³²	紅蘿蔔	〈「fuŋ⁵⁵ lo⁵⁵ pet³² 紅蘿蔔」は使用頻度がひくい。〉
kʰio⁵⁵ ə⁵⁵	茄仔	ナス（茄子、eggplant）〔條〕
tʰo³³ ma⁵⁵ to⁵³	□□□	トマト（蕃茄、tomato）〔隻〕〔粒〕〈常用〉
fan⁵³ kʰio⁵⁵ ə⁵⁵	蕃茄仔	〈「tʰo³³ ma⁵⁵ to⁵³ □□□」は日本語由来。〉
tʰeu³³ miau⁵⁵	豆苗	エンドウのわかい葉と茎（豆苗、tender sweet pea shoots）
tʰeu³³ ʒin⁵⁵	豆仁	豆（豆仁、pea）
voŋ⁵⁵ tʰeu³³	黃豆	ダイズ（大豆、soybean）〔隻〕〔粒〕
fuŋ⁵⁵ tʰeu³³	紅豆	アズキ（紅豆、red bean）〔隻〕〔粒〕
liuk³² tʰeu³³	綠豆	リョクトウ（綠豆、green bean）〔隻〕〔粒〕
vu⁵³ tʰeu³³	烏豆	クロマメ（黑豆、black bean）〔隻〕〔粒〕

III. 植物（植物 Plants）　111

tsʰam⁵⁵ tʰeu³³	蠶豆	ソラマメ（蠶豆、horsebean）〔隻〕〔粒〕	
ho⁵⁵ lam⁵⁵ tʰeu³³	荷蘭豆	エンドウ（豌豆、snow pea-bean）〔kap⁵ 莢〕	
		〈量詞〔莢〕はさやの数をかぞえる場合にもちいる。〉	
ho⁵⁵ lam⁵⁵ tʰeu³³ ʒin⁵⁵	荷蘭豆仁	エンドウの豆（豌豆仁、pea seed）〔隻〕〔粒〕	
min⁵⁵ tʰeu³³	敏豆	インゲンマメ（四季豆、string bean）〔條〕	
tʃʰoŋ⁵⁵ kap⁵⁻³² tʰeu³³	長莢豆	サヤインゲンの類（長豆、a kind of green bean）	
		〈「莢」は kiap³² とも。5 cm 程度のながさに切ってゆで，天日でほして「tʰeu³³ kon⁵³ 豆乾」をつくる。スペアリブとともにスープにして食す。〉	
siet⁵⁻² tʰeu³³	雪豆	フジマメ（肉豆、hyacinth bean）	
tʰeu³³ ŋa⁵⁵	豆芽	豆もやし（豆芽、bean sprout）	
liuk³² tʰeu³³ ŋa⁵⁵	綠豆芽	リョクトウのもやし（綠豆芽、mung bean sprout）	
voŋ⁵⁵ tʰeu³³ ŋa⁵⁵	黃豆芽	ダイズのもやし（黃豆芽、soybean sprout）	
pʰak³² tʰeu³³	白豆	シロダイズ（白豆、white bean）	
tʰi³³ tʰeu³³	地豆	ラッカセイ（花生、peanut）	
		〈殻つきのものを指す。〉	
tʰi³³ tʰeu³³ mi³⁵	地豆米	ラッカセイの豆（花生仁、peanut seed）	
tʰi³³ tʰeu³³ ʒin⁵⁵	地豆仁		
ma⁵⁵ ə⁵⁵	麻仔	ゴマ（芝麻、sesame）〔隻〕〔粒〕	
pʰak³² ma⁵⁵ ə⁵⁵	白麻仔	シロゴマ（白芝麻、white sesame）	
vu⁵³ ma⁵⁵ ə⁵⁵	烏麻仔	クロゴマ（黑芝麻、black sesame）	
pi⁵³ ma⁵⁵	蓖麻	トウゴマ（蓖麻、ricinus）	
kʰiam²¹ ʃit³²	欠食	ハトムギ（薏仁、Job's-tears）〔隻〕〔粒〕	
ʒi²¹ mi³⁵	薏米		
si⁵³ kok⁵⁻³² mi³⁵	西角米	タピオカ（西米、tapioca）	
ku⁵³	菇	キノコ類（蘑菇類、mushroom）	

hioŋ⁵³ ku⁵³	香菇	シイタケ（香菇、Chinese mushroom）〔lui⁵⁵ □〕	
tuŋ⁵³ ku⁵³	冬菇	（冬ものの）シイタケ（冬菇、Chinese mushroom）〔lui⁵⁵ □〕	
ʒoŋ⁵⁵ ku⁵³	洋菇	マッシュルーム（洋菇、mushroom）〔lui⁵⁵ □〕	
kai⁵³ ŋiuk⁵⁻³² si⁵³	雞肉絲	オオシロアリタケ（雞肉絲菇、Termitomyces albuminosus）	
		〈キノコの一種で、表面はなめらかで灰色。おおきく厚く扁平である。くさった木の根にはえる。〉	
kiu³³ tsʰoi²¹	韭菜	ニラ（韭菜、leek）〔pʰu⁵⁵ □〕/〔tsep⁵ □〕〔把〕	
		〈量詞〔tsep⁵ □〕〔把〕は、かりとられたものについて。〉	
kʰiun⁵⁵ tsʰoi²¹	芹菜	キンサイ（芹菜、celery）〔欉〕〔頭〕	
hioŋ⁵³ tsʰoi²¹ ə⁵⁵	香菜仔	コエンドロ（芫荽、coriander）〔欉〕〔頭〕	
tsʰuŋ⁵³ ŋə⁵⁵	蔥仔	ネギ（蔥、green onion）〔欉〕〔頭〕	
ʒoŋ⁵⁵ tsʰuŋ⁵³ tʰeu⁵⁵	洋蔥頭	タマネギ（洋蔥、onion）〔欉〕〔頭〕	
		〈鱗茎の量詞は〔隻〕〔粒〕。〉	
son²¹ nə⁵⁵	蒜仔	ニンニク；ニンニクの芽（蒜；蒜薹, 蒜苗、garlic ; garlic bolt）〔欉〕〔頭〕	
		〈量詞〔欉〕〔頭〕はニンニク全体を指す場合にもちいられる。〉	
son²¹ tʰeu⁵⁵ mi³⁵	蒜頭米	ニンニクの鱗茎1片分（蒜仁、garlic kernel）〔隻〕	
son²¹ ʒin⁵⁵	蒜仁	〔粒〕	
lat³² tsiau⁵³ ə⁵⁵	辣椒仔	トウガラシ（辣椒、pepper）〔欉〕〔頭〕/〔隻〕〔粒〕	
tsʰiaŋ⁵³ tsiau⁵³ ə⁵⁵	青椒仔	ピーマン（燈籠椒、青椒、green pepper）〔欉〕〔頭〕/〔隻〕〔粒〕	

III. 植物（植物 Plants） 113

kioŋ^{53} ma^{55}	薑嫲	ショウガ（薑、ginger）〔欉〕〔頭〕
nun^{33} kioŋ^{53}	嫩薑	ショウガのわかい根茎（子薑、young ginger）〔欉〕〔頭〕
lo$^{35-33}$ kioŋ^{53}	老薑	ひねショウガ（老薑、ginger）〔欉〕〔頭〕
se^{21} tsʰoi^{21} tʰeu^{55}	細菜頭	ハツカダイコン（小蘿蔔、radish）
tsʰien^{55} tsʰit^{5}	錢七	ツルムラサキ（落葵、川七、Indian spinach）
si^{53} ʒoŋ^{55} kua^{53}	西洋瓜	ハヤトウリ（佛手瓜、chayote）
kiu$^{35-33}$ tsʰen^{55} tʰap^{5}	九層塔	バジル（九層塔、basil）
lu^{55} sun^{35}	蘆筍	アスパラガス（蘆筍、asparagus）
kim^{53} tʃim^{53}	金針	キンシンサイ（金針；金針菜、day lily；dried lily flower）
		〈食用のユリ科のつぼみである。〉
foŋ^{55} ti^{21} tʰeu^{33}	皇帝豆	ライマメ（皇帝豆、lima bean）
ɡo^{33} ɓo^{53}	□□	ゴボウ（牛蒡、burdock root）
		〈日本語。高年層が使用する。若年層は標準中国語をもちいる。〉
fuŋ^{55} tsʰoi^{21}	紅菜	スイゼンジナ（紅鳳菜、Okinawan spinach）
ket$^{5-32}$ tʰeu^{55} tsʰoi^{21}	結頭菜	カブの一種（大頭菜、turnip）
tʰai^{33} tʰeu^{55} tsʰoi^{21}	大頭菜	〈「ket$^{5-32}$ tʰeu^{55} tsʰoi^{21} 結頭菜」が本来の名称。「tʰai^{33} tʰeu^{55} tsʰoi^{21} 大頭菜」は後に普及したもの。〉
fan^{55} san^{53}	淮山	ヤマイモ（山藥、yam）
san^{53} ʒok^{32}	山藥	〈「fan^{55} san^{53} 淮山」が一般的。〉
mak^{32} ɡə^{55}	□仔	レタス（萵苣、leaf lettuce）
hoi$^{35-33}$ tai^{21}	海帶	コンブ（昆布、海帶、laminaria, kelp）
hoi$^{35-33}$ tsʰoi^{21}	海菜	ノリ（紫菜、seaweed）〔把〕
hap^{5}	□	葉物野菜の（かたくなった）葉（菜片、an old vegetable leaf）
		tʰai^{33} tsʰoi^{21} hap^{5} 大菜□。
		カラシナの葉（大菜葉。）

ko⁵³ li⁵⁵ tsʰoi²¹ hap⁵ 高麗菜□。
キャベツの葉（高麗菜葉。）
tʃuk³² hap⁵ 竹□。
タケノコの皮（竹筍皮。）

keu³⁵⁻³³ tiap³² mi³⁵   狗□米   ドクダミ（魚腥草、Houttuynia cordata）

Ⅲ.ⅴ. くだもの（水果 Fruits）

量詞の後に＊を付したものは、果樹や株全体については量詞〔欉〕・〔頭〕をもちいることをしめす。

ʃui³⁵⁻³³ ko³⁵	水果	くだもの（水果、fruits）〔隻〕〔粒〕＊
tʰo⁵⁵ ə⁵⁵	桃仔	モモ（桃子、peach-flower）〔隻〕〔粒〕＊
ʒoŋ⁵⁵ tʰo⁵⁵	楊桃	ゴレンシ（楊桃、willow-peach）〔隻〕〔粒〕＊
li⁵⁵ ə⁵⁵	梨仔	ナシ（梨子、pear）〔隻〕〔粒〕＊
siet⁵⁻³² li⁵⁵	雪梨	ユキナシ（雪梨、large white juicy pear）〔隻〕〔粒〕＊
kit⁵⁻³² lə⁵⁵	桔仔	ミカン（桔子、small mandarin orange）〔隻〕〔粒〕＊
ŋiet³² kit⁵	月桔	ゲッキツ（月桔、Orange Jessamine）〈夏に毎月収穫できることからこの名がある。「kit⁵⁻³² piaŋ³⁵ 桔餅」は、これを皮ごと煮つめてつくる。〉
son⁵³ kit⁵	酸桔	シークワーサーの類（臺灣香檬、sour orange）〔隻〕〔粒〕＊〈以前はこの種のすっぱいミカンしかなかった。「kit⁵⁻³² tsioŋ²¹ 桔醬」の原料である。〉
tʰiam⁵⁵ kit⁵	甜桔	あまいミカン（甜桔、sweet orange）〔隻〕〔粒〕＊
liu⁵⁵ ten⁵⁵	□丁	ダイダイの類（橙子、coolie orange）〔隻〕〔粒〕＊
kam⁵³ mə⁵⁵	柑仔	ポンカンの類（柑、tangerine）〔隻〕〔粒〕＊

III. 植物（植物 Plants）

			〈一般にポンカンを指す。〉
pʰoŋ³³ kam⁵³		椪柑	ポンカン（椪柑、tangerine）〔隻〕〔粒〕*
			〈相対的に大ぶり。皮には精油がある。「kam⁵³ piaŋ³⁵ 柑餅」の原料である。〉
ŋien⁵⁵ kam⁵³		年柑	タンカン（桶柑、Citrus tankan Hayata）〔隻〕〔粒〕*
			〈やや小ぶり。皮には精油がある。「kam⁵³ piaŋ³⁵ 柑餅」の原料である。「柑餅」とは、ポンカンやタンカンなどを煮た後にほしてつくった食品。〉
hoi³⁵⁻³³ li⁵⁵		海梨	タンカンの一種（海梨柑、Hai-Li Tangor）〔隻〕〔粒〕*
			〈おおくが台湾北部で栽培される。やや小ぶり。精油はない。「kam⁵³ piaŋ³⁵ 柑餅」の原料である。〉
ʒiu³³ ɔ⁵⁵		柚仔	ブンタン（柚子、pomelo）〔隻〕〔粒〕*
teu³⁵⁻³³ ʒiu³³		斗柚	ブンタンの一種（斗柚、Buntan Shaddock）〔隻〕〔粒〕*
ma⁵⁵ tʰeu³³ ʒiu³³		麻豆柚	麻豆ブンタン（麻豆柚、Madou pomelo）〔隻〕〔粒〕*
			〈小ぶりのブンタン。「麻豆」は地名で、台南市にある。現在は標準中国語でいうことが一般的である。〉
moi⁵⁵ ɔ⁵⁵		梅仔	ウメの実（梅子、prune）〔隻〕〔粒〕*
li³⁵⁻³³ ɔ⁵⁵		李仔	スモモ（李子、plum）〔隻〕〔粒〕*
pʰu⁵⁵ tʰo⁵⁵		葡萄	ブドウ（葡萄、grape）〔隻〕〔粒〕*
			〈ふさの場合、量詞は〔串〕をもちいる。〉
ʒin⁵³ tʰo⁵⁵		櫻桃	サクランボ（櫻桃、cherry）〔隻〕〔粒〕*
kim⁵³ kit⁵		金桔	キンカン（金橘、kumquat）〔隻〕〔粒〕*
pʰi⁵⁵ pʰa⁵⁵		枇杷	ビワ（枇杷、loquat）〔隻〕〔粒〕*

voŋ⁵⁵ li⁵⁵	黃梨	パイナップル（菠蘿、鳳梨、pineapple）〔隻〕〔粒〕*
ka⁵³ lam³⁵	橄欖	オリーブの総称(橄欖、olive)〔隻〕〔粒〕*〈台湾原産で、実の両側がとがった品種を特に指すことがある。この品種はあまみがある。天日ぼしする。外来種に対して「tʰu³⁵⁻³³ ka⁵³ lam³⁵ 土橄欖」とも。〉
o³³ lin⁵³ vu²¹	□□□	オリーブ（橄欖、olive）〈外来種のオリーブ。この語は日本語由来で、高年層が使用する。実はまるい。一般に煮てから砂糖をいれてたべる。在来種に対して「ʒoŋ⁵⁵ ka⁵³ lam³⁵ 洋橄欖」とも。〉
ma⁵⁵ tsʰɨ⁵⁵	麻糬	クワイ(茡薺、water chestnut)〔隻〕〔粒〕*〈形状が「麻糬」（台湾風もち）ににていることにちなむ。〉
tso³⁵⁻³³ ə⁵⁵	棗仔	ナツメ（棗子、jujube)〔隻〕〔粒〕*
lit³² lə⁵⁵	栗仔	クリ（栗子、chestnut）〔隻〕〔粒〕*
lien⁵⁵ tsɨ³⁵	蓮子	ハスの実（蓮子、lotus seed）
ʒoŋ⁵⁵ kok⁵⁻³² gə⁵⁵	羊角仔	ヒシの実（菱角、water caltrop)〔隻〕〔粒〕*
sien⁵³ tsa⁵³ ə⁵⁵	仙楂仔	サンザシ（山楂、hawthorne berry）〔隻〕〔粒〕*
kiuŋ⁵³ tsiau⁵³	弓蕉	バナナ（香蕉、banana)〔kap⁵ 莢〕*〈量詞は、果軸全体は〔tʂʰon²¹ 串〕あるいは〔kiuŋ⁵³ 芎〕、果房は〔tʰok⁵ 托〕。果指は〔莢〕である。〉
pa⁵³ tsiau⁵³	芭蕉	バショウ（芭蕉、plantain）〔莢〕*〈バナナよりあまい。量詞の使い方はバナナとおなじである。〉
ko²¹ san⁵³ hioŋ⁵³	過山香	スルメノキ（過山香、a species of small, fragrant banana）

III. 植物 (植物 Plants)

			〈目にすることはあまりない。〉
li^{33} tʃi^{53}		荔□	ライチ (荔枝、lichee)〔隻〕〔粒〕*
			〈量詞は、房は〔梗〕va^{53}□。〉
ŋiu^{55} ŋan^{35}		牛眼	リュウガン (桂圓、lungan (longan))〔隻〕〔粒〕*
			〈量詞はライチにおなじ。〉
ŋiu^{55} ŋan^{35} kon^{53}		牛眼乾	ほしリュウガン (龍眼乾、dried lungan)
si^{53} kua^{53}		西瓜	スイカ (西瓜、watermelon)〔隻〕〔粒〕*
muk$^{5\text{-}32}$ kua^{53}		木瓜	パパイア (木瓜、papaya)〔隻〕〔粒〕*
kʰi^{33} ə^{55}		柿仔	カキ (柿子、persimmon)〔隻〕〔粒〕*
kʰi^{33} piaŋ^{35}		柿餅	ほし柿 (柿餅、dried persimmon)
lin^{53} g̊o^{21}		□□	リンゴ (蘋果、apple)〔隻〕〔粒〕*
			〈日本語由来。台湾では、1980年年代なかばごろから栽培がはじまったようである。若年層は標準中国語をもちいる。〉
ʒai^{55} ə^{55}		椰仔	ココヤシ (椰子、coconut)〔隻〕〔粒〕*
kam^{53} tʃa^{21}		甘蔗	サトウキビ (甘蔗、sugar cane)〔欉〕〔頭〕
			〈量詞は、切りわけた後のものについては〔枝〕〔節〕をもちいる。〉
fuŋ^{55} (kam^{53}) tʃa^{21}		紅(甘)蔗	茎があかいサトウキビ (紅甘蔗、red sugar cane)
			〈食用であり、生でかじるか、汁をしぼる。〉
pʰak^{32} (kam^{53}) tʃa^{21}		白(甘)蔗	茎がしろいサトウキビ (白甘蔗、white sugar cane)
tʰoŋ^{55} tʃa^{21}		糖蔗	
			〈製糖用。現在台湾ではほとんど栽培されていない。よって、「紅甘蔗」「白甘蔗」という区別もされなくなっており、「甘蔗」で「紅甘蔗」を指すようになっている。〉
pin^{53} loŋ^{55}		檳榔	ビンロウ (檳榔、betel nut)〔隻〕〔粒〕*
son^{55} nə^{55}		酸仔	マンゴー (芒果、mango)〔隻〕〔粒〕*

〈接尾辞「ə⁵⁵」は「e⁵⁵」も可。〉

ʃak³² liu⁵³	石榴	ザクロ（石榴、pomegranate）〔隻〕〔粒〕*
pat⁵⁻³² lə⁵⁵	□仔	バンザクロ・グアバ（番石榴, 芭樂、guava）〔隻〕〔粒〕*
fut³² ʃiu³⁵	佛手	ブッシュカン（佛手柑、fingered citron）〔隻〕〔粒〕*
		〈塩づけにしたものは、喉によいといわれる。〉
fut³² ko³⁵	佛果	バンレイシ（釋迦、custard apple）〔隻〕〔粒〕*
soŋ⁵³ ŋə⁵⁵	桑仔	クワの実（桑葚、mulberry）〔隻〕〔粒〕*
lien⁵⁵ vu³³	蓮霧	レンブ（蓮霧、wax apple）
hioŋ⁵³ kua⁵³	香瓜	メロン（香瓜、melon）
fo³⁵⁻³³ liuŋ⁵⁵ ko³⁵	火龍果	ドラゴンフルーツ（火龍果、dragon fruit）
le³³ moŋ⁵³	□□	レモン（檸檬、lemon）
		〈日本語由来。高年層が使用。若年層は標準中国語を使用。〉
tsʰo³⁵⁻³³ moi⁵⁵	草苺	イチゴ（草苺、strawberry）

Ⅲ.ⅵ．人と植物（人與植物 Man and plants）

muk³² tsʰoi⁵⁵	木材	木材（木材、lumber）〔條〕〔筒〕〔枝〕
tʃuŋ²¹	種	たねをまく・うえる（種、to plant）
po⁵³ tʃuŋ²¹	播種	たねをまく（播種、to sow seeds）
ʃi³³ tʰien⁵⁵	蒔田	田うえをする（插秧、to plant (rice-plant)）
ʒoŋ⁵³ pʰun⁵⁵	秧盆	苗をいれるたらい状のあさい桶（秧盆、seedlings bowl）
so⁵³ tsʰo³⁵	□草	草とりをする・除草する（除草、to weed）
ŋiam⁵³ ʃi³⁵	捻屎	（肥料にするため牛馬の）糞をひろう（拾糞、to gather night soil）
lok³² pʰui⁵⁵	落肥	施肥する（施肥、to fertilize）

III. 植物（植物 Plants） 119

tsiap$^{5\text{-}32}$ ki^{53}		接枝	接木する（接枝、to graft）
lai^{55}		犁	鋤（犁、plow）
lai^{55} t^{h}eu^{55} ki^{53}		犁頭機	からすき（鏵、犁頭、plow-share）〔台〕
lai^{55} t^{h}ien^{55}		犁田	田畑をすきおこす（犁田、to plough）
p^{h}a^{55} ə^{55}		耙仔	熊手（耙、harrow）〔枝〕
t^{h}ien^{55}		田	田畑（田、field）〔fu^{53} □〕
t^{h}ien^{55} ʃun^{55}		田唇	あぜ；田畑のへり（田隴；田邊、paths between fields; edges of a field）〔條〕
pioŋ^{21} ʃui^{35}		放水	（田に）水をやる（灌溉、to irrigate）
ts^{h}oi^{21} sioŋ^{53}		菜箱	ちいさな菜園（菜畦、vegetable bed）
lim^{55} ʃui^{35}		淋水	（草木などに）水をやる（澆水、to water）

lim^{55} ts^{h}oi^{21} 淋菜。
野菜に水をやる（澆菜。）

piu^{55}　　　　　　　□　　　　　（小便・水など液体を）とおくへとばす（把液體（水、尿等）射遠、to shoot liquid to a far place）

piu^{55} ŋiau^{33} □尿。
小便をとばす（撒尿。）

piu^{55} ʃui^{35} □水。
水をとばす（噴水。）

piu^{55} ʒit$^{5\text{-}32}$ toi^{53} ŋiau^{33} ts^{h}o^{53} kai^{55} ts^{h}uŋ^{55} ʃu^{33} ha^{53} nen^{53} □一□尿坐□欉樹下□。
小便をあの木の下にとばす（撒一泡尿在那顆樹下。）

fa^{53} ʒan^{55} ʒuŋ^{33} ʃui^{35} piu^{55} piu^{55} a^{33} lə^{33} 花園用水□□□□。
花壇ではホースで水をまく（用水管幫花園澆水。）

kiu^{55}　　　　　　　□　　　　　ふきかける・噴霧する（噴撒、spray）

kiu^{55} nuŋ^{55} ʒok^{32} □農藥
農薬をまく（撒農藥。）

nuŋ^{55} ʒok^{32} kiu^{55} vo^{55} ə^{55} 農藥□禾仔。
農薬をイネにまく（給稻子撒農藥。）

ko³⁵⁻³³ ʒan⁵⁵		果園	果樹園（果園、orchard）〔te²¹ □〕
tsak⁵		摘	つむ（摘、to pick）
			tsak⁵⁻³² {tsʰoi²¹ / son⁵³ nə⁵⁵} 摘 {菜 / 酸仔}。
			{野菜／マンゴー} をつむ。（摘 {菜／芒果}。）
loi²¹		□	（ほそい枝などを刃物などでいっぺんに）
	li²¹	□	かる・（いっぺんに）つむ（(用刀子一下子) 割掉, 摘、to mow）
			tʰuŋ⁵⁵ kai⁵⁵ ʒap³² bə⁵⁵ loi²¹ tʰet⁵ (ki⁵⁵) 同□葉仔□掉(佢)。
			その葉をかってしまえ（把葉子摘掉。）
			tʰuŋ⁵⁵ lia⁵⁵ tsʰuŋ⁵⁵ ʃu³³ e²¹ va⁵³ loi²¹ tʰet⁵ (ki⁵⁵) 同□欉樹□□□掉(佢)。
			この木の枝をかってしまえ（把這棵樹的樹枝砍掉）。
			loi²¹ ʃu³³ va⁵³ □樹□。
			木の枝をかる（砍樹枝。）
lot³²		□	はがれおちる；（手で）つみとる（剝落；用手摘、to come unstuck ; to pick）
			kam⁵³ mə⁵⁵ lot³² ha⁵³ loi⁵⁵ 柑仔□下來。
			ミカンがおちてくる（橘子掉下來。）
			ʒap³² bə⁵⁵ lot³² tʰet⁵ 葉仔□掉。
			葉をつんでしまえ（把葉子摘掉。）
tsʰa⁵⁵ lui³⁵		茶□	つんだ茶葉をいれる籠（茶簍、tea basket）
kot⁵⁻³² vo⁵⁵ ə⁵⁵		割禾仔	イネをかる（割稻, 收割 to harvest）
tʰot⁵⁻³² kuk⁵		脫穀	脫穀する（打穀子、to thresh）
ai⁵³ luŋ⁵⁵		□礱	（穀物を）ひく（碾、穀子）、to husk (grain)）
pun²¹ ki⁵³		畚箕	箕（簸箕（簸穀用）、winnowing tray）〔隻〕
	pun²¹ teu³⁵	畚斗	〈一般に「pun²¹ ki⁵³ 畚箕」は竹製、「pun²¹ teu³⁵ 畚斗」はプラスチックや金属製である。〉
si⁵³ ə⁵⁵		篩仔	ふるい（篩子、sieve）〔隻〕
si⁵³		篩	ふるう（篩、to sieve）

Ⅲ. 植物（植物 Plants） 121

tsim²¹ kuk⁵⁻³² tʃuŋ³⁵	浸穀種	穀物を水にひたす（泡穀子、to soak (grain)）
ʒim²¹ ʃui³⁵	淹水	水にひたす（泡水、to soak in water）
		vo⁵⁵ ə⁵⁵ oi²¹ ʃui³⁵ ʒim²¹ nen³⁵ tʃaŋ²¹ voi³³ saŋ⁵³
		禾仔愛水淹□正會生。
		イネは水でそだててこそ成長する（稲子要水養著才會活。）
tʃuŋ⁵³ mi³⁵	舂米	精米する（舂米、to hull rice）
		〈「tʃuŋ⁵³ 舂」は「（槌などで）たたく」という意味。〉
ʃak³² mo³³	石磨	石臼（石磨、mill）〔隻〕
no⁵⁵	揉	（臼で）ひく・とぐ；する・すりつぶす（磨；研、to grind ; to grind/rub fine）
		no⁵⁵ to⁵³ ə⁵⁵ 揉刀仔。
		刃物をとぐ（磨刀。）
pok⁵⁻³² hok⁵	剝殼	殻をむく（剝殼、to shell）
pok⁵⁻³² pʰi⁵⁵	剝皮	皮をむく（剝皮、to peel）
siok⁵⁻³² pʰi⁵⁵	削皮	（ナイフなどで）皮をむく（削皮、to peel with a peeler）
pʰa⁵⁵	爬	（木に）のぼる（爬(樹)、to climb (a tree)）
ʃoŋ⁵³	上	
fa⁵³ ʒan⁵⁵	花園	花園・庭園（花園、garden）〔te²¹ □〕
tsʰoi²¹ ʒan⁵⁵	菜園	菜園（菜園、vegetable garden）〔te²¹ □〕
ʃiu⁵³ tsʰoŋ⁵⁵ hi³⁵ loi⁵⁵	收藏起來	（穀物を）貯藏する・たくわえる（貯藏(穀子)、to store (grains)）
ʃiu⁵³ hi³⁵ loi⁵⁵	收起來	
kon²¹ hi³⁵ loi⁵⁵	□起來	〈「ʃiu⁵³ tsʰoŋ⁵⁵ hi³⁵ loi⁵⁵ 收藏起來」は、表にだしてこなくてもよい場合に、「ʃiu⁵³ hi³⁵ loi⁵⁵ 收起來」は、だしてくる可能性がある場合にもちいる。「kon²¹ hi³⁵ loi⁵⁵ □起來」はかくして見せないことを指す。〉
tsʰap⁵⁻³² ki⁵³	插枝	さし木（插枝法、cuttage）

tsʰiam²¹　　　　　　　□　　　　農業でつかう竹の支柱（栽培植物時用的竹竿、supporting bamboo post）

tʃuŋ²¹ tʰo³³ ma⁵⁵ to⁵³ kai²¹ tʃuk⁵⁻³² tsʰiam²¹ 種□□□個竹□。トマトを栽培するためのタケの支柱（栽培蕃茄的竹竿。）

IV. 飲食（飲食 Food and Drink）

IV. i. 主食（主食 Staple food）

lioŋ⁵⁵ ʃit³²　　　　　　糧食　　　食糧（糧食、food, provision）

ʒit⁵⁻³² tsʰon⁵³ pʰon³³　　一餐飯　　一食の食事（一餐飯、a meal）

ʃit³² tʃau⁵³　　　　　　食朝　　　朝食をとる（吃早飯、eat breakfast）
　　　　　　　　　　　　　　　　　ŋi⁵⁵ ʃit³² tʃau⁵³ maŋ⁵⁵ 你食朝旨？
　　　　　　　　　　　　　　　　　朝食をとりましたか？（你吃早飯了嗎？）

ʃit³² ʒiu²¹　　　　　　食晝　　　昼食をとる（吃午飯、have a lunch）

ʃit³² ʒa³³　　　　　　　食夜　　　夕食をとる（吃晚飯、have a dinner）
　　　　　　　　　　　　　　　　　〈「早飯」「午飯」「晚飯」に相当する名詞はない。〉

pʰien³³ tsʰoi²¹ pʰon³³　　便菜飯　　手軽な食事（便飯, 家常飯、home-cooked meal）〔隻〕

mi³⁵⁻³³ pʰon³³　　　　　米飯　　　ご飯・ライス（米飯、cooked rice）〔碗〕〔鑊〕

kon⁵³ pʰon³³　　　　　　乾飯　　　（粥に対して）ご飯（乾飯、(dry or drained) cooked rice）〔碗〕〔鑊〕

moi⁵⁵　　　　　　　　　糜　　　　粥（稀飯, 粥、rice gruel, congee）〔碗〕〔鑊〕〔勺〕
　　　　　　　　　　　　　　　　　ʃit³² moi⁵⁵ 食糜。
　　　　　　　　　　　　　　　　　粥をたべる（喝粥。）

tai⁵³ ɔ⁵⁵ moi⁵⁵　　　　　□仔糜　　アワ粥（小米粥、millet congee）
　　si⁵³ kok⁵⁻³² mi³⁵ tʃu³⁵ kai²¹ moi⁵⁵

Ⅳ. 飲食（飲食 Food and Drink）

西角米煮個糜

moi⁵⁵ ʒim³⁵	糜飲		おもゆ（米湯、rice water）〔碗〕〔鑊〕〔勺〕
pʰon³³ lat⁵	飯□		おこげ（鍋巴、burnt rice that adheres to sides of pot）〔碗〕〔鑊〕〔liau⁵³ □〕 〈「lat⁵ □」とはこげたものを指す。量詞「liau⁵³ □」は、動詞でもあり、「すくう・けずりとる」という意味。〉
lo⁵⁵ bḁ⁵³ pʰon³³	滷肉飯		肉そぼろかけご飯（滷肉飯、stewed meat with thick gravy with rice） 〈「lo⁵⁵ bḁ⁵³ 滷肉」は閩南語由来である。〉
ʒiu⁵⁵ pʰon³³	油飯		台湾風五目ご飯（油飯、cooked glutinous rice mixed with sesame oil, pork, mushroom, shrimps）
man⁵⁵ tʰeu⁵⁵	饅頭		マントウ・蒸しパン（饅頭、steamed bread）〔隻〕〔粒〕
pau⁵³ ɔ⁵⁵	包仔		肉饅頭（包子、round dumpling）〔隻〕〔粒〕
mien³³	麵		麵・うどん（麵條、noodle）〔盤〕〔碗〕 〈量詞は、乾麵の場合、少量の時は〔tsa⁵³ □〕、〔束〕を、多量の時は〔把〕をもちいる。〉
tʰai³³ mien³³	大麵		普通の麵・うどん（一般的麵條、noodle）
mien³³ sien²¹	麵線		ほそい麵・米製のそうめん（麵線、misua, a kind of Chinese vermicelli）
mien³³ sien²¹ fu⁵⁵	麵線糊		そうめん（麵線糊、vermicelli）
mi³⁵⁻³³ fun³⁵	米粉		ビーフン（米粉、rice-thread）〔盤〕〔碗〕〔鑊〕 〈量詞は、調理前のビーフンそのものには〔捆〕〔包〕をもちいる。〉
pan³⁵⁻³³ tʰiau⁵⁵	粄條		客家式きしめん風ライスヌードル（粄條、Hakka rice noodle）
tuŋ⁵³ fun³⁵	冬粉		春雨（冬粉、cellophane noodle）
fun³⁵⁻³³ tʰiau⁵⁵	粉條		ふとく平たい春雨（粉條、bean-thread）

fun³⁵⁻³³ pʰi⁵⁵ 粉皮 うすく平たい春雨（粉皮, 麵皮、dried bean sheet）

pʰien³³ toŋ⁵³ 便當 弁当（便當, 盒飯、bag lunch）〔隻〕
 pʰon³³ teu⁵³ ɔ⁵⁵ 飯□仔 〈「pʰien³³ toŋ⁵³ 便當」は日本語由来。「pʰon³³ teu⁵³ ɔ⁵⁵ 飯□仔」の「teu⁵³ ɔ⁵⁵ □仔」は少量という意味。〉

pʰon³³ tʰon⁵⁵ 飯團 おにぎり（飯團、rice ball）〔隻〕〔粒〕

ʃok³² pʰaŋ⁵³ □□ パン（麵包、bread）
 mien³³ pau⁵³ 麵包 〈「ʃok³² pʰaŋ⁵³ □□」は日本語由来。〉

pʰok⁵ □ かす・くず（渣滓(固體)、dreg (of solids)）

tsʰa⁵⁵ pʰok⁵ 茶□ 茶がら（茶渣、tea dregs）

o⁵³ tso⁵³ ʃui³⁵ 污糟水 よごれた水（渣滓(流體)、dreg (of liquids)）
〈「o⁵³ tso⁵³ 污糟」は「きたない」という意味。〉

Ⅳ.ii. 料理（菜餚 Dishes of food）

tsʰoi²¹ 菜 料理・おかず（菜(菜餚)、dishes of food）
  tʃu³⁵⁻³³ tsʰoi²¹ 煮菜。
  料理をつくる（煮菜。）
  tsʰau³⁵⁻³³ tsʰoi²¹ 炒菜。
  料理をいためてつくる（炒菜。）

ŋit⁵⁻³² pun³⁵⁻³³ tsʰoi²¹ 日本菜 日本料理（日本菜、Japanese cuisine）
 ŋit⁵⁻³² pun³⁵⁻³³ liau³³ li⁵³ 日本料理

fun⁵³ {ne²¹ / kai²¹} tsʰoi²¹ 葷{□/個}菜
  生臭料理・肉料理（葷菜、meat diet）

tsai⁵³ {e²¹ / kai²¹} tsʰoi²¹ 齋{□/個}菜
  精進料理（素菜、vegetable diet）

ʃit³² tsai⁵³ 食齋 精進料理をたべる（吃素、to be on a vegetarian diet）

tʰoŋ⁵³ 湯 スープ（湯、soup）〔碗〕〔鑊〕〔鑊〕〔tʰoŋ⁵³ ʃi⁵⁵ 湯匙〕

IV. 飲食（飲食 Food and Drink） 125

      lim⁵³ tʰoŋ⁵³ □湯。
      スープをのむ（喝湯。）
      〈「食湯」とはいわない。〉

| kʰien⁵³ tsioŋ⁵³ | 牽漿 | あつもの（羹（濃湯）、broth） |

      〈「kaŋ⁵³ 羹」とはいわない。〉

ŋ̍⁵⁵ kaŋ⁵³	魚羹	魚のあつもの（魚羹、fish thick soup）
ʒiu⁵⁵ ŋ̍⁵⁵ kaŋ⁵³	魷魚羹	イカのあつもの（魷魚羹、squid thick soup）
ʒiu⁵⁵ ŋ̍⁵⁵ kʰien⁵³ tsioŋ⁵³	魷魚牽漿	
tʃip⁵	汁	ジュース・汁（汁、juice）
si⁵³ kua⁵³ tʃip⁵	西瓜汁	スイカジュース（西瓜汁、watermelon juice）
tʃu⁵³ ŋiuk⁵	豬肉	ブタ肉（豬肉、pork）〔liau⁵⁵ □〕
pʰui⁵⁵ ŋiuk⁵	肥肉	脂身（肥肉、fat meat）
pʰui⁵⁵ noŋ⁵³	肥□	
seu²¹ ŋiuk⁵	瘦肉	赤身（瘦肉、lean meat）
kʰoŋ²¹ ŋiuk⁵	焢肉	トンポーロウの一種（焢肉、cook meat softy）

      ʃit³² pʰon³³ pon³³ kʰoŋ²¹ ŋiuk⁵ 食飯□焢肉。
      食事にトンポーロウをそえる（吃飯配爌肉。）

fuŋ⁵⁵ tso⁵³ ŋiuk⁵	紅糟肉	ベニコウジが原料の調味料「fuŋ⁵⁵ tso⁵³ 紅糟」をもちいた肉料理（紅糟肉、fried red fermented pork）
tʃu⁵³ kiok⁵	豬腳	豚足（豬腳、pig's feet）
fo³⁵⁻³³ tʰui³⁵⁻³³ ŋiuk⁵	火腿肉	ハム（火腿、ham）
tʃu⁵³ tu³⁵	豬肚	（食材としての）ブタの胃袋・ガツ（豬肚、stomach）
tʃu⁵³ no³⁵	豬腦	ブタの脳みそ（豬腦、pork brain）

      〈以前、ブタの脳みそは高価で、病人や老人にたべさせた。〉

ŋiu⁵⁵ no³⁵	牛腦	ウシの脳みそ（牛腦、beef brain）
tʃu⁵³ li³³ tʰeu⁵⁵	豬利頭	ブタの舌（豬利頭、pork tongue）
tʃu⁵³ ʃat³² ma⁵⁵	豬舌嬤	〈「tʃu⁵³ li³³ tʰeu⁵⁵ 豬利頭」が一般的で、「tʃu⁵³

			ʃat³² ma⁵⁵ 豬舌嬤」は使用頻度がひくい。〉
ŋiu⁵⁵ ʃat³² ma⁵⁵		牛舌嬤	ウシの舌・牛タン（牛舌頭、beef tongue）。〈ブタとことなり、「牛利頭」とはいわない。台湾ではほとんど食用とされない。〉
tʃu⁵³ sim⁵³		豬心	ブタの心臓（豬心、pork heart）
ŋiu⁵⁵ sim⁵³		牛心	ウシの心臓（牛心、beef heart）
tʃu⁵³ kon⁵³		豬肝	ブタのレバー（豬肝、pork liver）
ŋiu⁵⁵ kon⁵³		牛肝	ウシのレバー（牛肝、beef liver）
kai⁵³ kon⁵³		雞肝	ニワトリのレバー（雞肝、chiken liver）
tʃu⁵³ hi²¹		豬氣	ブタの肺（豬肺、pork lungs）〈70～80年代までは食用とした。高価であった。なお「肺」は一般的に「fui²¹ 肺」という。〉
ŋiu⁵⁵ mui⁵³		牛尾	ウシの尾（牛尾、cow's tail）
tʃu⁵³ mui⁵³		豬尾	ブタの尾（豬尾、pig's tail）
lap³² mui³³		臘味	塩づけの干し肉類（臘味、cured meat）
lap³² ŋiuk⁵		臘肉	塩づけの干し肉（臘肉、dried salted meat, cured pork）
hioŋ⁵³ tʃʰoŋ⁵⁵		香腸	ソーセージ（香腸、cured sausage）〔條〕
ʒan⁵³ tʃʰoŋ⁵⁵		煙腸	客家式ソーセージ（煙腸、sausage）
kuŋ²¹ ʒan⁵⁵		貢丸	肉だんご（貢丸、meat balls）〈新竹の名産品である。〉
ŋiu⁵⁵ ŋiuk⁵		牛肉	牛肉（牛肉、beef）
ŋiu⁵⁵ tu³⁵		牛肚	（食材としての）ウシの胃袋（牛肚、beef stomach）
ʒoŋ⁵⁵ ŋiuk⁵		羊肉	ヒツジの肉・マトン（羊肉、mutton）
lap³² ap⁵		臘鴨	アヒルの干し肉（臘鴨、cured duck）
kai⁵³ lon³⁵		雞卵	ニワトリの卵・鶏卵（雞蛋、egg）
ap⁵⁻³² lon³⁵		鴨卵	アヒルの卵（鴨蛋、duck's egg）
ham⁵⁵ lon³⁵		鹹卵	塩づけ卵（鹹蛋、salted egg）

IV. 飲食（飲食 Food and Drink） 127

pʰi⁵⁵ tan²¹ lon³⁵	皮蛋卵	ピータン（皮蛋、hundred-year-old egg）	
ʒau⁵³ ɔ̍⁵⁵	腰仔	腎臓（腎、gizzard）	
hoi³⁵⁻³³ sien⁵³	海鮮	魚介料理・シーフード料理（海鮮、seafood）	
ŋ̍⁵⁵ tu³⁵	魚肚	魚の浮き袋（魚肚、fish stomach）	
ham⁵⁵ ŋ̍⁵⁵	鹹魚	塩づけの魚（鹹魚、salted fish）	
ŋit⁵⁻³² pun³⁵⁻³³ ham⁵⁵ lien⁵⁵ ŋ̍⁵⁵	日本鹹鰱魚	塩鮭（鹹鮭魚、salted salmon）〈旧語。以前は、サケといえば塩鮭しかなかった。「lien⁵⁵ ŋ̍⁵⁵ 鰱魚」は、台湾の淡水魚であるレンギョのこと。サケににる。〉	
ŋ̍⁵⁵ ʒan⁵⁵	魚丸	魚肉団子（魚丸、fish ball）	
ha⁵⁵ mi³⁵	蝦米	むき身のほしエビ（蝦米、dried shrimp）	
o⁵⁵ kon⁵³	蚵乾	ほしたカキ（蠔豉, 乾蚵、dried oyster）〈粥・ちまきなどにもちいる。〉	
		o⁵⁵ kon⁵³ moi⁵⁵ 蚵乾糜。ほしたカキの粥（蠔豉粥。）	
tʰeu³³ fu³³	豆腐	豆腐（豆腐、bean curd）〈量詞は、ちいさな塊には〔te²¹ □〕を、おおきな塊には〔mu⁵⁵ □〕をもちいる。〉	
tʰeu³³ fu³³ kon⁵³	豆腐乾	半乾燥の豆腐（豆腐乾、dried bean curd）	
tʰeu³³ fu³³ pʰi⁵⁵	豆腐皮	湯葉（豆腐皮、dired bean curd sheet）	
tʰeu³³ fu³³ ʒi⁵⁵	豆腐乳	豆腐をコウジなどで発酵させた食品・腐乳（豆腐乳、preserved bean curd）	
pʰak³² ko³⁵	白果	ギンナン（白果、ginkgo nut）	
tʰiam⁵⁵ ka⁵³ lam³⁵	甜橄欖	甘口オリーブ（甜橄欖、sweet olive）	
ham⁵⁵ ka⁵³ lam³⁵	鹹橄欖	辛口オリーブ（鹹橄欖、salty olive）	
muk⁵⁻³² mi³⁵	木米	キクラゲ（木耳、dried fungus）	
tsʰoi²¹ kiok⁵	菜脚	たべのこしのおかず（陳菜、leftover）	
ha³³ ʃui³⁵	下水	家禽の内臓（下水、entrails (especially poultry's)）	

〈家禽の心臓・砂嚢・肝臓・脾臓など。これでスープをつくる。〉

ʒun³³ piaŋ³⁵	潤餅	台湾風春巻（潤餅，春捲、spring rolls）
o³³ a⁵⁵ tsien⁵⁵	蚵仔煎	カキいり台湾風オムレツ（蚵仔煎、fried egg and oyster confection）〈閩南語由来。〉
pʰo⁵⁵ tsʰoi²¹	□菜	てんぷら（甜不辣、fritter）
tʰen³⁵ pu⁵⁵ la⁵³	□□□	〈ころもをつけてあげる料理の総称。「pʰo⁵⁵□」は油であげるという意味。「tʰen³⁵ pu⁵⁵ la⁵³ □□□」は日本語由来で旧語。〉

Ⅳ. iii. 菓子・軽食 （點心 Pastry, snack）

tiam³⁵⁻³³ sim⁵³	點心	軽食・菓子（點心、pastry）
laŋ⁵⁵ tap³²	零□	間食・おやつ（零食、snack）
ʒiu⁵⁵ tʰiau⁵⁵	油條	小麦粉をねり棒状にあげた食品（油條、fried bread-stick）〔條〕
pien⁵⁵ sip³²	扁食	ワンタン（餛飩、dumpling with meat filling, wanton）〈sip³² は「ʃit³² 食」に由来するとかんがえられる。〉
pau⁵³ ə⁵⁵	包仔	肉饅頭（包子、round dumpling）
ŋien⁵⁵ siau⁵³ ʒan⁵⁵	元宵圓	モチゴメの粉でつくった餡いりの団子（元宵、stuffed round dumpling of rice flour (boiled)）〔隻〕〔粒〕/〔碗〕〔鐘〕
tsuŋ²¹ ŋə⁵⁵	粽仔	ちまき（粽子、dumpling made by wrapping glutinous rice or millet in broad bamboo leaves and boiling it, zongzi）〔隻〕〔粒〕〈房状にたばねられたちまき（粽子串）については、量詞は〔pʰo⁵³□〕をもちいる。〉
ham⁵⁵ tsuŋ²¹	鹹粽	肉ちまき（鹹(肉)粽、a species of zongzi

IV. 飲食（飲食 Food and Drink） 129

		with meat in the filling)
ki⁵³ tsuŋ²¹	□粽	鹹水ちまき（鹹水粽、sweet species of zongzi with ash water）
ko⁵³ ə⁵⁵	糕仔	米粉あるいは小麦粉でつくった蒸し菓子（糕、steamed cake）〈接尾辞「ə⁵⁵」は「e⁵⁵」も可。〉
tsʰi⁵⁵ pa⁵³	餈粑	もち（餈粑、small round soft cake of pounded glutinous rice）〔隻〕〔粒〕／〔鑊〕〔包〕〔盆〕 tsʰi⁵⁵ pa⁵³ ton³⁵⁻³³ ʒit⁵⁻³² tʃak⁵ loi⁵⁵ 餈粑□一隻來。 もちを一つちぎってつくる（餈粑擠出一個來。） 〈「ton³⁵ □」とは「しぼりだしてちぎる」という意味である。〉
pian³⁵	餅	小麦粉でつくった円盤状の食品（餅、pastry, cake）
ŋiet³² koŋ⁵³ pian³⁵	月光餅	月餅（月餅、moon-cake）〔隻〕〔粒〕／〔盒〕
tsʰau³⁵⁻³³ mi³⁵⁻³³ fun³⁵	炒米粉	焼きビーフン（炒米粉、molded biscuit made of fried-rice flour）
tʰeu³³ fu³³ fa⁵³	豆腐花	にがりをいれずにつくったやわらかい豆腐・あわゆき豆腐（豆腐腦、watery bean curd）
tʰeu³³ a⁵³	豆□	アズキ餡・あんこ（豆沙、bean paste）
hen³³ ʒin⁵⁵ tsʰa⁵⁵	杏仁茶	杏仁しるこ（杏仁糊、almond pudding）〔杯〕〔碗〕／〔包〕〔罐〕 〈杏仁をくだいて米粉と砂糖をいれて煮てつくったのみもの。〉
ma⁵⁵ ə³³ tsʰa⁵⁵	麻仔茶	ゴマしるこ（芝麻糊、sesame pudding）
lien⁵⁵ tsɨ³⁵⁻³³ kaŋ⁵³	蓮子羹	ハスの実スープ（蓮子羹、lotus-seed soup）
kua⁵³ tsɨ³⁵	瓜子	ウリ類のたね（瓜子、melon seed）〔隻〕〔粒〕／〔包〕 〈お茶うけなどにする。〉

kʰe²¹ kua⁵³ tsi³⁵	□瓜子	ウリ類のたねをかじる（嗑瓜子、to crack melon seed）
ki⁵³ pen⁵³	枝冰	アイスキャンデー（冰棒、ice stick）〔枝〕
tʰoŋ⁵⁵ ŋə⁵⁵	糖仔	飴（糖、candy）
mak³² ŋa⁵⁵ tʰoŋ⁵⁵	麥芽糖	水飴（麥芽糖、malt candy）
pan³⁵⁻³³ ʒan⁵⁵	粄圓	モチゴメのだんご（湯圓、unstuffed round dumpling of rice flour（boiled））〈「pan³⁵ 粄」とはコメを加工した食品のこと。〉
tʰiam⁵⁵ pan³⁵	甜粄	もち（年糕、rice flour cake）〔te²¹ □〕〔籠床〕〈モチゴメなどの粉をねって蒸したもの。〉
tʰiam⁵⁵ tʰiam⁵⁵ pan³⁵	甜甜粄	甘口のもち（甜年糕、sweet rice flour cake）
ham⁵⁵ tʰiam⁵⁵ pan³⁵	鹹甜粄	辛口のもち（鹹年糕、salty rice flour cake）
tsʰoi²¹ tʰeu⁵⁵ pan³⁵	菜頭粄	ダイコンもち（蘿蔔糕、rice flour cake made with turnip）
fuŋ⁵⁵ pan³⁵	紅粄	あかい色の饅頭（紅粄、Hakka's red rice cake）〈モチゴメを原料にし、アズキの餡などをいれたもの。カメなどをかたどったりする。〉
ʃui³⁵⁻⁵⁵ pan³⁵	水粄	客家式ライスプディング（碗粿、steamed rice pudding）〈在来米をひいてつくった汁を蒸したもの。〉
tʰiam⁵⁵ ʃui³⁵⁻⁵⁵ pan³⁵	甜水粄	甘口のライスプディング（甜碗粿、sweet steamed rice pudding）
ham⁵⁵ ʃui³⁵⁻⁵⁵ pan³⁵	鹹水粄	辛口のライスプディング（鹹碗粿、salty steamed rice pudding）
fat⁵⁻³² pan³⁵	發粄	モチゴメを発酵させて蒸したパンの一種（發糕、steamed sponge cake）

IV. 飲食（飲食 Food and Drink） 131

ham⁵⁵ son⁵³ tʰiam⁵⁵	鹹酸甜	塩と砂糖でつけたくだもの（鹹酸甜、蜜餞、fruit preserves of all flavors）〈キクラゲ・パイナップルにジャガイモやマコモタケ・ニンジンなどをくわえる。〉
kit⁵⁻³² piaŋ³⁵	桔餅	ミカンの砂糖づけ（桔餅、candied tanjerine orange）
kam⁵³ piaŋ³⁵	柑餅	ポンカン類の砂糖づけ（柑餅、candied mandarin orange）
kʰi³³ piaŋ³⁵	柿餅	ほし柿（柿子餅、dried persimmon）〔隻〕〔粒〕/〔盒〕
ma⁵⁵ mi³⁵⁻³³ lau³⁵	麻米□	カリントウのような菓子（客家糖果、a kind of Hakka sweets）〈客家の菓子の一つ。コメが主原料で、ゴマをまぶしたもの。〉
mi³⁵⁻³³ si⁵³ muk⁵	米篩苜	コメでつくったうどん（米苔目、a kind of rice noodle）〈在来米でつくり、夏はひやしたあまいスープをかけてたべる。〉

IV. iv. 調味料・香辛料（作料, 香料 Ingredients, condiments）

ʒiu⁵⁵	油	油（油、oil）〔罐〕〔罌〕
tʃu⁵³ ʒiu⁵⁵	豬油	ラード（豬油、lard）
ma⁵⁵ ʒiu⁵⁵	麻油	ゴマ油（麻油、sesame oil）
ʒam⁵⁵	鹽	塩（鹽、salt）〔包〕
tʰeu³³ ʒiu⁵⁵	豆油	醬油（醬油、soy sauce）〔罐〕〔罌〕
son⁵³ {tsʰɨ²¹ / sɨ²¹}	酸醋	酢（醋、vinegar）
tʰoŋ⁵⁵ ŋə⁵⁵	糖仔	砂糖（糖、sugar）〔包〕
pʰak³² tʰoŋ⁵⁵	白糖	白砂糖（白糖、white sugar）
voŋ⁵⁵ set⁵ kai²¹ tʰoŋ⁵⁵	黃色個糖	ブラウンシュガー（黃糖、brown sugar）
pen⁵³ tʰoŋ⁵⁵	冰糖	氷砂糖（冰糖、rock sugar）

sa⁵³ tʰoŋ⁵⁵	砂糖	グラニュー糖（砂糖、granulated sugar）
vu⁵³ tʰoŋ⁵⁵ kʰut³²	烏糖□	黒糖のかたまり（黒糖塊、brown sugar lump）
tɕʰin⁵⁵ pʰi⁵⁵	陳皮	陳皮（陳皮、dried tangerine peel）
ʃui³⁵⁻³³ ko³⁵⁻³³ pʰi⁵⁵	水果皮	くだものの皮（果皮、fruit rind）
tʰeu³³ ʃi³³	豆豉	ダイズを発酵させてつくったほし納豆・浜納豆（豆豉、fermented soybeans）
vu⁵³ tʰeu³³ ʃi³³	烏豆豉	くろい浜納豆（黒豆豉、black fermented soybeans）〈瓶詰であるものが一般的である。魚や肉をむす時にもちいる。〉
voŋ⁵⁵ tʰeu³³ ʃi³³	黄豆豉	黄色い浜納豆（黄豆豉、yellow fermented soybeans）〈ウリや豆腐をつける時にもちいる。〉
tʰeu³³ ku⁵³	豆□	おから（豆渣、bean curd refuse）〈油をしぼった後のかす。円盤状の塊で、ブタの餌になる。〉
lat³² tsieu⁵³ tsioŋ²¹	辣椒醬	トウガラシ味噌（辣椒醬、pepper sauce）
kit⁵⁻³² tsioŋ²¹	桔醬	柑橘類でつくったペースト状の調味料（桔醬、salty tanjerine orange sauce）
o⁵⁵ ə³³ ʒiu⁵⁵	蚵仔油	オイスターソース（蠔油、oyster sauce）〈使用頻度はひくい。〉
tʰeu³³ fun³⁵	豆粉	コーンスターチ・片栗粉（荳粉、cornstarch）
ki⁵³ ʒiu⁵⁵	□油	炭酸ソーダ・鹹水（鹼、alkali）
hioŋ⁵³ liau³³	香料	スパイス（香料、spices）
va³³ sa⁵⁵ b̥i⁵³	□□□	からし（芥末、mustard）〈日本語由来。〉
fu⁵⁵ tsiau⁵³ fun³⁵	胡椒粉	胡椒（胡椒粉、black pepper）
fa⁵³ tsiau⁵³	花椒	山椒（花椒、wild pepper）
ŋ³⁵⁻³³ hioŋ⁵³ fun³⁵	五香粉	五種類のミックススパイス（五香、five kinds of spices）

IV. 飲食（飲食 Food and Drink）　133

pat⁵⁻³² kok⁵	八角	スターアニス（八角、star anise）
ŋiuk⁵⁻³² kui²¹	肉桂	シナモン・ニッケイ（肉桂、cinnamon）
fat⁵⁻³² fun³⁵	發粉	ベーキングパウダー（發粉、baking powder）
fuŋ⁵⁵ kʰiuk⁵	紅麴	ベニコウジ（紅麴、red rice malt）
fuŋ⁵⁵ tso⁵³	紅糟	ベニコウジが原料の調味料（紅糟、red dregs of wine）〈原料はモチゴメ・コウジ・酒（米酒）。〉

IV. v. のみもの・タバコ（飲料, 煙 Drinks, cigarettes）

kun³⁵⁻³³ ʃui³⁵	滾水	湯（開水、boiling water）
tsʰa⁵⁵	茶	茶（茶、tea）〔罐〕〔包〕〔斤〕
lui⁵⁵ tsʰa⁵⁵	擂茶	客家の伝統的な茶（擂茶、Leicha tea）
liuk³² tsʰa⁵⁵	綠茶	緑茶（綠茶、green tea）
vu⁵³ liuŋ⁵⁵ tsʰa⁵⁵	烏龍茶	ウーロン茶（烏龍茶、oolong tea）
pʰoŋ²¹ fuŋ⁵³ tsʰa⁵⁵	膨風茶	東方美人茶（膨風茶、oriental beauty）
tsʰa⁵⁵ mi³⁵	茶米	茶葉（茶葉、tea leaves）〔罐〕〔包〕〔盒〕
kʰiuk⁵⁻³² fa⁵³ tsʰa⁵⁵	菊花茶	キク茶（菊花茶、chrysanthemum tea）
son⁵³ moi⁵⁵ tsʰa⁵⁵	酸梅茶	サワープルーンジュース（酸梅湯、sour prune juice）
tsʰiaŋ⁵³ tsʰo³⁵ tsʰa⁵⁵	青草茶	青草（青草茶、green grass tea）
kam⁵³ tʃa²¹ tʃip⁵	甘蔗汁	サトウキビの汁（甘蔗汁、sugar cane liquid）
muk⁵⁻³² kua⁵³ ŋiu⁵⁵ nen²¹　ŋiu⁵⁵ nen²¹ muk⁵⁻³² kua⁵³	木瓜牛□　牛□木瓜	パパイア牛乳（木瓜牛奶、papaya milk）
ta³⁵⁻³³ lon³⁵⁻³³ tsʰa⁵⁵	打卵茶	卵でつくったあまいのみもの（蛋茶、a sort of milk shake）〈卵2つをかきまぜながら熱湯をそそぎ、さらに砂糖をいれてつくる。〉
tʰeu³³ tsioŋ⁵³	豆漿	豆乳（豆漿、soybean juice）

kʰa⁵³ fui⁵³	咖啡	コーヒー（咖啡、coffee）
		ʃit⁵³ kʰa⁵³ fui⁵³ 食咖啡。
		コーヒーをのむ（喝咖啡。）
tsiu³⁵	酒	酒（酒、wine）〔罐〕〔甖〕〔壺〕
mak³² tsiu³⁵	麥酒	ビール（啤酒、beer）
bi⁵³ lu²¹	□□	〈「bi⁵³ lu²¹ □□」は日本語由来。〉
tso⁵³	糟	酒粕（酒糟、grains from a distillery）
tsiu³⁵⁻³³ kʰiuk⁵	酒麴	酒造用のコウジ（酒麴、rice malt）
tso⁵³ ma⁵⁵	糟嬤	
ŋiu⁵⁵ nen²¹	牛□	牛乳（牛奶、milk）〔罐〕〔包〕
ʒan⁵³	煙	紙巻きタバコ（香菸、cigarette）
ʒan⁵³ ʃi³⁵	煙屎	すい殻（煙蒂、cigarette butt）
ʃit³² ʒan⁵³	食煙	タバコをすう（抽煙、to smoke）

Ⅳ.ⅵ. 炊事・調理道具 (炊事, 炊具 Food preparation, cooking utensils)

tʃu³⁵⁻³³ pʰon³³	煮飯	ご飯をたく（煮飯、to cook (rice)）
se³⁵⁻³³ mi³⁵	洗米	米をとぐ（洗米、to wash (rice)）
mi³⁵⁻³³ tʃip⁵ (⁻³² ʃui³⁵)	米汁(水)	米のとぎ汁（洗米水、water in which rice has been washed）
		〈米をといだ時の最初のとぎ汁。食器をあらう時につかう。〉
ai⁵³ pan³⁵	□粄	（水をくわえながら）米をひく（磨(米加水)、to grind (grains) with water）
		〈「ai⁵³ □」とは石臼でひくこと。〉
tʰok³² tsʰoi²¹	□菜	野菜をよりわける（挑菜、to sort out vegetables）
pun²¹ ki⁵³	畚箕	箕・ざる（簸箕, 畚箕、large shallow basket）
tsʰiet⁵	切	（下にむけて）切る（切、(with downward motion) to cut）
pʰau⁵⁵	刨	（皮をむくように、まわすように）切る（切

IV. 飲食（飲食 Food and Drink）　135

(旋轉)、to cut with a rolling action)

tsʰiet⁵⁻³² ʒit⁵⁻³² kʰut³² ʒit⁵⁻³² kʰut³²
　　　　　　　　　切一□一□　　塊狀に切る（切塊、to cut into pieces）

tsʰiet⁵⁻³² ʒit⁵⁻³² te²¹ ʒit⁵⁻³² te²¹　切一□一□　スライスする（切片、to cut into slices）

tsʰiet⁵⁻³² si⁵³　　　　　　　　切絲　　　　細切りにする（切絲、to cut into threads）

tsʰiet⁵⁻³² ʒit⁵⁻³² se²¹ kʰut³² ʒit⁵⁻³² se²¹ kʰut³²
　　　　　　　　　切一細□一細□
　　　　　　　　　　　　　　　さいの目に切る（切丁、to cut into dices）

kot⁵　　　　　　　　割　　　　　ななめに切る（割、to cut with sideward motion）

tok⁵　　　　　　　　□　　　　　たたくようにしてこまかくきざむ（剁、to chop, to mince）

tsam³⁵　　　　　　　斬　　　　　ふたつに切る（斬、to cut in two）

tʰon⁵³ tsiet⁵　　　　　斷截　　　　切斷する（斷截, 截斷, to cut off）

tsʰoi²¹ to⁵³　　　　　菜刀　　　　包丁（菜刀、chopper）〔枝〕

pok⁵⁻³² kut⁵　　　　剝骨　　　　（鶏の）骨をはずす（(雞)去骨、to bone (e.g. a chicken)）

tsem⁵³ pioŋ⁵³　　　　砧枋　　　　まな板（砧板、cutting board）〔te²¹ □〕
　　tsʰiet³² tsʰoi²¹ pan³⁵　切菜板　　〈「tsem⁵³ pioŋ⁵³ 砧枋」は旧語。〉
　　tsʰiet³² tsʰoi²¹ pioŋ⁵³　切菜枋

tsam³⁵⁻³³ tsʰiau⁵⁵　　斬樵　　　　柴をかる（砍柴、to chop firewood）

tsam³⁵⁻³³ tsʰiau⁵⁵ to⁵³　斬樵刀　　なた（劈柴刀、firewood splitter）

tsʰiau⁵⁵ ə⁵⁵　　　　　樵仔　　　　まき・たきぎ（木柴、firewood）〔枝〕/〔把〕

muk⁵⁻³² tʰan²¹　　　木炭　　　　すみ・木炭（木炭、charcoal）
　　fo³⁵⁻³³ tʰan²¹　　火炭

ʒim²¹ fo³⁵　　　　　蔭火　　　　火をけす（蓋火,蓋炭,to smother (charcoal)）

ʃau⁵³ fo³⁵　　　　　燒火　　　　火をおこす（生火、to make a fire）

tiam³⁵⁻³³ fo³⁵　　　點火　　　　火をつける（點火、to light a fire）

ʃau⁵³ tsʰiau⁵⁵ ə⁵⁵　　燒樵仔　　　たきぎをもやす（燒柴、to burn (firewood)）

tʰai³³ fo³⁵　　　　　大火　　　　大火事（大火、big fire）

se²¹ fo³⁵	細火	ぼや（小火、small fire）	
fuŋ⁵³ sioŋ⁵³	風箱	ふいご（風箱、bellows）	
tso²¹ tʰeu⁵⁵	灶頭	かまど（灶、kitchen range）	
tso²¹ tʰeu⁵⁵ kʰuŋ⁵³	灶頭空	かまどの灰とり口（灶眼、fire hole in a kitchen range）	
fo³⁵⁻³³ lu⁵⁵	火爐	暖炉・ストーブ（火爐、stove）	
fo³⁵⁻³³ pʰun⁵⁵	火盆	火鉢（火盆、brazier）	
fo³⁵⁻³³ kʰiam⁵⁵	火鉗	火ばさみ（火鉗、fire tongs）	
vok³² gə⁵⁵	鑊仔	鍋（鍋、frying pan）〔隻〕	
vok³² tsʰan³⁵	鑊鏟	鉄べら・フライ返し（鍋鏟、food-turner）〔枝〕	
vok³² ma⁵⁵	鑊嬤	釜（釜、pot）〔隻〕
		〈「ma⁵⁵ 嬤」には、おおきくふくらんでいるというニュアンスがある。〉
fo³⁵⁻³³ vok³²	火鑊	コンロのついている鍋（火鍋、fire kettle）
		〈以前は台湾にはなかった。普通は標準中国語をもちいる。〉
tʃʰui⁵³ vok³²	炊鑊	蒸し器（蒸鍋、steam-cage）〔隻〕
tʃʰui⁵³ luŋ⁵⁵ tsʰoŋ⁵⁵	炊籠床	せいろ（蒸籠、steaming baskets made from bamboo）〔隻〕
		〈竹製で、もち（年糕）等をむす時に使用する。〉
tʃʰui⁵³ si⁵³ ə⁵⁵	炊篩仔	（せいろの）すのこ（竹箅子、bamboo grate in steaming baskets）
ʃau⁵³ ŋiet³²	燒熱	熱する（燒熱(鍋)、to heat up the pan）
tsien²¹ tʃʰut⁵⁻³² loi⁵⁵	濺出來	（水が）はねでる（濺、to swash）
kep³²	□	（液体が）はねる（濺、to splash）

pun⁵³ ʃui³⁵ kep³² to³⁵ 分水□倒。
水をはねかけられた（被水濺到。）
teu⁵³ tʰoŋ⁵³ m⁵⁵ ho³⁵⁻³³ kep³² loi⁵⁵ kep³² hi²¹
□湯唔好□來□去。

IV. 飲食（飲食 Food and Drink） 137

スープをはこぶのにスープがはねてはいけない（端湯不要濺來濺去。）

fo$^{35\text{-}33}$ foi^{53}	火灰	鍋底のすす（鍋灰、soot of a pan）
p^{h}a^{55} vok^{32} tai^{35}	扒鑊底	鍋底をかく・みがく（扒鍋底、to scour a pan）
kiau^{53}	攪	かく・かきまぜる；まぜる（攪, 攪和；拌、to stir ; to mix）
kau^{55}	□	かきまぜる・攪拌する（攪拌、to stir, to scramble up）

kau^{55} ha^{21} kiu^{35} teu^{53} ə^{55} □□久□仔。
もうすこしながくかきまぜなさい（攪拌久一點。）
kau^{55} loi^{55} kau^{55} hi^{21} tso^{21} ʒit$^{5\text{-}32}$ t^{h}on^{55} □來□去做一團。
もつれる（糾纏。）

| ts^{h}iau^{53} | □ | かきまぜる・攪拌する（攪拌、to stir） |

ts^{h}iau^{53} fuŋ^{55} mo^{53} nai^{55} □紅毛泥。
セメントをかきまぜる（攪拌水泥。）
ts^{h}iau^{53} kap^{32} teu^{53} ə^{55} □合□仔。
もうすこし均等にかきまぜなさい（攪拌得均匀一點。）

| lam^{53} | □ | まぜあわせる（混合在一起、to mix） |

lam^{53} loi^{55} lam^{53} hi^{21} □來□去。
あれこれまぜあわせる（混過來混過去。）

| t^{h}eu^{33} | □ | まぜていっしょにする（混合在一起、to mix） |

son^{53} sɨ^{21} lau^{53} t^{h}oŋ^{55} ŋə^{55} t^{h}eu^{33} nen^{35} tʃu^{35} 酸醋□糖仔□□煮。
酢と砂糖をまぜていっしょに煮る（醋和糖混合在一起煮。）
t^{h}oŋ^{55} ŋə^{55} t^{h}eu^{33} lok^{32} hi^{21} kiau^{53} 糖仔□落去攪。
砂糖をいれてまぜる（糖放進去攪和在一起。）

| ts^{h}eu^{35} | □ | まぜあわせる（攪和、to mix） |

ŋ⁵⁵ ho³⁵⁻³³ tsʰeu³⁵ lok³² hi²¹ 唔好□落去。
まぜてはいけない（不要攪進去。）

net⁵	捏	（指先などで）つまむ・つまんでつくる・こねる（捏、to knead (a dough)）
kiau⁵³ mien³³	攪麵	小麦粉をこねる（和麵、to mix (dough)）
no⁵⁵	揉	まるめる・団子をつくる（搓（糯子）、to roll into a ball with the hands）

no⁵⁵ pan³⁵⁻³³ ʒan⁵⁵ 揉粄圓。
団子をつくる（做湯圓。）

pau⁵³ tsuŋ²¹ ŋə⁵⁵	包粽仔	ちまきをつくる（包粽子、to wrap (dumplings)）
tʃu³⁵⁻³³ tiam³⁵⁻³³ sim⁵³	煮點心	軽食をつくる（做點心、to make (pastry)）
tʃʰui⁵⁵ son²¹ tʰeu⁵⁵	捶蒜頭	ニンニクをついてくだく（搗蒜頭、to pound (garlic)）
lok³²	落	（調味料を）いれる（放(調味料)、to put in (ingredients)）
ve³³	□	ふりかける（撒、to sprinkle）
lim⁵⁵	淋	（液体を）そそぐ（澆、to pour over）
tʃa²¹	搾	しぼる（搾(油)、to squeeze）
pʰau²¹	泡	ひたす・つける（泡、to soak）
fat⁵⁻³² fun³⁵	發粉	生地を発酵させる（發粉、to rise）
tsioŋ²¹	醬	塩・みそ・醤油などでつけこむ（醃、to salt）
leu³³ ʃok³²	漏勺	穴杓子（漏勺、strainer, colander）
li²¹	濾	こす（濾、to strain ; to filter）

tʰuŋ⁵⁵ kai⁵⁵ pʰok⁵ li²¹ tʰet⁵⁻³² ki⁵⁵ 同□□濾掉佢。
あのかすをこしてしまえ（把那個渣濾掉。）

ta³⁵⁻³³ lon³⁵	打卵	卵をわる（打雞蛋、to crack an egg）
tʃu³⁵	煮	煮炊きする・調理する；ゆでる；つけ汁で煮こむ（燒(幾個菜)、煮；煮(用水煮)；滷、to cook (a few dishes); to boil ; to stew in

Ⅳ. 飲食（飲食 Food and Drink）　139

		gravy)
		tʃu³⁵⁻³³ ki³⁵⁻³³ tʃak⁵ tsʰoi²¹ 煮幾隻菜。
		おかずを数品つくる（做幾個菜。）
tʃu³⁵⁻³³ tsʰoi²¹	煮菜	料理をつくる（做菜、cook a meal）
tso²¹ tsʰoi²¹	做菜	〈「tʃu³⁵⁻³³ tsʰoi²¹ 煮菜」が一般的。〉
tsiam³⁵	□	煮る・ゆでる（熬煮、to boil）
		lia⁵⁵ tsʰiaŋ⁵³ tsʰoi²¹ na⁵³ loi⁵⁵ {tsiam³⁵ / sap³²}
		□青菜拿來{□/□}
		この菜っ葉をもってきてゆでる（這青菜拿來煮）。
lo⁵⁵	□	ゆでる（水煮、to boil）
sap³²	□	長時間ゆでる（長時間水煮、to boil something for a long time）
		tʃu⁵³ ŋiuk³² sap³² ʃuk³² maŋ⁵⁵ 豬肉□熟旨？
		ブタ肉はゆであがったか？（豬肉煮熟了嗎？）
		ʒuŋ³³ ʃui³⁵ sap³² 用水□。
		水煮する（用水煮。）
man³³ man³³ tʃu³⁵	慢慢煮	長時間煮る・煮つめる（熬、to boil for a
man³³ man³³ sap³²	慢慢□	long time）
hiun⁵³	燻	
		ten³⁵⁻³³ ki⁵⁵ hiun⁵³ 等佢燻。
		彼をほうっておけ（不要管他。）
tʃu³⁵⁻³³ kun³⁵	煮滾	沸騰させる（煮沸、to bring to a boil）
tsʰau³⁵	炒	いためる（炒、to stir fry, to fry）
pʰoi³³	焙	（粉類をこねてフライパンなどで）やく；あぶる・あぶりやきにする；あたためる・（オーブンで）やく（烙；烤；烘、to cook on a griddle；to roast；to warm, to bake）
pau²¹	爆	（強火で短時間で）いためる・あげる・煮る（爆、to pop）
tsien⁵³	煎	（少量の油で）やく・いためる（煎、to fry

in fat or oil)

p^ho^{55}	□		あげる（炸、to deep-fry）

p^ho^{55} ŋ̍^{55} ŋə^{55} □魚仔。

魚をあげる。(油炸魚。)

ŋ̍^{55} ŋə^{55} p^ho^{55} e^{21} 魚仔□□。

魚のてんぷら（炸魚。）

tɕ^{h}ui^{53}	炊	むす（蒸、to steam）
liu^{21}	餾	ふかしなおす・むしなおす（餾、to resteam, second steaming）
liu^{21} pan^{35}	餾粄	コメの加工食品をふかしなおす（再蒸一次粄、to steam a rice cake again）〈もちなどにカビがはえた時に、カビをこそげおとしてからむしなおす。〉
mun^{53}	燜	（密閉しとろ火で）煮こむ；（ふたをして料理などを）保温する・加熱する（燜；蓋住燒好的飯或菜保温、冷飯冷菜加温、to cook in a closed vessel and steam；to reheat something）

mun^{53} p^hon^{33} 燜飯。

ご飯を加熱する・ふたをとらずにご飯をたく（燜飯。）

mun^{53} ts^{h}oi^{21} 燜菜。

料理を加熱する（燜菜。）

ts^{h}oi^{21} mun^{53} mun^{53} na^{33} lə^{33} 菜燜燜□□。

料理をちょっと加熱しなさい（把菜加熱一下。）

{nun^{55} / non^{53}} {ʃau^{53}}	暖(燒)	あたためる・加熱する（加熱、to heat）

ts^{h}oi^{21} {nun^{55} / non^{53}} ʃau^{53} loi^{55} pun^{53} ŋai^{55} ʃit^{32}

菜暖燒來分我食。

料理をあたためてわたしにたべさせてくれ（把菜加熱來給我吃。）

ŋai^{55} ts^{h}oi^{21} {nun^{55} nun^{55} / non^{53} non^{53}} na^{33} lə^{33} pun^{53} ŋi^{55} ʃit^{32}

IV. 飲食（飲食 Food and Drink） 141

我菜暖暖□□分你食。
わたしは料理をちょっとあたためてあなたにたべさせてあげる（我把菜加熱一下給你吃。）

tun⁵³	燉	（とろ火で）煮こむ（燉、to double boil, to stew）
kiuk³²	焗	（オーブンで）やく（焗、to bake）
tʰoŋ²¹	燙	湯煎する（燙、to scald with hot water）
hiun⁵³	燻	燻製にする（薰、to smoke）
lu⁵³	滷	塩づけにする（醃、to salt）
pan²¹ saŋ⁵³ ʃuk³²	半生熟	半熟（半生不熟、half-cooked）
tʃʰui⁵³ ko²¹ tʃʰui⁵³ tsʰoi²¹	炊過 炊菜	さめたおかずをあたためる（將冷的菜肴加熱、to warm up leftover）
tsien⁵³ tʃu⁵³ ʒiu⁵⁵	煎豬油	脂身を加熱してラードをとかしだす（炸出豬油、to render fat）
tʃu³⁵⁻³³ kun³⁵⁻³³ ʃui³⁵	煮滾水	湯をわかす（燒開水、to boil (water)）
ʃui³⁵ kun³⁵ le⁵³	水滾了	湯がわいた（水開了、(water) boils）
tʃu³⁵⁻³³ tʰoŋ⁵³	煮湯	スープをつくる（煮湯、to cook soup）
tʃʰi³³ ʃit³²	試食	味をみる（嚐、to taste）
mui³³ tʰo³³ tsi⁵³ mui³³	味道 滋味	味（味道，滋味、flavor, taste）
kʰoi⁵³ pʰon³³	開飯	食事をはじめる（開飯、to serve a meal）
pai⁵⁵ tsok⁵⁻³² gə⁵⁵	擺桌仔	食卓を準備する・料理をならべる（擺桌子、to set the table）
tʰiam⁵³ pʰon³³	添飯	飯をもる（盛飯、to help (oneself) to rice, to serve rice in bowls）
pʰon³³ ʃi⁵⁵	飯匙	しゃもじ（飯勺、rice ladle）
koi²¹ ə⁵⁵	蓋仔	カバー・覆い（罩、cover）〔隻〕
pʰan⁵⁵ nə⁵⁵	盤仔	お盆・トレー；皿（盤子(端東西的)；盤子、tray；dish）〔隻〕
tʰiap³² bə⁵⁵	碟仔	小皿（碟子、small plate）〔隻〕

vun²¹	□	（調味料を）ちょっとつける（蘸(醬油)、to dip）
von³⁵	碗	椀；汁椀（碗；湯碗、bowl；small soup bowl）〔隻〕
(tʰai³³) von³⁵⁻³³ kuŋ⁵³	（大)碗公	おおきな汁椀（大湯碗、big soup bowl）〔隻〕
tʃʰu³³	箸	箸（筷子、chopsticks）〔雙〕
kʰuai²¹ ɔ⁵⁵	筷仔	〈「kʰuai²¹ ɔ⁵⁵ 筷仔」は四県客家語由来。〉
kiap⁵⁻³² tsʰoi²¹	夾菜	箸でおかずをとる（夾菜、to pick up with chopsticks）
ʃok³² gə⁵⁵	勺仔	さじ（勺子、spoon）〔隻〕
	tʰiet³² ʃok³² gə⁵⁵ 鐵勺仔。	
	鉄のさじ（鐵勺兒。）	
ʒau³⁵	舀	（おたまやひしゃくで）すくう・くむ（勺、to ladle, to spoon）
tsʰa⁵³ ɔ⁵⁵	叉仔	フォーク（叉子、fork）〔隻〕
aŋ⁵³ ŋə⁵⁵	罌仔	甕・壺；瓶（罈子；罌；瓶子、earthenware jar；earthenware jar with a small mouth and 2/4 ears；bottle）〔隻〕
tʰeu³³ ʒiu⁵⁵ aŋ⁵³	豆油罌	醬油の瓶（醬油瓶、a bottle of soysauce）
kon²¹ nə⁵⁵	罐仔	ちいさな壺（罐子、jug, a jar）〔隻〕
am⁵³ koŋ⁵³	□缸	（底がせまく口がひろい）甕（缸(水缸)；甕、large open-mouthed jar；narrow-mouthed earthen jar without ears）〔隻〕
koŋ⁵⁵	□	あきカン（空罐、empty can）
	〈「kon²¹ 罐」はガラス瓶を指す。〉	
	tʰuŋ⁵⁵ koŋ⁵⁵ 銅□。	
	銅のカン（銅罐。）	
	tʰiet⁵⁻³² koŋ⁵⁵ 鐵□。	
	鉄のカン（鐵罐。）	
	ŋiu⁵⁵ nen²¹ koŋ⁵⁵ 牛□□。	

IV. 飲食（飲食 Food and Drink）　143

		牛乳のカン（牛奶罐。）
ʃui³⁵⁻³³ pʰiau²¹ ə⁵⁵	水瓢仔	（ひさごをわってつくった）ひしゃく（水瓢、gourd used for a ladle）〔隻〕
tsʰet⁵	□	栓をする（塞（瓶子）、to cork）
tsut⁵	□	
tsʰet⁵⁻³² lə⁵⁵	□仔	栓（蓋子、stopple）〔隻〕
tsut⁵⁻³² lə⁵⁵	□仔	
non⁵³ kon²¹	暖罐	魔法瓶（熱水瓶、hot water bottle）
ʃui³⁵⁻³³ fu⁵⁵	水壺	やかん（水壺、kettle）
tsʰa⁵⁵ fu⁵⁵	茶壺	急須（茶壺、teapot）
pʰau²¹ tsʰa⁵⁵	泡茶	茶をいれる（泡茶、to infuse tea）
tʰin⁵⁵ tsʰa⁵⁵	□茶	茶をそそぐ（倒茶、to pour tea）
pui³ ə⁵⁵	杯仔	コップ・湯飲み（杯子、cup）〔隻〕
tsiu³⁵⁻³³ aŋ⁵³ ŋə⁵⁵	酒甖仔	酒の甕（酒埕、large earthen jar without handle, shaped like a pear）〈おおきめのものを指す。〉
tsiu³⁵⁻³³ kon²¹ nə⁵⁵	酒罐仔	酒瓶（酒瓶、bottle of booze）
kiuk⁵⁻³² tsiu³⁵	□酒	酒をかもす（醸酒、to brew wine）
lau⁵³ tʰoŋ⁵³ ʃit³²	□湯食	（ご飯に）スープをいれてたべる（和湯吃、to eat rice with soup poured over it）
kiau⁵³ tʰoŋ⁵³ ʃit³²	攪湯食	

IV. vii. 生薬（藥材 Herbs）

ɜok³² tsʰoi⁵⁵	藥材	薬草・生薬（藥材、herb, medicine）
ŋin⁵⁵ sem⁵³	人参	オタネニンジン（人参、ginseng）〔條〕
toŋ⁵³ kui⁵³	當歸	トウキ（當歸、a kind of medicinal root）
luk³² ɜuŋ⁵⁵ tsin⁵³	鹿茸精	ロクジョウ（鹿茸精、essence of the soft core of the young antlers of the deer）
keu³³ ki³⁵	枸杞	クコシ（枸杞、lycium）〔tsep⁵ □〕〔tʃa³⁵ □〕〔包〕
fai⁵⁵ san⁵³	淮山	サンヤク（淮山、Dioscorea）

| lioŋ⁵⁵ tsʰa⁵⁵ | 涼茶 | のぼせた時にのむ茶（涼茶、cooling tea） |
| si²¹ mui³³ | 四味 | 4種の生薬・四味（四味、four kinds of herbs (almond, lotus-seed, lily seed, dioscorea)） |

V. 服飾 （服飾 Clothing）

V.i. 衣料・裁縫など （衣料, 縫衣 Fabrics, clothes-making, cleaning, ect.）

pu²¹ ɔ⁵⁵	布仔	布（布、cloth）
ʒit⁵⁻³² pʰit⁵ pu²¹	一匹布	布1匹（一匹布、a bolt of cloth）
mien⁵⁵ pu²¹	棉布	綿布（棉布、cotton）
fa⁵³ pu²¹	花布	更紗（花布、printed cotton）
ten⁵³ sim⁵³ ʒuŋ⁵⁵	燈心絨	コーデュロイ（燈心絨、corduroy）
si⁵³	絲	絹糸（絲、silk）
tʃʰiu⁵⁵ e²¹	綢□	繻子・うすい絹織物（綢、thin silk）
tʃʰiu⁵⁵ pu²¹	綢布	絹布（綢布、silk）
tʰon³³	緞	緞子（緞、satin）
sa⁵³	紗	紗・薄物（紗、gauze）
fa⁵³ tʰon³³	花緞	色模様の緞子・ブロケード（花緞、brocade）
fa⁵³ pien⁵³	花邊	レース（花邊、lace）
loŋ⁵³	□	レーヨン（人造絲、artificial silk）
		loŋ⁵³ kai²¹ m⁵⁵ he²¹ tʃin²¹ mo⁵³ □個唔係正毛。レーヨンは本物の毛ではない（人造絲不是真毛。）
nai³⁵ loŋ⁵³	□□	ナイロン（尼龍、nylon）
tʰet³² to⁵⁵ loŋ⁵³	□□□	テトロン（特多龍、Tetoron）
ʒuŋ⁵⁵	絨	毛織物（絨、wool）
tʰien⁵³ ŋo⁵⁵ ʒuŋ⁵⁵	天鵝絨	ビロード・ベルベット（天鵝絨、velvet）
ni⁵⁵	呢	ラシャ（毛呢、foreign woolen cloth）
pʰi⁵⁵	皮	毛皮（皮、fur）

V. 服飾（服飾 Clothing）

foŋ²¹ tʃit⁵⁻³² tʃʰa⁵³	紡織車	糸繰り車（紡車、spinning wheel）
foŋ²¹ sa⁵³	紡紗	つむぐ（紡紗、to spin）
tʃit⁵⁻³² pu²¹	織布	布をおる（織布、to weave）
tsʰiak⁵	□	（手で布を）おる（（用手）織、to weave with hands）
tʃit⁵⁻³² pu²¹ ki⁵³	織布機	織機（織布機、loom）
son³³ nə⁵⁵	□仔	（織機の）杼（梭、weaver's shuttle）
tso²¹ sam⁵³ fu²¹	做衫褲	服をつくる（做衣服、to make clothes）
tsien³⁵	剪	ハサミで切る・裁断する・たつ（剪、to cut）
tsʰai⁵⁵	裁	裁断する（裁、to cutout in sewing）
fun³⁵⁻³³ piaŋ³⁵	粉餅	チャコ（粉筆、chalk）

ʒuŋ³³ fun³⁵⁻³³ piaŋ³⁵ fa³³ sien²¹ 用粉餅畫線。
チャコで線をひく（用粉筆畫線。）

tin²¹ nen³⁵	□□	（まち針等で）かりどめする（（用大頭針等）暫時固定、to pin）

tin²¹ nen³⁵, m⁵⁵ ho³⁵⁻³³ pun⁵³ ki⁵⁵ tiet³² ha⁵³ loi⁵⁵
□□，唔好分佢跌下來
とめておきなさい，それがおちないように（釘著，不要讓它掉下來）。

lien⁵⁵	聯	（手で）ぬう（用手縫、to sew something by hand）

lien⁵⁵ lien⁵⁵ na³³ lə³³ 聯聯□□。
ぬいなさい（縫起來。）

lien⁵⁵ sam⁵³ fu²¹ 聯衫褲。
服をぬう（縫衣服。）

taŋ²¹	釘	（ミシンなど機械で）ぬう（用縫紉機縫、to sew something on a sewing machine）

taŋ²¹ sam⁵³ fu²¹ 釘衫褲。
服をぬう（縫衣服。）

tʃʰa⁵³	車	ミシンでぬう（車、to sew with a sewing

tsʰai⁵⁵ fuŋ⁵⁵ tʃʰa⁵³	裁縫車	ミシン（縫紉機、sewing machine）〔台〕〔輛〕
tʃʰa⁵³ pien⁵³	車邊	縁をぬう（車邊、to baste edge）
sam⁵³ fu²¹ lan³³ tʰet⁵	衫褲爛掉	服がやぶれてしまう（(衣服)破、(clothes) torn）
sam⁵³ fu²¹ ʒiu⁵³ lan³³ kʰuŋ⁵³	衫褲有爛空	服に穴があいている（(衣服)有破洞、(clothes) with holes）
pu³⁵	補	つくろう（補、to patch）
tʃim⁵³	針	針（針、needle）
tʃim⁵³ kʰuŋ⁵³	針空	針の穴（針眼兒、eye of needle）
kʰen²¹ tʃim⁵³	□針	針に糸をとおす（穿針、to thread a needle）
tʃʰon²¹ tʃim⁵³	串針	〈「kʰen²¹ tʃim⁵³ □針」が一般的。「kʰen²¹ □」
tʃim⁵³ sien²¹ tʃʰon²¹ kʰuŋ⁵³	針線串空	とは「穴にとおす」(穿) という意味。〉
sien²¹	線	糸（線、thread）〔條〕/〔tsɿ³⁵ □〕
		〈量詞「tsɿ³⁵ □」は束という意味である。〉
sien²¹ tsɿ³⁵	線子	糸巻き・ボビン（線軸、spool）
tʃʰan⁵⁵ sien²¹	纏線	糸をまく（繞線、to wind thread）
ta³⁵⁻³³ ket⁵	打結	むすび目をつくる（打結、to make a knot）
saŋ⁵³ ket⁵	生結	とけやすいむすび方・花むすび（鬆結、loose knot）
si³⁵⁻³³ ket⁵	死結	こまむすび・かたむすび（死結、dead knot）
tʰiap³² tʃɿ³³ sin⁵³	疊□□	（服の）裏打ちをする（襯裡子、to line a garment）
ta³⁵⁻³³ tʃap⁵	打褶	ひだをつくる（打褶、to make plea ）
sioŋ⁵³	鑲	縁をつける（鑲邊、to border (garment, shoes)）
kun³⁵⁻³³ pien⁵³	滾邊	玉縁をつける（滾邊兒、to band a garment）
kʰoi⁵³ sam⁵³ tʰoi³³	開衫袋	上着のポケットをつくる（開上衣的口袋、to make a jacket pocket）
kʰoi⁵³ fu²¹ tʰoi³³	開褲袋	ズボンのポケットをつくる（開褲子的口

V. 服飾（服飾 Clothing）　147

袋、to make a trouser pocket）

on⁵³ neu³⁵⁻³³ ə⁵⁵	按鈕仔	ボタンをつける（釘鈕釦、to sew on button）
kʰoi⁵³ neu³⁵⁻³³ kʰuŋ⁵³	開鈕空	ボタンホールをあける（開鈕耳、to make a button hole）
siu²¹	繡	刺繡をする（繡、to embroider）
tʃʰa⁵³ pien⁵³	車邊	ひだをつける（縫布邊、to shirr）
mo⁵³ sien²¹	毛線	毛糸（毛線、woolen thread）
{pʰoŋ²¹ / foŋ²¹}sa⁵³ tʃim⁵³	紡紗針	あみ棒（編針、knitting needle）
pien⁵³	編	あむ（編、to knit）
keu⁵³ tʃim⁵³	鉤針	あみ物用かぎ針（鉤針、crochet needle）
ʒuŋ³³ keu⁵³ tʃim⁵³ pien⁵³ tʃit⁵	用鉤針編織	かぎ針であむ（用鉤針編織、to crochet）
se³⁵⁻³³ sam⁵³ fu²¹	洗衫褲	洗濯をする（洗衣服、to wash (clothes))
se³⁵⁻³³ sam⁵³ pioŋ⁵³	洗衫枋	洗濯板（洗衣板、rubbing board for washing clothes）
se³⁵⁻³³ ʒit⁵⁻³² pien²¹	洗一遍	一度あらう（洗一次、to wash (clothes) once）
sok⁵⁻³² ʃui³⁵	縮水	（服が）ちぢむ（(衣服)縮水、(clothes) to shrink）

sam⁵³ fu²¹ sok⁵⁻³² ʃui³⁵ 衫褲縮水。
服がちぢむ（衣服縮水。）

tʰui²¹ set⁵	褪色	色あせする（褪色、color runs）
ɲiam³³	染	染める（染、to dye）
tsioŋ⁵³ sam⁵³ fu²¹	漿衫褲	服をのりづけする（漿衣服、to starch (garment)）

〈以前はコメのとぎ汁につけ、ほしてからアイロンがけをした。〉

| laŋ⁵⁵ | 晾 | ほす（晾、to put on clothesline） |

laŋ⁵⁵ sam⁵³ fu²¹ 晾衫褲。
服をほす（晾衣服。）

| sai²¹ | 曬 | 日にあてる（曬、to sun (clothes)） |

laŋ⁵⁵ kʰoi⁵³ loi⁵⁵ sai²¹ □開來曬。

ひろげて日にあてる（攤開來曬。）

〈「□ laŋ⁵⁵」は「ひろげる」という意味。〉

| ʒun²¹ teu³⁵ | 熨斗 | アイロン・ひのし（熨斗、clothes iron）〔隻〕 |
| tʰoŋ²¹ | 燙 | アイロンがけする（燙、to iron） |

tʰoŋ²¹ sam⁵³ fu²¹ 燙衫褲。

服にアイロンをかける（燙衣服。）

sot⁵⁻³² lə⁵⁵	刷仔	ブラシ（刷子、a brush）〔枝〕
sot⁵	刷	ブラシをかける（刷、to brush）
tʃit⁵⁻³² mioŋ³⁵	織網	網をあむ（織網、to weave a net）
pʰi⁵⁵	皮	革・レザー（皮革、leather）

V. ii. 衣服（衣服 Garments）

sam⁵³ fu²¹	衫褲	服（衣服、clothes）〔身〕〔套〕
tʃok⁵	著	着る（穿、to wear）
tʰot⁵	脱	脱ぐ（脱、to undress）
von³³ sam⁵³ fu²¹	換衫褲	服をかえる（換衣服、to change clothes）
kua²¹	掛	（フックなどに服を）かける（在鈎子上掛（衣服）、to hang (clothes)）

kua²¹ sam⁵³ fu²¹ 掛衫褲。

服をかける（掛衣服。）

| pʰat³² | □ | （竿などに）かける（在竿子上掛著、to hung (things on a bar)） |

tʰuŋ⁵⁵ kai⁵⁵ tʰa³³ o⁵⁵ lu²¹ pʰat³² kai⁵⁵ tʰiet³² kon³⁵⁻³³ nə⁵⁵ pun⁵³ ki⁵⁵ tsau⁵³ 同□□□□鐵管仔分佢燥。

あのタオルを鉄の竿にかけてかわかせ（把那條毛巾掛在鐵管上讓它乾。）

sam⁵³ kua²¹ ə⁵⁵	衫掛仔	ハンガー（衣架、clothes hanger）
koŋ⁵³ liu⁵³ liu⁵³	光溜溜	まっぱだかである（不穿衣服，赤裸裸、to be naked）
ta³⁵⁻³³ tʃʰak⁵⁻³² pok⁵	打赤膊	上半身はだかである・肌脱ぎになる（打赤

V. 服飾（服飾 Clothing） 149

膊、upper part of the body naked）

ta$^{35-33}$ t^{h}in^{21} tsoi^{53}	打□腿	下半身が裸である・尻をだしている（光著屁股、lower part of the body naked）〈「tsoi^{53} 腿」とは男性器を指す。マイナスのニュアンスはない。〉
ʒoŋ^{55} sam^{53}	洋衫	洋服（洋裝、Western clothing）
si^{53} tsoŋ^{53}	西裝	洋服・背広（西裝、business suit）
se^{33} bi^{55} lo^{53}	□□□	〈「se^{33} bi^{55} lo^{53} □□□」は日本語由来。〉
sam^{53}	衫	上着（上衣、upper garment）〔領〕〔件〕
ʃoŋ^{33} sam^{53}	上衫	
hon^{21} sam^{53}	汗衫	下着（汗衫、underwear）
nui^{33} sam^{53}	內衫	肌着（內衣、underwear）
lan^{35} nin^{53} ku^{21}	□□□	〈「lan^{35} nin^{53} ku^{21} □□□」は日本語由来。〉
fa^{53} sam^{53}	花衫	模様のある服（花（衣服）、colorful）
nui^{33} fu^{21}	內褲	下ばき（內褲、briefs）
mien^{55} o^{35}	棉襖	綿いれの上着（棉襖、padded jacket）
ʃat^{32} tsɿ^{21}	□□	シャツ（襯衫、shirt）〔領〕〈日本語由来。高年層に使用される。〉
tʃuŋ^{53} san^{53} tsoŋ^{53}	中山裝	人民服（中山裝、Mao suit）
ʒoŋ^{55} mo^{53} o^{35}	羊毛襖	ウールの上着（羊毛襖、wool coats）
mo^{55} tsʰiu^{33} kai^{21} sam^{53}	無袖個衫	前びらきで袖なしの上着（背心、vest）
(ʒoŋ^{55}) mo^{53} sam^{53}	(羊)毛衫	セーター（毛衣、woollen sweater）
o^{35}	襖	外套・オーバー（外套；大衣、short overcoat；overcoat；long overcoat）
o^{33} va^{55} kʰo^{55} to^{21}	□□□□	〈「o^{33} va^{55} kʰo^{55} to^{21} □□□□」は日本語由来。一般的に厚手のものを指す。「o$^{35-33}$ ɔ^{55} 襖仔」という表現はブタの別名と同音であり、ほとんど使用しない。〉

o^{35} tʃok$^{5-32}$ nen$^{35-33}$ hi^{21} 襖著□去。
オーバーをきて外出する。（穿著大衣外出。）

tʰai³³ o³⁵	大襖	オーバーコート（大衣、long overcoat）
ʒam⁵³ b̥a²¹	□□	上着・ジャケット・ジャンパー（夾克、jacket, jumper）〈日本語由来。〉
pʰi⁵⁵ sam⁵³	皮衫	革の服（皮衣、fur garment）
liaŋ⁵³ nə⁵⁵	領仔	襟（領子、collar）
tsʰiu³³	袖	袖（袖子、sleeves）
tsʰiu³³ tʃap⁵⁻³² hi³⁵ loi⁵⁵	袖褶起來	袖をまくる（捲(袖子)、to roll up the sleeves）
tsʰiu³³ ken³⁵ hi³⁵ loi⁵⁵	袖捲起來	
tsʰiu³³ tʃoi²¹	袖嘴	袖口（袖口、mouth of a sleeves）
tsʰiu³³ kʰeu³⁵	袖口	
tʃi³³ sin⁵³	□□	衣服の裏（内裡、lining）
ʒau⁵³ tai²¹	腰帶	帯・ベルト（腰帶、waist belt）
tʰak³² ʒau⁵³ tai²¹	□腰帶	帯をしめる・ベルトをする（紮腰帶、to fasten the waist belt）
ke³⁵⁻³³ ʒau⁵³ tai²¹	解腰帶	帯をとく・ベルトをはずす（解腰帶、to remove the waist belt）
fu²¹	褲	ズボン（褲子、trousers）〔條〕
fu²¹ tai²¹ ə⁵⁵	褲帶仔	ズボンの帯・ベルト（褲帶子、girdle to fasten trousers round the waist）
kʰiun⁵⁵ nə⁵⁵	裙仔	スカート（裙子、skirt）〔條〕
ton³⁵⁻³³ fu²¹	短褲	半ズボン・ショートパンツ（短褲(村里穿)、short pants）
tai²¹ ə⁵⁵	帶仔	紐・ベルト（帶子、band）〔條〕
neu³⁵⁻³³ ə⁵⁵	紐仔	ボタン（鈕釦、button）〔隻〕〔粒〕
neu³⁵⁻³³ kʰuŋ⁵³	紐空	かけボタンの輪；ボタンホール（鈕襻；鈕耳、loops for button；buttonhole）
sam⁵³ tiap³² bə⁵⁵ tiak⁵⁻³² neu³⁵	衫□仔 □鈕	(服の)スナップ式のホック（按鈕,子母鈕、snap button）
tiak⁵	□	(ホックを)かける(扣上子母扣、to hook up)

V. 服飾（服飾 Clothing）

　　　　　　　　　　tiak^5 lok^{32} hi^{21} □落去。
　　　　　　　　　　ホックをかける（扣上去。）

neu$^{35\text{-}33}$ ə^{55} neu$^{35\text{-}33}$ hi^{35} loi^{55}　紐仔紐起來　ボタンをかける（扣釦子、to button）

neu$^{35\text{-}33}$ ə^{55} ke$^{35\text{-}33}$ k^{h}oi^{53} loi^{55}　紐仔解開來　ボタンをはずす（解釦子、to unbutton）

fa^{53} neu$^{35\text{-}33}$ ə^{55}　花紐仔　フロッグボタン（花鈕、frog button）

t^{h}oi^{33} ə^{55}　袋仔　ポケット（口袋、pocket）〔隻〕

　　　　　　　　　　sam^{53} t^{h}oi^{33} ə^{55}　衫袋仔。
　　　　　　　　　　上着のポケット（上衣口袋。）

　　　　　　　　　　fu^{21} t^{h}oi^{33} ə^{55}　褲袋仔。
　　　　　　　　　　ズボンのポケット（褲兜。）

sam^{53} ʃun^{55}　衫唇　服の縁（衣緣、hem）

kun$^{35\text{-}33}$ pien^{53}　滾邊　玉緣（滾邊、banded border）

ʃoi^{33} sam^{53}　睡衫　寝巻・パジャマ（睡衣、pajamas）

mo^{33} ə^{55}　帽仔　帽子（帽子、hat）

tai^{21} mo^{33} ə^{55}　戴帽仔　帽子をかぶる（戴帽子、to wear a hat）

kiaŋ$^{35\text{-}33}$ tʃ^{h}an^{55} nə^{55}　頸纏仔　襟巻・ネッカチーフ（圍脖、scarf）

kiaŋ$^{35\text{-}33}$ tʃ^{h}an^{55} nə^{55} vui^{55} nen^{35} 頸纏仔圍□　襟巻をする（披圍巾、to put on a shawl）

　vui^{55}（nen^{35}）kiaŋ$^{35\text{-}33}$ tʃ^{h}an^{55} nə^{55}
　　　　　　　　　　圍（□）頸纏仔

ʃiu$^{35\text{-}33}$ t^{h}oi^{33} ə^{55}　手袋仔　手袋（手套、gloves）〔雙〕
　　　　　　　　　　〈量詞は、片方の場合〔隻〕をもちいる。〉

ʃiu$^{35\text{-}33}$ kin^{53} nə^{55}　手巾仔　ハンカチ（手絹，手帕、handkerchief）〔條〕
　　ʃiu$^{35\text{-}33}$ p^{h}a^{21}　手帕　〈「ʃiu$^{35\text{-}33}$ kin^{53} nə^{55} 手巾仔」が一般的。〉

ne^{33} k^{h}u^{55} tai^{53}　□□□　ネクタイ（領帶、tie）〔條〕
　　　　　　　　　　〈日本語由来。高年層がもちいる。中年層
　　　　　　　　　　以下は標準中国語をもちいる。〉

ket$^{5\text{-}32}$ ne^{33} k^{h}u^{55} tai^{53}　結□□□　ネクタイをする（打領帶、to wear a tie）

vui^{55} ʃin^{53} k^{h}iun^{55}　圍身裙　エプロン（圍裙、apron）

ket$^{5\text{-}32}$ vui^{55} ʃin^{53} k^{h}iun^{55}　結圍身裙　エプロンをする（綁圍裙、to wrap around
　　　　　　　　　　(an apron)）

hai⁵⁵	鞋	靴（鞋、shoes）〔雙〕
		〈量詞は、片方の場合〔隻〕をもちいる。〉
tʃok⁵⁻³² hai⁵⁵	著鞋	靴をはく（穿鞋、to wear shoes）
tʰot⁵⁻³² hai⁵⁵	脫鞋	靴を脫ぐ（脫鞋、to take off shoes）
tʰak³² hai⁵⁵ tai²¹	□鞋帶	靴紐をむすぶ（繫鞋帶、to tie (shoelace)）
ke³⁵⁻³³ hai⁵⁵ tai²¹	解鞋帶	靴紐をとく（解鞋帶、to untie (shoelace)）
hai⁵⁵ tʰiap³² bə⁵⁵	鞋碟仔	靴べら（鞋拔子、shoehorn）
tʰo⁵³ hai⁵⁵	拖鞋	スリッパ・つっかけ（拖鞋、slippers）
kʰiak³² gə⁵⁵	□仔	木製のサンダル・下駄（木拖鞋, 木屐、
kʰiak³² hai⁵⁵	□鞋	wooden clogs）〔雙〕
		〈量詞は、片方の場合〔隻〕をもちいる。〉
ŋit⁵⁻³² pun³⁵⁻³³ kʰiak³²	日本□	日本の下駄（日本式木屐、Japanese wooden clogs）
tʃʰoŋ⁵⁵ hio⁵³ ə⁵⁵	長靴仔	長靴・ブーツ（靴子、long boots）〔雙〕
		〈中高年層がもちいる。量詞は、片方の場合〔隻〕をもちいる。〉
hio⁵³ ə⁵⁵	靴仔	革靴（皮鞋、leather boots and shoes）
pʰi⁵⁵ hai⁵⁵	皮鞋	〈「hio⁵³ ə⁵⁵ 靴仔」は中高年層、「pʰi⁵⁵ hai⁵⁵ 皮鞋」は青年層がもちいる。〉
		tʃok⁵⁻³² hio⁵³ ə⁵⁵ ta³⁵⁻³³ ne³³ kʰu⁵⁵ tai⁵³ oi²¹ pun⁵³ ŋin⁵⁵ tsʰiaŋ³⁵
		著靴仔打□□□愛分人請。
		革靴をはきネクタイをして人におごってもらおうとする（穿皮鞋繫領帶要被人家請。）
tsʰo³⁵⁻³³ hai⁵⁵	草鞋	ぞうり（草鞋、straw sandals）
mat⁵	襪	靴下（襪子、socks）〔雙〕
		〈量詞は、片方の場合〔隻〕をもちいる。〉
		tʃok⁵⁻³² mat⁵ 著襪。
		靴下をはく（穿襪子。）
mat⁵⁻³² tai²¹ ə⁵⁵	襪帶仔	（靴下の）ガーター（襪帶、stocking garters）
pa⁵⁵ tai²¹	背帶	おぶい紐（背帶、belt for carrying baby on

V. 服飾（服飾 Clothing） 153

pa^{55} t^{h}oi^{33} ə^{55}	背袋仔	リュックサックを背負う（背背包、to carry on one's back）〈「pa^{55} 背」は背負うこと。〉
ŋiau^{33} pu^{21}	尿布	おしめ・おむつ（尿布、diaper）
pau^{53} ŋiau^{33} pu^{21}	包尿布	おむつをする（包尿布、to diaper）
lip^{32} ma^{55}	笠嬷	笠（斗笠、rainhat of bamboo splints）〔頂〕 tai^{21} lip^{32} ma^{55} 戴笠嬷。笠をかぶる（戴斗笠。）
so^{53} ʒi^{53}	簑衣	蓑（蓑、raincloak of leaves, grass, coir, etc.）〔領〕〔件〕
hau^{21} fuk^{32}	孝服	喪服（孝服、mourning apparel）
ta$^{35-33}$ tʃ^{h}ak$^{5-32}$ kiok^5	打赤腳	はだし（である）（赤著腳；赤腳、barefooted；bare feet）
fo^{55} fuk^{32}	和服	和服（和服、Japanese-style clothing, kimono）

V. iii. アクセサリーなど（首飾, 飾物 Adornments, etc.）

p^{h}at^{32} lien^{33}	□鍊	首飾り・ネックレス（項鍊、necklace） tai^{21} p^{h}at^{32} lien^{33} 戴□鍊。ネックレスをする（戴項鍊。）
ŋi$^{35-33}$ van^{55}	耳環	耳飾り・イアリング（耳環、earring）〔對〕〈量詞は、片方の場合〔隻〕をもちいる。〉
tʃ^{h}on^{21} ŋi$^{35-33}$ t^{h}o^{55}	串耳垂	耳たぶに穴をあける（打耳洞、to pierce the ear lobe）
k^{h}en^{21} ŋi$^{35-33}$ t^{h}o^{55}	□耳垂	
ʃiu$^{35-33}$ ak^5	手握	腕輪・ブレスレット（手鐲、bracelet）
kim^{21} tʃi^{35}	禁指	指輪（戒指、ring）〔隻〕 tai^{21} kim^{21} tʃi^{35} 戴禁指。指輪をする（戴戒指。）
tap$^{5-32}$ bə^{55}	貼仔	安全ピン（安全別針、safety pin）
ʃi^{55} piau^{35}	時錶	腕時計・懐中時計の類（手錶、watch）〔隻〕

　　　　　　　　　　　　tai²¹ ʃi⁵⁵ piau³⁵ 戴時錶。
　　　　　　　　　　　　腕時計をする（戴手錶。）

tʰoi³³ piau³⁵	袋錶	懷中時計（懷錶、pocket watch）〔隻〕
ʃi⁵⁵ tʃuŋ⁵³	時鐘	置時計・掛時計の類（鐘、clock）〔隻〕
nau³³ tʃuŋ⁵³	鬧鐘	目覚まし時計（鬧鐘、alarm clock）〔隻〕
ʃan²¹ nə⁵⁵	扇仔	扇子・うちわ（扇子、fan）〔枝〕
kʰi⁵⁵ ʃan²¹	□扇	ビロウの葉でつくったうちわ（芭蕉扇、palm-leaf fan）〈出産直後の女性は、風がやわらかいこのうちわしかつかってはいけないとされている。〉
ap⁵⁻³² mo⁵³ ʃan²¹	鴨毛扇	アヒルの羽うちわ（鴨毛扇、a duck feather fan）
kai⁵³ mo⁵³ ʃan²¹	雞毛扇	ニワトリの羽うちわ（雞毛扇、a chicken feather fan）
ŋo⁵⁵ mo⁵³ ʃan²¹	鵝毛扇	ガチョウの羽うちわ（鵝毛扇、a goose feather fan）
pʰat⁵⁻³² ʃan²¹ nə⁵⁵	潑扇仔	扇子やうちわであおぐ（扇扇子、to fan）
ʃan²¹ piaŋ²¹	扇柄	うちわの柄（扇柄、a handle of fan）
tʃa⁵³ ɔ⁵⁵	遮仔	傘（傘、umbrella）〔枝〕〈接尾辞「ɔ⁵⁵」は「a⁵⁵」も可。〉
kʰia⁵⁵ tʃa⁵³ ɔ⁵⁵	□遮仔	傘をさす（打傘，撐傘、to put up an umbrella）〈「kʰia⁵⁵ □」は「もつ・とる・かつぐ・たかくさしあげる」ことを指す。〉
tʃa⁵³ kut⁵	遮骨	傘の骨（傘骨、framework of an umbrella）
tʃa⁵³ ɔ⁵⁵ ta³⁵⁻³³ kʰoi⁵³ loi⁵⁵	遮仔打開來	傘をひろげる（開傘、to open an umbrella）
tʃa⁵³ ɔ⁵⁵ hap³² hi³⁵ loi⁵⁵	遮仔合起來	傘をとじる（收傘、to close an umbrella）
ʃui³⁵⁻³³ ʒi⁵³	水衣	雨合羽・レインコート（雨衣、raincoat）〔領〕〔件〕
ʃui³⁵⁻³³ hai⁵⁵	水鞋	雨靴・レインシューズ（雨鞋、rain shoes）

VI. 建物（房舍 Dwelling） 155

kʰia⁵⁵ kuai³⁵⁻³³ tʃoŋ²¹	□拐杖	杖をもつ（拿拐杖、to carry a walking stick）	
tsʰien⁵⁵ pau⁵³ ə⁵⁵	錢包仔	財布（錢包、billfold）〔隻〕	
ʃiu³⁵⁻³³ tʰoi³³ ə⁵⁵	手袋仔	ハンドバッグ（手提包、handbag）〔隻〕	
ʒau⁵³ tai²¹ ə⁵⁵	腰帶仔	夫人が腰にまいた幅広の布（圍腰、money-belt）	
ʃui³⁵⁻³³ ʒan⁵³ tʰuŋ⁵⁵	水煙筒	水ギセル（水煙筒、pipe）	
po³⁵⁻³³ vut³²	寶物	宝物（寶物、treasure）	
muk³² kiaŋ²¹	目鏡	めがね（眼鏡、glasses）〔隻〕〔副〕	
tai²¹ muk³² kiaŋ²¹	戴目鏡	めがねをかける（戴眼鏡、to put on glasses）	
met³² kiaŋ²¹	墨鏡	サングラス（墨鏡、sunglasses）	

VI. 建物（房舍 Dwelling）

(foŋ⁵⁵) vuk⁵	(房)屋	家屋（房子(整所的)、house）〔棟〕〔間〕〔座〕	
ŋiu⁵⁵ lan⁵⁵	牛欄	ウシ小屋（牛圈、cattle's pen）〔間〕〔貫〕	
tʃu⁵³ lan⁵⁵	豬欄	ブタ小屋（豬圈、pig's pen）〔間〕〔貫〕	
keu³³⁻³⁵ teu²¹	狗竇	イヌ小屋（狗窩、kennel）〔隻〕〔間〕	
kai⁵³ teu²¹	雞竇	ニワトリの巣（雞窩、basket for fowls）〔隻〕〔間〕	
kai⁵³ tsi²¹	雞□	鶏舍（雞舍、poultry house）〔隻〕〔間〕〔貫〕	
ap⁵⁻³² teu²¹	鴨竇	アヒルの巣（鴨窩、duck's nest）〔隻〕〔間〕	
ap⁵⁻³² tsi²¹	鴨□	アヒル舍（鴨舍、duck house）〔隻〕〔間〕〔貫〕	
ŋo⁵⁵ teu²¹	鵝竇	ガチョウの巣（鵝窩、goose nest）〔隻〕〔間〕	
ŋo⁵⁵ tsi²¹	鵝□	ガチョウ舍（鵝舍、goose house）〔隻〕〔間〕〔貫〕	
tiau⁵³ teu²¹	鳥竇	鳥の巣（鳥窩、bird's nest）〔隻〕	
tai²¹	□	住む（住、to dwell）	

			tai²¹ lai³³ vui³³ □哪位？
			どこに住んでいますか？（住哪裡？）
tsan³⁵		□	住む・とまる（住、to live, to stay）
			tsʰo⁵³ ŋai⁵⁵ vuk⁵⁻³² ha⁵³ tsan³⁵ 坐我屋下□。
			わたしの家に住む（在我家住。）
pan⁵³ vuk⁵		搬屋	ひっこす（搬家、to move）
kʰuŋ⁵³ vuk⁵		空屋	あき家（空房子、unoccupied house）
tʃoŋ³⁵⁻³³ vuk⁵		掌屋	門番をする・家を見はる（看門、to watch the house）
			〈「tʃoŋ³⁵ 掌」とは見はることを指す。「tʃoŋ³⁵⁻³³ ŋiu⁵⁵ 掌牛」はウシを見はること。〉
tsʰo³³⁻³⁵ liau⁵⁵		草寮	ワラぶきの小屋（寮(草蓋的小屋)、thatched storehouse）〔棟〕〔間〕〔座〕
ʒoŋ⁵⁵ leu⁵⁵		洋樓	洋館（洋樓、Western-style house）〔棟〕〔間〕〔座〕
tsʰen⁵⁵		層	（建物の）階（層、storey）
leu⁵⁵ ha⁵³		樓下	階下（樓下、ground floor）
leu⁵⁵ taŋ³⁵		樓頂	階上（樓上、upper storey(s)）
tsʰoŋ⁵³ kʰu²¹		倉庫	倉庫（倉庫、storehouse）〔棟〕〔間〕〔座〕
tʰai³³ leu⁵⁵		大樓	ビルディング（大樓、building）〔棟〕〔間〕〔座〕
kon⁵³ tsʰoi⁵⁵		棺材	棺桶（棺材、coffin）〔付〕
fuŋ⁵³ ʃui³⁵		風水	墓・塚（墳、grave）〔門〕〔隻〕
tso²¹ fuŋ⁵³ ʃui³⁵		做風水	墓をつくる（做墳，挖墳、to make a grave）
pi⁵³ ʃak³²		碑石	墓碑・墓石（墓碑、tombstone）〔隻〕
tʃʰuŋ³⁵⁻³³ pu⁵³		塚埔	墓地（墳地，墓地、cemetery）
kʰuŋ³³ pu⁵³		□埔	〈「kʰuŋ³³ pu⁵³ □埔」が一般的。kʰuŋ³³ は「tʃʰuŋ³⁵ 塚」の訛音とかんがえられる。〉

Ⅵ. 建物（房舍 Dwelling）　157

Ⅵ. ⅰ. 家屋の各部分（房子各部份 Parts of a house）

foŋ⁵⁵ kien⁵³	房間	部屋（房間、room）〔間〕〔隻〕
		ȝit⁵⁻³² {kien⁵³ / tʃak⁵}foŋ⁵⁵ kien⁵³ 一 {間 / 隻} 房間
		１間の部屋（一間房間。）
tʃin²¹ tʰoŋ⁵⁵	正堂	母屋（正房、living room）
sioŋ⁵³ foŋ⁵⁵	廂房	母屋の両側の部屋（廂房、side rooms ; rooms on the east and west of the courtyard of a Chinese)
tso³⁵⁻³³ sioŋ⁵³ foŋ⁵⁵	左廂房	母屋の東側の部屋（東廂房、side rooms ; rooms on the east of the courtyard of a Chinese home）
ȝiu³³ sioŋ⁵³ foŋ⁵⁵	右廂房	母屋の西側の部屋（西廂房、side rooms ; rooms on the west of the courtyard of a Chinese home）
min⁵⁵ tsʰoŋ⁵⁵ kien⁵³	眠床間	寝室（臥房、bedroom）〔隻〕〔間〕
tʃʰu⁵⁵ foŋ⁵⁵	廚房	台所（廚房、kitchen）〔隻〕〔間〕
tsʰa²¹ so³⁵	廁所	便所・トイレ（廁所、toilet）〔隻〕〔間〕
pʰien³³ so³⁵	便所	
se³³⁻³⁵ ʃiu³³⁻³⁵ kien⁵³	洗手間	
se³³⁻³⁵ ʃin⁵³ kien⁵³	洗身間	浴室（澡房、bathhouse）〔隻〕〔間〕
se³³⁻³⁵ ʃin⁵³ foŋ⁵⁵	洗身□	風呂桶（浴缸、bathtub）〔隻〕
		〈かつては木製だったが、今は樹脂製である。移動が可能。〉
tseu³⁵⁻³³ loŋ⁵⁵	走廊	廊下（走廊、corridor）〔隻〕
loŋ⁵⁵ ha⁵³	廊下	
kʰi⁵⁵ leu⁵⁵	騎樓	外側につきでたベランダ（騎樓、balcony）
ȝoŋ⁵⁵ tʰoi⁵⁵	陽台	バルコニー・ベランダ（陽台、terrace）〔隻〕
vuk⁵⁻³² taŋ³⁵	屋頂	屋根（屋頂、roof）〔隻〕
tʰien⁵³ fa⁵³ pan³⁵	天花板	天井（天花板、ceiling）〈以前は、この語はなかった。現在は標準

		中国語をつかうことがおおい。〉
foŋ⁵⁵ lioŋ⁵⁵	房梁	梁（房樑、beam）
(tʃʰu⁵³) tun³⁵	(柱)□	柱（柱子、pillar）〔枝〕
ʃui³⁵⁻³³ nai⁵⁵ tun³⁵	水泥□	コンクリートの柱（水泥柱、concrete pillar）
piak⁵	壁	（内側の）壁（壁（裡面的）、inner wall）〔扇〕
tsʰioŋ⁵⁵	牆	外壁・塀（牆、outer wall）〔扇〕
pʰa⁵⁵ tsʰioŋ⁵⁵	爬牆	塀をよじのぼる（爬牆、to climb a wall）
kok⁵⁻³² hoŋ³³	角巷	（部屋の）すみ（角落（屋子的）、corner）
leu⁵⁵ tʰoi⁵³	樓梯	階段（樓梯、staircase）〔隻〕〔枝〕
fu⁵⁵ ʃiu³⁵	扶手	手すり（扶手、railing）
ʃoŋ⁵³ leu⁵⁵ tʰoi⁵³	上樓梯	階段をのぼる（上樓梯、to climb the stairway, steps）
ha⁵³ leu⁵⁵ tʰoi⁵³	下樓梯	階段をおりる（下樓梯、to dismount a stairway）
tʰien³³ tʰoi⁵³	電梯	エレベーター；エスカレーター（電梯；電扶梯、elevator, lift；escalator）
tsʰuŋ⁵³ mun⁵⁵	窗門	窓（窗戸、window）〔隻〕
tsʰuŋ⁵³ mun⁵⁵ kʰioŋ⁵³	窗門框	窓枠（窗框、window frame）
tʰien⁵³ tsʰuŋ⁵³	天窗	天窓（天窗、skylight）
po⁵³ li⁵⁵ tsʰuŋ⁵³	玻璃窗	ガラス窓（玻璃窗、paned window）
sa⁵³ tsʰuŋ⁵³	紗窗	紗をはった窓（紗窗、screened window or door）
tʰien⁵³ tsiaŋ³⁵	天井	周囲を壁などでかこまれた中庭（天井、impluvium）
mun⁵⁵	門	出入口・ドア・扉・戸（門、door）〔隻〕〈量詞については、扉そのものには〔扇〕をもちいる。〉
pʰok⁵⁻³² mun⁵⁵	拍門	戸をたたく・ノックする（敲門、to knock at the door）
kʰok⁵⁻³² mun⁵⁵	□門	
pʰoŋ⁵³ mun⁵⁵	抨門	

VI. 建物（房舍 Dwelling）

kʰoi⁵³ mun⁵⁵	開門	戸をひらく（開門、to open a door）
kuan⁵³ mun⁵⁵	關門	戸をしめる（關門、to cose）
lo⁵³ mun⁵⁵	拉門	戸をひく（拉門、to slide (a door, drawer)）
tʃin²¹ mun⁵⁵	正門	表の出入口・玄関（正門、front door）
heu³³ mun⁵⁵	後門	裏口・勝手口（後門、backdoor）
tsʰa²¹ mun⁵⁵	□門	脇の出入口（側門、side door）
mun⁵⁵ kʰiam⁵³	門檻	敷居（門檻兒、doorsill）
kʰiam²¹ mun⁵⁵ kʰiam⁵³	□門檻	敷居をまたぐ（邁過門檻、to step over the doorsill）
		〈「kʰiam²¹ □」はまたぐことを指す。〉
mun⁵⁵ mi⁵⁵	門楣	戸のかまちの上方の横木・まぐさ（門楣、lintel of a door）
mun⁵⁵ kʰioŋ⁵³	門框	戸のかまち（門框、door frame）
mun⁵⁵ son⁵³ nə⁵⁵	門閂仔	かんぬき（門閂、door bolt）
son⁵³ mun⁵⁵	閂門	戸にかんぬきをかける（閂門、to bolt (a door)）
mun⁵⁵ kʰeu³⁵	門口	出入口（門口、doorway, an entrance）
mun⁵⁵ tun⁵³ nə⁵⁵	門墩仔	門の土台石（門墩、stone block at each side of the steps, outside of the door of a Chinese house）
mun⁵⁵ ton²¹ nə⁵⁵	門□仔	階段（台階、steps）〔隻〕
ʃak³² ton²¹ nə⁵⁵	石□仔	石段（石階、stone steps）
vuk⁵⁻³² ʒam⁵⁵ ha⁵³	屋簷下	軒（屋簷、eaves）
ʒan⁵³ tsʰuŋ⁵³	煙囪	煙突（煙囪、chimney）〔隻〕〔枝〕
vo⁵⁵ tʰaŋ⁵⁵	禾埕	中庭；（穀物などの）干場（院子；曬穀場，稻埕、courtyard ; drying yard）〔隻〕
		〈中庭は穀物などを日にあててほす場所であった。〉
ttsiaŋ³⁵	井	井戸（井、well）〔隻〕
sai²¹ pʰaŋ⁵⁵	曬棚	ものほし台（陽台、drying terrace）

sai²¹ tʰoi⁵⁵	曬台	
li⁵⁵ pa⁵³	籬笆	（竹などで編んだ）まがき（籬笆、bamboo fence）〔扇〕
lan⁵⁵ kon⁵³	欄杆	欄干・てすり（欄杆、railing）〔隻〕
tʰiet⁵⁻³² ki⁵³	鐵枝	鉄棒（鐵枝、iron bar）
tʰiet⁵⁻³² kuaŋ⁵³ ŋə⁵⁵	鐵□仔	鉄パイプ（鐵管、iron pipe）
so³⁵⁻³³ tʰeu⁵⁵	鎖頭	錠前（鎖、lock）〔隻〕
so³³⁻³⁵ ʃi⁵⁵	鎖匙	かぎ（鑰匙、key）〔枝〕
so³⁵	鎖	錠をおろす（鎖、to lock）
ʃui³⁵⁻³³ liuŋ⁵⁵ tʰeu⁵⁵	水龍頭	蛇口（水龍頭、water tap）〔隻〕
se³⁵⁻³³ von³⁵⁻³³ pʰun⁵⁵	洗碗盆	流し・シンク（洗碗槽、sink）
ŋin⁵⁵ hak⁵⁻³² kien⁵³	人客間	客間（客廳、reception room）〔隻〕〔間〕
ŋin⁵⁵ hak⁵⁻³² tʰaŋ⁵³	人客廳	
vuk⁵⁻³² heu³³ poi²¹	屋後背	裏庭（後院、back yard）〈家の裏側という意味。〉
pʰaŋ⁵⁵ taŋ³⁵	棚頂	屋根裏（閣樓、attic, loft）〈ここにはややかるいものを収納する。〉

Ⅵ.ii. 建築（建築 Building, construction）

hi³⁵⁻³³ vuk⁵	起屋	家をたてる（蓋房子、to build a house）
ta³⁵⁻³³ tʰi³³ ki⁵³	打地基	基礎をつくる（打地基、to lay the foundation）
tap⁵⁻³² pʰaŋ⁵⁵ ŋə⁵⁵	搭棚仔	小屋掛けをする（搭棚、to set up a frame）
tap⁵⁻³² mau⁵⁵ liau⁵⁵	搭茅寮	小屋をたてる（搭茅寮、to build a hut）
tʃon⁵³ nə⁵⁵	磚仔	煉瓦（磚頭、brick）〔隻〕〔te²¹ □〕
pʰaŋ²¹ tʃon⁵³ nə⁵⁵	□磚仔	日ぼし煉瓦（土坯（未經燒之土磚）、adobe brick, unbaked brick made of mud and straw）
ʃak³² foi⁵³	石灰	石灰；漆喰（石灰、lime；plaster）
kʰoŋ³⁵ kʰu⁵⁵ li⁵³	□□□	セメント（水泥、cement）
ʃui³⁵⁻³³ nai⁵⁵	水泥	〈「kʰoŋ³⁵ kʰu⁵⁵ li⁵³ □□□」は日本語由来。高年層がもちいる。この語がもちいられる

VI. 建物（房舎 Dwelling） 161

「a³³ ta⁵⁵ ma⁵³ kʰoŋ³⁵ kʰu⁵⁵ li⁵³」ということば
は、頭がわるいという意味。〉

ʒiu⁵⁵ tsʰit⁵	油漆	ペンキ（油漆、paint）
		tsʰit⁵⁻³² ʒiu⁵⁵ tsʰit⁵ 漆油漆。
		ペンキをぬる（刷油漆。）
tʃuŋ²¹ tʃʰu⁵³ tun³⁵	種柱□	柱をたてる（豎柱子、to set up pillars）
tsʰiet³² tʃon⁵³ nə⁵⁵	砌磚仔	煉瓦をつむ（砌磚、to pile up awall）
sot⁵⁻³² piak⁵	刷壁	壁をぬる（刷（牆壁）、to whitewash）
kak⁵⁻³² kien⁵³	隔間	部屋に区切る（隔間、to partition (eg. Into rooms)）
vui⁵⁵ tsʰioŋ⁵⁵	圍牆	壁でかこむ（圍（牆）、to wall in）
lan⁵⁵	攔	さえぎる（攔、to fence in）
vui⁵⁵ li⁵⁵ pa⁵³	圍籬笆	まがきでかこむ（圍籬笆、to fence in a bamboo fence）
tsʰit⁵ tʰot⁵⁻³² hok⁵	漆脫殼	塗装がはげる（(漆)剝落、(paint) to peel off）
lap⁵	□	陥没する・おちこむ・くぼむ・へこむ（塌、to cave in）
		lap⁵ lok³² hi²¹ □落去。
		（足元が陥没して）おちる（腳陷下去。）
lap⁵⁻³² ha⁵³ loi⁵⁵	□下來	たおれおちる・くずれおちる（塌下、to collapse）
vaŋ³³ tʰet⁵	橫掉	横だおしになる・たおれる（倒、to fall on its own weight）
vaŋ³³ ha⁵³ hi²¹	橫下去	
vaŋ³³ lok³² hi²¹	橫落去	
		ʃu³³ ə⁵⁵ vaŋ³³ tʰet⁵ 樹仔橫掉。
		木がたおれた（樹倒下了。）
		ʃu³³ ə⁵⁵ vaŋ³³ ha⁵³ loi⁵⁵ 樹仔橫下來。
		木がたおれてきた（樹倒下來。）
lau⁵⁵ ha⁵³ loi⁵⁵	□下來	たれさがる（垂下來、to dangle）
tʃʰui³³ ha⁵³ loi⁵⁵	垂下來	

hi$^{35\text{-}33}$ vuk$^{5\text{-}32}$ taŋ^{35}	起屋頂	屋根をかける（蓋屋頂、to roof）	
tʃaŋ$^{35\text{-}33}$ vuk^5	整屋	家をなおす（修房子，修繕、to repair the house）	

VI. iii. 家事（家務 Housework）

ka^{53} vu^{21}	家務	家事（家務、housework） tso^{21} ka^{53} vu^{21} 做家務。 家事をする（做家務。）
tʰai^{33} so^{21} vuk^5	大掃屋	大掃除（大掃除、thorough cleaning）
ʃiu^{53} ʃip^5	收拾	片づける（收拾（東西，房間）、to clean up/ to tidy up (room, house, etc)）
so^{21} pa^{35}	掃把	ほうき（掃帚，掃把、broom）〔枝〕
(tʃuk$^{5\text{-}32}$) kʰia^{33} tsʰe^{55}	（竹）□□	竹ぼうき（竹掃帚、bamboo broom）
(tʃuk$^{5\text{-}32}$) kʰia^{33} pa^{35}	（竹）□把	〈「(tʃuk$^{5\text{-}32}$) kʰia^{33} tsʰe^{55}（竹）□□」「(tʃuk$^{5\text{-}32}$)
tʃuk$^{5\text{-}32}$ so^{21} pa^{35}	竹掃把	kʰia^{33} pa^{35}（竹）□把」は高年層がもちいる。〉
pun^{21} ki^{53}	畚箕	箕・ちりとり（簸箕，畚箕、dust basket）
pun^{21} teu^{35}	畚斗	〔隻〕 〈一般的に「pun^{21} ki^{53} 畚箕」は竹製、「pun^{21} teu^{35} 畚斗」はプラスチックやアルミ製である。〉
so^{21} lok^{32} pun^{21} teu^{35}	掃落畚斗	ちりとりにとる（掃進簸斗 / 簸箕、to sweep into a dustpan）
so^{21} vuk^5	掃屋	床をはく・掃除をする（掃地、to sweep the floor）
pʰat$^{5\text{-}32}$ ʃui^{35}	潑水	水をまく（潑水、to splash water）
se$^{35\text{-}33}$ tʰi^{33} nai^{55}	洗地泥	床や地面をあらう（洗地、to wash the floor/ ground） 〈「tʰi^{33} nai^{55} 地泥」は地面、「tʰi^{33} nai^{55} ha^{53} 地泥下」は地下を指す。〉
tsok$^{5\text{-}32}$ pu^{21}	桌布	布巾（抹布、dust cloth）〔條〕

VI. 建物（房舍 Dwelling） 163

〈「テーブルクロス」という意味もある。〉

tsʰut⁵		□	ふく（抹、to wipe）
			tsʰut⁵⁻³² tsok⁵⁻³² gə⁵⁵ □桌仔。
			テーブルをふく（擦桌子。）
kai⁵³ mo⁵³ so²¹		雞毛掃	はたき（撢子、feather duster）〔枝〕
			〈オンドリの首の部分の羽毛をもちいる。昔はその材料としてこの羽毛を売ることができた。また、オンドリの翼の羽で扇子をつくることができる。これは「kai⁵³ mo⁵³ ʃan²¹ 雞毛扇」という。〉
so²¹		掃	はたく（撢、to dust）
ta³⁵⁻³³ vu⁵³ ʒin⁵⁵		打烏蠅	ハエをたたく（拍蒼蠅、to swat a fly）
vu⁵³ ʒin⁵⁵ tʃi³⁵		烏蠅紙	ハエとり紙（黏蠅紙、fly paper）
tʰuŋ⁵³ ʒan⁵³ tsʰuŋ⁵³		通煙窗	煙突を掃除する（通煙囪、to sweep the chimney）
ta³⁵⁻³³ ʃui³⁵		打水	水をくむ（汲水，打水、to draw water from the well）
ʃui³⁵⁻³³ tʰuŋ³⁵		水桶	つるべ（吊桶（打水用）、water-drawing bucket）
kuk⁵⁻³² tsʰoŋ⁵³ pioŋ²¹ kuk⁵		穀倉放穀	穀物蔵に穀物をたくわえる（貯藏（穀）、to store（grains,etc））
la³³ sap⁵		□□	ごみ（垃圾、trash）〔包〕〔桶〕〔堆〕
to³⁵⁻³³ la³³ sap⁵		倒□□	ごみをすてる（倒垃圾、to throw away trash）
tsʰut⁵⁻³² koŋ⁵³		□光	みがく（擦亮、to polish）

VII. 家具・道具 （傢俱, 器具 Furniture, Tools）

VII. i. 家具・設備 （傢俱, 設備 Furniture, furnishing）

ka^{53} ki^{21}	傢俱	家具（傢俱、furniture）
pioŋ^{21} ka^{53} ki^{21}	放傢俱	家具をおく（放（傢俱）、to arrange/to place (furniture)）
tsok$^{5-32}$ gə^{55}	桌仔	テーブル・机（桌子、table）〔張〕
tsʰa^{55} pʰan^{55}	茶盤	茶器をのせる小型のテーブル・茶卓（茶几、teapoy）〔隻〕
von$^{35-33}$ tʃʰu^{55}	碗櫥	食器戸棚・茶箪笥（碗櫥、cupboard）〔隻〕〔台〕
ʃit^{32} pʰon^{33} tsok^{5} pʰon^{33} tsok^{5}	食飯桌 飯桌	食卓（飯桌、dining table）〔張〕
ʒan^{55} tsok$^{5-32}$ mien^{21}	圓桌面	丸テーブルの卓面（圓桌面、round table-top）
ten^{21} nə^{55}	凳仔	椅子；こしかけ（椅子；凳子、chair ; stool）〔張〕
ʒi^{53} tʰiap^{32} bə^{55}	□疊仔	椅子のクッション（椅墊子、chair cushion）〔隻〕
tʰiap^{32} tʰiap^{32} bə^{55}	疊疊仔	クッションをあてる（墊（墊子）、to cushion）
tʰam^{33}	□	下にあてる・ささえる（墊，架、to pad, to put something）
		ʒuŋ^{33} ʒit$^{5-32}$ tʃak^{5} ʃak^{32} tʰeu^{55} tʰam^{33} nen^{35} ko^{21} 用一隻石頭□□過。 一個の石でささえる（用一塊石頭架住過去。）
kau^{53} ʒi^{35}	交椅	肘掛椅子（交椅、armchair）〔張〕
ʒau^{55} ten^{21}	搖凳	ゆり椅子（搖椅、rocking chair）〔張〕
kiok$^{5-32}$ ten^{21}	腳凳	足のせ台（腳凳、footstool）〔張〕
tʃʰoŋ^{55} pioŋ^{53} ten^{21}	長枋凳	ベンチ・長椅子（長板凳、long wooden bench）〔張〕

Ⅶ. 家具・道具（傢俱，器具 Furniture, Tools） 165

nem⁵⁵ ten²¹ nə⁵⁵	□発仔	ソファ（沙發、sofa）〔張〕	
		〈旧語。現在は標準中国語をもちいる。「nem⁵⁵ □」はやわらかいという意味。〉	
ʃu⁵³ tsok⁵	書桌	机・デスク（書桌、desk）〔張〕	
ʃu⁵³ ka²¹ a⁵⁵	書架□	書架（書架、bookcase）〔隻〕	
tʃʰu⁵⁵ ə⁵⁵	櫥仔	簞笥・戸棚（櫥子、closet）〔隻〕〔台〕	
ʃu⁵³ tʃʰu⁵⁵	書櫥	書棚・書架（書櫥、bookcase）〔隻〕〔台〕	
tsiu³³⁻³⁵ tʃʰu⁵⁵	酒櫥	酒瓶棚（酒櫥、cellaret）〔隻〕〔台〕	
tʰo⁵³ sioŋ⁵³	拖箱	引き出し（抽屜、drawers）〔隻〕	
kʰoi⁵³ tʰo⁵³ sioŋ⁵³	開拖箱	引き出しをあける（拉抽屜、to pull a drawer）	
hap³² bə⁵⁵	盒仔	箱（盒子、box）〔隻〕	
ʒan⁵³ hap³² bə⁵⁵	煙盒仔	タバコいれ（煙盒、cigarette case）	
kʰok³² gə⁵⁵	□仔	いれもの（盒子、box, case）	
ʒan⁵³ kʰok³² gə⁵⁵	煙□仔	灰皿（煙灰缸、ash tray）	
tʰoŋ⁵⁵ kʰok³² gə⁵⁵	糖□仔	飴いれ（裝糖的盒子、candy box）	
sioŋ⁵³ ŋə⁵⁵	箱仔	箱・トランク（箱、trunk）〔隻〕	
pʰi⁵⁵ sioŋ⁵³	皮箱	トランク・スーツケース（皮箱、suitcase）〔隻〕	
min⁵⁵ tsʰoŋ⁵⁵	眠床	寝台・ベッド（床、bed, bedroom）〔隻〕〔台〕〔頂〕	
		〈量詞は〔付〕も使用できる。組・セット（套）という意味である。〉	
min⁵⁵ tsʰoŋ⁵⁵ ʃun⁵⁵	眠床唇	寝台の縁（床沿、bed edge）	
min⁵⁵ tsʰoŋ⁵⁵ pioŋ⁵³	眠床枋	寝台の天板（床板、bed plank）	
teu²¹ ʒit⁵⁻³² taŋ³⁵ min⁵⁵ tsʰoŋ⁵⁵	鬥一頂眠床	寝台をしつらえる（搭一個床、to set up a bed）	
tsʰoŋ⁵⁵ tʰeu⁵⁵	床頭	寝台の枕もと（床頭、head of a bed）	
min⁵⁵ tsʰoŋ⁵⁵ tʰeu⁵⁵	眠床頭	〈「tsʰoŋ⁵⁵ tʰeu⁵⁵ 床頭」は寝台のそばにいる場合にもちいる。〉	
tsʰoŋ⁵⁵ mui⁵³	床尾	寝台の足もと（床尾、end of a bed）	

min⁵⁵ tsʰoŋ⁵⁵ mui⁵³	眠床尾	
ʃoŋ⁵³ min⁵⁵ tsʰoŋ⁵⁵	上眠床	寝台にはいる（上床、to get into bed）
ha⁵³ min⁵⁵ tsʰoŋ⁵⁵	下眠床	寝台をおりる（下床、to get out of bed）
kiaŋ²¹ tʰoi⁵⁵	鏡台	鏡台（鏡台，梳粧台、large mirror stand, dresser）〔隻〕〔台〕
kiaŋ²¹ ŋə⁵⁵	鏡仔	鏡（鏡子、mirror）〔隻〕
tʃau²¹ kiaŋ²¹ ŋə⁵⁵	照鏡仔	鏡にうつす（照鏡子、to look in a mirror）
kiaŋ²¹ pʰin⁵⁵	鏡屏	ついたて状の鏡・姿見（鏡屏、an upright mirror standing in a frame）〈この語はほとんど使用されない。〉
fuŋ⁵³ pʰin⁵⁵	風屏	ついたて（屏風、screen）
mun⁵⁵ lien⁵⁵	門簾	暖簾（門簾、door curtain）〔付〕
tsʰuŋ⁵³ lien⁵⁵	窓簾	カーテン（窓簾、window curtain）〔隻〕
tʰien³³ fo³⁵	電火	あかり；電灯（燈；電燈、light；electric light）〔隻〕
kʰoi⁵³ tʰien³³ fo³⁵	開電火	あかりをつける（開燈、to turn on the light）
kuan⁵³ tʰien³³ fo³⁵	關電火	あかりをけす（關燈、to turn off the light）
ten⁵³ sim⁵³	燈心	灯心（燈蕊兒、wick）
ten⁵³ nuŋ⁵⁵	燈籠	灯籠（燈籠、lantern）〔隻〕
tʰien³³ fo³⁵⁻³³ koi²¹	電火蓋	（ランプの）ほや・（電灯の）かさ（燈罩、lampshade）
lap³² tʃuk⁵	蠟燭	ろうそく（蠟燭、candle）
tʰien³³ fo³⁵⁻³³ pʰau²¹	電火泡	電球（燈泡、light bulb）〔隻〕
ŋit⁵⁻³² koŋ⁵³ ten⁵³	日光燈	蛍光灯（日光燈、fluorescent lamp）〔枝〕
fa⁵³ pʰun⁵⁵	花盆	植木鉢（花盆、flower pot）
fa⁵³ aŋ⁵³ ŋə⁵⁵	花甖仔	花瓶（花瓶、vase）
tʰu⁵⁵ fa³³	圖畫	絵（畫兒、picture）〔張〕〔副〕
	fa³³ tʰu⁵⁵ (fa³³)	畫圖(畫) 絵をえがく（畫畫。）
pien³⁵⁻³³ ŋə⁵⁵	匾仔	扁額（匾額、votive table with a horizontal

Ⅶ．家具・道具（傢俱，器具 Furniture, Tools） 167

inscription）

fan⁵³ (nə³³) ʒiu⁵⁵ ten⁵³	番(仔)油燈	石油ランプ（煤油燈、oil lamp）
moi⁵⁵ ʒiu⁵⁵ ten⁵³	煤油燈	〈「moi⁵⁵ ʒiu⁵⁵ ten⁵³ 煤油燈」は使用頻度がひくい。〉
tʰien³³ ʃan²¹	電扇	扇風機（電風扇、electric fan）〔枝〕〔台〕

Ⅶ．ii．寝具（臥具 Bedding）

min⁵⁵ tsʰoŋ⁵⁵	眠床	寝床・寝台・ベッド（床鋪、bedding）
pʰu⁵³ min⁵⁵ tsʰoŋ⁵⁵	鋪眠床	床をしく（鋪床、to make the bed）
pʰi⁵³	被	敷布団；掛布団（褥子；被子、mattress；covering）〔領〕
		〈敷布団と掛布団はおなじ語をもちいる。〉
pʰi⁵³ tan⁵³	被單	シーツ（被單、sheets）
tsʰo³⁵⁻³³ tsʰiak³²	草蓆	むしろ・ござ（蓆子、mat）〔領〕
pʰi⁵³ mien²¹	被面	布団表（被面、被子的内裡、blanket-over）
tʰan³⁵⁻³³ nə⁵⁵	毯仔	毛布（毯子、blanket）〔領〕
mo⁵³ tʰan³⁵⁻³³ nə⁵⁵	毛毯仔	
ʒoŋ⁵⁵ mo⁵³ tʰan³⁵	羊毛毯	
mien⁵⁵ pʰi⁵³	棉被	綿いれの掛布団（棉被、quilt）〔領〕
koi²¹ pʰi⁵³	蓋被	布団をかける（蓋{被)、to cover with）
pʰu⁵³	鋪	しく（舖、to spread）
tʃap⁵	摺	たたむ（疊、to fold up）
		tʃap⁵⁻³² hi³⁵ loi⁵⁵ 摺起來。
		たたむ（疊起來。）
pʰi⁵³ teu²¹	被竇	布団を筒状にしたもの（被窩、bed made up to sleep in）
tʃim³⁵⁻³³ tʰeu⁵⁵	枕頭	枕（枕頭、pillow）〔隻〕
tʰiap³² tʃim³⁵⁻³³ tʰeu⁵⁵	疊枕頭	枕をあてる(枕(枕頭)、to lean on a pillow）
tʃim³⁵⁻³³ tʰeu⁵⁵ pu²¹	枕頭布	枕カバー（枕頭套、pillowcase）
min⁵³ tʃoŋ²¹	□帳	かや（蚊帳、mosquito net）〔領〕

kua²¹ min⁵³ tʃoŋ²¹	掛□帳	かやをはる（掛蚊帳、to hang a mosquito net）
laŋ⁵⁵ min⁵³ tʃoŋ²¹	晾□帳	
tiau²¹ min⁵³ tʃoŋ²¹	吊□帳	
vo⁵⁵ kon³⁵⁻³³ tsʰiak³²	禾桿蓆	わらのござ（草蓆、mattress made of rich-stalks）

Ⅶ. ⅲ. 道具・材料（工具，材料 Tools, materials）

kuŋ⁵³ ki²¹	工具	道具（工具、tools）〈使用頻度はひくい。一般的に総称はない。〉
ka⁵³ fo³⁵	傢伙	道具；やつ（傢伙、tools；guy） hi³⁵⁻³³ vok⁵ e²¹ ka⁵³ fo³⁵ 起屋□傢伙。家をたてる道具（建築房屋的工具。）
liau³⁵ ɔ⁵⁵	料仔	生地・材料（料子，材料、material, material for making clothes） liau³⁵ ɔ⁵⁵ toŋ⁵³ ho³⁵ 料仔當好。材料がとてもよい（材料很好。）
tsien³⁵⁻³³ nɔ⁵⁵	剪仔	はさみ（剪刀、scissors）
tsien³⁵⁻³³ to⁵³	剪刀	〈「tsien³⁵⁻³³ nɔ⁵⁵ 剪仔」は総称的。「tsien³⁵⁻³³ to⁵³ 剪刀」は紙や布を切るものを指す。〉
tsien³⁵	剪	（はさみで）切る（剪、to cut with scissors）
se²¹ to⁵³ ɔ⁵⁵	細刀仔	ナイフ・小刀（小刀、knife）
to⁵³ ɔ⁵⁵	刀仔	刃物・包丁・小刀（刀子、edged tool）
to⁵³ poi²¹	刀背	ナイフの背（刀背、back of a knife）
no⁵⁵ to⁵³ ʃak³²	揉刀石	砥石（磨刀石、grindstone）
no⁵⁵ to⁵³ ɔ⁵⁵	揉刀仔	ナイフをとぐ（磨刀、to sharpen a knife）
piaŋ²¹	柄	柄（柄、handle）
kuat⁵	刮	そる（刮、to scrape）
siok⁵	削	けずる・むく（削、to peel）
tsʰiuk⁵	刺	刺す（刺、to prick）
ku⁵⁵	□	刺す（刺、to stab）

Ⅶ. 家具・道具（傢俱, 器具 Furniture, Tools）　169

tsʰiam⁵⁵	□	（刃物で）刺す（把刀子刺進去、drive a knife into）

tsʰiam⁵⁵ tʃu⁵³ ɔ⁵⁵ □豬仔。
ブタをほふる（殺豬。）

tʃʰon⁵³	穿	穴をあける・うがつ（刺穿、to pierce）
tʰiet⁵⁻³² tʃʰui⁵⁵	鐵錘	金づち（錘子、hammer）
muk⁵⁻³² tʃʰui⁵⁵	木槌	木づち（木槌、wooden hammer）
tʃʰui⁵⁵	錘	金づちでうつ（錘、to hammer）
{fu³⁵⁻³³ / pu³³} tʰeu⁵⁵	斧頭	斧（斧頭、axe）
tsam³⁵	斬	（斧などで）たたき切る（砍、to chop with an axe）〈斧などで木を切る場合にもちいる。〉
pʰai⁵³	□	（刃物で縦に）わる・切る；（枝を）切る・はらう（劈砍(樹枝)、to split ; to disbranch）

ʃu³³ va⁵³ pʰai⁵³ (pʰai⁵³) tʰet⁵ ki⁵⁵ 樹□□（□）掉佢。
枝をはらってしまえ（把樹枝砍掉。）
〈「pʰai⁵³ tʰet⁵ ʃu³³ va⁵³ □掉樹□」とはいわない。動詞「pʰai⁵³ □」の重疊型は對象が複數であることを，重疊型にしない場合は對象が單數であることをしめす。〉

pʰat⁵	潑	あおぐ・はたく；（草を）かる（拍(扇子等)；砍(草), 割(草)、to fan ; to mow）〈「かる」という意味の場合、刃物をふりまわすように草や灌木をかることを指す。一方、これと類義關係にある「kot⁵ 割」は、イネをかるように、對象を片手でおさえてかることを指す。〉

ʃan²¹ nɔ⁵⁵ pʰat⁵⁻³² la³³ pʰat⁵ 扇仔潑□潑。
扇子であおぐ（扇子扇一扇。）

pʰat⁵⁻³² tʰet⁵ ki⁵⁵ 潑掉佢。
それをかってしまえ（割掉它。）

		pʰat⁵⁻³² tsʰo³⁵ 潑草。
		草をかる（割草。）
kʰiam⁵⁵ mə⁵⁵	鉗仔	ペンチ・やっとこ（鉗子、pincers）
kʰiam⁵⁵	鉗	（ペンチで）はさむ（鉗、to pincer）
		kʰiam⁵⁵ hi³⁵ loi⁵⁵ 鉗起來。
		はさみあげる（鉗起來。）
kiap⁵⁻³² bə⁵⁵	夾仔	毛抜き（鑷子、tweezers）
tsʰok⁵⁻³² gə⁵⁵	鑿仔	のみ（鑿子、chisel）
tsʰok⁵	鑿	穴をあける・うがつ（鑿、to chisel）
tsʰam³³	□	
		tsʰam³³ lok³² hi²¹ □落去。
		うがってゆく（鑿下去。）
ki²¹ ə⁵⁵	鋸仔	のこぎり（鋸子、saw）
ki²¹	鋸	（のこぎりで）ひく・切る（鋸、to saw）
		ki²¹ ʃu³³ ə⁵⁵ 鋸樹仔。
		のこぎりで木を切る（鋸樹。）
tʰo⁵⁵ ki²¹ ə⁵⁵	砣鋸仔	のこぎりの目たてをする（銼鋸齒、set a saw）
		ki²¹ ə⁵⁵ tʰo⁵⁵ li³³ loi⁵⁵ 鋸仔□利來。
		のこぎりの目たてをしなさい（把鋸齒銼利。）
ki²¹ tʰo⁵⁵	鋸砣	やすり（銼刀、file）
		〈のこぎりをとぐことにも使用する。〉
tson²¹ nə⁵⁵	鑽仔	きり（鑽子(打鐵用)、awl or drill）
tsui⁵⁵ ə⁵⁵	錐仔	きり（錐、awl or drill）
tson²¹	鑽	（きりで）穴をあける（鑽、to bore a hole）
		tson²¹ kʰuŋ⁵³ ŋə⁵⁵ 鑽空仔。
		きりで穴をあける（鑽洞。）
		tson²¹ lok³² hi²¹ 鑽落去。
		穴をあける（鑽下去。）
pʰau⁵⁵ ə⁵⁵	鉋仔	かんな（鉋子、plane）
pʰau⁵⁵	刨	（かんなで）けずる（刨、to plane）

VII. 家具・道具（傢俱, 器具 Furniture, Tools）　171

　　　　　　　　　　　　pʰau⁵⁵ muk⁵⁻³² pioŋ⁵³ 刨木枋。
　　　　　　　　　　　　板を（かんなで）けずる（刨木板。）

pʰau⁵⁵ sep⁵	鉋□	かんなくず（鉋花、shavings）
keu⁵⁵ ə⁵⁵	鉤仔	かぎ・フック（鉤子、hook）
keu⁵⁵	鉤	（かぎで）ひっかける（鉤、to hook）
tiau²¹ keu⁵³/⁵⁵	吊鉤	かけかぎ・つりかぎ（吊鉤、lift hook）
van⁵³ keu⁵³	彎鉤	湾曲したかぎ（彎鉤、hook）
taŋ⁵³ ŋə⁵⁵	釘仔	釘（釘子、nail）〔領〕
tʰiet⁵⁻³² taŋ⁵³ ŋə⁵⁵	鐵釘仔	鉄釘（鐵釘、iron nail）
koŋ²¹ taŋ⁵³ ŋə⁵⁵	鋼釘仔	鋼の釘（鋼釘、steel nail）
tʃuk⁵⁻³² taŋ⁵³ ŋə⁵⁵	竹釘仔	竹釘（竹釘、bamboo nail）
tʰuŋ⁵⁵ taŋ⁵³ ŋə⁵⁵	銅釘仔	銅釘（銅釘、copper nail）
taŋ⁵³	釘	釘をうつ（釘、to nail）

　　　　　　　　　　　　taŋ⁵³ piak⁵ 釘壁。
　　　　　　　　　　　　壁に釘をうつ（釘牆。）
　　　　　　　　　　　　tʰiet⁵⁻³² taŋ⁵³ ŋə⁵⁵ taŋ⁵³ tsok⁵⁻³² gə⁵⁵ 鐵釘仔釘桌仔。
　　　　　　　　　　　　鉄釘を机にうつ（鐵釘釘在桌子。）

lo³³ lai⁵³ va²¹	□□□	ドライバー（螺絲刀、screwdriver）〔領〕
lo⁵⁵ si⁵³ tsun³⁵⁻³³ nə⁵⁵	螺絲轉仔	〈「lo³³ lai⁵³ va²¹ □□□」は日本語由来で、高年層に、「lo⁵⁵ si⁵³ tsun³⁵⁻³³ nə⁵⁵ 螺絲轉仔」は中年層以下に使用される。〉
lo⁵⁵ si⁵³ taŋ⁵³	螺絲釘	ねじ（螺絲釘、screw）
lo⁵⁵ si⁵³ ə⁵⁵	螺絲仔	
tsun³⁵	轉	（ねじを）まわす（轉(螺絲釘)、to turn (a screw))

　　　　　　　　　　　　tsun³⁵⁻³³ lo⁵⁵ si⁵³ taŋ⁵³ 轉螺絲釘。
　　　　　　　　　　　　ねじをまわす（轉螺絲釘。）

tʰoi⁵³ ə⁵⁵	梯仔	はしご（梯子、ladder）
tam²¹ kon⁵³	擔竿	天秤棒（扁擔、carrying pole）
tsʰiam⁵³ tam²¹	籤擔	両端がとがった天秤棒（籤擔、carrying pole

with sharp ends)

〈使用頻度はひくい。〉

| $k^hai^{53}\ tam^{21}\ mə^{55}$ | □擔仔 | 天秤棒をかつぐ（挑擔、to carry on a carrying pole） |
| $k^hai^{53}\ tap^{32}$ | □□ | |

lin²¹ nə⁵⁵　　　　　輪仔　　　車輪・歯車（輪子、wheel）

　　　　　　　　　tʃʰa⁵³ lin²¹ nə⁵⁵ 車輪仔。

　　　　　　　　　車の車輪（車子的輪子。）

kun³⁵　　　　　　滾　　　　ころがる・回転する（滾、to roll）

　　　　　　　　　ʃin⁵³ tʰi³⁵ kun³⁵ ʒit⁵⁻³² lin⁵³ 身體滾一□。

　　　　　　　　　身体が一回転する（身體轉一圈。）

　　　　　　　　　san⁵³ taŋ³⁵ kun³⁵⁻³³ to²¹ san⁵³ ha⁵³ 山頂滾到山下。

　　　　　　　　　山の上からふもとにころがる（從山頂滾到山下。）

| lien²¹ | □ | （車輪が）回転する・ころがる（輪子滾動、to wheel） |
| lin²¹ | 輪 | |

　　　　　　　　　lien²¹ ko²¹ hi²¹ □過去。

　　　　　　　　　ころがっていく（滾過去。）

tʃʰan²¹　　　　　　輾　　　　ひく（輾、to crush）

　　　　　　　　　tʃʰan²¹ ko²¹ hi²¹ 輾過去。

　　　　　　　　　ひいていく（輾過去。）

　　　　　　　　　pun⁵³ tʃʰa⁵³ ə⁵⁵ tʃʰan²¹ to³⁵ 分車仔輾倒。

　　　　　　　　　車にひかれてしまった（被車子輾到。）

ŋai²¹　　　　　　□　　　　ころがる・ころがっていく；ひく・する（轉動過去；磨, 碾、roll ; mill）

　　　　　　　　　pun⁵³ tʃʰa⁵³ lin²¹ nə⁵⁵ ŋai²¹ ko²¹ hi²¹ 分車輪仔□過去。

　　　　　　　　　車輪にひかれた（被車的輪子輾過去。）

　　　　　　　　　ŋai²¹ fun³⁵ □粉。

　　　　　　　　　粉をひく（磨粉。）

ŋai²¹ fun³⁵⁻³³ nə⁵⁵　□粉仔　ひいて粉にする・粉をひく（磨成粉、grind grain to flour）

ŋai²¹ sui²¹ sui²¹　　□碎碎　細かくひく（磨得碎碎的、grind finely）

Ⅶ. 家具・道具（傢俱,器具 Furniture, Tools）

ŋai²¹ mien⁵⁵ mien⁵⁵	□綿綿	ひかれてペチャンコになっている（磨爛、to be flattened）〈動物などが車にひかれてつぶれた様子を指す。〉
tsʰan³⁵⁻³³ nə⁵⁵	鏟仔	シャベル・スコップ（鏟子、shovel, spade）〔領〕
tsʰan³⁵	鏟	（シャベルでなどで）すくう（鏟、to spade）

tsʰan³⁵⁻³³ pʰon³³ lat⁵ 鏟飯□。
おこげをこそげとる（把燒焦的飯鏟開來。）
tsʰan³⁵⁻³³ tsʰo³⁵ 鏟草。
草をこそぎとる（鏟草。）

| liau⁵³ | □ | （シャベルで）けずる・すくう（鏟、to move with a shovel）|

liau⁵³ tʰet⁵ □掉 。
けずりとってしまう（鏟掉。）

| kiok⁵⁻³² tʰeu⁵⁵ | 腳頭 | くわ（鋤頭、hoe）|
| koi³⁵ | □ | （くわ・鋤で）ほる・すきおこす（鋤, 翻土、to hoe）|

koi³⁵⁻³³ nai⁵⁵ □泥。
くわで土をほる（鋤土。）
koi³⁵⁻³³ fan⁵³ ʃu⁵⁵ □蕃薯。
サツマイモをくわでほる（挖地瓜。）
koi³⁵⁻³³ tsʰoi²¹ ʒan⁵⁵ □菜園。
畑をすきおこす(種菜。)
〈作物をうえることを指す。〉
ʒuŋ³³ kiok⁵⁻³² tʰeu⁵⁵ koi³⁵ 用腳頭□。
鋤ですきおこす（用鋤頭翻土。）

| ʒet⁵ | □ | ほる（挖、to dig）|

m⁵⁵ ho³⁵⁻³³ ʒet⁵ 唔好□。
ほってはいけない（不要挖。）

vet⁵		挖	ほる（掘，挖、to dig） 〈手あるいは道具などでほる。ほる面積はちいさい。〉
	vet⁵⁻³² nai⁵⁵ 挖泥。 土をほる（挖土。）		
	vet⁵⁻³² fan⁵³ ʃu⁵⁵ 挖蕃薯。 サツマイモをほる（挖蕃薯。） 〈盗掘するというニュアンスがある。〉		
pʰa⁵⁵ ɔ⁵⁵		鈀仔	熊手（鈀子、rake）
tʃʰi³⁵⁻³³ pʰa⁵⁵ ɔ⁵⁵		齒鈀仔	〈穀物をほす時に使用。〉
liam⁵⁵ mə⁵⁵		鎌仔	鎌（鐮刀、sickle）〔枝〕
kun²¹ nə⁵⁵		棍仔	棍棒（棍子、stick）〔枝〕
kun²¹ nə⁵⁵ ta³⁵		棍仔打	棍棒でうつ（棍打、to beat（with a stick））
pien⁵³ nə⁵⁵		鞭仔	鞭（鞭子、whip）〔條〕
pʰi⁵⁵ pien⁵³ nə⁵⁵		皮鞭仔	革製の鞭（皮鞭、leather whip）
pʰan⁵³		□	鞭でうつ（鞭打, 抽、to whip） 〈ふりまわすようにうつことを指す。〉
	ʒuŋ³³ pien⁵³ nə⁵⁵ pʰan⁵³ 用鞭仔□。 鞭でうつ（用鞭子抽打。）		
	ʒuŋ³³ {pʰi⁵⁵ pien⁵³ / pʰi⁵⁵ tai²¹} pʰan⁵³ 用{皮鞭 / 皮帶}□。 {皮の鞭／革のベルト}でうつ（用{皮鞭 / 皮帶}打。）		
sok⁵⁻³² gə⁵⁵		索仔	荒縄・綱；紐（繩索；繩子、ropes, cordage；string）
ma⁵⁵ sok⁵⁻³² gə⁵⁵		麻索仔	麻紐・麻縄（麻繩、rope）
ta³⁵⁻³³ sok⁵⁻³² gə⁵⁵		打索仔	縄をなう（打繩、to twist ropes）
tʰuŋ³⁵		桶	桶（桶、pail）〔隻〕
ʃui³⁵⁻³³ tʰuŋ³⁵		水桶	水桶・バケツ（水桶、bucket）〔隻〕
tʃip⁵⁻³² tʰuŋ³⁵		汁桶	ブタの餌をいれる桶（豬食桶、pig trough）〔隻〕
kʰuan³³ tʰuŋ³⁵		攇桶	手提げ桶・バケツ（提桶、hand bucket）

Ⅶ. 家具・道具（傢俱,器具 Furniture, Tools） 175

tʰuŋ³⁵⁻³³ ŋi³⁵	桶耳	桶の取っ手（桶杷子、crossbar at the top of a Chinese bucket）
lo⁵⁵ ə⁵⁵	籮仔	竹籠（籮、deep open basket without handles or covers）〔隻〕
mi³⁵⁻³³ lo⁵⁵	米籮	コメをいれる籠（裝米的籮、rice basket）
lam⁵⁵ mə⁵⁵	籃仔	手提げ籠（籃、basket）〔隻〕
kʰuan³³ lam⁵⁵ mə⁵⁵	摜籃仔	（小型の）手提げ籠（提籃、small hand basket）
lui³⁵ ə⁵⁵	□仔	籠（簍子、basket）
leu³³ teu³⁵	漏斗	じょうご・漏斗（漏斗、funnel）〔隻〕
leu³³ ə⁵⁵	漏仔	〈「leu³³ teu³⁵ 漏斗」はおおきなものを、「leu³³ ə⁵⁵ 漏仔」はちいさなものを指す。〉
pi⁵⁵ ə⁵⁵	□仔	呼ぶ子の笛（口笛, 哨子、whistle）〔隻〕
ʃiu³⁵⁻³³ tʰien³³ tʰuŋ⁵⁵	手電筒	懐中電灯（電筒、flashlight）〔枝〕
fan⁵³ fo³⁵	蕃火	マッチ（火柴、matches）〔包〕〔盒〕
fan⁵³ fo³⁵⁻³³ tsin⁵³	蕃火精	マッチ棒（火柴棒、matchstick）〔枝〕
kʰe²¹ fan⁵³ fo³⁵	□蕃火	マッチをする（點火柴、to light a match）
tsʰo³⁵	草	草（草、straw）
pioŋ⁵³ ŋə⁵⁵	枋仔	板（板、board）〔te²¹ □〕
muk⁵⁻³² pioŋ⁵³	木枋	木の板（木板、wooden board）
muk⁵⁻³² pan³⁵	木板	〈「muk⁵⁻³² pioŋ⁵³ 木枋」が一般的。〉
ʃak³² pioŋ⁵³ ŋə⁵⁵	石枋仔	石板（石板、stone slab）
ʃak³² pan³⁵	石板	
tʰiet⁵⁻³² sien²¹ nə⁵⁵	鐵線仔	針金（鐵絲、wire）〔條〕
muk⁵⁻³² tʰeu⁵⁵	木頭	木（木頭、wood）〔隻〕
kuan⁵³ ŋə⁵⁵	□仔	丸太（木條、log）
vaŋ⁵⁵ kuan⁵³ ŋə⁵⁵	横□仔	横倒しの丸太（打横的木頭、log lying on its side）
ŋa³⁵⁻³³ ə⁵⁵	瓦仔	瓦（瓦、tile）〔te²¹ □〕
ʃu³³ nen²¹ nə⁵⁵	樹□仔	ゴム（橡膠、rubber）
tsʰit⁵	漆	漆（漆、lacquer）

po⁵³ li⁵⁵	玻璃	ガラス（玻璃、glass）
fui⁵⁵ ə⁵⁵	□仔	磁器（瓷器、porcelain）
	fui⁵⁵ tso²¹ kai²¹ fa⁵³ aŋ⁵³ □做個花罌。	
	磁器製の花瓶（瓷的花瓶。）	
fui⁵⁵ aŋ⁵³	□罌	磁器の瓶（瓷瓶、porcelain bottle）
nai⁵⁵ tʰu³⁵ ʃau⁵³ e²¹	泥土燒□	陶器（陶器、pottery, earthenware）
tʰo⁵⁵ aŋ⁵³	陶罌	陶器の瓶（陶瓶、pottery bottle）
tʰo⁵⁵ pat⁵	陶缽	陶器の鉢（陶缽、pottery pot）
sioŋ³³ ŋa⁵⁵	象牙	象牙（象牙、ivory）〔枝〕〔條〕
ʒau⁵⁵	窯	（製陶の）窯（窯、kiln）
tʃuk⁵⁻³² si⁵³ ə⁵⁵	竹篩仔	竹製のふるい（簸穀子的竹箕、shallow basket used for winnowing grain）
mioŋ³⁵⁻³³ ŋə⁵⁵	網仔	網（網、net）〔領〕〔副〕
mioŋ³⁵⁻³³ kʰuŋ⁵³	網空	網の目（網眼、mesh）
ki²¹ sut⁵	鋸屑	おがくず（鋸木屑、sawdust）
muk⁵⁻³² sep⁵	木□	木くず（木屑、wood debris）。
siu⁵³ li⁵³	修理	修理する（修理、to repair）
tʃaŋ³⁵	整	
	tʃaŋ³⁵⁻³³ tʰien³³ ʃi²¹ 整電視。	
	テレビを修理する（修理電視。）	
tsʰa⁵³	叉	フォークなどで刺す（叉、to pierce with a fork）
tsʰa⁵³ ə⁵⁵	叉仔	フォーク（叉子、fork）〔枝〕
sok⁵⁻³² kau⁵³	塑膠	プラスチック・ビニール（塑膠、plastic）
sok⁵⁻³² kau⁵³ tʰoi³³	塑膠袋	ビニール袋（塑膠袋、plastic bag）〔隻〕
pen⁵³ sioŋ⁵³	冰箱	冷蔵庫（冰箱、refrigerator）〔隻〕〔台〕
tʰien³³ pen⁵³ sioŋ⁵³	電冰箱	電気冷蔵庫（電冰箱、electric refrigerator）〔隻〕〔台〕
lu⁵⁵ ə⁵⁵	爐仔	コンロ（爐子、stove）〔隻〕
ŋa³⁵⁻³³ si⁵³ lu⁵⁵	瓦斯爐	ガスコンロ（瓦斯爐、stove burner）〔隻〕

ta³⁵⁻³³ fo³⁵⁻³³ ki⁵³	打火機	ライター（打火機、lighter）〔隻〕	
tʃʰu⁵³ tun³⁵	柱□	きね（杵、pestle）〔枝〕	
tʃuŋ⁵³ tʃʰui⁵⁵	舂鎚		
tʃuŋ⁵³ kʰiu⁵³	舂臼	うす（臼、mortar）〔隻〕	

VIII. 社会（社會 Community）

VIII. i. 都会といなか（城鄉 Town and country）

ʃaŋ⁵⁵	城	町・都市（城、town）〔隻〕〔座〕
ʃaŋ⁵⁵ tsʰioŋ⁵⁵	城牆	城壁（城牆、city wall）〔扇〕
ʃaŋ⁵⁵ mun⁵⁵	城門	城門（城門、city gate）
ʃaŋ⁵⁵ tu³⁵	城肚	城内（城裡、within town）
lok³² ʃaŋ⁵⁵ tu³⁵	落城肚	市内にゆく・城内にはいる（進城、to go
ŋip³² ʃaŋ⁵⁵ tu³⁵	入城肚	into town）
ʃaŋ⁵⁵ voŋ⁵⁵ miau³³	城王廟	城隍廟（城隍廟、city temple）
ʃaŋ⁵⁵ foŋ⁵⁵ miau³³	城隍廟	
lu³³	路	道（路、road）〔條〕〔段〕〔截〕
haŋ⁵⁵ lu³³	行路	（道）をあるく（走路、to walk on foot）
tseu³⁵⁻³³ lu³³	走路	にげる（逃跑、to escape）
ta³⁵⁻³³ lu³³	打路	道をつくる（築路、to build a road）
sam⁵³ tsʰa⁵³ lu³³	三叉路	三叉路（三叉路、forked road）
ʃip³² sɨ³³ lu³³	十字路	十字路・四つ辻（十字路口、crossroad）
lu³³ kʰeu³⁵	路口	わかれ道・辻の入口（路口、entrance to a road/street）
ma⁵³ lu³³	馬路	大通り（馬路、macadam road）
ŋin⁵⁵ haŋ⁵⁵ tʰo³³	人行道	歩道（人行道、sidewalk）
kai⁵³ lu³³	街路	街路・大通り（街道、street）
ʃoŋ⁵³ kai⁵³	上街	街へゆく（上街、to go on the street）
ko²¹ ma⁵³ lu³³	過馬路	通りをよこぎる（過馬路、to cross the

haŋ⁵⁵ kai⁵³	行街	通りにそってあるく（沿著街走、to walk along the street）
hoŋ³³ ŋə⁵⁵	巷仔	路地（巷、lane, an alley）〔條〕
si³⁵⁻³³ hoŋ³³ ŋə⁵⁵	死巷仔	袋小路（死巷、dead end street）
se²¹ lu³³	細路	小道（小徑、path）
kʰiau⁵⁵	橋	橋（橋、bridge）〔條〕〔座〕
ko²¹ kʰiau⁵⁵	過橋	橋をわたる（過橋、to cross a bridge）
kʰiau⁵⁵ tun⁵³ nə⁵⁵	橋墩仔	橋脚（橋墩、buttress of a bridge）〔隻〕
tiau²¹ kʰiau⁵⁵	吊橋	吊り橋（吊橋、suspension bridge）
tsʰo³³ kʰiau⁵⁵	造橋	橋をかける（架橋、to build a bridge）
hioŋ⁵³ ha³³	鄉下	いなか（鄉下、countryside）
hioŋ⁵³ tsʰun⁵³	鄉村	農村（鄉村、village）
pʰu⁵³	埠	埠頭（埠、port）〔隻〕〈使用頻度はきわめてひくい。〉
poŋ²¹ kʰuŋ⁵³	□空	（爆破してつくった）坑道・トンネル（礦坑，用炸藥炸出的坑道，隧道、boad, tunnel）〈poŋ²¹ は爆発の音に由来する。〉

Ⅷ. ii. 国家・政治（國家, 政治 Nation and government）

kuet⁵ ka⁵³	國家	国・国家（國家、nation, country）〔隻〕〈「kuet⁵ 國」の調値については、原調のままが一般的である。これは演説など公式の場でつかわれる。一方声調交替する語形 kuet⁵⁻³² ka⁵³ は、非公式の場でもちいられる。〉
tʃin²¹ fu³⁵	政府	政府（政府、government）〔隻〕
ŋin⁵⁵ min⁵⁵	人民	人びと・人民（人民、people）
fan⁵³ nə⁵⁵	番仔	野蛮人（野蠻人、barbarian）〈台湾では、もともと先住民のことを指した。〉

VIII. 社会（社會 Community） 179

san^{53} t^{h}i^{33} fan^{53}	山地番	台湾の先住民（原住民、native Taiwanese）〈差別的なニュアンスはない。〉	
moŋ^{55} kuet^5	亡國	亡国（亡國、destruction of a nation）	
moŋ^{55} kuet$^{5-32}$ nu^{55}	亡國奴	亡国の民（亡國奴、one whose country was destroyed）	
mai^{33} kuet^5	賣國	国を売る（賣國、to betray one's country）	
mai^{33} kuet$^{5-32}$ ts^{h}et^{32}	賣國賊	売国奴（賣國賊、betrayer of one's country）	
toŋ^{35}	黨	党・政党（黨、political party）	
kuet$^{5-32}$ k^{h}i^{55}	國旗	国旗（國旗、national flag）〔副〕	
sen^{35}	省	省（省、province）	
ʒan^{21}	縣	県（縣、district）	
tʃin^{35}	鎮	鎮（鎮、town）	
ʃoi^{21}	税	税（税、tax）	
tʃ^{h}iu^{53} ʃoi^{21}	抽税	課税する（抽税、to tax）	
nap^{32} ʃoi^{21}	納税	納税する（納税、to pay tax）	
t^{h}on^{55} ket^5	團結	団結する（團結、to unite）	
tsuŋ$^{35-33}$ t^{h}uŋ^{35}	總統	大統領・総統（總統、president）	
tʃu$^{35-33}$ sit^{32}	主席	主席（主席、president）	
tʃoŋ$^{35-33}$ kon^{53}	長官	長官・上官（長官、commanding officer）	
tsuŋ$^{35-33}$ t^{h}uŋ$^{35-33}$ fu^{35}	總統府	総統府（總統府、presidential palace）	
haŋ^{55} tʃin^{21} ʒan^{21}	行政院	行政院（行政院、highest level of the executive branch）	
fap$^{5-32}$ ʒan^{21}	法院	裁判所（法院、court）	
kon^{53} t^{h}aŋ^{53}	官廳	官庁・政府機関（政府機關、government institutions）〈旧語である。〉	
kuet$^{5-32}$ min^{55} toŋ^{35}	國民黨	中国国民党（中國國民黨、Kuomintang Party）	
min^{55} tsin^{21} toŋ^{35}	民進黨	民主進歩党（民主進歩黨、Democratic Progressive Party）	

tsʰin⁵³ min⁵⁵ toŋ³⁵	親民黨	親民党（親民黨、People First Party）
kʰiuŋ³³ san³⁵⁻³³ toŋ³⁵	共產黨	共産党（共產黨、communist party）
sien³⁵⁻³³ ki³⁵	選舉	選挙（選舉、election）
sien³⁵⁻³³ pʰiau²¹	選票	投票用紙（選票、votes）
kuŋ⁵³ so³⁵	公所	役所（公所、administrative institution）
ʃoi²¹ vu²¹ kʰiuk³²	稅務局	税務署（稅務局、revenue office）
kin²¹ tsʰat⁵⁻³² kʰiuk³²	警察局	警察署（警察局、police office）
ʃi³³ tʃin²¹ fu³⁵	市政府	市役所（市政府、city government, city hall）
ʒan²¹ tʃin²¹ fu³⁵	縣政府	県政府（縣政府、county government）
fu³³ sip³²	戶籍	戸籍（戶籍、household register）
sip³² kuan²¹	籍貫	本籍（籍貫、native place）
lioŋ³⁵ on²¹	兩岸	両岸（特に台湾と中国大陸）（兩岸、both
lioŋ³⁵ pʰien³⁵	兩片	banks）

〈「lioŋ³⁵ pʰien³⁵ 兩片」の「片」は fien³⁵ と発音されることもある。また、これは両側という意味でもある。〉

lioŋ³⁵ pʰien³⁵ kai²¹ ho⁵⁵ pa²¹ pok⁵ 兩片個河壩□。
川の両側の土手（河流兩邊的河壩。）

ʃe²¹ kai²¹	世界	世界（世界、world）
tʰoi⁵⁵ van⁵⁵	臺灣	台湾（臺灣、Taiwan）
tʃuŋ⁵³ kuet⁵	中國	中国（中國、China）
tʃʰau⁵⁵ sien³⁵	朝鮮	朝鮮（朝鮮, 北韓、Korea）
hon⁵⁵ kuet⁵	韓國	韓国（韓國、南韓、South Korea）
ʒat³² nam⁵⁵	越南	ベトナム（越南、Vietnam）
tʰai²¹ kuet⁵	泰國	タイ（泰國、Thailand）
ʒin²¹ ni⁵⁵	印尼	インドネシア（印尼、Indonesia）
ma³³ lai⁵⁵ si⁵⁵ a⁵³	□□□□	マレーシア（馬來西亞、Malaysia）
sin⁵³ ka⁵³ pʰo⁵³	新加坡	シンガポール（新加坡、Singapore）
mi³⁵⁻³³ kuet⁵	米國	アメリカ（美國、United States of America）
ʒin⁵³ kuet⁵	英國	イギリス（英國、United Kingdom）

VIII. 社会（社會 Community） 181

fap⁵⁻³² kuet⁵	法國	フランス（法國、France）
ho⁵⁵ lan⁵⁵	荷蘭	オランダ（荷蘭、Netherlands）
si⁵³ pan⁵³ ŋa⁵⁵	西班牙	スペイン（西班牙、Spain）
it³² ta⁵⁵ li⁵³	□□□	イタリア（義大利、Italia）
i³³ ta⁵⁵ li⁵³	□□□	
tʰoi⁵⁵ pet⁵ (⁻³² ʃi³³)	台北（市）	台北（市）（台北、Taipei）
ko⁵³ hioŋ⁵⁵ (ʃi³³)	高雄（市）	高雄（市）（高雄、Kaohsiung）
pet⁵⁻³² kin⁵³	北京	北京（北京、Beijing）
ʃoŋ³³ hoi³⁵	上海	上海（上海、Shanghai）
hioŋ⁵³ koŋ³⁵	香港	香港（香港、Hong Kong）
tuŋ⁵³ kin⁵³	東京	東京（東京、Tokyo）

VIII.iii. 地名（地名 Local place names）

(1) 新竹市

sin⁵³ tʃuk⁵/⁵⁻³² ʃi³³	新竹市
hak⁵ ŋa⁵³	客雅　〈実際の発音は haŋ⁵⁵ ŋa⁵³ となる。〉
ʃui³⁵⁻³³ tʰien⁵⁵	水田
kʰu³⁵⁻³³ lin³³ kiok⁵	苦苓腳
ʃu³³ {lim⁵⁵ / na⁵⁵} tʰeu⁵⁵	樹林頭
tuŋ⁵³ ʃe²¹	東勢
tʃʰak⁵⁻³² tʰu³⁵⁻³³ kia²¹	赤土崎
pu⁵³ taŋ³⁵	埔頂
kim⁵³ san⁵³ mien²¹	金山面
kit⁵⁻³² ʒoŋ⁵⁵ lun³³	吉羊崙
sa⁵³ lun³³	沙崙
hai⁵³ pu⁵³ ə⁵⁵	溪埔仔

(2) 旧港莊

kʰiu³³ koŋ³⁵ tsoŋ⁵³	舊港莊
fan⁵³ nə³³ pi⁵³	番仔坡
tʰeu³³ ə³³ pu⁵³	豆仔埔

sin⁵³ ʃa³³	新社
ma⁵³ lin⁵⁵ tsʰo³³	馬麟厝
keu⁵³ pe⁵³	溝貝
ma⁵⁵ ʒan⁵⁵	麻園
kʰiu³³ koŋ³⁵	舊港
pʰak³² tʰi³³ fun³⁵	白地粉
hai⁵³ tʃiu⁵³	溪洲
sin⁵³ tsoŋ⁵³ ŋə⁵⁵	新莊子
ʒiu⁵⁵ tʃʰa⁵³ koŋ³⁵	油車港
tʰai³³ mi⁵⁵	大眉

(3) 紅毛莊

fuŋ⁵⁵ mo⁵³ tsoŋ⁵³	紅毛莊
fuk⁵⁻³² hin⁵³	福興
tsʰiaŋ⁵³ pu⁵³ ə⁵⁵	青埔子
heu³³ fu⁵⁵	後湖
kʰam²¹ tʰeu⁵⁵	崁頭
tʃuŋ⁵³ lun³³	中崙
sin⁵³ tsoŋ⁵³ ŋə⁵⁵	新莊子
fuŋ⁵⁵ mo⁵³ koŋ³⁵	紅毛港
ʒan⁵⁵ san⁵³	圓山
haŋ⁵³ ŋə³³ heu³⁵	坑子口

(4) 湖口莊

fu⁵⁵ kʰeu³⁵ tsoŋ⁵³	湖口莊	
pen⁵³ pi⁵³ ha⁵³	崩坡下	
pet⁵⁻³² vo⁵³	北窩	
tʃʰoŋ⁵⁵ koŋ⁵³ liaŋ⁵³	長岡嶺	
tʰai³³ fu⁵⁵ {kʰeu³⁵ / heu³⁵}	大湖口	
ʃi³⁵⁻³³ ki⁵³ vo⁵³	屎箕窩	〈「糞箕窩」が一般的。〉
ʒoŋ⁵⁵ ʃi³⁵⁻³³ vo⁵³	羊屎窩	
ʒoŋ⁵⁵ hi³⁵⁻³³ vo⁵³	羊喜窩	〈「羊屎窩」が一般的。〉

Ⅷ. 社会（社會 Community） 183

ʃoŋ³³ pet⁵⁻³² ʃe²¹	上北勢
ha⁵³ pet⁵⁻³² ʃe²¹	下北勢
fo⁵⁵ hin⁵³	和興
tet⁵⁻³² ʃin²¹	德盛
po⁵³ lo⁵⁵ vun⁵⁵	波羅汶
fan⁵³ nə³³ fu⁵⁵	番子湖
fuŋ³³ san⁵³ kia²¹	鳳山崎
pʰiaŋ⁵⁵ taŋ³⁵⁻³³ pu⁵³	坪頂埔

(5) 新埔莊

sin⁵³ pu⁵³ tsoŋ⁵³	新埔莊
nam⁵⁵ ta³⁵⁻³³ tʰiet⁵⁻³² haŋ⁵³	南打鐵坑
nui³³ lip³²	內立
ʃak³² tʰeu⁵⁵ haŋ⁵³	石頭坑
lai⁵⁵ tʰeu⁵⁵ san⁵³	犁頭山
ŋ̍³⁵⁻³³ fun³³ pu⁵³	五分埔
si²¹ tsʰo³³ vuk⁵	四座屋
tʃoŋ⁵³ ʃu³³ na⁵⁵	樟樹林
hon⁵³ haŋ⁵³ ŋə⁵⁵	旱坑子
tʰien⁵⁵ sin⁵³	田新
pioŋ⁵³ liau⁵⁵	枋寮
sin⁵³ pu⁵³	新埔
tʰai³³ pʰin⁵⁵ vo⁵³	大平窩
sat⁵⁻³² ŋin⁵⁵ vo⁵³	殺人窩 〈「殺人窩」は旧称。〉
pet⁵ ta³⁵⁻³³ tʰiet⁵⁻³² haŋ⁵³	北打鐵坑
vun⁵⁵ ʃui³⁵⁻³³ haŋ⁵³	汶水坑
luk³² min⁵⁵ haŋ⁵³	鹿鳴坑
tʃau²¹ mun⁵⁵	照門
tʰai³³ pʰiaŋ⁵⁵	大坪
tʰai³³ mau⁵⁵ pu⁵³	大茅埔
tsien²¹ tʃuk⁵⁻³² vo⁵³	箭竹窩

(6) 関西荘

ʃui³⁵⁻³³ haŋ⁵³	水坑	
mau⁵⁵ ə³³ pu⁵³	茅子埔	
pʰiaŋ⁵⁵ na⁵⁵	坪林	
ʃoŋ³³ vaŋ⁵⁵ haŋ⁵³	上横坑	
ha⁵³ vaŋ⁵⁵ haŋ⁵³	下横坑	
ha⁵³ nam⁵⁵ pʰien³⁵	下南片	
ʃak³² koŋ⁵³ ŋə⁵⁵	石岡子	
tʰai³³ hon⁵³ haŋ⁵³	大旱坑	
lo³⁵⁻³³ kaŋ⁵³ liau⁵⁵	老焿寮	
tsau⁵³ haŋ⁵³	燥坑	
ʃoŋ³³ nam⁵⁵ pʰien³⁵	上南片	
kiuŋ³³ tsi³⁵⁻³³ keu⁵³	拱子溝	
ŋiu⁵⁵ lan⁵⁵ ho⁵⁵	牛欄河	
san⁵³ tun⁵³ nə⁵⁵	三屯仔	
ʃip³² liau⁵⁵	十寮	
nam²¹ fu⁵⁵	湳湖	
fu⁵⁵ tu³⁵	湖肚	
ʃip³² liuk⁵⁻³² tʃoŋ⁵³	十六張	
lo³⁵⁻³³ ʃa⁵³ liau⁵⁵	老社寮	
ʃak³² mun⁵⁵	石門	
sin⁵³ ʃaŋ⁵⁵	新城	
ham⁵⁵ tsʰoi²¹ vuŋ²¹	咸菜甕	
ham⁵⁵ tsʰoi²¹ pʰaŋ⁵⁵ kai⁵³	咸菜棚街	〈「咸菜棚街」は「關西」の旧称。〉
tiam²¹ mə³³ koŋ⁵³	店子岡	
ma⁵³ vu³⁵⁻³³ tuk⁵	馬武督	

(7) 六家荘

liuk⁵⁻³² ka⁵³ tsoŋ⁵³	六家莊	
luk³² tʃʰoŋ⁵⁵	鹿場	
liuk⁵⁻³² tʃoŋ⁵³ lai⁵⁵	六張犁	〈「六家」の旧称。〉

VIII. 社会（社會 Community） 185

maŋ⁵⁵ tʰeu⁵⁵ pu⁵³   芒頭埔
ʃip³² hin⁵³   十興
ai²¹ {kʰeu³⁵ / heu³⁵}   隘口
on⁵³ hai⁵³ liau⁵⁵   安溪寮
lai⁵⁵ tʰeu⁵⁵ san⁵³ ha⁵³   犁頭山下
sam⁵³ kʰam²¹ tiam²¹   三崁店
tuŋ⁵³ hoi³⁵⁻³³ fut⁵   東海窟
ŋi³³ ʃip³² tʃoŋ⁵³ lai⁵⁵   二十張犁
kiu³⁵⁻³³ kap⁵⁻³² pu⁵³   九甲埔
teu³⁵⁻³³ lun³³   斗崙

(8)　香山莊

hioŋ⁵³ san⁵³ tsoŋ⁵³   香山莊
tsʰiaŋ⁵³ tsʰo³⁵⁻³³ fu⁵⁵   青草湖
ŋiu⁵⁵ pu⁵³   牛埔
hioŋ⁵³ san⁵³ haŋ⁵³   香山坑
hioŋ⁵³ san⁵³   香山
ʒam⁵⁵ ʃui³⁵⁻³³ koŋ³⁵   鹽水港
nam⁵⁵ ai²¹   南隘
ʒoŋ⁵⁵ liau⁵⁵   楊寮
fu³⁵⁻³³ {ə³³ / tsɨ³⁵⁻³³} san⁵³   虎子山
tsim²¹ ʃui³⁵   浸水

(9)　竹東

tʃuk⁵⁻³² tuŋ⁵³ kai⁵³   竹東街
ʃoŋ³³ pʰiaŋ⁵⁵   上坪
tsau⁵³ ʃu³³ pʰai⁵⁵   燥樹排
ʒan⁵⁵ tuŋ²¹ ŋə⁵⁵   員崠子
ha⁵³ kuŋ⁵³ kon³⁵   下公館
ʃoŋ³³ kuŋ⁵³ kon³⁵   上公館
kai⁵³ ʒiu⁵⁵ na⁵⁵   雞油林
ʃu³³ ki⁵³ na⁵⁵ (kai⁵³)   樹杞林(街) 〈現在は「竹東」である。〉

tʰeu³³ ə³³ pu⁵³	荳子埔
sam⁵³ tʃʰuŋ⁵⁵ pu⁵³	三重埔
ŋi³³ tʃʰuŋ⁵⁵ pu⁵³	二重埔
ma⁵⁵ ʒan⁵⁵ tu³⁵	麻園肚
tʰeu⁵⁵ tʃʰuŋ⁵⁵ pu⁵³	頭重埔
ha⁵³ ʒan⁵⁵ san⁵³	下員山

(10) 芎林莊

kiuŋ⁵³ lim⁵⁵ tsoŋ⁵³	芎林莊
luk³² liau⁵⁵ haŋ⁵³	鹿寮坑
san⁵³ tʃu⁵³ fu⁵⁵	山豬湖
voŋ⁵⁵ ʒa⁵⁵ haŋ⁵³	王爺坑
to³⁵⁻³³ pʰiet³² ŋiu⁵⁵	倒別牛
ʃak³² piak⁵⁻³² tʰam⁵⁵	石壁潭
kiu³⁵⁻³³ kiuŋ⁵³ na⁵⁵	九芎林
tʃuŋ⁵³ haŋ⁵³	中坑
ʃui³⁵⁻³³ haŋ⁵³	水坑
ʃoŋ³³ san⁵³	上山
kʰam²¹ ha⁵³	崁下
ha⁵³ san⁵³	下山

(11) 橫山莊

vaŋ⁵⁵ san⁵³ tsoŋ⁵³	橫山莊
vaŋ⁵⁵ san⁵³	橫山
tʰeu⁵⁵ fun³³ na⁵⁵	頭份林
tʰien⁵⁵ liau⁵⁵ haŋ⁵³	田寮坑
tʰai³³ san⁵³ poi²¹	大山背
ʒiu⁵⁵ lo⁵⁵	油羅
ʒiu⁵⁵ lo⁵⁵ hai⁵³	油羅溪
tʰai³³ pʰiaŋ⁵⁵ tʰi⁵⁵	大平地
pat⁵⁻³² ʃip³² fun⁵³	八十分
ʃip³² fun³³ liau⁵⁵	十份寮

Ⅷ. 社会（社會 Community） 187

nam⁵⁵ ho⁵⁵ 　　　　　南河
sa⁵³ haŋ⁵³ 　　　　　沙坑
tʰai³³ tu³⁵ 　　　　　大肚
(12)　北埔莊
pet⁵⁻³² pu⁵³ tsoŋ⁵³ 　　北埔莊
pet⁵⁻³² pu⁵³ 　　　　北埔
nam⁵⁵ pu⁵³ 　　　　　南埔
se²¹ fun⁵³ na⁵⁵ 　　　細分林
tʰai³³ fu⁵⁵ 　　　　　大湖
nam⁵⁵ haŋ⁵³ 　　　　南坑
tʰai³³ pʰiaŋ⁵⁵ 　　　大坪
(13)　峨眉莊
ŋo⁵⁵ mi⁵⁵ tsoŋ⁵³ 　　峨眉莊
ŋiet³² mi⁵⁵ 　　　　月眉　　〈「峨眉」の旧称。〉
tʃuŋ⁵³ hin⁵³ 　　　　中興
ʃak³² tsiaŋ³⁵ 　　　　石井
fu²¹ hin⁵³ 　　　　　富興
tʃʰak⁵⁻³² kʰo⁵³ pʰiaŋ⁵⁵ 　赤柯坪
tʰen⁵⁵ pʰiaŋ⁵⁵ 　　　藤坪
ʃip³² ŋi³³ liau⁵⁵ 　　十二寮
(14)　宝山莊
po³⁵⁻³³ san⁵³ tsoŋ⁵³ 　寶山莊
po³⁵⁻³³ san⁵³ 　　　寶山
tsʰo³⁵⁻³³ san⁵³ 　　　草山
soŋ⁵³ hai⁵³ 　　　　雙溪
sin⁵³ ʃaŋ⁵⁵ 　　　　新城
po³⁵⁻³³ teu³⁵⁻³³ ʒin⁵⁵ 　寶斗仁
tʰai³³ lak⁵ 　　　　大壢
(15)　その他
tsiam⁵³ ʃak³² 　　　　尖石

tʃuŋ⁵³ lak⁵	中壢	
p ʰin⁵⁵ tʃin³⁵ tsoŋ⁵³	平鎮莊	
ʒoŋ⁵⁵ moi⁵⁵ tsoŋ⁵³	楊梅莊	
sin⁵³ vuk⁵/⁵⁻³² tsoŋ⁵³	新屋莊	
kon⁵³ ʒim⁵³ tsoŋ⁵³	觀音莊	
vu⁵³ ʃu³³ na⁵⁵	烏樹林	
san⁵³ kia²¹	山崎	〈「新豐」の旧称。〉
pioŋ⁵³ kʰiau⁵⁵	枋橋	〈新北市板橋を指す。〉
ʃu³³ lim⁵⁵	樹林	
lim⁵⁵ kʰeu³⁵	林口	
tʰeu⁵⁵ tsʰien⁵⁵ hai⁵³	頭前溪	
fuŋ³³ san⁵³ hai⁵³	鳳山溪	
vun⁵⁵ ʃui³⁵⁻³³ haŋ⁵³	渾水坑	〈「濁水溪」を指す。〉

IX. 商業・売買 (商業, 買賣 Commerce, Trade)

IX. i. 経営・交易 (經營, 交易 Business, transactions)

mai⁵³ mai³³	買賣	商売（買賣、trade）〔件〕
tso²¹ sen⁵³ li⁵³	做生理	商売をする（做生意, 做買賣、to do business）
mai⁵³	買	買う（買、to buy）
mai³³	賣	売る（賣、to sell）
ho³⁵⁻³³ mai³³	好賣	売れゆきがよい（銷路好的, 賣得好、it sells well）
teu²¹ ku³⁵	鬥股	共同で事業などをおこなう（合伙、to go into partnership）
pun³⁵⁻³³ tsʰien⁵⁵	本錢	元手・資本金（本錢、capital）〔teu⁵³ □〕〔sut⁵ □〕
tsʰon²¹ tsʰien⁵⁵	賺錢	金をもうける（賺錢、to gain / to earn money）
fa⁵³ fuŋ⁵⁵	花紅	配当金・ボーナス（分紅, 配息、dividend,

IX. 商業・売買（商業, 買賣 Commerce, Trade） 189

		bonus）
liau^{33} ts^{h}ien^{55}	□錢	損をする（賠錢、to lose money in business）〈「p^{h}oi^{55} ts^{h}ien^{55} 賠錢」は償還することを指す。〉
van^{55} pun^{35}	還本	元金を返済する（還本、to balance sale with capital）
k^{h}oi^{53} siau^{53}	開銷	出費・費用（開銷、expenses）
tʃoŋ^{21}	賬	帳面・出納帳（賬、accounts）〔本〕
ki^{21} tʃoŋ^{21}	記賬	帳面につける（記賬、to record accounts）
ts^{h}in^{53} tʃoŋ^{21}	清賬	決算する（清賬、to settle an account）
ki^{21} tʃoŋ^{21}	記賬	掛けで売り買いする（賒賬、to put on credit）
tʃ^{h}a^{53} si^{21}	□□	
ʃiu^{53} tʃoŋ^{21}	收賬	集金する・掛けとりする（收賬、to collect debts）
lai^{33} tʃoŋ^{21}	賴賬	借金をふみたおす（賴賬、to refuse to acknowledge an account）
kuŋ^{53} si^{53}	公司	会社（公司、company）〔間〕
bḁ^{33} si^{55} k^{h}ai^{53} ʃa^{21}	□□□□	バス会社（客運公司、passenger transport company）〔間〕〈日本語由来。「k^{h}ai^{53} ʃa^{21} □□」のみではつかわない。〉
pak$^{5\text{-}32}$ fo^{21} kuŋ^{53} si^{53}	百貨公司	デパート・百貨店（百貨公司、department store）〔間〕
ʃoŋ^{53} tiam^{21}	商店	商店（商店、shop）〔間〕
k^{h}oi^{53} tiam^{21}	開店	店をひらく・開店する（開店、to open a shop）
k^{h}oi^{53} tʃoŋ^{53}	開張	店開きする・新規開店する（開張、newly open）
k^{h}oi^{53} ʃi^{33}	開市	（休日があけて）新規開店する（開市, 開始營業、to start business of the day）

fat⁵⁻³² ʃɨ³³	發市	その日最初の取引がある（發市、to have business）
tʰin⁵⁵ ŋiap³²	停業	休業する（停業、to close (business)）
tiam³⁵⁻³³ fo²¹	點貨	棚卸をする（點貨、to check goods）
ʃoŋ⁵³ fo²¹	上貨	あたらしい商品をしいれる（上架、to unload goods）
ha⁵³ fo²¹	下貨	商品を棚からおろす（下架、to load goods）
mun⁵⁵ mien²¹	門面	商店の表（門面, 店門口、shop front）
sɨ³³ ho³³	字號	店名・屋号（字號、store name）
pien³⁵	匾	（商店の）扁額（匾、shop sign）〔副〕
kʰon²¹ pan³⁵	看板	（商店の）看板（廣告看板、symbolic shop sign）〔隻〕
koŋ³⁵⁻³³ ko²¹	廣告	広告；宣伝の張り紙・ポスター（廣告；招貼、advertisement；posters, notices）〔隻〕
kʰam³⁵ paŋ⁵³	□□	広告（廣告、advertisement）〔隻〕〈日本語由来。高年層に使用される。〉
mai³³ koŋ³⁵⁻³³ ko²¹	賣廣告	宣伝をする（賣廣告、to advertise）
tap⁵⁻³² koŋ³⁵⁻³³ ko²¹	貼廣告	広告をはる（貼廣告、to post an advertisement）
kuŋ⁵³ ko²¹	公告	（役所などの）公告（公告、announcement）
fat⁵⁻³² haŋ⁵⁵	發行	卸売りをする（發行、to sell wholesale）
tʰo³⁵⁻³³ ka²¹	討價	値をつける（要價、to make a quotation）
van⁵⁵ ka²¹	還價	値切る（還價、to make an offer）
kʰo⁵⁵	□	値切る（討價還價、to ask for a discount）〈これ以上たかいようなら不要というニュアンスがある。〉

tsʰin³³ lioŋ³³ {kʰo⁵⁵ / kam³⁵⁻³³}ki⁵⁵ e²¹ ka²¹ tsʰien⁵⁵
盡量{□/減}佢□價錢。
できるだけ値切る（盡量減他的定價。）

tʰuŋ⁵⁵ ki⁵⁵ kʰo⁵⁵ ha⁵³ kam³⁵⁻³³ teu⁵³ ə⁵⁵ 同佢□下減□仔。

IX. 商業・売買（商業, 買賣 Commerce, Trade）　191

それをちょっと値切れ（減了一點。）
sam⁵³ kʰo⁵⁵ si²¹ kʰo⁵⁵ pun⁵³ ki⁵⁵ kʰo⁵⁵ tseu³⁵ hi²¹
三□四□分佢□走去。
あれこれ値段交渉して彼に値切りたおされた（討價還價讓他撿到便宜了。）
〈損をしたということ。〉

kit³² to⁵³ tsʰien⁵⁵	幾多錢	いくらか〔値をたずねる〕（多少錢、how much (asking for price)
koŋ³⁵⁻³³ ka²¹	講價	値段を交渉する（講價, 殺價、to haggle over prices)
fat⁵⁻³² pʰiau²¹	發票	領収書・受取書（發票、ticket issued with goods sold)〔張〕
ʃiu⁵³ ki³⁵	收據	レシート・領収書（收據、receiptt)〔張〕
ʃiu⁵³ fo²¹ tan⁵³	收貨單	貨物引渡書（提貨單、buill of laden)〔張〕
hap³² tʰuŋ⁵⁵	合同	契約（合同, 契約、contract)〔張〕〔件〕
tsʰiam⁵³ sɨ³³	簽字	署名する（簽字、to sign)
tsʰat⁵⁻³² ku³⁵	拆股	（組織などを）解散する（散夥、to dissolve partnership)
tsʰat⁵⁻³² fo³⁵	拆夥	
kai³⁵⁻³³ san²¹	解散	
san²¹ fo³⁵	散夥	
ku²¹ hak⁵	顧客	顧客（顧客、customer)
pʰok⁵⁻³² mai³³	拍賣	競売（拍賣、auction)
kuŋ⁵³ tsʰien⁵⁵	工錢	口銭・コミッション（佣金、commission)
sen⁵³ li⁵³ voŋ³³	生理旺	商売が繁盛している（生意旺、prosperous business)
sen⁵³ li⁵³ ho³⁵	生理好	
sen⁵³ li⁵³ laŋ⁵³ tʰam³³	生理冷淡	商売がひまである（生意淡, 沒生意、profitless business)
sen⁵³ li⁵³ mo⁵⁵ ho³⁵	生理無好	
fat⁵⁻³² tsʰoi⁵⁵	發財	金持ちになる（發財、to prosper by becoming wealthy)
vaŋ⁵⁵ tsʰoi⁵⁵	橫財	不正な手段によるもうけ・悪銭（橫財、

fat⁵⁻³² tʰat³²	發達	（事業が）發展する・さかんだ（事業發達、to advance, develop（business, wealth, etc.））
ʃit³² kʰui⁵³	食虧	損をする・ばかをみる（吃虧、to suffer losses）
kʰui⁵³ sun³⁵	虧損	欠損する（虧損、to make a loss）

IX. ii. 市場・商店（市場, 商店 Markets, shops）

ʃi³³ tʃʰoŋ⁵⁵	市場	市場・市；市がひらかれる廣場（集市；傳統市場、ountry market or fair ; market place）〔隻〕
hi²¹ ʃi³³ tʃʰoŋ⁵⁵	去市場	市場にゆく（趕市集、to go to a country market）
ʃui³⁵⁻³³ ko³⁵⁻³³ ʃi³³ tʃʰoŋ⁵⁵	水果市場	くだもの市場（水果欄、fruit market）
ʒa³³ ʃi³³	夜市	ナイトマーケット（夜市、night market）
vu⁵³ ʃi³³	烏市	闇市（黒市、black market）
tʰan⁵³ nə⁵⁵	攤仔	露店・屋台（攤、open stall）〔張〕
ʃui³⁵⁻³³ ko³⁵⁻³³ tʰan⁵³	水果攤	くだものの屋台（水果攤、open fruit stall）
pai⁵⁵ tʰan⁵³ nə⁵⁵	擺攤仔	露店をだす（擺攤、to put out for sale (in an open stall)）
mai⁵³ tsʰoi²¹	買菜	野菜や食料品を買う（買菜、to buy vegetables or groceries）
mi³⁵⁻³³ tiam²¹	米店	米屋・米穀店（米店、shop selling rice）
mai⁵³ mi³⁵	買米	コメを買う（買米, 糴米、to buy rice）
tʰiau²¹ mi³⁵	糶米	コメを売る（賣米, 糶米 to sell rice）
mai³³ mi³⁵	賣米	
ʒiu⁵⁵ foŋ⁵⁵	油房	油屋・食用油をしぼって売る店（油房、shop selling (cooking) oil）〔間〕
mai⁵³ ʒiu⁵⁵	買油	油を買う（買油、to buy (cooking) oil）
tʰeu³³ ʒiu⁵⁵ foŋ⁵⁵	豆油房	醬油屋（醬油坊、shop selling soy sauce）〔間〕

IX. 商業・売買（商業, 買賣 Commerce, Trade）　193

tʰeu³³ ʒiu⁵⁵ tiam²¹	豆油店	
ʒam⁵⁵ tiam²¹	鹽店	塩屋（鹽店、shop selling salt）〔間〕
tʃu⁵³ ŋiuk⁵⁻³² tiam²¹	豬肉店	ブタ肉店（豬肉店、shop selling pork）〔間〕〔攤〕
ap⁵⁻³² ŋiuk⁵⁻³² tiam²¹	鴨肉店	アヒル肉店（鴨肉店、shop selling duck）〔間〕〔攤〕
		〈多種類の肉を売る「肉店」は存在せず、ゆえに総称はない。ŋiuk⁵⁻³² tiam²¹ といった場合、「玉店」（玉類を売る店）と同音になり、誤解される可能性がある。〉
mai⁵³ ŋiuk⁵	買肉	肉を買う（買肉、to buy meat）
		〈使用頻度はきわめてひくい。おおくの場合、以下のように、具体的な肉に言及する。〉
mai⁵³ tʃu⁵³ ŋiuk⁵	買豬肉	ブタ肉を買う（買豬肉、to buy pork）
mai⁵³ ŋiu⁵⁵ ŋiuk⁵	買牛肉	牛肉を買う（買牛肉、to buy beef）
tsʰa⁵⁵ mi³⁵⁻³³ tiam²¹	茶米店	葉茶店（茶庄、tea leaves shop）〔間〕
		〈「tsʰa⁵⁵ mi³⁵ 茶米」は茶葉を指す。また、「tsʰa⁵⁵ tiam²¹ 茶店」というと、風俗店・妓楼を指す。〉
tsiu³⁵⁻³³ tiam²¹	酒店	酒屋（酒坊、wine shop）〔間〕
ʒan⁵³ tsiu³⁵⁻³³ tiam²¹	菸酒店	酒とタバコを売る店（菸酒店、shop selling tobacco and alcoholic drink）〔間〕
		〈台湾では以前、酒とタバコは専売品であったため、公売局管轄の「菸酒店」でいっしょに売られていた。〉
mai⁵³ tsiu³⁵	買酒	酒を買う（買酒、to buy liquor）
tsʰap³² fo²¹ tiam²¹	雜貨店	雜貨店（雜貨店、miscellaneous store）〔間〕
ʒok³² tiam²¹	藥店	（伝統的な）薬屋・薬局（藥鋪、Chinese style druggist's shop）〔間〕

tʃuŋ⁵³ ʒok³² tiam²¹	中藥店	漢方薬店（中藥店、Chinese herbal medicine pharmacy）	
si⁵³ ʒok³² tiam²¹	西藥店	西洋薬店（西藥店、western-style medicine pharmacy）	
mai⁵³ tʃuŋ⁵³ ʒok³²	買中藥	漢方薬を買う（買中藥、to buy Chinese drug）	
pu²¹ tiam²¹	布店	綿布商店（布庄、piece goods store）〔間〕	
mai⁵³ pu²¹	買布	布を買う（買布、to buy cloth）	
ʃu⁵³ tiam²¹	書店	書店・本屋（書店、bookshop）〔間〕	
mai³³ ʃu⁵³ tʰan⁵³	賣書攤	露店の本屋（書攤、bookstall）〔攤〕	
kim⁵³ tiam²¹	金店	貴金属店（金店、gold shop）〔間〕	
pʰon³³ tiam²¹	飯店	料理屋・食堂・飲食店（飯館、eating house, restaurant）〔間〕 〈一般的な飲食店で、宿泊施設ではない。〉	
tsʰon⁵³ tʰaŋ⁵³	餐廳	レストラン（餐廳、retaurant）〔間〕	
ʃit³² tʰoŋ⁵⁵	食堂	食堂（餐廳、retaurant）〔間〕 〈一般的な飲食店を指す。〉	
mai³³ tsʰa⁵⁵ tiam²¹	賣茶店	（伝統的な）喫茶店（茶館、teahouse）	
tsiu³⁵⁻³³ leu⁵⁵	酒樓	居酒屋（酒館、wine shop, a restaurant）〔間〕〔棟〕 〈もっぱら酒をのむための店は、かつてはなかった。〉	
{ham²¹ / hem⁵³} tsʰoi²¹	喊菜	料理を注文する（叫菜、to order food in a restaurant）	
son²¹ tʃoŋ²¹	算帳	会計をする・決算する（算帳、to settle a restaurant bill）	
ket⁵⁻³² tʃoŋ²¹	結帳		
li⁵³ kon³⁵	旅館	旅館・宿屋（客棧, 旅館、an inn）〔間〕	
li⁵³ ʃa³³	旅社	〈「li⁵³ ʃa³³ 旅社」は旧語。〉	
tʰai³³ {fan³³ / pʰon³³} tiam²¹	大飯店	（大型の）ホテル（大飯店、big hotel）〔間〕	
tai²¹ li⁵³ kon³⁵	□旅館	旅館にとまる・宿泊する（下榻、to stay at an inn）	
tai²¹ li⁵³ ʃa³³	□旅社		

IX. 商業・売買（商業，買賣 Commerce, Trade）　195

tai²¹ tʰai³³ fan³³ tiam²¹	□大飯店		
tsʰim⁵⁵ vuk⁵	尋屋	家をさがす（找房子、to go house hunting）	
tsu⁵³ vuk⁵	租屋	家をかりる（租房子、to rent a house）	
pʰiok³²	□	賃がしする・賃がりする（租、to rent）	
		pʰiok³² vuk⁵ □屋。	
		家をかす（租房子。）	
		ŋai⁵⁵ kai²¹ vuk⁵ pʰiok³² ŋin⁵⁵ tai²¹ 我個屋□人□。	
		わたしの家は人にかしている（我的房子租給人家住。）	
toŋ²¹ tiam²¹	當店	質屋（當舖、pawnshop）〔間〕	
toŋ²¹	當	質にいれる（當、to pawn）	
toŋ²¹ tʰeu⁵⁵	當頭	質草（當頭、pledge）	
toŋ²¹ pʰiau²¹	當票	質札（當票、pawn ticket）〔張〕	
ti³³ ap⁵	抵押	抵当にする（抵押、to mortgage）	
ap⁵⁻³² kim⁵³	押金	保証金（押金、deposit）	
ʃuk³² toŋ²¹	贖當	質草をうけだす（贖當、to redeem a pledge）	
pʰien³³ li³³ tiam²¹	便利店	コンビニエンスストア（便利店、convenience store）〔間〕	
tʰai³³ mai³³ tiam²¹	大賣店	量販店（量販店、mass retailer）〔間〕	
meu³³ ʒit⁵	貿易	貿易（貿易、trade）	
tʰui²¹ fo²¹	退貨	返品する（退貨、to return goods）	
tsʰai³⁵⁻³³ keu⁵³	採購	購入する・買いつける（採購、to purchase (for an organization)）	
tʰin³³ fo²¹	訂貨	発注する（訂購、to order）	
ʒiu⁵⁵ keu²¹	郵購	通信販売で購入する（郵購、to order by mail）	
ʃiu⁵³ ŋiun⁵⁵ tʰoi⁵⁵	收銀台	レジカウンター（收銀台、cash desk）〔台〕	
ʃiu⁵³ ŋiun⁵⁵ ki⁵³	收銀機	レジスター（收銀機、cash register）〔台〕	
foŋ⁵⁵ tʰi³³ san³⁵	房地產	不動産（房地產、real property）	
se³⁵⁻³³ ʃin⁵³ tʰoŋ⁵⁵	洗身堂	銭湯・公衆浴場（澡堂、public bathhouse）〔間〕	

IX. iii. 貨幣 (貨幣 Money)

tsʰien⁵⁵	錢	かね・貨幣（錢、money）〔包〕
sien³⁵	□	〈お金を勘定する際には、「ʒit⁵⁻³² sien³⁵、lioŋ³⁵⁻³³ sien³⁵…一□、兩□…」という。〉
	mo⁵⁵ pan²¹ sien³⁵ 無半□。	
	一文なしだ（身無分文。）	
tɕi³⁵⁻³³ pʰiau²¹	紙票	紙幣（鈔票、paper money）〔張〕
ŋiun⁵⁵ pi²¹	銀幣	硬貨（硬幣、coins）
tʰuŋ⁵⁵ pi²¹	銅幣	〈いずれも硬貨の総称である。〉
tʃu²¹ tsʰien⁵⁵	鑄錢	貨幣を鑄造する（鑄錢、to mint）
liuŋ⁵⁵ ŋiun⁵⁵	龍銀	銀貨（銀元, 大洋、silver dollars）〔把〕〔包〕/〔隻〕
		〈竜の文様がほどこされていたので、このようによぶ。一般的に日本統治時代の銀貨を指す。〉
ʒit⁵⁻³² kai²¹ ŋiun⁵⁵	一個銀	1元・1円（一塊錢、a dollar）
		〈2元は「lioŋ³⁵ kai²¹ ŋiun⁵⁵ 兩個銀」、100元は「ʒit⁵⁻³² pak⁵ kai²¹ ŋiun⁵⁵ 一百個銀」である。「銀」は省略しない。〉
ʒit⁵⁻³² kok⁵ (ŋiun⁵⁵)	一角(銀)	0.1元・10錢（一毛錢、a dime）
ʒit⁵⁻³² fun⁵³ tsʰien⁵⁵	一分錢	0.01元・1錢（一分錢、a cent）
laŋ⁵⁵ tsʰien⁵⁵	零錢	小錢（零錢、small money）
laŋ⁵⁵ ʒuŋ³³ tsʰien⁵⁵	零用錢	〈「こづかい錢」の意味ももつ。〉
laŋ⁵⁵ san⁵³ tsʰien⁵⁵	零生錢	こづかい錢（零用錢、pocket money）
laŋ⁵⁵ san⁵³ tsʰien⁵⁵	零□錢	
fa⁵³ tsʰien⁵⁵	花錢	金をつかう（花錢、to spend money）
ʒuŋ³³ tsʰien⁵⁵	用錢	
kiau³⁵⁻³³ tsʰien⁵⁵	繳錢	金をはらう（付錢、to pay money）
fu²¹ tsʰien⁵⁵	付錢	〈「tsʰien⁵⁵ 錢」は「kʰuan³⁵ 款」でも可。〉
		ŋai⁵⁵ oi²¹ hi²¹ nuŋ⁵⁵ fui³³ kiau³⁵⁻³³ tsʰien⁵⁵ 我愛去農會繳錢。

IX. 商業・売買（商業, 買賣 Commerce, Trade）　197

わたしは農協にお金をはらいにゆかねばならない
(我要去農會付錢。)

tsau$^{35-33}$ ts^{h}ien^{55}	找錢	おつりをだす（找錢、to give change）	

tsau$^{35-33}$ ŋi^{55} ʒit$^{5-32}$ pak$^{5-32}$ {ke^{55} / kai^{21} ŋiun^{55}}
找你一百{□/個銀}。
あなたに 100 元のおつりをわたす（找你一百塊。)

m̩^{55} sɨ$^{35-33}$ tsau^{35} 唔使找。
おつりはけっこうです（不用找。)

loŋ^{33} fui^{21} ts^{h}ien^{55}	浪費錢	金を浪費する（浪費錢、to waste money）
tsia^{21} ts^{h}ien^{55}	借錢	金をかりる・金をかす（借(錢)、to lend, to borrow (money)）
k^{h}iam^{21} ts^{h}ien^{55}	欠錢	借金する（欠(錢)、to owe (money)）
pat^{32}	□	かす（借、to lend）

ts^{h}ien^{55} pat^{32} teu^{53} pun^{53} ŋai^{55} 錢□□分我。
お金をわたしにかしてくれ（錢借點給我。)

ts^{h}ien^{55} m̩^{55} ho$^{35-33}$ pat^{32} ki^{55}, ʒiu^{53} hi^{21} mo^{55} fui^{55}
錢唔好□佢，有去無回。
お金は彼にかしてはいけない。かえってこないから
(錢不要借給他，有去無回。)

t^{h}o$^{35-33}$ ts^{h}ien^{55}	討錢	借金をとりたてる（討(錢, 債)、to dun for (money, debt)）
t^{h}o$^{35-33}$ tsai^{21}	討債	
van^{55} ts^{h}ien^{55}	還錢	金をかえす（還(錢)、to return (money)）
tsai^{21}	債	借金（債、debt）
ts^{h}ien^{55} tsia^{21} ŋin^{55}	錢借人	金を人にかす（把錢借給人家、to lend money on usury）
li^{33} sit^5	利息	利息（利息、interest）
ts^{h}ien^{55} tsoŋ^{53}	錢莊	両替商・錢荘・私営の金融機関（錢庄、money changer）〔間〕
ŋiun^{55} hoŋ^{55}	銀行	銀行（銀行、bunk）〔間〕
von^{33} laŋ^{55} ts^{h}ien^{55}	換零錢	両替する（換零錢、to break money）

fui²¹ tsʰien⁵⁵	匯錢	送金する（匯錢、to send money）
ki²¹ tsʰien⁵⁵	寄錢	
son²¹ pʰan⁵⁵	算盤	算盤（算盤、abacus）〔隻〕
son²¹ pʰan⁵⁵ tsɨ³⁵	算盤子	算盤の珠（算盤珠、balls of an abacus）〔隻〕
son²¹ pʰan⁵⁵ tʃu⁵³	算盤珠	
ta³⁵⁻³³ son²¹ pʰan⁵⁵	打算盤	算盤をはじく（打算盤、to calculate on the abacus）
tsʰien⁵⁵ tsʰun⁵⁵ hi³⁵ loi³⁵	錢存起來	お金をためる・貯蓄する（儲蓄、to save money）
tʃit³²	值	值する（值、to be worth）
	tʃit³² tsʰien⁵⁵ 值錢。	
	值打ちがある（值錢。）	

IX. iv. 度量衡（度量衡 Measure）

tʃʰin²¹ nə⁵⁵	秤仔	竿ばかり（秤、steelyard）
		〈量詞は、竿ばかりには〔副〕を、台ばかりには〔台〕をもちいる。〉
tʃʰin²¹ kuaŋ³⁵	秤梗	竿ばかりの竿（秤杆、beam of a steelyard）
tʃʰin²¹ siaŋ⁵³	秤星	竿ばかりの目盛（秤星、brassmarks on a steelyard）
tʃʰin²¹ tʰo⁵⁵	秤鉈	竿ばかりの分銅（秤錘、weight of steelyard）〔隻〕
tʃʰin²¹ keu⁵³/⁵⁵	秤鉤	竿ばかりの先のかぎ（秤鉤子、hook at the end of a steelyard）〔枝〕
tʰai³³ tʃʰin²¹ nə⁵⁵	大秤仔	おおきな竿ばかり（大秤、large steelyard）
tʰien⁵³ pʰin⁵⁵ (tʃʰin²¹)	天平(秤)	天秤（戥子、small steelyard）
pʰoŋ³³ ŋə⁵⁵	磅仔	台ばかり（磅秤、platform scale）
	pʰoŋ³³ ŋə⁵⁵ pʰoŋ³³ 磅仔磅。	
	台ばかりではかる（用磅秤秤。）	
tʃʰin²¹	秤	はかる（秤、to weigh）

IX. 商業・売買（商業，買賣 Commerce, Trade） 199

| p^{h}oŋ^{33} | 磅 | はかり；はかる（秤、platform scale ; to weigh） |

ko^{21} p^{h}oŋ^{33} 過磅。
台ばかりにかける（過磅。）
p^{h}oŋ^{33} ho^{35} maŋ^{55} 磅好旨？
ちゃんとはかったか（秤好了嗎？）

| lioŋ^{55} mi^{35} | 量米 | コメをはかる（量(米)、to measure (rice)） |
| tʃ^{h}in^{21} mi^{35} | 秤米 | 〈「lioŋ^{55} mi^{35} 量米」は枡ではかること。かつてコメは枡ではかっていた。「tʃ^{h}in^{21} mi^{35} 秤米」ははかりではかること。現在はこちらをもちいる。〉 |

| lioŋ^{55} pu^{21} | 量布 | 布をはかる（量(布)、to measure (cloth)） |
| tam^{21} | 擔 | 担（擔、100 catties） |

〈1 担 = 100 台斤 = 60kg〉
ʒit$^{5\text{-}32}$ tam^{21} 一擔。
1 担（一擔。）

| kin^{53} | 斤 | 斤（斤、catty） |

〈1 台斤 = 0.6kg〉
ʒit$^{5\text{-}32}$ kin^{53} 一斤。
1 斤（一斤。）

| lioŋ^{53} | 兩 | 両（兩、tael） |

〈1 台両 =1/16 台斤 = 0.0375kg〉
lioŋ^{35} lioŋ^{53} 兩兩。
2 両（二兩。）

| ts^{h}ien^{55} | 錢 | 錢（錢、mace, 1/10 tael） |

〈1 錢 = 1/160 台斤〉

| teu^{35} | 斗 | 斗（斗、peck, a dry measure (316c. in.)） |

〈1 斗 = 10 升〉
ʒit$^{5\text{-}32}$ teu^{35} 一斗。
1 斗（一斗。）

ʃin⁵³	升	升（升、pint, 1/10 peck）
		lioŋ³⁵ ʃin⁵³ 兩升。
		2升（兩升。）
tʃʰoŋ³³	丈	丈（丈、measure of 10 feet）
		〈1丈 = 10尺〉
		ʒit⁵⁻³² tʃʰoŋ³³ 一丈。
		1丈（一丈。）
ma⁵³	碼	ヤード（碼、yard）
		ʒit⁵⁻³² ma⁵³ 一碼。
		1ヤード（一碼。）
tʃʰak⁵	尺	尺・フィート（尺、foot）
		ʒit⁵⁻³² tʃʰak⁵ 一尺。
		1尺（一尺。）
tsʰun²¹	寸	寸・インチ（寸、inch）
		〈1寸 = 1/10尺〉
		ʒit⁵⁻³² tsʰun²¹ 一寸。
		1寸（一寸。）
li⁵³	里	里（里、measure of length reckoned at 360 paces, one li）
		〈1里 = 500m〉
mu⁵⁵	畝	畝（畝、Chinese land measure of area (240 square paces)）
		〈1畝 = 6000平方尺〉
tʃʰak⁵⁻³² tsʰun²¹	尺寸	サイズ・寸法（尺寸、measurement）
kap⁵	甲	甲（甲、morgen）
		〈1甲 = 2934坪 = 9699平米 = 10分〉
		ʒit⁵⁻³² kap⁵ tʰien⁵⁵ 一甲田。
		1甲の農地（一甲田。）
fun⁵³	分	分（分、a unit of area measurement equal to one-third square meters）

〈1分 = 1/10甲 = 293.4坪。「kap⁵甲」と「fun⁵³分」は田地の面積の単位。〉

ʒit⁵⁻³² fun⁵³ tʰien⁵⁵　一分田。

1分の農地（一分田）。

pʰiaŋ⁵⁵　　　　　　　坪　　　　　坪（坪、tsubo）

〈日本語由来。建物の面積の単位。〉

X. コミュニケーション・交通（通訊, 交通 Communication, Transportation）

X. i. 言語・コミュニケーション（語言, 通訊 Languages, Communication）

{fa²¹ / voi⁵³}　　　　話　　　　　ことば（話、language）〔句〕

ŋi⁵³ ŋien⁵⁵　　　　　語言　　　　言語（語言、language）

hak⁵ᐟ⁵⁻³² ka⁵³ {fa²¹ / voi⁵³}　客家話　　客家語（客家話、Hakka languages）

hoi³⁵⁻³³ liuk³² kʰioŋ⁵³　海陸腔　　海陸客家語（海陸腔、Hoiliuk Hakka）

si²¹ ʒan²¹ kʰioŋ⁵³　　四縣腔　　四県客家語（四縣腔、Siyen Hakka）

hok³² lo³³ {voi⁵³ / fa²¹}　福佬話　　ホーロー語・台湾閩南語（福佬話, 臺灣閩南語、Taiwanese Southern Min）

〈「話」の字音は voi⁵³ が一般的。〉

pet⁵⁻³² kin⁵³ {fa²¹ / voi⁵³}　北京話　　北京語（北京話、Pekinese）

ŋit⁵⁻³² pun³⁵⁻³³ voi⁵³　日本話　　日本語（日語、Japanese）

ŋit⁵⁻³² pun³⁵⁻³³ ŋi⁵³　　日本語

kuet⁵⁻³² ŋi⁵³　　　　國語　　　　標準中国語（國語, 普通話、the common
tʃuŋ⁵³ kuet⁵⁻³² {fa²¹ / voi⁵³}　　　　　language, the standard Mandarin Chinese）
　　　　　　　　　　中國話

tʰaŋ²¹ tet⁵⁻³² ʃit⁵　　聽得識　　ききとることができる（聽得懂、can understand (a language)）

tʰaŋ²¹ m̩⁵⁵ ʃit⁵　　　聽唔識　　ききとることができない（聽不懂、cannot understand (a language)）

tʃʰon⁵⁵ voi⁵³ ə⁵⁵　　傳話仔　　伝言する（傳話、to interpret）

koŋ$^{35\text{-}33}$ {fa^{21} / voi^{53}}	講話	話をする（講話、to speak）
t^{h}am^{55} fa^{21}	談話	話をする（談話、to talk）
ham^{55} t^{h}am^{55}	閒談	おしゃべりをする・閑談する（閒談、to chat）
t^{h}am^{55} si^{21}	談敘	
ta$^{35\text{-}33}$ tʃoi^{21} ku^{35}	打嘴鼓	
t^{h}am^{55} t^{h}ien^{53} ʃot$^{5\text{-}32}$ t^{h}i^{33}	談天說地	
mun^{21}	問	たずねる・とう（問、to ask）
fui^{55} tap^5	回答	こたえる・回答する（答、to answer）
en^{21}	應	こたえる・回答する；口ごたえをする（回答；頂嘴、to answer ; to talk back in defiance）
		ŋi^{55} ʒiu^{53} en^{21} ŋai^{55} mo^{55} 你有□我無？
		あなたはわたしに回答したか（你回答我了嗎？）
		ʒa^{55} oi^{53} ma^{21} ŋi^{55}, ŋi^{55} m̩^{55} ho$^{35\text{-}33}$ en^{21} ʒa^{55} oi^{53} 爺□罵你，你唔好應爺□。
		両親があなたをしかっても、口ごたえをしてはいけない（爹媽罵你，你不要頂嘴）。
ʒin$^{21/33}$	應	こたえる・ひきうける・承諾する（答應、to promise）
		ŋai^{55} ʒin^{21} ŋi^{55}, si^{33} voi^{33} tso^{21} to^{21} 我應你，就會做到。
		ひきうけたからには、やりとげる（我答應你，就會做到）。
fui^{55} ʒin^{21}	回應	こたえる・応じる（回應、to respond verbally）
ta$^{35\text{-}33}$ tsh^{h}a^{53}	打岔	話の腰をおる・口をはさむ（打岔、to interrupt）
sy^{55}	噓	し！（噓、to hush）
koŋ$^{35\text{-}33}$ se^{21} voi^{53}	講細話	耳打ちする（耳語、to whisper）
m̩^{55} ʃaŋ^{55} m̩^{55} si^{21}	唔聲唔敘	声をたてない・しずかにする（不做聲、to be silent）
m̩^{55} tʃ^{h}ut$^{5\text{-}32}$ ʃaŋ^{53}	唔出聲	
{hem^{53} / ham^{21}}	喊	よぶ；さけぶ（叫；喊、to call ; to shout）
		{hem^{53} / ham^{21}} ŋi^{55} 喊你。

X. コミュニケーション・交通（通訊, 交通 Communication, Transportation）　203

		あなたをよぶ（叫你。）
		tʰai³³ ʃaŋ⁵³ {hem⁵³ / ham²¹} 大聲喊。
		大声でさけぶ（大聲喊）。
se⁵³	□	大声でさけぶ（大聲叫、to shout loudly）
		se⁵³ mak³² kai²¹ □□個。
		なにをさけんでいるのだ（喊甚麼？）
se⁵³ koi⁵³ naŋ²¹ miaŋ²¹	□□□□	大声でさけぶ（大聲喊、to shout loudly）
leu²¹	□	（声やもので動物やこどもを）よびよせる
		（發出聲音（或拿出食物）叫動物或小孩子
		接近、to call dogs or a children using sound
		or things.）
		leu²¹ keu³⁵ □狗。
		イヌをよびよせる（叫狗。）
		leu²¹ kai⁵³ ə⁵⁵ □雞仔。
		ニワトリをよびよせる（把雞叫過來。）
		leu²¹ se²¹ ŋin⁵⁵ nə⁵⁵ □細人仔。
		こどもをよびよせる（叫小孩子。）
ni²¹ ni²¹ ne²¹ ne²¹	膩膩膩膩	ことばがなめらかでない様子（講話不順、
		denote that speaking is not smoothly）
ven³⁵	□	おしえる・通知する（通知、to notice）
		ven³⁵⁻³³ ki⁵⁵ loi⁵⁵ □佢來。
		彼にくるように通知する（通知他來。）
		〈形式的によぶだけであり，本当はきてほしくない
		というニュアンスがある。〉
tsʰap³²	□	かまう・相手にする（理睬、to take note of；
		to pay attention to）
		tsʰap³² ŋi⁵⁵ □你。
		あなたをかまう（理你。）
ʒiu⁵⁵ kʰiuk³²	郵局	郵便局（郵局、post office）〔間〕
ʒiu⁵⁵ pʰiau²¹	郵票	切手（郵票、stamp）〔張〕

sin^{21} nə^{55}		信仔	手紙（信、letter）〔封〕
sia$^{35-33}$ sin^{21} nə^{55}		寫信仔	手紙をかく（寫信、to write a letter）
sin^{21} tʃi^{35}		信紙	便箋（信紙、stationery）〔張〕
sin^{21} fuŋ^{53}		信封	封筒（信封、envelopes）〔隻〕
tap$^{5-32}$ sin^{21} fuŋ^{53}		貼信封	封筒に封をする（封信封、to seal an envelope）
tap$^{5-32}$ ʒiu^{55} pʰiau^{21}		貼郵票	切手をはる（貼郵票、to paste on a stamp）
ki^{21} sin^{21} nə^{55}		寄信仔	手紙をだす（寄信、to mail a letter）
kua^{21} ho^{33} sin^{21}		掛號信	書留郵便（掛號信、registered mail）
han^{33} ʃi^{55} tʃon^{53} suŋ^{21}		限時專送	速達（限時專送，快信、special delivery）
min^{55} sin^{21} pʰien^{35}		明信片	はがき（明信片、post card）〔張〕
pʰin^{55} sin^{21}		平信	普通郵便（平信、ordinary mail）〔封〕
pʰu^{53} tʰuŋ^{53} sin^{21}		普通信	
kʰuai^{21} sin^{21}		快信	速達郵便（快信、express letter）〔封〕
han^{33} ʃi^{55} sin^{21}		限時信	
tʰien^{33} fa^{21}		電話	電話（電話、telephone）〔副〕〔台〕
ta$^{35-33}$ tʰien^{33} fa^{21}		打電話	電話をかける（打電話、to telephone）
tsiap$^{5-32}$ tʰien^{33} fa^{21}		接電話	電話をうける（接電話、to receive a telephone call）
tʰaŋ^{21} tʰien^{33} fa^{21}		聽電話	電話にでる（聽電話、to answer a telephone call）
po^{21} tʃi^{35}		報紙	新聞（報紙、newspaper）〔份〕
kʰon^{21} po^{21} tʃi^{35}		看報紙	新聞をよむ（看報紙、to read newspaper）
tʰien^{33} po^{21}		電報	電報（電報、telegraph）〔通〕
ta$^{35-33}$ tʰien^{33} po^{21}		打電報	電報をうつ（打電報、to telegraph）
ʃiu$^{35-33}$ ki^{53}		手機	携帯電話（手機、cell-phone）〔隻〕

X. ii. 旅行（旅行 Travelling）

li^{53} haŋ^{55}		旅行	旅行（旅行、travelling）
tʃʰut$^{5-32}$ mun^{55}		出門	旅にでる；出発する（出門，旅行；動身，to travel；to start on a journey）

X. コミュニケーション・交通（通訊，交通 Communication, Transportation）

tɕʰut⁵⁻³² fat⁵	出發	出発する（動身，出發、to start on a journey）
pau⁵³ fuk³²	包袱	荷物；ふろしき包み（行李；包袱、luggage；bundle wrapped in cloth）〔隻〕
ta³⁵⁻³³ pau⁵³ fuk³²	打包袱	荷物をつくる（打包行李、to pack (luggage)）
ta³⁵⁻³³ kʰoi⁵³ pau⁵³ fuk³²	打開包袱	荷物をとく（打開行李、to unpack (luggage)）
lu³³ fui²¹	路費	旅費（過路費、travelling expenses）
kon³⁵⁻³³ lu³³	趕路	道をいそぐ（趕路、to hasten on）
lu³³ ko²¹	路過	通過する（路過、to pass by a place）
tʰo³³ ʒiu⁵⁵	道遊	ガイド（嚮導，導遊、guide）
liuk³² tʰi³³	陸地	陸路（陸路、by land）
ʃui³⁵⁻³³ lu³³	水路	水路（水路、by water；waterway）
	haŋ⁵⁵ ʃui³⁵⁻³³ lu³³ 行水路。	
	船にのる（坐船。）	
	〈船にのる場合は「tsʰo⁵³ ʃon⁵⁵ hi²¹ 坐船去」とも。〉	
to²¹ le⁵³	到了	ついた・到着した（到達、to reach destination）
tɕon³⁵⁻³³ vuk⁵⁻³² ha⁵³	轉屋下	家にかえる（回家、to go home）
	〈「tɕon³⁵ 轉」はもどるという意味。〉	
ko²¹ lu³³ ŋin⁵⁵	過路人	旅行者（旅行者、traveller）
lau⁵³	□	見物する（遊覽、to go sightseeing）

X. iii. 交通・運輸（交通，運輸 Transportation）

kʰiau³³	轎	籠・輿（轎、sedan chair）〔副〕
sin⁵³ ŋioŋ⁵⁵ kʰiau³³	新娘轎	花嫁ののる輿（新娘轎、bridal sedan chair）
tsʰo⁵³ kʰiau³³	坐轎	輿にのる（坐轎、to ride in a sedan chair）
koŋ⁵³ kʰiau³³	扛轎	輿をかつぐ（抬轎、to carry a sedan chair）
	〈普通4人でかつぐ。〉	
ŋin⁵⁵ lit³² tɕʰa⁵³	人力車	人力車（人力車、rickshaw）〔台〕〔輛〕
lo⁵³ ŋin⁵⁵ lit³² tɕʰa⁵³	拉人力車	人力車をひく（拉人力車、to pull a rickshaw）
kiok⁵⁻³² tʰap³² tɕʰa⁵³	腳踏車	自転車（腳踏車、bicycle）〔台〕〔輛〕
tsʰi³³ haŋ⁵⁵ tɕʰa⁵³	自行車	

kʰi⁵⁵ kiok⁵⁻³² tʰap³² tʃʰa⁵³	騎腳踏車	自転車にのる（騎腳踏車、to bicycle）
kʰi⁵⁵ tsʰi³³ haŋ⁵⁵ tʃʰa⁵³	騎自行車	
sam⁵³ lin²¹ tʃʰa⁵³	三輪車	三輪車（三輪車、tricycle）〔台〕〔輛〕
		〈1970年代まではタクシーとしてつかっていた。〉
tʃʰa⁵³ tʰeu⁵⁵	車頭	駅・バス停（車站、streetcar stop）〔隻〕
tʃʰa⁵³ tʃam²¹	車站	
		(1) tʃʰa⁵³ tʰeu⁵⁵ to²¹ lai³³ vui³³ 車頭到□位？
		(2) tʃʰa⁵³ tʰeu⁵⁵ lai³³ vui³³ nen⁵³ 車頭□位□？
		駅はどこですか（車站在哪裡？）
fo³⁵⁻³³ tʃʰa⁵³ tʰeu⁵⁵	火車頭	駅（火車站、railway station）〔隻〕
fo³⁵⁻³³ tʃʰa⁵³ tʃam²¹	火車站	
hak⁵⁻³² ʒun³³ tʃʰa⁵³ tʰeu⁵⁵	客運車頭	高速バスのターミナル・バス停（客運站、
hak⁵⁻³² ʒun³³ tʃʰa⁵³ tʃam²¹	客運車站	bus terminal）〔隻〕
kuŋ⁵³ tʃʰa⁵³ pʰai⁵⁵	公車牌	バス停（公車牌、bus stop）〔枝〕
tʃʰa⁵³ ə⁵⁵	車仔	車（車子、car）〔台〕〔輛〕
		tʃʰa⁵³ ə⁵⁵ fai³³ tʰet⁵ 車仔壞掉。
		車がこわれた（車子出故障。）
tʃʰa⁵³ lin²¹ nə⁵⁵	車輪仔	車輪（車輪、wheel）〔隻〕
{ham²¹ / hem⁵³} tʃʰa⁵³	喊車	車をよぶ（叫車、to call for a car）
tsʰo⁵³ tʃʰa⁵³	坐車	車にのる（坐車、to ride in a car）
ʃoŋ⁵³ tʃʰa⁵³	上車	乗車する（上車、to get onto a cart）
ha⁵³ tʃʰa⁵³	下車	下車する（下車、to dismount from a cart）
kʰoi⁵³ tʃʰa⁵³	開車	車を運転する（開車、to drive a car）
fo³⁵⁻³³ tʃʰa⁵³	火車	汽車（火車、train）〔輛〕
fo³⁵⁻³³ tʃʰa⁵³ tʰeu⁵⁵	火車頭	機関車（火車頭、locomotive）
		〈駅のことでもある。〉
tʰiet⁵⁻³² tʰo³³	鐵道	鉄道（鐵道、railway）
hi²¹ tʃʰa⁵³	汽車	自動車（汽車、automobile）〔台〕〔輛〕
pi⁵⁵ pi⁵⁵	□□	ブーブー・自動車（汽車(兒語)、automobile）

X. コミュニケーション・交通（通訊，交通 Communication, Transportation）　207

〈幼児語〉

tʰa³³ kʰu⁵⁵ si²¹	□□□	乗用車（轎車、sedan）〔台〕〔輛〕
hai⁵³ ia²¹	□□	〈「tʰa³³ kʰu⁵⁵ si²¹ □□□」・「hai⁵³ ia²¹ □□」
kiau⁵³ tʃʰa⁵³	轎車	は日本語由来。タクシーやハイヤーそのも
se²¹ pau⁵³ tʃʰa⁵³	細包車	のは指さない。高年層に使用される。また、
		「tʰa³³ kʰu⁵⁵ si²¹ □□□」は中年層にも使用
		される。一方、「kiau⁵³ tʃʰa⁵³ 轎車」は中青
		年層に使用される。〉
tʰo³³ lak⁵ kʰu²¹	□□□	トラック（卡車、turck）〔台〕〔輛〕
tʰai³³ fo²¹ tʃʰa⁵³	大貨車	〈「tʰo³³ lak⁵ kʰu²¹ □□□」は日本語由来。
		高年層に使用される。「tʰai³³ fo²¹ tʃʰa⁵³ 大貨
		車」は中青年層に使用される。〉
ma⁵³ tʰeu⁵⁵	碼頭	埠頭（碼頭、pier）
ʃon⁵⁵ nə⁵⁵	船仔	船（船、ship, boat）〔條〕
		tsʰo⁵³ ʃon⁵⁵ nə⁵⁵ ko²¹ hi²¹ 坐船仔過去。
		船にのってわたる（坐船過去。）
ʃon⁵⁵ tʰeu⁵⁵	船頭	へさき・船首（船頭、bow）
ʃon⁵⁵ mui⁵³	船尾	とも・船尾（船尾、stern）
ʃon⁵⁵ ʃin⁵³	船身	船体（船身、body of a boat）
se²¹ ʃon⁵⁵ nə⁵⁵	細船仔	小舟（小船、small boat）
tʰai³³ ʃon⁵⁵ nə⁵⁵	大船仔	大型船（大船、vessel）
tsʰaŋ²¹ ʃon⁵⁵ nə⁵⁵	撐船仔	船をこぐ；竿をつっぱって船をすすめる
		（划船；撐船、to row a boat；to pole a boat,
		to punt）
tsʰaŋ²¹	撐	つっぱる・（船を）つっぱってすすめる
		（撐、to propel with a pole）
		tsʰaŋ²¹ ʃon⁵⁵ 撐船。
		竿をつっぱって船をすすめる（撐船。）
		tsʰaŋ²¹ hi³⁵ loi⁵⁵ 撐起來。
		つっぱってたてる（豎起來。）

ʃon⁵⁵ pʰuŋ⁵⁵	船篷	船のとま（船篷、mat-covering of small boats）
ko⁵³	篙	（船の）竿（篙、pole for punting a boat）〔枝〕
pʰuŋ⁵⁵ ʃon⁵⁵	篷船	帆かけ舟・帆船（帆船、sailboat）〔條〕
kiuŋ⁵³ pu²¹ pʰuŋ⁵⁵	弓布篷	帆をはる（張帆、to hoistsail）
pu²¹ pʰuŋ⁵⁵	布篷	帆布（帆布、sail cloth）
lun⁵⁵ ʃon⁵⁵	輪船	汽船（輪船、steamer）〔條〕
hi²¹ ʃon⁵⁵	汽船	汽船・蒸気船（汽船、steamships）〔條〕
ʃon⁵⁵ tu³⁵	船肚	船室・船倉（船艙、hold, cabin）
tsʰo⁵³ ʃon⁵⁵ nə⁵⁵	坐船仔	船にのる（坐船、to go by boat）
ʃoŋ⁵³ ʃon⁵⁵	上船	船にのりこむ・乗船する（上船、to go on board）
ha⁵³ ʃon⁵⁵	下船	下船する；船にのりこむ（下船、to go on shore；to go on a junk）
tʰiau²¹ pan³⁵	跳板	渡り板（跳板、gangplank）
ʃoŋ⁵³ hi²¹ kʰam²¹ taŋ³⁵	上去崁頂	上陸する（上岸、to land）
{ki²¹/ke²¹} haŋ⁵⁵ tʃʰa⁵³	計程車	タクシー（計程車、taxi）〔台〕〔輛〕
ki²¹ ʃaŋ⁵⁵ tʃʰa⁵³	計程車	〈普通は標準中国語をもちいる。〉
{ki²¹/ke²¹} tʃʰaŋ⁵⁵ tʃʰa⁵³	計程車	
kuŋ⁵³ tʃʰa⁵³	公車	路線バス（公車、bus）〔台〕〔輛〕
bḁ⁵⁵ si̥⁵³	□□	〈「bḁ⁵⁵ si̥⁵³ □□」は日本語由来。〉
hak⁵⁻³² ʒun³³ tʃʰa⁵³	客運車	高速バス（客運、highway express bus）〔隻〕
bḁ⁵⁵ si̥⁵³	□□	〔台〕〔輛〕
		ŋai⁵⁵ tsʰo⁵³ bḁ⁵⁵ si̥⁵³ hi²¹ tʰoi⁵⁵ pet⁵ 我坐□□去台北。わたしはバスにのって台北にゆく（我坐客運去台北。）
ki⁵³ tʃʰa⁵³	機車	オートバイ・スクーター（摩托車, 機車、motorbike）〔台〕〔輛〕
ot³² to⁵⁵ bai̥⁵³	□□□	〈「ot³² to⁵⁵ bai̥⁵³ □□□」は日本語由来。「ki⁵³ tʃʰa⁵³ 機車」がやや一般的。〉
kʰi⁵⁵ ki⁵³ tʃʰa⁵³	騎機車	オートバイにのる（騎摩托車、ride a

XI. 文化・娯楽（文化, 娛樂 Culture, Entertainment） 209

kʰi⁵⁵ ot³² to⁵⁵ ḇai⁵³	騎□□□	motorbike）
tʰin⁵⁵ tʃʰa⁵³	停車	停車する（停車、make a stop）
tʰap³² toŋ²¹ ŋə⁵⁵	踏擋仔	ブレーキをかける（剎車、put on the brake）
sat³² tʃʰa⁵³	剎車	
hioŋ²¹ tʃin²¹ ʃiu³⁵⁻³³ sak⁵ tʃon³⁵	向正手□轉	右にまがる（往右拐, 右轉、turn right）
hioŋ²¹ ʒiu³³ van⁵³	向右彎	〈「sak⁵□」は「…側」という意味。〉
hioŋ²¹ tso³⁵⁻³³ ʃiu³⁵⁻³³ sak⁵ tʃon³⁵	向左手□轉	左にまがる（往左拐, 左轉、turn left）
hioŋ²¹ tso³⁵ van⁵³	向左彎	
fuŋ⁵⁵ liuk³² ten⁵³	紅綠燈	交通信号（號誌燈, 紅綠燈、traffic light）〔隻〕
tʰien³³ tʃʰa⁵³	電車	電車（電車、electric train）〔台〕〔輛〕
kiam³⁵⁻³³ pʰiau²¹	檢票	検札する（檢票、to check tickets）
tsien³⁵⁻³³ pʰiau²¹	剪票	
kiam³⁵⁻³³ pʰiau²¹ kʰeu³⁵	檢票口	改札口（檢票口、ticket wicket）
tsien³⁵⁻³³ pʰiau²¹ kʰeu³⁵	剪票口	
tʃʰa⁵³ tʃoŋ³⁵	車掌	車掌（列車員, 車掌、conductor）
		〈日本語由来。〉
fui⁵³ ʒaŋ⁵⁵ ki⁵³	飛□機	飛行機（飛機、airplane）〔台〕〔輛〕
fui⁵³ ki⁵³	飛機	〈「fui⁵³ ʒaŋ⁵⁵ ki⁵³ 飛□機」は日本語由来。高年層がもちいる。〉
tsʰo⁵³ fui⁵³ ʒaŋ⁵⁵ ki⁵³	坐飛□機	飛行機にのる（坐飛機、board a plane）
tsʰo⁵³ fui⁵³ ki⁵³	坐飛機	
han³⁵ to⁵⁵ lu⁵⁵	□□□	ハンドル（方向盤、wheel）
foŋ⁵³ hioŋ²¹ pʰan⁵⁵	方向盤	〈「han³⁵ to⁵⁵ lu⁵³ □□□」は日本語由来。高年層がもちいる。〉
ka³⁵⁻³³ sɨ³⁵⁻³³ pʰan⁵⁵	駕駛盤	

XI. 文化・娯楽（文化, 娛樂 Culture, Entertainment）

XI. i. 教育（教育 Education）

| kau²¹ ʒuk³² | 教育 | 教育（教育、education） |

kau²¹ ʒuk³² pʰu³³	教育部	教育部・文科省（教育部、Ministry of Education）	
hok³² kau³⁵	學校	学校（學校、school）〔間〕	
ʒa³³ kien⁵³ pʰu³³	夜間部	夜間学校（夜校、night school）	
hok³² tʰoŋ⁵⁵	學堂	寺子屋・私塾（私塾、small private school）〔隻〕	
ʒiu²¹ {tʃi⁵⁵ / tʃit³²} ʒan⁵⁵	幼稚園	幼稚園（幼稚園、kindergarten）	
siau³⁵⁻³³ hok³²	小學	小学校（小學、elmentary school）〔隻〕	
kuet⁵⁻³² min⁵⁵ hok³² kau³⁵	國民學校	国民学校（國民學校, 國立學校、national school）	
kuet⁵⁻³² min⁵⁵ siau³⁵⁻³³ hok³² kuet⁵⁻³² siau³⁵	國民小學 國小	小学校（國民小學, 國小、national elmentary school）	
tʃuŋ⁵³ hok³² (kau³⁵)	中學(校)	中等学校（中學(校)、junior high school ; high school）〔隻〕	
kuet⁵⁻³² min⁵⁵ tʃuŋ⁵³ hok³² kuet⁵⁻³² tʃuŋ⁵³	國民中學 國中	中学校（國民中學, 國中、junior high school）	
ko⁵³ kʰip⁵ tʃuŋ⁵³ hok³² ko⁵³ tʃuŋ⁵³	高級中學 高中	高等学校（高級中學, 高中、senior high school）	
tʰai³³ hok³²	大學	総合大学（大學、university）〔隻〕	
hok³² ʒan²¹	學院	単科大学（學院、college）	
ʒit⁵⁻³² ŋien⁵⁵ sen⁵³	一年生	一年生（一年級、first grader）	
lioŋ³⁵ ŋien⁵⁵ sen⁵³	兩年生	二年生（二年級、second grader）	
sam⁵³ ŋien⁵⁵ sen⁵³	三年生	三年生（三年級、third grader）	
si²¹ ŋien⁵⁵ sen⁵³	四年生	四年生（四年級、fourth grader）	
ŋ³⁵ ŋien⁵⁵ sen⁵³	五年生	五年生（五年級、fifth grader）	
liuk⁵ ŋien⁵⁵ sen⁵³	六年生	六年生（六年級、sixth grader）	
ŋip³² hok³²	入學	入学する（入學、to enter school）	
kʰoi⁵³ hok³²	開學	学校がはじまる（開學、school begins）	
hi²¹ hok³² kau³⁵	去學校	学校にゆく・登校する（上學、to go to school）	

XI. 文化・娯楽（文化，娛樂 Culture, Entertainment）　211

pioŋ²¹ hok³²	放學	学校がひける（放學、to dismiss school）
tʰui²¹ hok³²	退學	退学する（退學、to give up attendance at school）
tʰo⁵⁵ hok³²	逃學	学校をサボる（逃學、to play truant）
sa⁵⁵ vo⁵³	□□	〈「sa⁵⁵ vo⁵³ □□」は、日本語の「サボる」に由来しているとかんがえられる。高年層が、サボった相手をからかう場合にもちいる。〉
		ŋi⁵⁵ sa⁵⁵ vo⁵³ lo²¹ 你□□□。
		おまえ、サボったな（你逃學了。）
hok³² fui²¹	學費	学費（學費、tuition）
kiau³⁵⁻³³ hok³² fui²¹	繳學費	学費をおさめる（繳學費、to pay tuition）
kau²¹ ʃit⁵	教室	教室（教室、classroom）〔間〕
hok³² tʰoŋ⁵⁵	學堂	〈「hok³² tʰoŋ⁵⁵ 學堂」は高年層がもちいる。〉
ʃoŋ⁵³ kʰo²¹	上課	授業をうける・授業をおこなう（上課、to begin class）
ha⁵³ kʰo²¹	下課	授業がおわる・授業をおえる（下課、to dismiss class）
tiam³⁵⁻³³ miaŋ⁵⁵	點名	点呼する・出席をとる（點名、row call）
io⁵³	□	はい（到、adsum）
		〈出席をとる時の返事。〉
tʃʰut⁵⁻³² sit³²	出席	出席する（出席、to attend）
		〈「席」は sip³² とも。〉
kʰet⁵⁻³² sit³²	缺席	欠席する（缺席、to absent）
pun⁵³ sin⁵³ saŋ⁵³ liu⁵⁵ ha⁵³ loi⁵⁵		
	分先生留下來	先生に居残りさせられる（留校察看、to be kept behind inschool as punishment）
tʰuk³² ʃu⁵³ kon³⁵	讀書館	図書館（圖書館、library）
li⁵³ tʰoŋ⁵⁵	禮堂	講堂（禮堂、hall）〔間〕〔棟〕
tsʰau⁵³ tʃʰoŋ⁵⁵	操場	運動場（操場、playground）〔隻〕

ʒun³³ tʰuŋ³³ tʃʰoŋ⁵⁵	運動場	
po²¹ miaŋ⁵⁵	報名	もうしこむ（報名、to enroll, to register）
kʰau³⁵⁻³³ ʃi²¹	考試	試験（考試、examination）〔次〕
tsʰet⁵⁻³² ŋiam³³	測驗	
kʰau³⁵⁻³³ ʃi²¹ tsok⁵⁻³² pi²¹	考試作弊	カンニングをする（考試作弊、to cheat on the exam）
foŋ²¹ poŋ³⁵	放榜	合格者を発表する（放榜、to publish the list of successful candidates）
kʰau³⁵⁻³³ to³⁵ le⁵³	考倒了	試験に合格した（考上、to pass entrance exam）
pit⁵⁻³² ŋiap³²	畢業	卒業する（畢業、to graduate）
pit⁵⁻³² ŋiap³² tʃin²¹ ʃu⁵³	畢業證書	卒業証書の類（文憑、certificate）〔張〕
ket⁵⁻³² ŋiap³² tʃin²¹ ʃu⁵³	結業證書	
kau⁵³ ʃu⁵³	教書	授業をする（教書、to teach）
koi³⁵⁻³³ kʰau³⁵⁻³³ ken³⁵	改考卷	採点する（改考卷、to correct examination papers）
pʰi⁵³ koi³⁵ kʰau³⁵⁻³³ ken³⁵	批改考卷	〈「改」は kai³⁵ とも。〉
tsok⁵⁻³² ŋiap³²	作業	宿題（作業、homework）
ʃoŋ³⁵	賞	褒美をあたえる（獎賞、to reward）
fat³²	罰	罰する（處罰、to punish）
ʃit⁵⁻³² si³³	識字	読み書きができる（識字、literate）
m̩⁵⁵ ʃit⁵⁻³² si³³	唔識字	読み書きができない（不識字、illiterate）
tʰuk³² ʃu⁵³	讀書	勉強する（念書、to study）
ʒuŋ³³ kuŋ⁵³	用功	一生懸命勉強する（用功、to be diligent）
ʃu⁵³	書	本（書、book）
kʰon²¹ ʃu⁵³	看書	本をよむ・読書する（看書、to read a book）
tʰuk³²	讀	音読する（讀、to read aloud）
pʰoi³³ ʃu⁵³	背書	暗誦する（背書、to recite lessons from memory）
kai³⁵⁻³³ sit⁵	解析	解説する（解書、to explain lessons）

XI. 文化・娯楽（文化, 娛樂 Culture, Entertainment）　213

tsʰau⁵³ ʃu⁵³	抄書	本をかきうつす（抄書、to copy from a book）
vun⁵³ sip³²	溫習	復習をする（溫書、to review lessons）
pʰoi³³ sia³⁵	背寫	本の内容を記憶し、それを見ないでかきだす（默背、to write from memory）
ʃu⁵³ ta³⁵⁻³³ kʰoi⁵³ loi⁵⁵	書打開來	本をひらく（翻開書、to open up a book）
ʃu⁵³ fan⁵³ kʰoi⁵³ loi⁵⁵	書翻開來	
ta³⁵⁻³³ kʰoi⁵³ ʃu⁵³ pun³⁵	打開書本	
fan⁵³ kʰoi⁵³ ʃu⁵³ pun³⁵	翻開書本	
hap³² hi³⁵ ʃu⁵³ pun³⁵	合起書本	本をとじる（合上書、to close a book）
ʃu⁵³ hap³² hi³⁵ loi⁵⁵	書合起來	
ʃu⁵³ fan⁵³ fan⁵³ na³³ lə³³	書翻翻□□	ページをめくる（翻書、to turn the page）
ʃu⁵³ pien³⁵⁻³³ pien³⁵ na³³ lə³³		
	書□□□	
pien³⁵	□	ひっくりかえす・めくる（翻, 翻轉、to turn up）
		ʃu⁵³ pien³⁵⁻³³ kʰoi⁵³ loi⁵⁵ 書□開來。本をひらく（書翻開來。）
		ʃu⁵³ {pien³⁵⁻³³ / fan⁵³} to²¹ tʰi³³ ki³⁵⁻³³ ʒap³² 書{□/翻}到第幾頁？本は何ページをひらいたか（書翻到第幾頁？）
tʃap⁵⁻³² kok⁵	摺角	本のページの角をおる（捲角、to fold up the corner of a page）
kʰen⁵³ tiam³⁵	圈點	圈点をつける（畫重點、to punctuate the book）
pit⁵⁻³² ki²¹ pʰu⁵³	筆記簿	ノート・メモ帳（本子, 筆記本、writing pad, notebook）
sia³⁵⁻³³ sɨ³³	寫字	字をかく（寫字、to write）
tʰien⁵⁵ piau³⁵	填表	表に記入する（填表、to fill in a form）
mo⁵³ pit⁵⁻³² sɨ³³	毛筆字	書道（書法、penmanship）
sɨ³³ tʰiap⁵	字帖	習字の手本（字帖、copy slip）〔本〕
tʃau²¹ ʒoŋ³³ sia³⁵	照樣寫	臨書する（臨帖、to copy from a copy slip）

sia³⁵⁻³³ tsʰo²¹ sï³³	寫錯字	誤字をかく（寫錯字、to write the wrong characters）
sia³⁵⁻³³ m⁵⁵ tʃʰok³² sï³³	寫唔著字	あて字をかく・誤字をかく（寫別字、to substitute characters wrongly for one of the same sound）
tsok⁵⁻³² vun⁵⁵	作文	作文をする（作文、to compose an essay）
kʰoi⁵³ ʃi³⁵⁻³³ hok³² sip³²	開始學習	勉強をはじめる（開始學習、to begin to study composition)
kʰoi⁵³ tʰeu⁵⁵ hok³² sip³²	開頭學習	〈「tʃaŋ²¹ hok³² sip³² 正學習」というと、勉強しはじめてしばらくした時の状態を指す。〉
fa³³ tʰu⁵⁵	畫圖	絵をえがく（畫畫兒、to draw/paint a picture)
pioŋ²¹ ka³⁵	放假	休暇になる（放假、to have a holiday）
tsʰiaŋ³⁵⁻³³ ka³⁵	請假	休暇をとる（請假、to ask for a leave）
ʃu³⁵⁻³³ ka³⁵	暑假	夏休み（暑假、summer vacation）
hon⁵⁵ ka³⁵	寒假	冬休み（寒假、winter vacation）
ko³⁵⁻³³ ɔ⁵⁵	稿仔	原稿（稿、draft）
sia³⁵⁻³³ ko³⁵⁻³³ ɔ⁵⁵	寫稿仔	原稿をかく（打草稿、to draft）
ta³⁵⁻³³ ko³⁵⁻³³ ɔ⁵⁵	打稿仔	ki⁵⁵ toŋ⁵³ tsʰo⁵³ kai⁵⁵ ta³⁵⁻³³ ko³⁵⁻³³ ɔ⁵⁵ 佢當坐□打稿仔。彼はまさに原稿をかくのにいそがしい（他正在忙著寫稿子。）
ʃin⁵³ kʰip⁵	升級	進級する（升級、to get promoted）
liu⁵⁵ kʰip⁵	留級	留年する（留級、to stay in the same class without promotion）
koŋ²¹ kʰip⁵	降級	落第する（降級、to get demoted）
tʰi⁵⁵ muk³²	題目	題・問題（題目、topic）
tʃʰut⁵⁻³² tʰi⁵⁵ muk³²	出題目	出題する（出題目、to assign a theme）
tʃʰut⁵⁻³² mun²¹ tʰi⁵⁵	出問題	
hon²¹ ʃu⁵³	漢書	中国の古典籍（中國古典書籍、Chinese ancient books）

XI. 文化・娯楽（文化, 娛樂 Culture, Entertainment）　215

sɨ³³	字	字（字、character）〔隻〕
hon²¹ sɨ³³	漢字	漢字（漢字、Chinese character）〔隻〕
hon²¹ ŋi⁵³	漢語	客家語音でよむ文字・字音語（國字的客家話讀音、written words which are pronounced in Hakka）
hon²¹ vun⁵⁵	漢文	漢文・漢字表記された文章の総称（用漢字寫的文章、writings in the Chinese character）〔本〕
pʰak³² fa²¹ vun⁵⁵	白話文	口語文（白話文、writings in the vernacular）
vun⁵⁵ ŋien⁵⁵ vun⁵⁵	文言文	文語文（文言文、writings in the classical Chinese）
ku³⁵⁻³³ ʃi⁵³ ə⁵⁵	古詩仔	古典詩（古詩、classical poem）
lun⁵⁵ ŋi⁵³	論語	論語（論語、The Analects of Confucius）
sam⁵³ sɨ³³ kin⁵³	三字經	三字経（三字經、Three-character Scripture）
pak⁵⁻³² ka⁵³ siaŋ²¹	百家姓	百家姓（百家姓、Book of Hundred Surnames）
vun⁵⁵ ŋi⁵³	文藝	文芸（文藝、literature and art）

XI. ii. 文具（文具 Stationery）

tʃi³⁵	紙	紙（紙、paper）〔張〕
pit⁵	筆	筆・ペン（筆、pen, writing brush）〔枝〕
tʃip³² pit⁵	執筆	筆をとる（執筆、to hold the brush/pen）
kʰia⁵⁵ pit⁵	□筆	〈「kʰia⁵⁵ □」は、「もつ・とる・かつぐ・たかくさしあげる」という意味。〉
ha⁵³ pit⁵	下筆	書きはじめる（下筆、to commence to write）
mo⁵³ pit⁵	毛筆	筆・毛筆（毛筆、writing brush）〔枝〕
pit⁵⁻³² koi²¹ ə⁵⁵	筆蓋仔	筆のさや・ペンのキャップ（筆帽、brush cap）〔隻〕
met³² pʰan⁵⁵	墨盤	すずり（硯台、ink-slab）〔隻〕
met³²	墨	墨（墨、India ink stick）〔條〕
lui⁵⁵ met³²	擂墨	墨をする（磨墨、to grind ink on an inkstone）

met³² tʃip⁵	墨汁	墨汁（墨汁、India ink (fluid)）〔罐〕
met³² hap³² bə⁵⁵	墨盒仔	墨いれ（墨盒子、ink box）〔隻〕
fun³⁵⁻³³ pʰai⁵⁵	粉牌	黒板（黑板、blackboard）〔隻〕
fun³⁵⁻³³ pit⁵	粉筆	白墨（粉筆、chalk）〔枝〕
koŋ²¹ pit⁵	鋼筆	万年筆（鋼筆、ink pen）〔枝〕
pʰen⁵³	□	ペン・万年筆（鋼筆、pen）〈日本語由来。〉
met³² ʃui³⁵	墨水	インク（墨水、ink）〔罐〕
ʒan⁵⁵ pit⁵	鉛筆	鉛筆（鉛筆、pencil）〔枝〕
ʒoŋ⁵⁵ to⁵³ ə⁵⁵	洋刀仔	鉛筆削り用の小刀（削筆刀、pencil sharpener）〔枝〕〈鉛筆削り器については、特定の名称はなく、「kʰau⁵⁵ ʒan⁵⁵ pit⁵ kai²¹ to⁵³ ə⁵⁵ □鉛筆個刀仔」（鉛筆をけずる刃物）などという。〉ʒuŋ³³ ʒoŋ⁵⁵ to⁵³ ə⁵⁵ siok⁵⁻³² ʒan⁵⁵ pit⁵ 用洋刀仔削鉛筆。鉛筆削りで鉛筆をけずる（用削筆刀削鉛筆。）
set⁵⁻³² pit⁵	色筆	色鉛筆（彩色筆、color pencil）〔枝〕/〔盒〕
fuŋ⁵⁵ pit⁵	紅筆	赤鉛筆（紅筆、red pencil）〔枝〕
ʃui³⁵⁻³³ tsʰai³⁵	水彩	水彩（水彩、water color）
tsot⁵⁻³² ʃui³⁵⁻³³ tʃi³⁵ / sip³² ʃui³⁵⁻³³ tʃi³⁵	喢水紙 吸水紙	すいとり紙（印水紙、blotting paper）〔張〕/〔份〕〈「tsot⁵ 喢」は「すう」という意味。〉
tsʰut⁵⁻³² lə⁵⁵	□仔	消しゴム（橡皮擦, 擦子、eraser）〔隻〕〈「tsʰut⁵ □」は「こする」という意味。〉
tʃʰak⁵	尺	ものさし（尺、ruler (a measure)）〔枝〕
van⁵³ tʃʰak⁵	彎尺	かね尺（曲尺、carpenter's square）
tʰi³³ tʰu⁵⁵	地圖	地図（地圖、atlas）〔張〕
fui⁵³ tʃoŋ⁵³	徽章	徽章・バッジ（徽章、badge）〔隻〕
ʒin²¹ nə⁵⁵	印仔	印鑑・判（圖章、印章、seal）〔隻〕
kʰat⁵⁻³² ʒin²¹ nə⁵⁵	刻印仔	印鑑をほる（刻圖章、to carve a seal）

XI. 文化・娯楽（文化, 娛樂 Culture, Entertainment） 217

koi²¹ ʒin²¹ nə⁵⁵	蓋印仔	印鑑をおす・捺印する（蓋圖章、to seal）
ʒin²¹ set⁵	印色	朱肉（印泥、ink used for seals）〔盒〕
kiap⁵⁻³² bə⁵⁵	夾仔	クリップ・ピンチなど（夾子、clip）〔枝〕
ʃu³³ nen²¹ kʰen⁵³ nə⁵⁵	樹□圈仔	輪ゴム（橡皮圈, 橡皮筋、rubber band）〔條〕
		〈「ʃu³³ nen²¹ 樹□」は樹液のこと。〉
sok⁵	束	たばねる（束、to fasten with a circular band）
fu⁵⁵	糊	糊（漿糊、paste）〔包〕〔罐〕
ŋiam⁵⁵	黏	接着する（黏、to glue, to stick）
tiap⁵	□	くっつく（黏上去、to cling to）
tʰeu²¹	□	つぐ・つなぐ（接上、to link up）
		ʒuŋ³³ sok⁵⁻³² kau⁵³ kon³⁵ tʰeu²¹ nen³⁵ leu³³ ko²¹ hi²¹
		用塑膠管□□漏過去。
		ビニール管でつないでながす（用塑膠管接起來流過去。）
ko⁵⁵	□	ぬる（塗, 擦、to paint）
		ʒuŋ³³ {fu⁵⁵ / ʒok³² ko⁵³} ko⁵⁵ 用 {糊 / 藥膏} □。
		{糊 / 膏薬}をぬる（用 {漿糊 / 藥膏} 擦。）
		ʒuŋ³³ {fu⁵⁵ / ʒok³² ko⁵³} ko⁵⁵ ko⁵⁵ ə³³ 用 {糊/藥膏}□□仔。
		{糊 / 膏薬}をちょっとぬる（用 {漿糊 / 藥膏} 擦一擦。）
tap⁵⁻³² tʃʰun⁵³ lien⁵⁵	貼春聯	春聯をはる（貼春聯、to paste up）
tʰu⁵⁵ taŋ⁵³ ŋə⁵⁵	圖釘仔	画鋲（圖釘、thumbtack）
tʰien³³ no³⁵	電腦	コンピュータ（電腦、computer）〔台〕
		ta³⁵⁻³³ tʰien³³ no³⁵ 打電腦。
		コンピュータを操作する（打電腦。）

XI. iii. ゲーム・娯楽（遊戲, 娛樂 Games, entertainment）

kau³⁵	搞	あそぶ（玩、to play truant）
liau³³	□	〈「liau³³ □」にはやすむというニュアンスがある。〉
		kau³⁵⁻³³ kau³⁵ ə³³ 搞搞仔。

ちょっとあそぶ（玩一玩。）
kau³⁵⁻³³ kʰiu⁵⁵ 搞球。
ボールであそぶ（玩球。）

kau³⁵⁻³³ nai⁵⁵ sa⁵³ ɔ⁵⁵		搞泥沙仔	泥遊びをする（玩泥沙、mud playing）
se²¹ ŋin⁵⁵ kau³⁵ kai²¹ tuŋ⁵³ si⁵³		細人搞個東西	おもちゃ（玩具、toy）
			〈「こどもがあそぶもの」という意味。「玩具」に相当する総称はない。〉
kʰit³² lok³² gə⁵⁵		□□仔	こま（陀螺、topic）〔隻〕
ta³⁵⁻³³ kʰit³² lok³² gə⁵⁵		打□□仔	こまをまわす（轉陀螺、to spin the top）
o³³ nin⁵⁵ io⁵³		□□□	人形（洋娃娃、dolls）〔隻〕
			〈日本語由来。高年層がもちいる。現在は標準中国語が一般的。〉
kau³⁵⁻³³ o³³ nin⁵⁵ io⁵³		搞□□□	人形あそびをする（玩娃娃、to play dolls）
kau³⁵⁻³³ tʃu³⁵⁻³³ pʰon³³ ka⁵³ la⁵³ ɔ⁵⁵		搞煮飯□□仔	ままごとをする（扮家家酒、to play cooking）
			〈「ka⁵³ la⁵³ ɔ⁵⁵ □□仔」は相互に関係する一群の物事を指す。また「ka⁵³ la⁵³ fo³⁵ □□□」は相互に関係する一群のものを指す。「tiau²¹ ŋ̍⁵⁵ kai²¹ ka⁵³ fo³⁵ 釣魚個□□□」とは釣り道具一式のことである。「ka⁵³ la⁵³ fo³⁵」は「ka⁵³ fo³⁵ 傢伙」に由来する可能性がある。〉
fan⁵³ kun²¹ teu³⁵		翻□斗	とんぼがえりをうつ（翻筋斗、to play somersaults）
kau³⁵⁻³³ kʰi³³ fut³²		搞柿核	おはじきであそぶ（抓子兒、to play jacks）
			〈カキの種をつかってあそぶ。〉
kau³⁵⁻³³ po⁵³ li⁵³ tʃu⁵³		搞玻璃珠	ビー玉であそぶ（彈珠、to play marbles）
tʃi³⁵⁻³³ ʒau²¹ ɔ⁵⁵		紙鷂仔	凧（風箏、kite）〔隻〕
fuŋ⁵³ tʃin⁵³		風箏	〈「tʃi³⁵⁻³³ ʒau²¹ ɔ⁵⁵ 紙鷂仔」は旧語で、「fuŋ⁵³ tʃin⁵³ 風箏」は新語である。現在は標準中国語

XI. 文化・娯楽（文化，娛樂 Culture, Entertainment）　219

　　　　　　　　　　　　　　　　が一般的。〉

pioŋ²¹ tʃi³⁵⁻³³ ʒau²¹　　　放紙鷂　　　凧をあげる（放風箏、to fly a kite）
　pioŋ²¹ fuŋ⁵³ tʃin⁵³　　　放風箏

ŋioŋ²¹ ki⁵⁵ teu⁵³ hi²¹ kau³⁵　讓佢□去搞　（人を）あそびにまぜる（讓人參加遊戲、
　　　　　　　　　　　　　　　　to allow aparticipate in a game）

ʒaŋ⁵³ kin⁵³ pʰoi⁵³ (ə⁵⁵)　□□□(仔)　じゃんけんをする（划拳；猜拳、to play
　ʒaŋ⁵³ kin⁵³　　　　　　□□　　　　janken；to play mora or guess fingers）
　fa⁵⁵ kʰen⁵⁵　　　　　　劃拳　　　〈「ʒaŋ⁵³ kin⁵³ pʰoi⁵³ (ə⁵⁵) □□□(仔)」「ʒaŋ⁵³
　　　　　　　　　　　　　　　　kin⁵³ □□」は日本語由来。高年層がもち
　　　　　　　　　　　　　　　　いる。青年層は標準中国語をもちいる。〉
　　　　　　　　　　　　loi⁵⁵ ʒaŋ⁵³ kin⁵³ 來□□。
　　　　　　　　　　　　じゃんけんしよう（來划拳。）

tʰiau²¹ sok⁵⁻³² gə⁵⁵　　　跳索仔　　　縄とびをする（跳繩、to jump rope）
kʰoŋ²¹ tsʰim⁵⁵ mə⁵⁵　　　囥尋仔　　　かくれんぼをする（捉迷藏、to play hide
　　　　　　　　　　　　　　　　　　and seek)
　　　　　　　　　　　　〈「kʰoŋ²¹ 囥」はかくれることを指す。〉

paŋ⁵³ sok⁵⁻³² gə⁵⁵　　　□索仔　　　綱ひきをする（拔河、to play tug-of-war）
tiau²¹ koŋ⁵⁵ koŋ²¹ ŋə⁵⁵　吊□□(仔)　ブランコ（鞦韆、swing）
kau³⁵⁻³³ tiau²¹ koŋ⁵⁵ koŋ²¹ ŋə⁵⁵　搞吊□□(仔)　ブランコをこぐ（盪鞦韆、to swing on a
　　　　　　　　　　　　　　　　　　swing）

tʰam⁵⁵ si²¹　　　　　　談敘　　　　おしゃべりをする（聊天、to gossip）
　tʰam⁵⁵ tʰien⁵³ ʃot⁵⁻³² tʰi³³　談天說地　　〈「tsʰo⁵³ liau³³ 坐□」はすわって休みながら
　tam⁵⁵ te⁵⁵　　　　　　□□　　　おしゃべりするということ。「liau³³ □」は
　koŋ³⁵⁻³³ kai⁵⁵ koŋ³⁵⁻³³ li³⁵　講□講□　やすむという意味。〉
　koŋ³⁵⁻³³ tuŋ⁵³ koŋ³⁵⁻³³ si⁵³　講東講西
　tsʰo⁵³ liau³³　　　　　坐□

ku²¹ sɿ³³　　　　　　　故事　　　　物語（故事、story）〔條〕
　ku³⁵⁻³³ ə⁵⁵　　　　　古仔
　ku³⁵⁻³³ u⁵⁵　　　　　古□

koŋ³⁵⁻³³ ku³⁵　　　　　講古　　　　物語をかたる（講故事、to tell a story）

koŋ$^{35\text{-}33}$ ku$^{35\text{-}33}$ ɔ^{55}	講古仔	
koŋ$^{35\text{-}33}$ ku$^{35\text{-}33}$ u^{55}	講古□	
ʃot$^{5\text{-}32}$ ʃu^{53}	說書	講談をかたる（說書、to tell yarns-- as itinerant storyteller）
sɨ^{53} fu^{21} voi^{53}	師父話	かけことば（歇後語、a two-part common expression whose last part is omitted）
tʰon^{55} liaŋ^{33} ŋə^{55}	□□仔	なぞなぞあそびをする（猜謎、to guess riddles） 〈「tʰon^{55} □」はあてるという意味。〉 tʰon^{55} tet$^{5\text{-}32}$ to^{35} mo^{55}? □得倒無？ あてられるか？（猜得到嗎？）
liaŋ^{33} ŋə^{55}	□仔	なぞなぞ（謎語、riddle）〔條〕〔隻〕
ma^{55} tsiok^{5}	麻雀	マージャン（麻將、mahjong game）
ta$^{35\text{-}33}$ ma^{55} tsiok^{5}	打麻雀	マージャンをする（打麻將、to play mahjong） 〈「ta^{35} 打」のかわりに「kau^{35} 搞」をもちいると、賭博ではなく、あそびというニュアンスが生じる。〉
tʃi$^{35\text{-}33}$ pʰai^{55}	紙牌	トランプ・かるたの類（紙牌、cards）〔副〕
ʃip^{32} fu^{55} (pʰai^{55})	拾符(牌)	〈「ʃip^{32} fu^{55} (pʰai^{55}) 拾符(牌)」「si^{21} set$^{5\text{-}32}$ pʰai^{55} 四色牌」は、約 4 cm × 1 cm の長方形の札で、中国将棋の駒に見られるような「車」「馬」「炮」などの文字が書かれている。あそび方はマージャンとおなじである。〉
si^{21} set$^{5\text{-}32}$ pʰai^{55}	四色牌	
ta$^{35\text{-}33}$ tʃi$^{35\text{-}33}$ pʰai^{55}	打紙牌	カードゲームをする（玩紙牌、to play card game） 〈「ta^{35} 打」のかわりに「kau^{35} 搞」をもちいると、賭博ではなく、あそびというニュアンスが生じる。〉
ta$^{35\text{-}33}$ ʃip^{32} fu^{55}	打拾符	
ta$^{35\text{-}33}$ si^{21} set$^{5\text{-}32}$ pʰai^{55}	打四色牌	
tau^{55} tsɨ^{35}	投子	さいころ（骰子、dice）〔隻〕〔粒〕
tep$^{5\text{-}32}$ tau^{55} tsɨ^{35}	□投子	さいころをふる（擲骰子、to play dice game）

XI. 文化・娯楽（文化, 娛樂　Culture, Entertainment）　221

tu$^{35\text{-}33}$ keu^{35}	賭□	かけごとをする（賭博、to gamble）	
k^{h}iu^{55} ə^{55}	球仔	たま・ボール（球、ball）〔隻〕〔粒〕	
		tep$^{5\text{-}32}$ k^{h}iu^{55} □球。	
		ボールをなげる（扔球。）	
ta$^{35\text{-}33}$ k^{h}iu^{55} ə^{55}	打球仔	球技をする（打球、to play ball）	
ke^{53} koi^{53} ə^{55}	□□仔	風船（氣球、balloon）	
hi^{21} k^{h}iu^{55}	氣球		
ta$^{35\text{-}33}$ t^{h}ai^{33} kit$^{5\text{-}32}$ k^{h}en^{55}	打太極拳	太極拳をする（打太極拳、to lay Chinese boxing）	
ko^{53} ə^{55}	歌仔	歌（歌、song）〔條〕	
tʃ^{h}oŋ^{21} ko^{53} ə^{55}	唱歌仔	歌をうたう（唱歌、to sing）	
ʒuŋ^{33} tʃoi^{21} p^{h}un^{55} pi^{55} ə^{55}	用嘴歕□仔	口笛をふく（吹口哨、to whistle）	
		〈「口で「pi^{55} ə^{55} □仔」(笛) を「p^{h}un^{55} 歕」(ふく)」という意味である。〉	
k^{h}im^{55} mə^{55}	琴仔	琴（琴、Chinese lute (5-7 strings)）〔枝〕	
t^{h}an^{55} k^{h}im^{55}	彈琴	琴をひく（彈琴、to pluck the lute）	
p^{h}i^{55} p^{h}a^{55}	琵琶	琵琶（琵琶、balloon guitar）〔台〕	
fu^{55} k^{h}im^{55}	胡琴	胡弓（胡琴、stringed instrument with 2/4 strings）〔枝〕	
ai^{53} hien^{55} nə^{55}	□弦仔	二胡をひく（拉二胡、to play the Er-hu）	
		〈「ai^{53} □」とはおしたりひいたりする動作を指す。〉	
pi^{55} ə^{55}	□仔	笛：呼び子（笛子;哨子、flute ; whistle）〔枝〕	
p^{h}un^{55} pi^{55} ə^{55}	歕□仔	笛をふく；呼び子をふく（吹笛子；吹哨子、to play the flute ; to whistle with a whistle）	
siau^{53} ə^{55}	簫仔	簫の笛（簫、Panpipes）〔枝〕	
p^{h}un^{55} siau^{53} ə^{55}	歕簫仔	簫をふく（吹簫、to play the Panpipes）	
lap^5 pa^{53}	□□	ラッパ（喇叭、trumpet）〔枝〕	
p^{h}un^{55} lap^5 pa^{53}	歕□□	ラッパをふく（吹喇叭、to blow the trumpet）	
lo^{55} ku^{35}	鑼鼓	銅鑼（鑼、gong）〔隻〕	

ta³⁵⁻³³ lo⁵⁵ ku³⁵	打鑼鼓	銅鑼をたたく（打鑼、to sound the gong）	
tsʰem³⁵ tsʰi⁵³	□□	鐃鈸（銅鈸、cymbal）	
		〈鐃鈸をたたく音に由来する。〉	
	ta³⁵⁻³³ tsʰem³⁵ tsʰi⁵³ 打□□。		
	鐃鈸をたたく（打銅鈸。）		
ku³⁵	鼓	太鼓（鼓 drum）〔隻〕	
ta³⁵⁻³³ ku³⁵	打鼓	太鼓をたたく（打鼓、to hit the drum）	
ʒiu⁵⁵ hi²¹	遊戲	遊戲・ゲーム（遊戲、game）	
ka³⁵⁻³³ mien²¹ hok⁵	假面殼	面・仮面（假面, 面具、mask）〔隻〕	
tʰiau²¹ vu³⁵	跳舞	踊りをおどる（跳舞、to dance）	
kʰi⁵⁵ ɔ⁵⁵	棋仔	囲碁・将棋の類（棋、chess）〔付〕	
vui⁵⁵ kʰi⁵⁵	圍棋	囲碁（圍棋、game of go）〔付〕	
sioŋ³³ kʰi⁵⁵	象棋	中国将棋（象棋、Chinese chess）〔付〕	
kʰi⁵⁵ tsɿ³⁵	棋子	碁石・将棋の駒（棋子、chess piece）〔隻〕	
ki⁵³	車	（中国将棋の）車（車、chariot in chess）	
kʰiok⁵	□	中国将棋で車・馬・炮の組合せを指す（車馬炮等三個合在一起的組合、a set of chariot, horse and cannon in Chinese chess）〈この組合せ1組を「ʒit⁵⁻³² kʰiok⁵ 一□」という。〉	
kʰi⁵⁵ pʰan⁵⁵	棋盤	碁盤・将棋盤（棋盤、chessboard）〔te²¹ □〕	
ha⁵³ kʰi⁵⁵	下棋	碁をうつ・将棋をさす（下棋、to play chess）	
haŋ⁵⁵ kʰi⁵⁵	行棋		
hi²¹	戲	芝居・劇（戲、theatrical performance）〔場〕	
kʰon²¹ hi²¹	看戲	芝居を見る（看戲、to watch a play）	
hi²¹ ʒan⁵⁵ tsɿ³⁵	戲園子	芝居小屋・劇場（戲院、theatre）〔團〕	
hi²¹ pʰaŋ⁵⁵	戲棚	芝居小屋（戲棚、tent or shed set up for plays）〔隻〕	
hi²¹ tʰoi⁵⁵	戲台	舞台（戲台、stage）〔隻〕	
kʰoi⁵³ lo⁵⁵	開鑼	開演する（開演、the play begins）	

XI. 文化・娯楽（文化,娛樂 Culture, Entertainment） 223

hi²¹ sok⁵ le⁵³	戲□了	芝居がはねた（散場、the play ends）
ŋin⁵⁵ kuŋ⁵³ ŋə⁵⁵	人公仔	人形（木偶、carved wooden figure）
ŋioŋ³⁵	□	（人形劇などを）演じて見せる・披露する（把東西顯露出來給人家看(布袋戲等)、to perform puppet play）
		ŋioŋ³⁵⁻³³ pun⁵³ ŋin⁵⁵ kʰon²¹ □分人看。
		人に披露する（給人家看。）
		ŋin⁵⁵ kuŋ⁵³ ŋə⁵⁵ tsʰo⁵³ hi²¹ pʰaŋ⁵⁵ taŋ³⁵ ŋioŋ³⁵⁻³³ pun⁵³ ŋin⁵⁵ kʰon²¹ 人公仔坐戲棚頂□分人看。
		人形劇を芝居小屋で人に演じて見せる（木偶在戲棚上演給人家看。）
ŋiaŋ⁵⁵/³⁵	□	（他人に）見せる（把東西展現給人家看、to show something to someone）
		ki⁵⁵ e²¹ ten⁵³ nuŋ⁵⁵ na⁵³ loi⁵⁵ ŋiaŋ⁵⁵/³⁵ pun⁵³ ŋin⁵⁵ kʰon²¹ 佢□燈籠拿來迎分人看。
		彼の燈籠をもってきて人に見せる（他的燈籠拿來給人家看。）
san⁵³ ko⁵³ (tsɨ³⁵)	山歌(子)	民謡の一種・山歌（山歌、a kind of folk songs）〈一般的に四県客家語でうたわれる。海陸客家語でうたわれることはない。〉
kua⁵³ ə⁵⁵ hi²¹ pʰin⁵⁵ on⁵³ hi²¹	歌仔戲 平安戲	（台湾の）伝統歌劇（歌仔戲、traditional Taiwanese opera）〈「kua⁵³ ə⁵⁵ hi²¹ 歌仔戲」は閩南語からの借用部分「kua⁵³ ə⁵⁵ 歌仔」と海陸客家語「hi²¹ 戲」との合成語である。現在は標準中国語をもちいる。「pʰin⁵⁵ on⁵³ hi²¹ 平安戲」はもっぱら四県客家語でうたわれる。〉
pu²¹ tʰoi³³ hi²¹	布袋戲	伝統的な人形劇（布袋戲、traditional puppet play）
ʒim⁵³ ŋok³²	音樂	音楽（音樂、music）

tʰien³³ ʒaŋ³⁵	電影	映画（電影、movies）〔場〕
kʰon²¹ tʰien³³ ʒaŋ³⁵	看電影	映画を見る（看電影、to watch the movie）
tʰien³³ ʃi²¹ᐟ³³	電視	テレビ（電視、television）
tʃʰoŋ²¹ pʰien³⁵	唱片	レコード（唱片、disk record）
{liuk²¹ / luk²¹} ʒim⁵³ ki⁵³	錄音機	テープレコーダー（錄音機、tape recorder）
tʃau²¹ sioŋ²¹ ki⁵³	照相機	カメラ（照像機、camera）〔隻〕〔台〕
hip⁵⁻³² sioŋ²¹ ki⁵³	翕相機	
hip⁵⁻³² sioŋ²¹	翕相	写真をとる（照像、to take a photo）
sioŋ²¹ pʰien³⁵	相片	写真（相片、photos）〔張〕
ʒaŋ⁵⁵	贏	かつ・勝利する（贏、to win）
ʃu⁵³	輸	まける（輸、to lose）
		〈ʃiu⁵³ とも発音する。〉
fo⁵⁵	和	引きわけになる（和、to tie (in a game)）

XII. 宗教・習俗・交際（宗教, 習俗, 交際 Religions, Customs, Socializing）

XII. i. 宗教（宗教 Religions）

tʰien⁵³ kuŋ⁵³	天公	天の神（老天爺, 天公伯、god）〔隻〕〔個〕
ʃin⁵⁵	神	神（神、deity）
		〈量詞は、神像の場合〔尊〕をもちいる。〉
pai²¹ ʃin⁵⁵	拜神	神をおがむ（拜神、to worship god）
tso²¹ tʰeu⁵⁵ ʃin⁵⁵	灶頭神	かまど神（灶神、God of the kitchen）〔隻〕
tsʰoi⁵⁵ ʃin⁵⁵ ʒa⁵⁵	財神爺	福の神（財神、God of wealth）〔尊〕
pak⁵⁻³² kuŋ⁵³	伯公	土地神（土地公、earth god）〔隻〕〔位〕
tʰu⁵⁵ tʰi³³ kuŋ⁵³	土地公	〈「pak⁵⁻³² kuŋ⁵³ 伯公」が一般的。「土」の本来の字音は上声の tʰu³⁵。〉
ma⁵³ tsu³⁵⁻³³ pʰo⁵⁵	媽祖婆	媽祖（媽祖、Mazu, goddess of the sea）〔尊〕
ʃin²¹ mu⁵³ ŋioŋ⁵⁵ ŋioŋ⁵⁵	聖母娘娘	〔仙〕
tʃu²¹ saŋ⁵³ ŋioŋ⁵⁵	諸生娘	

XII. 宗教・習俗・交際（宗教,習俗,交際 Religions, Customs, Socializing）　225

ɲien⁵⁵ lo⁵⁵ voŋ⁵⁵	閻羅王	閻魔大王（閻王、king of hell）〔個〕〔位〕〈量詞は、像の場合〔尊〕をもちいる。〉
pat⁵⁻³² sien⁵³	八仙	八仙（八仙、The Eight Immortals of Taoism）〔個〕〔儕〕
kui³⁵	鬼	幽霊（鬼、ghost, spirit）〔個〕〔隻〕
ʃin⁵⁵ sim⁵³	誠心	真心にとんでいる・敬虔である（神心、pious）
hioŋ⁵³	香	香（香、incense）〔枝〕/〔束〕〔把〕
hioŋ⁵³ lu⁵⁵	香爐	香炉（香爐、incense burner）〔隻〕
ʃau⁵³ hioŋ⁵³	燒香	香をたく（燒香、to burn incense）
pat⁵⁻³² sien⁵³ tsok⁵	八仙桌	8人がけのおおきな正方形のテーブル（八仙桌、table for the 8 immortals；(table for 8 persons)）〔張〕
hi³⁵⁻³³ ʃin⁵⁵	起神	願をかける（許願、to make a vow）hi³⁵⁻³³ tʰien⁵³ kuŋ⁵³ fuk⁵ 起天公福。天の神に幸福を願う（祈求天公健康平安。）
van⁵⁵ ʃin⁵⁵	還神	お礼参りをする（還願、to fulfill a vow）
pai²¹	拜	まつる（祭、to sacrifice）
pai²¹ tsu³⁵⁻³³ sien⁵³ ki²¹ tsu³⁵ tsi²¹ tsu³⁵	拜祖先 □祖 祭祖	先祖をまつる（祭祖、hold a cereomony for the repose of one's ancestors）
tʰon⁵⁵ tsi²¹	團祭	団体で墓参をする（團體祭拜，團拜、to visit grave in a group）
kin²¹ ʃin⁵⁵ kai²¹ tsiu³⁵	敬神個酒	お神酒（敬神的酒、sacred wine）
tsʰiam⁵³	籤	おみくじ（籤、lot for divination）〔枝〕
kʰiu⁵⁵ tsʰiam⁵³	求籤	おみくじをひく（求籤、to draw lots before idols）
miau³³	廟	廟・寺（廟、temple）〔座〕〔間〕
si⁵³ miau³³	寺廟	寺院（寺、monastery）〔座〕〔間〕
tsai⁵³ tʰoŋ⁵⁵	齋堂	庵（庵、nunnery）〔座〕〔間〕〔棟〕

fut³²	佛	仏（佛、buddha）〔尊〕
o³³ ni⁵⁵ tʰo⁵⁵ fut³²	阿彌陀佛	阿弥陀仏（阿彌陀佛、Amidha Buddha）〔尊〕
mi⁵⁵ lə⁵⁵ fut³²	彌勒佛	弥勒菩薩（彌勒佛、Maitreya） 〈「mi⁵⁵ lə⁵⁵」は標準中国語由来。〉
ʃe³³ ka⁵³ mo⁵⁵ ni⁵⁵ fut³²	釋迦牟尼佛	釈迦牟尼（釋迦牟尼、Buddha）
fut³² tsu³⁵	佛祖	
saŋ⁵³ fut³²	生佛	活仏（活佛、living Buddha）
pʰu⁵⁵ sat⁵	菩薩	菩薩（菩薩、boddhisatva）〔尊〕
kon⁵³ (ʃe²¹) ʒim⁵³ pʰu⁵⁵ sat⁵	觀(世)音菩薩	観世音菩薩（觀音菩薩、Deity of Mercy）〔尊〕
ŋiam³³ kin⁵³	念經	読経する（念經、to chant sacred books）
pʰu⁵³ tʰu³³	普渡	衆生を済度する（普渡、all may cross (in the barge of mercy)）
po²¹ ʒin²¹	報應	報い（報應、retribution）
tsʰien⁵⁵ ʃe²¹	前世	前世（前世、previous life）
ʃi⁵³ ʃat⁵	施捨	喜捨する（施捨、to give alms）
tʰo³³ si³³ tso²¹ tʃʰoŋ⁵⁵	道士做場	道士が儀式をとりおこなう（道士做法會、to perform a service for the dead）
tʰiau²¹ ʃin⁵⁵	跳神	神がかりになる（跳神、to shamanize）
ŋiaŋ⁵⁵ ʃin⁵⁵ fui³³	迎神會	縁日で神像をむかえる時に街頭でおこなわれる音楽や演芸など（迎神賽會、idolatrous procession in which the gods are carried）
kui³⁵⁻³³ fo³⁵	鬼火	鬼火・人魂（鬼火, 燐火、will-o'-the-wisp）〔把〕
fu⁵⁵	符	お札・護符（符、charm）〔副〕
fa³³ fu⁵⁵	畫符	呪文をかく（畫符、to draw/write incantations）
tʃiu²¹ ʃi³³	咒誓	神にちかう（向神明發誓、to swear to God）
tsʰo⁵³ ʃam⁵⁵	坐禪	座禅をする（打禪, 坐禪、to sit in abstracted contemplation）
puk³² kua²¹	卜卦	うらなう（卜卦、to divine by the Diagrams）

XII. 宗教・習俗・交際（宗教, 習俗, 交際 Religions, Customs, Socializing） 227

〔次〕

son²¹ miaŋ³³	算命	運命をうらなう（算命、to tell future）
tsʰin³³ lin⁵⁵	盡靈	（占いが）的中する・霊験がある（靈驗、effacacious）
pat⁵⁻³² sɿ³³	八字	うまれた年月日時に相当するえとの8文字（八字、the eight cyclical characters of a horoscope– two each for the year, month, day, hour of birth）〔{fu²¹/fuk⁵} 副〕〔封〕
saŋ⁵³ siau²¹	生肖	えと（生肖、zodiac sign）
miaŋ³³ ʒun³³	命運	運命（命運、fate）
ŋiun⁵⁵ tɕi³⁵	銀紙	神・死者のためにやく紙銭など（冥紙、paper money burnt for the use of the dead）〔疊〕
kim⁵³ tɕi³⁵	金紙	
		〈「ŋiun⁵⁵ tɕi³⁵ 銀紙」は祖先のために、「kim⁵³ tɕi³⁵ 金紙」は神のためにやく。〉
fat⁵⁻³² ʃi³³	發誓	ちかう（發誓、to take a oath）
ʃin⁵⁵ vui³³	神位	位牌（神位、tablet or altar before which gods and spirits of ancestors are worshipped）〔隻〕
tsʰɿ⁵⁵ tʰoŋ⁵⁵	祠堂	祖廟（祠堂、ancestor hall）〔間〕
tʰo³³ tet⁵	道德	道德（道德、morals）
tʰap⁵	塔	塔（塔、pagoda）〔隻〕
ʃak³² pʰai⁵⁵	石牌	石碑（石牌、large stone tablet）〔枝〕〔tɕʰu²¹ 處〕
pʰai⁵⁵ leu⁵⁵	牌樓	牌楼（牌樓、honorific arch/portal）〔隻〕
fuŋ⁵³ ʃui³⁵	風水	風水（風水、geomancy）
kʰet³²	剋	相剋する・剋する（剋(死)、to destroy, subdue）
kit⁵⁻³² sioŋ⁵⁵	吉祥	縁起がよい・めでたい兆し（吉祥、auspicious）
ʒan⁵⁵ fun³³	緣份	縁（緣份、the fate by which people are brought together）

ŋiaŋ⁵⁵ ʃin⁵⁵ fui³³	迎神會	祭り（迎神賽會、festival）〔次〕〔場〕	
tʃʰin²¹ kau²¹	□筊	廟で占いにもちいる一対の三日月形の木片（杯-腎形竹根，一對，問卜用、divining blocks made of bamboo roots）	
kʰit³² kʰok³²	□□	木魚（木魚、skull-shaped block on which priests beat time when chanting）〔付〕〈木魚をたたく音に由来するという。〉	
ta³⁵⁻³³ kʰit³² kʰok³²	打□□	木魚をたたく（敲木魚、to strike the muyu）	
kʰuŋ³⁵⁻³³ tsɿ³⁵⁻³³ miau³³	孔子廟	孔子廟（孔廟、Confucian temple）	
vun⁵⁵ tsʰoŋ⁵³ miau³³	文昌廟		
ŋi³³ min⁵⁵ (ʒa⁵⁵) miau³³	義民(爺)廟	義民廟（義民廟、Yimin temple）〈義民とは、郷土をまもるために犠牲となった客家の先人を指す。義民廟ではこれらの人々をまつっている。〉	
ʃin⁵⁵ tʃu⁵³	神豬	義民廟にささげられるブタ（神豬、god pigs）	
ʃin²¹ ti²¹ miau³³	聖帝廟	関帝廟（聖帝廟、Guandi temple）〈「kuan⁵³ kuŋ⁵³ 關公」（関羽）をまつる。〉	
ki⁵³ tuk⁵⁻³² kau²¹	基督教	キリスト教（基督教、Christianity）	
tʰien⁵³ tʃu³⁵⁻³³ kau²¹	天主教	カトリック（天主教、Catholicity）	
ʒa⁵³ su⁵³	耶穌	イエス＝キリスト（耶穌、Jesus Christ）	
ʃin²¹ tan²¹ tsiet⁵	聖誕節	クリスマス（聖誕節、Christmas）	
ʃin²¹ tan²¹ lo³⁵⁻³³ ŋin⁵⁵	聖誕老人	サンタクロース（聖誕老人、Santa Claus）	
ʃin²¹ tan²¹ lau²¹ kuŋ⁵⁵ kuŋ⁵⁵	聖誕老公公	〈「ʃin²¹ tan²¹ lau²¹ kuŋ⁵⁵ kuŋ⁵⁵ 聖誕老公公」の「老公公」は標準中国語由来。〉	
fui⁵⁵ kau²¹	回教	イスラム教（回教、Islam）	
fam⁵³/³³	犯	目にみえない邪悪なものにふれる（碰到看不見的邪物、to offend evil things）	

fam⁵³/³³ to³⁵⁻³³ mak³² kai²¹ 犯倒□個？
何にふれたのだろう（命沖到甚麼？）

XII. 宗教・習俗・交際 (宗教, 習俗, 交際 Religions, Customs, Socializing) 229

| ʃiu⁵³ kiaŋ⁵³ | 收驚 | おはらいをする（一種宗教驅邪的儀式, 收驚、to purify） |
| mat³² | 抹 | 靈魂にふれて一時的に氣がふれる・たたられる（被鬼接觸到而精神異樣, 煞到、to be obssesed with ghosts） |

XII. ii. 節句 (節令 Festivals)

ko²¹ tsiet⁵	過節	祝日をいわう・祝日をすごす（過節、to observe festivals）
tʃi³⁵⁻³³ pʰau²¹	紙炮	爆竹（炮仗、firecrackers）〔串〕〔排〕〔捆〕/〔枝〕〔隻〕
ta³⁵⁻³³ tʃi³⁵⁻³³ pʰau²¹	打紙炮	爆竹をならす（放鞭炮、to crack firecrackers）
ŋiaŋ⁵⁵ liuŋ⁵⁵	迎龍	蛇踊り（舞龍、dragon dance）
ta³⁵⁻³² si⁵³ ɔ⁵⁵	打獅仔	獅子舞（舞獅、traditional Chinese lion dance）
sin⁵³ ŋien⁵⁵	新年	元旦（元旦、New Year's Day）
		ko²¹ sin⁵³ ŋien⁵⁵ 過新年。元旦をいわう（過元旦。）
ko²¹ ŋien⁵⁵ 　ko²¹ tʃʰun⁵³ tsiet⁵	過年 過春節	新年をいわう・正月をむかえる（過年、to observe the New Year）
pai²¹ ŋien⁵⁵	拜年	新年のあいさつをする（拜年、to pay respects at the New Year）
kiuŋ⁵³ hi³⁵	恭喜	おめでとう（恭喜、to congratulate）
na⁵³ fuŋ⁵⁵ pau⁵³	拿紅包	祝儀などをもらう（拿紅包、to receive lucky money）
		{fat⁵⁻³² / pun⁵³} fuŋ⁵⁵ pau⁵³ {發 / 分} 紅包。祝儀をあげる（給紅包。）
ŋien⁵⁵ siau⁵³ ({tsiet⁵ / ŋit⁵})	元宵（{節 / 日}）	
		元宵節（元宵節、Feast of Lanterns）
tʰien⁵³ tʃʰon⁵³ ŋit⁵	天穿日	天穿日（天穿日、one of Hakka traditional festivals held on the 20th day of the first lunar month）

		〈旧暦1月20日におこなう客家の祝日。新年をいわう最後の日で、この日は仕事をやすむ。〉
tsʰin⁵³ min⁵⁵ {tsiet⁵ / ŋit⁵} tsʰiaŋ⁵³ miaŋ⁵⁵ tsiet⁵	清明{節/日} 清明節	清明節（清明節、3rd day of the 3rd moon, Worship at graves）
kua²¹ tʃi³⁵	掛紙	墓参りをする（掃墓、上墳、to sweep the grave, to worship at the graves）
ŋ̍³⁵⁻³³ ŋiet³² tsiet⁵	五月節	端午の節句（端午節、5th day of the 5th lunar month, Oregon Boat Festival）
fa⁵⁵ liuŋ⁵⁵ ʃon⁵⁵	划龍船	竜船をこぐ（划龍舟，to row the dragon boat）
tsʰit⁵⁻³² ŋiet³² tsʰit⁵ tsʰit⁵⁻³² ŋioŋ⁵⁵ saŋ⁵³	七月七 七娘生	七夕（七夕，乞巧，7th evening of the 7th moon）
		〈「tsʰit⁵⁻³² ŋioŋ⁵⁵ saŋ⁵³ 七娘生」は「七仙女」の誕生日にちなむ。〉
pai²¹ ʃin⁵⁵	拜神	神仙をおがむ（拜神、to worship fairies）
kui³⁵⁻³³ ŋiet³²	鬼月	旧暦7月の別称（鬼月、lunar July）
tsʰit⁵⁻³² ŋiet³² pan²¹ tʃuŋ⁵³ ŋien⁵⁵ (tsiet⁵)	七月半 中元(節)	中元節・旧暦7月15日（中元節、a festival on the seventh full moon in a lunar year）
		tsʰit⁵⁻³² ŋiet³² pan²¹ am²¹ pu⁵³ pai²¹ ho³⁵⁻³³ hiuŋ⁵³ tʰi³³ 七月半暗晡拜好兄弟。 中元節の晩には無縁仏をまつる（中元節晚上拜陰魂野鬼。）
kʰoi⁵³ kui³⁵⁻³³ mun⁵⁵ kui³⁵⁻³³ mun⁵⁵ kʰoi⁵³	開鬼門 鬼門開	あの世の扉がひらく（鬼門開、to open the door of the other world）
		〈旧暦7月は、あの世とこの世の境の扉がひらいて、亡者がこの世にでてくるという俗信がある。この時期には、亡者をまつり、婚礼をおこなわないなどの習慣がある。〉
ho³⁵⁻³³ hiuŋ⁵³ tʰi³³ van³³ ʃan²¹ ʒa⁵⁵	好兄弟 萬善爺	無縁仏（好兄弟，遊魂，野鬼，a deceased person without any surviving relatives to pray

XII. 宗教・習俗・交際（宗教, 習俗, 交際 Religions, Customs, Socializing）　231

ʒiu$^{55/53}$ ʒin^{21} kuŋ^{53}	有應公	for his soul)
		〈まつる人のない無縁仏を指す。「van^{33} ʃan^{21} ʒa^{55} 萬善爺」「ʒiu$^{55/53}$ ʒin^{21} kuŋ^{53} 有應公」の名でまつる。〉
pat$^{5-32}$ ŋiet^{32} pan^{21}	八月半	中秋節・旧暦8月15日（中秋節、mid-autumn
tʃuŋ^{53} tsʰiu^{53} tsiet^5	中秋節	festival)
		〈主として「pat$^{5-32}$ ŋiet^{32} pan^{21} 八月半」は高年層に、「tʃuŋ^{53} tsʰiu^{53} tsiet^5 中秋節」は中年層以下に使用される。〉
		ka^{53} ki$^{35-33}$ ŋit^5 tsʰiu^{33} he^{21} pat$^{5-32}$ ŋiet^{32} pan^{21}
		加幾日就係八月半。
		あと数日で中秋節だ（過幾天就是中秋節。）
kʰon^{21} ŋiet^{32} koŋ^{53}	看月光	月見をする（賞月、to enjoy the moonlight)
kiu$^{35/35-33}$ ŋiet^{32} kiu^{35}	九月九	重陽節・旧暦9月9日（重陽節、9th day
ten^{53} ko^{53} tsiet^5	登高節	of the 9th moon)
tuŋ^{53} tsiet^5	冬節	冬至（冬至、winter solstice)
ŋiu^{55} saŋ^{53} ŋit^5	牛生日	〈「ŋiu^{55} saŋ^{53} ŋit^5 牛生日」は主として農民がもちいる。冬至から農耕用の牛がやすみはじめることにちなむ。〉
ŋien^{55} sam^{53} ʃip^{32} am^{21} pu^{53}	年三十暗晡	除夜（除夕、New Year's Eve)
ʃiu$^{35-33}$ ŋien^{55}	守年	大晦日の夜ねないで新年をむかえる（守歳、to stay up late or all night on New Year's Eve)
tʰon^{55} ʒan^{55}	團圓	大晦日に家族全員が団欒すること（團圓、(family) to gather together for New Year's Eve)
tsak$^{5-32}$ ŋien^{55} tsʰien^{55}	□年錢	お年玉（壓歲錢、cash distributed among children on New Year's Eve for luck)
		〈「tsak^5 □」は上からおさえることを指す。〉
mui^{53} ŋa^{55}	尾牙	忘年会（尾牙、Lunar New Year banquet)

XII. iii. 習俗（習俗 Social customs）

ket$^{5\text{-}32}$ pai^{21}	結拜	義兄弟の契りをむすぶ（結拜、to swear brotherhood or sisterhood；to pledge in a sworn brotherhood）
ket^{32} pai^{21} hiuŋ^{53} t^{h}i^{33}	結拜兄弟	義兄弟（盟兄弟，結拜兄弟、adopted brother）
{tai^{21} / mai^{53}} loi^{55} hiuk^5	{帶/買}來畜	養子にもらう（領養、to adopt）
{tai^{21} / mai^{53}} loi^{55} ʒoŋ^{53}	{帶/買}來養	〈「つれてきてやしなう」あるいは「買ってきてやしなう」という意味。「hiuk^5 畜」をもちいる方が一般的。〉
ko^{21} foŋ^{55}	過房	養子にやる・養子にだす（過繼、to give a child for adoption by a near relative）
ket$^{5\text{-}32}$ fun^{53}	結婚	結婚する（結婚、to get married）
		ŋai^{55} oi^{21} {lau^{53} / t^{h}uŋ^{55}} ki^{55} ket$^{5\text{-}32}$ fun^{53}
		我愛{□/同}佢結婚。
		わたしは彼女と結婚したい（我要跟她結婚。）
li^{55} fun^{53}	離婚	離婚する（離婚、to get divorced）
		ŋai^{55} oi^{21} {lau^{53} / t^{h}uŋ^{55}} ki^{55} li^{55} fun^{53}
		我愛{□/同}佢離婚。
		わたしは彼と離婚したい（我要跟他離婚。）
t^{h}o^{35}	討	めとる（娶、to take a wife）
		t^{h}o$^{35\text{-}33}$ pu^{53} ŋioŋ^{55} 討□娘。
		妻をめとる（娶太太。）
ka^{21}	嫁	とつぐ（嫁、to take a husband）
ket$^{5\text{-}32}$ fun^{53} kai^{21} ɲit$^{5\text{-}32}$ lə^{55}	結婚個日仔	結婚する日（結婚的日子、wedding day）
ha^{53} p^{h}in^{21} kim^{53}	下聘金	結納の贈り物をする（下聘禮、to send the betrothed presents）
ka^{21} tsoŋ^{53}	嫁妝	嫁いり道具（妝奩，嫁妝、dowry）
sin^{53} ŋioŋ^{55} kuŋ^{53}	新娘公	新郎（新郎、groom）
sin^{53} loŋ^{55}	新郎	〈「sin^{53} ŋioŋ^{55} kuŋ^{53} 新娘公」が一般的。〉
sin^{53} ŋioŋ^{55}	新娘	新婦（新娘、bride）

XII. 宗教・習俗・交際（宗教, 習俗, 交際 Religions, Customs, Socializing）　233

hi³⁵⁻³³ sɨ³³	喜事	祝いごと・結婚（喜事、wedding day）
hi³⁵⁻³³ tsiu³⁵	喜酒	婚礼の祝い酒（喜酒、wedding feast）
tʰuŋ³³ foŋ⁵⁵	洞房	新婚夫婦の部屋（洞房、nuptial chamber）
sin⁵³ ŋioŋ⁵⁵ kien⁵³	新娘間	
nau³³ tʰuŋ³³ foŋ⁵⁵	鬧洞房	婚礼の晩、新婚夫婦の部屋に親戚友人がさ
nau³³ sin⁵³ ŋioŋ⁵⁵ kien⁵³	鬧新娘間	わぎにくること（鬧新房、rough horse play at weddings）
fui⁵⁵ mun⁵⁵	回門	結婚してから最初の里帰り（回門, 歸寧、first visit of a bride to her parents）
tsai²¹ ka²¹ nin⁵⁵	再嫁人	（女性が）再婚する（再嫁、(woman) to remarry）
tʰiam⁵³ foŋ⁵⁵	添房	寡婦になる（填房, 再娶、to marry a widower）
ʃiu³⁵⁻³³ kua³⁵	守寡	寡婦のままでいる（守寡、to remain in widowhood）
si⁵³ pun⁵³	私奔	かけおちする（私奔、to elope）
tʰuŋ⁵⁵ ki⁵³	同居	同棲する（同居、illicit living together）
tso²¹ ŋiet³²	做月	産後1箇月の養生をすること（坐月子、(woman after giving birth) to be confined）
man⁵³ ŋiet³²	滿月	こどもが生後1箇月になること（滿月、the month after childbirth）
tso²¹ man⁵³ ŋiet³²	做滿月	生後1箇月をいわう（辦滿月酒、to celebrate the month after childbirth）
		〈この時期「kai⁵³ tsiu³⁵ 雞酒」（鶏肉を酒で煮たスープ）をのむ習慣がある。〉
saŋ⁵³ ŋit⁵	生日	誕生日（生日、birthday）
tso²¹ saŋ⁵³ ŋit⁵	做生日	誕生日をいわう（做生日, 慶生、to celebrate birthday）
soŋ⁵³ sɨ³³	喪事	葬式（喪事、funeral）
siau³⁵⁻³³ liam³³	小殮	死に装束を着せる（小殮、to dress a newly

		dead person)
ʃiu³³ sam⁵³	壽衫	死に装束・経帷子（壽衣、grave clothes）
ʃiu³³ ʒi⁵³	壽衣	
tʰai³³ liam³³	大殮	遺体を棺におさめる（大殮、to put the dead into the coffin）
lin⁵⁵	靈	遺体がおさめられている棺（靈, 靈柩、coffin containing a corpse）
ʃiu³⁵⁻³³ lin⁵⁵	守靈	通夜をする（守靈、to watch the coffin containing a corpse）
hau²¹ tsɨ³⁵	孝子	親の喪に服している人（孝子、filial son in mourning）
tʃok⁵⁻³² hau²¹ fuk³²	著孝服	喪服を着る・服喪する（穿孝服、to wear mourning）
tʰot⁵⁻³² hau²¹	脱孝	喪服を脱ぐ（脱孝、to put off mourning apparel）
tʃʰut⁵⁻³² pin²¹	出殯	出棺する（出殯、to hold a funeral procession）
fan⁵⁵ san⁵³	還山	
mai⁵⁵ tsoŋ²¹	埋葬	埋葬する（埋葬、to inter, to bury）
kim⁵³ tʰeu³³ aŋ⁵³	金豆罌	伝統的な骨灰壺（傳統的骨灰罐、traditional Hakka urn）
		〈使用頻度はひくい。〉
kut⁵⁻³² foi⁵³ aŋ⁵³	骨灰罌	骨壺（骨灰罐、urn）
kut⁵⁻³² foi⁵³ tʰan⁵⁵	骨灰罎	
mat³² tsʰo³⁵	□草	きよめの草（驅邪的草、grasses which eliminate evil）
		〈喪家の手伝いからかえってきた時，この草をひたした水で顔をあらう習慣がある。〉
tso²¹ tsʰit⁵	做七	死後7日ごとに49日まで供養すること（做七，頭七、period (49 days) during which

XII. 宗教・習俗・交際（宗教, 習俗, 交際 Religions, Customs, Socializing）　235

		ceremonies with the funeral and sacrifices are observed）
ta$^{35\text{-}33}$ tsiau^{21}	打醮	道士が法会をおこなう（打醮, 做醮、to celebrate the feast of all souls）
pin^{53} ʒit^{32} kon^{35}	殯□館	葬儀場（殯儀館、a funeral home）〈「殯儀館 pin^{53} ŋi^{33} kon^{35}」の訛音の可能性がある。〉
fuŋ^{53} siuk^{32}	風俗	風俗・風習（風俗、customs）

XII. iv. 交際（交際 Socializing）

ʒin^{21} ʃiu^{55}	應酬	交際（應酬、social intercourse）
loi^{55} voŋ^{53}	來往	ゆききする（來往、intercourse, connection）
ŋin^{55} tsʰin^{55}	人情	人としての情（人情、human nature, friendliness）
ŋin^{55} si^{33}	人事	人間関係（人事、human relationship/string）
kau^{53} pʰen^{55} ʒiu^{53}	交朋友	友達になる（交朋友、to make friends）
kai^{21} ʃau^{21}	介紹	紹介する（介紹、to introduce）
ta$^{35\text{-}33}$ tʃau^{53} fu^{53}	打招呼	あいさつする（打招呼、ho hail）
pʰoi^{55}	陪	つきそう（陪伴、to keep company）pʰoi^{55} ŋi^{55} 陪你。あなたにつきそう（陪你。）
tʰam^{21} foŋ$^{35\text{-}33}$ pʰen^{55} ʒiu^{53}	探訪朋友	友人をたずねる（探望朋友、to make a visit to friends）
fui^{55} pai^{21}	回拜	答礼の訪問をする（再次拜訪、to return a visit）
ŋiaŋ^{55} tsiap^{5}	迎接	出むかえる（迎接、to welcome, to receive）
tʃau^{53} tʰai^{33}	招待	接待する・もてなす（招待、to receive (visitor)）
kʰuan$^{35\text{-}33}$ tʰai^{33}	款待	手厚くもてなす（款待、to entertain）kʰuan$^{35\text{-}33}$ tʰai^{33} ŋin^{55} hak^{5} 款待人客。

お客をもてなす（款待客人。）

tʃu³⁵⁻³³ ŋin⁵⁵	主人	主人（主人、host）
ŋin⁵⁵ hak⁵	人客	客（客人、guest）〔個〕
		〈量詞は、こどもについては〔隻〕をもちいる。〉
hak⁵⁻³² hi²¹	客氣	遠慮する（客氣、to stand on ceremony）
ʒok⁵	約	約束をする（約、to make an engagement with）
		ʒok⁵⁻³² ŋi⁵⁵ 約你。
		あなたに約束をする（約你。）
ʃit⁵⁻³² ʒok⁵	失約	約束をやぶる（失約、to break an engagement）
suŋ²¹ li⁵³	送禮	贈り物をする（送禮 to send presents）
li⁵³ vut³²	禮物	贈り物（禮物、gift, present）〔件〕〔份〕〔隻〕
tsʰeu²¹	湊	まねく・招待する（邀請、to invite）
		tsʰeu²¹ ki⁵⁵ (kʰiuŋ³³ ha³³) loi⁵⁵ hi²¹ ʃit³² tsiu³⁵
		湊佢(共下)來去食酒。
		彼をまねいて（いっしょに）酒をのみにゆく（邀請他一起去喝酒。）
fat⁵⁻³² tʰiap⁵	發帖	招待状などをだす（發邀請函、to give a treat）
tsʰiaŋ³⁵⁻³³ ŋin⁵⁵ hak⁵	請人客	客を招待する・ごちそうする（請客、to invite guests to give a party）
		ŋai⁵⁵ tsʰiaŋ³⁵ 我請。
		わたしが招待する／ごちそうする（我請。）
suŋ²¹ ŋin⁵⁵ hak⁵ tʃʰut⁵ hi²¹	送人客出去	客を見おくる（送客、to see a visitor off）
tso²¹ ŋin⁵⁵ hak⁵	做人客	お客になる（作客、to be a guest）
pʰoi⁵⁵ ŋin⁵⁵ hak⁵	陪人客	客の相手をする（陪客、to entertain visitor）
tsʰiaŋ³⁵⁻³³ tʰiap⁵	請帖	招待状（請帖, 邀請函、invitation）〔張〕〔份〕
ʒau⁵³ tsʰiaŋ³⁵⁻³³ tʰiap⁵	邀請帖	
hi³⁵⁻³³ tʰiap⁵	喜帖	結婚の招待状（喜帖、wedding invitation）
fat⁵⁻³² tsʰiaŋ³⁵⁻³³ tʰiap⁵	發請帖	招待状をだす（下請帖、to send an invitation）
pai⁵⁵ tsiu³⁵⁻³³ sit³²	擺酒席	酒席をもうける（擺酒席、to give a banquet）

XII. 宗教・習俗・交際（宗教,習俗,交際 Religions, Customs, Socializing） 237

tsen³³ ŋai⁵⁵ kai²¹ koŋ⁵³ ʒuŋ⁵⁵	增我個光榮	おいでをいただく・顔をたてる（賞光 , 賞
tsen³³ ŋai⁵⁵ kai²¹ mien³³ tsi³⁵		臉 , 賞面子、to favor with one's presence）
	增我個面子	〈これらのことばは、相手に直接いっても
		かまわない。〉
lok³² loi⁵⁵ tsʰo⁵³	落來坐	席につく（入座、to seat at a dinner table）
tsʰiaŋ³⁵⁻³³ tsʰo⁵³	請坐	〈「lok³² loi⁵⁵ tsʰo⁵³ 落來坐」は、はいってき
		てすわるということである。〉
tʃʰut⁵⁻³² tsʰoi²¹	出菜	料理をだす（上菜、to start serving a banquet）
ʃit³² tsiu³⁵	食酒	酒をのむ（喝酒、to drink wine）
lim⁵⁵ tsiu³⁵	□酒	
kin²¹ tsiu³⁵	敬酒	酒をすすめる（敬酒、to present a cup of wine）
kʰen²¹ ŋin⁵⁵ ʃit³² tsiu³⁵	勸人食酒	酒をすすめる（勸酒、to pledge in wine）
		ki⁵⁵ tsʰo⁵³ tsiu³⁵⁻³³ tsok⁵⁻³² {kien⁵³ / pien⁵³} mo⁵⁵ tʰin⁵⁵
		kʰen²¹ ŋin⁵⁵ ʃit³² tsiu³⁵
		佢坐酒桌 {間 / 邊} 無停勸人食酒。
		彼は酒席でたえず酒をすすめる（他在席間不住地勸
		酒。）
kon⁵³ pui⁵³	乾杯	乾杯する（乾杯、to empty the wine glass）
		kon⁵³ ʒit⁵⁻³² pui⁵³ 乾一杯。
		一杯あける（乾一杯。）
		〈「kon⁵³ 乾」のかわりに「lim⁵⁵ □」をもちいてもか
		まわない。しかし、「ʃit³² 食」をもちいることはで
		きない。〉
tsʰiaŋ³⁵⁻³³ on⁵³	請安	ご機嫌をうかがう（請安、to pay respects to）
mun²¹ on⁵³	問安	
ŋi⁵⁵ ʃit³² pau³⁵ maŋ⁵⁵	你食飽冇？	こんにちは（你好、how are you）
		〈「おなかいっぱいたべたか」ということ。
		標準中国語の「吃飯了嗎？」に相当する。〉
tsʰiaŋ³⁵⁻³³ mun²¹	請問	おたずねします（請問、may I ask）
lo⁵⁵ ka³⁵	勞駕	（頼みごとをする場合）おそれいりますが

(勞駕、I have troubled you)

| ʃin⁵⁵ muŋ⁵⁵ | 承蒙 | （贈物について）ありがとう・感謝する（謝 |
| kam³⁵⁻³³ tsʰia³³ | 感謝 | 謝（禮物）、to thank for a gift） |

{ʃin⁵⁵ muŋ⁵⁵ / kam³⁵⁻³³ tsʰia³³} ŋi⁵⁵ kai²¹ li⁵³ vut³²
{承蒙 / 感謝}你個禮物。
贈り物をありがとうございます（謝謝你的禮物。）

ʃin⁵⁵ muŋ⁵⁵	承蒙	（行為について）ありがとう・感謝する（謝
kam³⁵⁻³³ tsʰia³³	感謝	謝（做的事）、to thank for an act of kindness）
kam³⁵⁻³³ sim⁵³	感心	
kam³⁵⁻³³ en⁵³	感恩	

{---} ŋi⁵⁵ kai²¹ poŋ⁵³ moŋ⁵⁵ {---} 你個幫忙。
援助をありがとうございます（謝謝你的幫忙。）
{ʃin⁵⁵ muŋ⁵⁵ / kam³⁵⁻³³ tsʰia³³ / kam³⁵⁻³³ sim⁵³} ŋi⁵⁵
{承蒙 / 感謝 / 感心}你。
ありがとう（謝謝你。）

sui⁵⁵ pʰien³³	隨便	どうぞお楽に（隨便、at your convenience）
ʃit⁵⁻³² li⁵³	失禮	ごめんなさい（對不起、excuse me）
tui²¹ put⁵⁻³² hi³⁵	對不起	〈「ʃit⁵⁻³² li⁵³ 失禮」が一般的。〉
m̩⁵⁵ ho³⁵⁻³³ siau²¹ ŋai⁵⁵	唔好笑我	わらわないでください（別見笑、don't laugh at me--- my ignorance）
tsʰiaŋ³⁵⁻³³ kʰiu⁵⁵ ŋi⁵⁵	請求你	おねがいしますが（請求你、to request a
ma⁵⁵ fan⁵⁵ ŋi⁵⁵	麻煩你	favor of）
pai²¹ tʰok⁵ ŋi⁵⁵	拜託你	

ma⁵⁵ fan⁵⁵ ŋi⁵⁵ tʰuŋ⁵⁵ ŋai⁵⁵ mai⁵³ ʒit⁵⁻³² pau⁵³ ʒan⁵³
麻煩你同我買一包煙。
もうしわけありませんが、タバコを1箱買ってください（麻煩你幫我買一包煙。）

| pai²¹ mun²¹ ŋi⁵⁵ | 拜問你 | うかがいますが（請問、excuse me） |

pai²¹ mun²¹ ŋi⁵⁵ liuk⁵⁻³² ka⁵³ tsʰo⁵³ lai³³ vui³³
拜問你六家坐□位？

XIII. 人体（人體 Human Body） 239

		うかがいますが、六家はどこですか（請問六家在哪裡？）
		〈「六家」は新竹県竹北市の地名である。〉
m⁵⁵ sɨ³⁵⁻³³ hak⁵⁻³² hi²¹	唔使客氣	ご遠慮なく（別客氣、do not stand on ceremony）
tsʰiaŋ³⁵⁻³³ tsʰo⁵³	請坐	おかけください；見送りにはおよばない（請坐；留步、please have a seat; don't trouble yourself to come out）
sioŋ⁵³ ho³⁵	相好	仲良しである（要好、to be on friendly terms）
tsʰiaŋ³⁵⁻³³ man³³ haŋ⁵⁵	請慢行	（見おくる人が）お気をつけて（請慢走、Good-bye!）

XIII. 人体（人體 Human Body）

XIII. i. 体とその機能（身體，生理 Body parts and functions）

ʃin⁵³ tʰi³⁵	身體	体（身體、body）
mo⁵³	毛	毛（毛、body hair）〔條〕
pʰi⁵⁵	皮	皮膚（皮、skin）〔te²¹ □〕〔領〕
tʃiu²¹ vun⁵⁵	皺紋	しわ（皺紋、wrinkle）〔條〕
tʃi²¹	痣	あざ；ほくろ（痣；黒子、mole; birthmark）〔隻〕
kut⁵	骨	骨（骨，骨頭、bone）〔枝〕〈量詞は、頭骨については〔隻〕をもちいる。〉
sui³⁵	髓	髓（髓，骨髓、marrow）
kin⁵³	筋	すじ・靱帯（筋、tendon）
ŋiuk⁵	肉	肉（肉、flesh）
ko⁵³	膏	脂肪（膏、fat）
hiet⁵	血	血（血、blood）

liu⁵⁵ hiet⁵	流血	血がでる（流血、to bleed）
muk⁵⁻³² tɕip⁵	目汁	涙（眼水、tears caused by smoke, etc.）
hon³³	汗	汗（汗、sweat）
tɕʰut⁵⁻³² hon³³	出汗	汗をかく（流汗、to sweat）
liu⁵⁵ hon³³	流汗	〈「tɕʰut⁵⁻³² hon³³ 出汗」が一般的。〉
man³³ tʰiau⁵⁵	□條	垢（垢、body dirt）
ŋiuk⁵⁻³² kʰit³²	肉□	たこ（繭、callous）
		〈「kʰit³² □」は塊になったものを指す。「ʒit⁵⁻³² kʰit³² 一□」は1塊。〉
ket⁵⁻³² ŋiuk⁵⁻³² kʰit³²	結肉□	たこができる（起厚繭、to grow callous skin）
pʰau²¹	泡	ふくらみ・腫れなど（泡、blister）
hi³⁵⁻³³ pʰau²¹	起泡	まめや水ぶくれなどができる（起泡, 起水泡、to raise a blister）
nuŋ⁵⁵	膿	膿（膿、pus）
lau⁵⁵ nuŋ⁵⁵	流膿	化膿する（化膿、to suffocate）
tʰeu³³ hi²¹	□氣	呼吸する；息をすう；息をはく（呼吸；呼氣；吐氣、to breathe ; to breathe in ; to breathe out）
tsot⁵⁻³² hi²¹	啜氣	息をすう（吸氣、to inhale）
pʰun⁵⁵ hi²¹	歕氣	息をふく（吹氣、to huff）
tʰeu³³ tʰai³³ hi²¹	□大氣	息をきらす；あくびをする・ため息をつく（喘氣；打呵欠、to pant ; to yawn）
tsʰen²¹	□	ため息をつく（嘆氣、to sigh）
		ŋi⁵⁵ {tsʰen²¹ / hai⁵³} mak³² kai²¹ 你 {□/□} □個？あなたはなにをため息をついているのだ（你嘆甚麼氣呢？）
tuk³² muk⁵⁻³² ʃoi³³	□目睡	居眠りをする（打瞌睡、to doze）
tʰeu⁵⁵ na⁵⁵	頭□	頭（頭、head）
tʰeu⁵⁵ taŋ³⁵	頭頂	頭頂部（頭頂、top of the head）
tʰeu⁵⁵ na⁵⁵ mo⁵³	頭□毛	髪の毛（頭髪、hair）
tsʰion³³	□	つむじ（髪旋、crown of the head）〔隻〕〔粒〕

XIII. 人体（人體 Human Body） 241

t^heu^{55} na^{55} mo^{53} ts^hion^{33}	頭□毛□	
tan^{53} ts^hion^{33}	單□	1つのつむじ（單髮旋、single crown of the head）
sun^{53} ts^hion^{33}	雙□	2つのつむじ（雙髮旋、double crown of the head）
kon^{53} t^heu^{55}	光頭	はげ頭（禿頭、bald-headed）
heu^{33} no^{35}	後腦	後頭部（後腦杓、back of the skull, occiput）
no^{35-33} $tsion^{53}$	腦漿	脳みそ（腦漿、brain）
$niak^{5-32}$ t^heu^{55}	額頭	ひたい（前額、forehead）
$mien^{21}$	面	顔（臉、face）
muk^{5-32} mi^{55} mo^{53}	目眉毛	眉毛（眉毛、eyebrow）〔條〕
muk^{5-32} $tʃu^{53}$	目珠	目（眼睛、eyes）〔隻〕〔粒〕
muk^{5-32} $tʃu^{53}$ p^hi^{55}	目珠皮	まぶた（眼皮、eyelid）
muk^{5-32} $tʃu^{53}$ p^hi^{55} tan^{53} $niam^{53}$ / tan^{53} $niam^{53}$ muk^{5-32} $tʃu^{53}$ p^hi^{55}	目珠皮單□ / 單□目珠皮	一重まぶた（單眼皮、single eyelid）
muk^{5-32} $tʃu^{53}$ p^hi^{55} sun^{53} $niam^{53}$ / sun^{53} $niam^{53}$ muk^{5-32} $tʃu^{53}$ p^hi^{55}	目珠皮雙□ / 雙□目珠皮	二重まぶた（雙眼皮、double eyelid）
muk^{5-32} $tʃu^{53}$ mo^{53}	目珠毛	まつ毛（睫毛、eyelash）
muk^{5-32} k^hion^{53}	目眶	目のふち（眼眶、eye socket）
muk^{5-32} $tʃu^{53}$ $ʒin^{55}$	目珠仁	目玉・眼球；ひとみ・瞳孔（眼珠；瞳孔、eyeball；pupil）
muk^{5-32} kok^5	目角	目尻（眼角、corners of the eyes）
muk^{5-32} $tʃip^5$	目汁	涙（眼淚、tears）
lau^{55} muk^{5-32} $tʃip^5$	流目汁	涙をながす（流眼淚、to shed tears）
muk^{5-32} $ʃi^{35}$	目屎	目やに（眼垢，眼屎、secretion in the eye）
$ʃe^{33}$ muk^5	□目	斜視（眼斜、cross-eyed）

tsʰia⁵⁵ muk⁵	斜目	
muk⁵⁻³² tʃu⁵³ pʰi⁵⁵ tʰiau²¹	目珠皮跳	まぶたがぴくぴくする（眼皮跳、involuntary motion of the eyelid, twitching of the eye）
muk³² tʃu⁵³ pʰi⁵⁵ pot⁵⁻³² tʃoi⁵⁵	目珠皮發□	ものもらいができる（偷針眼、to have a sty）
ŋi³⁵⁻³³ kʰuŋ⁵³	耳空	耳；耳の穴（耳朵；耳孔、ears；aperture of the ear）〔隻〕
ŋi³⁵⁻³³ tʰo⁵⁵	耳垂	耳たぶ（耳垂、ear lobe）
tʰiet⁵⁻³² kut⁵⁻³² ŋi³⁵	鐵骨耳	かたい耳（康耳、hard ears）
ŋioŋ⁵³ ŋi³⁵	軟耳	やわらかい耳（柔耳、soft ears）
ŋi³⁵⁻³³ van⁵⁵	耳環	耳飾り（耳環、earrings）
ŋi³⁵⁻³³ ʃi³⁵	耳屎	耳垢（耳垢，耳屎、soft secretion of the ear）
pʰi³³ kʰuŋ⁵³	鼻空	鼻（鼻子、nose）〔隻〕
pʰi³³ lioŋ⁵⁵	鼻樑	鼻筋（鼻樑、ridge of nose）
pʰi³³ ʃui³⁵	鼻水	鼻水（鼻涕、mucus from the nose）
lau⁵⁵ pʰi³³ ʃui³⁵	流鼻水	鼻水がながれる（流鼻涕、to have a running nose）
sen²¹ pʰi³³ ʃui³⁵	□鼻水	鼻をかむ（擤鼻涕、to blow the nose）
tsot⁵⁻³² pʰi³³ ʃui³⁵	啜鼻水	鼻水をすする（吸鼻涕、to blow in the mucus of the nose）
pʰi³³ ʃi³⁵	鼻屎	鼻くそ（鼻垢，鼻屎、hard secretion from the nose）〔團〕
tʃoi²¹	嘴	口（嘴、mouth）〔張〕〔隻〕
tʃoi²¹	嘴	口・口状の部分（口、opening of the mouth）
kʰeu³⁵	口	
		kʰoi⁵³ {tʃoi²¹ / kʰeu³⁵} 開 {嘴 / 口}。口をひらく（開口。）
tʃoi²¹ ʃun⁵⁵	嘴唇	唇（嘴唇、lips）
{ʃat³² / ʃet³²} ma⁵⁵	舌嬤	舌（舌頭、tongue）〔條〕
{ʃat³² / ʃet³²} ma⁵⁵ mui⁵³	舌嬤尾	舌先（舌尖、tongue tip）
{ʃat³² / ʃet³²} ma⁵⁵ tʰeu⁵⁵	舌嬤頭	舌の根（舌根、root of the tongue）

XIII. 人体（人體 Human Body） 243

heu$^{35\text{-}33}$ ʃui^{35}	口水	唾液・つば（唾液, 唾沫、口水、saliva）
		p^{h}ui^{21} heu$^{35\text{-}33}$ ʃui^{35} 口水。
		つばをはく（吐唾沫。）
t^{h}am^{55}	痰	痰（痰、phlegm）
p^{h}ui^{21} t^{h}am^{55}	口痰	痰をはく（吐痰、to spit）
		〈一般に高年層に使用される。〉
le^{21}	口	（口の中のものを）はく（吐、to spit）
		le^{21} tʃ^{h}ut^{5} loi^{55} 口出來。
		はきだす（吐出來。）
ŋa^{55} tʃ^{h}i^{35}	牙齒	歯（牙、teeth）〔枝〕
nen^{21} ŋa^{55}	口牙	乳歯（乳牙、milk teeth）
mun^{55} ŋa^{55}	門牙	前歯・門歯（門牙、incisors, front teeth）
t^{h}ai^{33} ŋa^{55}	大牙	臼歯（臼齒、molars）
ŋa^{55} voŋ^{55}	牙黃	歯垢（牙垢、tartar）
ŋa^{55} ts^{h}oŋ^{53} ŋiuk^{5}	牙床肉	歯ぐき（牙床、the gums）
ha^{53} ŋam^{53}	下口	下の歯ぐき（下牙床、lower gum）
ʃoŋ^{33} ŋam^{53}	上口	上の歯ぐき（上牙床、upper gum）
voŋ^{33} ŋa^{55}	換牙	歯がはえかわる（換牙、to discard milk teeth）
tʃoi^{21} kok^{5}	嘴角	ほお；下顎（腮；下顎、cheek；lower jaw）
		piaŋ^{53} tʃoi^{21} kok^{5} 口嘴角。
		びんたをはる（打耳光。）
fu^{55} si^{53}	鬍鬚	ひげ；口ひげとあごひげ（鬍子；鬍鬚、beard；mustache）
tsiu$^{35\text{-}33}$ fut^{5}	酒窟	えくぼ（酒窩、dimples）
ha^{55} ma^{55} koi^{53}	蛤蟆口	あご（下巴、chin）
vu^{53} pan^{53}	烏斑	そばかす（雀斑、freckles）〔點〕〔粒〕〔隻〕
tʃoŋ^{21} tʃ^{h}iu^{55}	口口	にきび（面疱、pimple）
kiaŋ$^{35\text{-}33}$ kin^{53}	頸筋	首（脖子、neck）
kiaŋ$^{35\text{-}33}$ kin^{53} poi^{21}	頸筋背	首筋（脖梗子, 頸後、nape, back of the neck）
heu^{55} lien^{55} koi^{53}	喉口口	のど（喉嚨、throat）

tsʰioŋ³⁵⁻³³ ʃit³² koi⁵³	搶食□	のど仏（喉結、Adam's apple）〈「koi⁵³□」は拘束形態素で、のど仏を指す。〉
ken⁵³ poŋ³⁵	肩膀	肩（肩膀、shoulder）
ʃiu³⁵⁻³³ kʰiap⁵⁻³² ha⁵³	手腋下	脇の下（胳肢窩,腋下、armpit）
ʃiu³⁵	手	手（手、hand）〔枝〕〔隻〕
ʒiu³³ ʃiu³⁵	右手	右手（右手、right-hand）
tʃin²¹ ʃiu³⁵	正手	
tso²¹ ʃiu³⁵	左手	左手（左手、left-hand）〈「tso³⁵⁻³³ pʰien³⁵ 左片」のように、左側を指示する場合「左」は上声である。〉
ʃiu³⁵⁻³³ pi³⁵	手臂	腕（胳臂、armpit）〔枝〕〔隻〕
ʃoŋ³³ pi³⁵	上臂	
ʃiu³⁵⁻³³ tsaŋ⁵³	手□	肘（胳臂肘、elbow）
ʃiu³⁵⁻³³ von³⁵	手腕	肘の内側；手首（臂彎；手腕子、inner side of elbow；wrist）
ha³³ pi³⁵	下臂	前腕・腕の肘から手首までの部分（前臂、forearm）
mak⁵	脈	脈（脈、pulse of the wrist）
ʃiu³⁵⁻³³ poi²¹	手背	手の甲（手背、back of the hand）
ʃiu³⁵⁻³³ pa⁵³ tʃoŋ³⁵	手巴掌	手のひら（手掌、palm）〔隻〕
ʃiu³⁵⁻³³ tʃi³⁵⁻³³ tʰeu⁵⁵	手指頭	指（手指頭、finger）
ʃiu³⁵⁻³³ tʃi³⁵⁻³³ tsiet⁵	手指節	手の関節（手的關節,手節、knuckles）
fu³⁵⁻³³ kʰeu³⁵	虎口	親指と人差し指の間（虎口、space between the thumb and forefinger）
ʃiu³⁵⁻³³ tʃi³⁵⁻³³ pʰuŋ³³	手指縫	指と指の隙間（手縫、spaces between fingers）
ʃiu³⁵⁻³³ tʃi³⁵⁻³³ mui⁵³	手指尾	指先（指尖、finger tips）
ʃiu³⁵⁻³³ tʃi³⁵⁻³³ kap⁵	手指甲	手の爪（指甲、fingernail）〔隻〕
ʃiu³⁵⁻³³ tʃi³⁵⁻³³ kuŋ⁵³	手指公	親指（大拇指、thumb）〔枝〕〔隻〕
siau³⁵⁻³³ tʃi³⁵	小指	小指（小指、little finger）〔枝〕〔隻〕

XIII. 人体（人體 Human Body）　245

ʃit³² tʃi³⁵	食指	人差し指（食指、index finger）〔枝〕〔隻〕
tʃuŋ⁵³ tʃi³⁵	中指	中指（中指、middle finger）〔枝〕〔隻〕
vu⁵⁵ miaŋ⁵⁵ tʃi³⁵	無名指	薬指（無名指、ring finger, the 3rd finger）〔枝〕〔隻〕
ŋ̍³⁵⁻³³ kuŋ⁵³ (ke⁵⁵)	五公（□）	五本の手の指全部を指す（五枝手指頭、five fingers）
ʃiu³⁵⁻³³ vun⁵⁵	手紋	手のひらの紋・手相（手紋、lines of the palm）
tʰon⁵³ tʃoŋ³⁵	斷掌	ますかけ線・百にぎり（斷掌、having a line quite across the palm）
lo⁵⁵ vun⁵⁵	籮紋	円形の指紋（圓形指紋、circular finger lines）
ki⁵³ vun⁵⁵	箕紋	波型の指紋（波形指紋、wavelike finger lines）
pun²¹ ki⁵³ vun⁵⁵	畚箕紋	
kʰen⁵⁵ tʰeu⁵⁵ ma⁵⁵	拳頭嫲	にぎりこぶし（拳頭、fist）
hiuŋ⁵³ pʰu⁵⁵	胸脯	胸（胸膛、chest）
hiuŋ⁵³ kak⁵	胸膈	
nen²¹ ku⁵³	□□	乳房（乳房、breasts）
nen²¹	□	乳（奶、breast）
nen²¹ tʰeu⁵⁵	□頭	乳首（奶頭、nipple）
nui³³ tsʰoŋ³³	內臟	内臓（五臟、viscera）
sim⁵³ tsʰoŋ³³ᐟ³⁵	心臟	心臟（心、heart）〔隻〕
fui²¹	肺	肺（肺、lungs）〔隻〕〔副〕
vui³³	胃	胃（胃、stomach）
ʒau⁵³ ə⁵⁵	腰仔	腰（腰、waist）
tu³⁵⁻³³ ʃi³⁵	肚屎	腹（肚子、belly）
kuaŋ⁵⁵ tu³⁵	□肚	太鼓腹（青蛙肚，大肚子、big belly）
kuaŋ⁵⁵	□	（腹が）つきでる（凸、to cause the abdomen to protrude）
	kuaŋ⁵⁵ tʃʰut⁵⁻³² loi⁵⁵ □出來。	
	（腹）がつきでてくる（(肚子)凸出來。）	
tu³⁵⁻³³ kuaŋ⁵⁵ kuaŋ⁵⁵	肚□□	腹がつきでてゆれている様子（形容肚子凸

出來搖來搖去、to denote that a pot belly is swinging)

| kuaŋ⁵⁵ loi⁵⁵ kuaŋ⁵⁵ hi²¹ | □來□去 | ゆれる・あちこちぶらぶらする（閒晃, 逛來逛去、to sway, to ramble) |

kuaŋ⁵⁵ loi⁵⁵ kuaŋ⁵⁵ hi²¹ hi²¹ lai³³ vui³³ □來□去去□位？
ぶらぶらとどこにいくのか（逛來逛去去哪裡？）

tu³⁵⁻³³ tsʰi⁵⁵	肚臍	へそ（肚臍、navel)
tsʰi⁵⁵ tai²¹	臍帶	へその緒・臍帯（臍帶、umbilical cord)
kon⁵³	肝	肝臓（肝、liver)
tam³⁵	膽	胆嚢（膽、gall bladder)
ʒau⁵³ ə⁵⁵	腰仔	腎臓（腎、kidneys)
ʃin²¹	腎	〈「ʒau⁵³ ə⁵⁵ 腰仔」が一般的。〉
se³⁵⁻³³ ʒau⁵³ ə⁵⁵	洗腰仔	腎臓透析をする（洗腎、renal dialysis)
pʰoŋ⁵⁵ kon⁵³	膀胱	膀胱（膀胱、bladder)
tʃʰoŋ⁵⁵ ŋə⁵⁵	腸仔	腸（腸、intestines)〔條〕〔串〕
moŋ⁵⁵ tʃʰoŋ⁵⁵	盲腸	盲腸（盲腸、appendix)
ʃi³⁵⁻³³ vut⁵	屎□	尻（屁股、buttocks)〔隻〕
ʃi³⁵⁻³³ vut⁵ lak⁵	屎□壢	尻のわれ目（股溝、cleft of the buttock)
o⁵³	屙	排泄する（排泄、to evacuate)
ʃi³⁵	屎	うんこ・大便（屎、feces)
o⁵³ ʃi³⁵	屙屎	大便をする（拉屎、to defecate)
ŋiau³³	尿	おしっこ・小便・尿（尿、urine)
o⁵³ ŋiau³³	屙尿	小便をする（撒尿、to urinate)
pi²¹	屁	おなら（屁、expulsion of intestinal gas)
ta³⁵⁻³³ pi²¹	打屁	おならをする（放屁、to expel intestinal gas)
tsoi⁵³ ə⁵⁵	□仔	男性器（男生殖器、male organ (common term))
lin³⁵⁻³³ kun²¹	□棍	男性器（男生殖器（隱語)、penis (euphemistic
pʰuk³² ku⁵³ ə⁵⁵	□□仔	term))

〈隱語〉

XIII. 人体（人體 Human Body） 247

se²¹ pʰuk³² ku⁵³ ə⁵⁵	細□□仔	男性器（男生殖器（兒語）、penis（baby term））〈幼児語〉
pe⁵⁵ ə⁵⁵	□仔	女性器（女生殖器、vulva（common term））
tʃi⁵³ vai⁵⁵	□□	
tʃi⁵³	□	
piet³² lə⁵⁵	鱉仔	女性器（女生殖器（隱語）、vulva（euphemistic term））
pʰoŋ²¹ pan³⁵	膨粄	
pe⁵⁵ (ə⁵⁵)	□(仔)	〈隱語。「pan³⁵ 粄」は本来コメの加工食品全般を指す。指示対象は女性器から、女性一般に拡張しており、以下のようなことばもつかわれている。「toŋ⁵³ hau²¹ ʃit³² pan³⁵ 當好食粄」（コメの加工食品をたべることがとてもすきだ →女ずきだ。）〉
tsɨ³⁵⁻³³ kiuŋ⁵³	子宮	子宮（子宮、uterus）
tʰoi⁵³	胎	胎（胎、pregnant womb）
pau⁵³ ʒi⁵³	胞衣	えな（胎衣、placenta）
ŋiet³² kin⁵³	月經	月経（月經、menstuation）
tiau³⁵	屌	性交する・おかす（㞗、to have sexual intercourse）
		tiau³⁵⁻³³ ŋia⁵⁵ me⁵³ 屌□姆。
		おまえのおっかさんをおかしてやる（㞗你媽。）
		tiau³⁵⁻³³ ŋia⁵⁵ tsu³⁵⁻³³ kuŋ⁵³ 屌□祖公。
		おまえの先祖をおかしてやる（㞗你祖宗）。
		〈いずれも罵詈語である。〉
sioŋ⁵³ tiau³⁵	相屌	性交（性交、sexual intercourse（common term））
sioŋ⁵³ pa⁵⁵ la⁵⁵	相□□	性交（性交（隱語）、sexual intercourse
lot⁵ tot⁵ sɨ²¹	□□□	(euphemistic term)）
		〈隱語〉
ʒiu⁵³ ʃin⁵³ hoŋ³³	有身項	身ごもる・妊娠する（懷孕、to be pregnant）
tʰai³³ tu³⁵⁻³³ ʃɨ³⁵	大肚屎	

	tʰai³³ tu³⁵⁻³³ ʃi³⁵ le⁵³ 大肚屎了。	
	妊娠した（懷孕了。）	
kiuŋ²¹ se²¹ ŋin⁵⁵	□細人	こどもをうむ（生子, 生產、to give birth）〈「kiuŋ²¹ □」はうむことを指す。〉
tso³⁵ sen⁵³ san³⁵	早生產	早產（早產、premature birth）
ta³⁵⁻³³ tʰoi⁵³	打胎	堕胎する（打胎, 堕胎、to procure abortion）
lau²¹ tʰoi⁵³	□胎	流産する（流產、to have a miscarriage）
lim⁵⁵ pʰun⁵⁵	臨盆	お産を間近にひかえる（臨盆、near childbirth）
ton³⁵⁻³³ tsʰi⁵⁵ tai²¹	□臍帶	へその緒を切る（剪臍帶、to cut the umbilical cord）
kiok⁵	腳	足（腿；腳、the leg；foot）〔枝〕〔隻〕
kiok⁵⁻³² pi³⁵	腳臂	もも・大腿（大腿、thigh）
tʰai³³ kiok⁵⁻³² pi³⁵	大腳臂	
tsʰit³² tʰeu⁵⁵	膝頭	膝・膝頭（膝蓋、kneecap）
tsʰit³² tʰeu⁵⁵ von³⁵	膝頭碗	膝蓋骨（膝蓋骨、patella）
kiok⁵⁻³² pi³⁵⁻³³ kut⁵	腳臂骨	大腿骨（大腿骨、thighbone）
kiok⁵⁻³² au⁵⁵	腳凹	膝の裏側（膝窩、inside of the knee）
kiok⁵⁻³² naŋ⁵⁵ kut⁵	腳□骨	脛骨（脛骨、shinbone）
kiok⁵⁻³² naŋ⁵⁵	腳□	ふくらはぎ；すね（小腿肚；小腿、calf of the leg；lower leg）
kiok⁵⁻³² pʰan⁵⁵	腳盤	足首から下の部分（足部、foot）
kiok⁵⁻³² pʰan⁵⁵ von³⁵	腳盤碗	足首（腿腕、ankle）
kiok⁵⁻³² tsaŋ⁵³	腳□	かかと（腳跟、heel）
kiok⁵⁻³² kin⁵³	腳筋	アキレス腱（跟腱的部位、Achilles' tendon）
kiok⁵⁻³² pʰan⁵⁵ mien²¹	腳盤面	足の甲（腳背, 腳面、instep）
kiok⁵⁻³² tai³⁵	腳底	足の裏（腳底、sole of the foot）
kiok⁵⁻³² tʃi³⁵	腳趾	足の指（腳趾頭、toes）
kiok⁵⁻³² tʃi³⁵⁻³³ kuŋ⁵³	腳趾公	足の親指（腳趾的大拇指、great toe）
kiok⁵⁻³² tʃi³⁵⁻³³ pʰun³³	腳趾縫	足の指と指の間（腳趾縫、space between

XIII. 人体（人體 Human Body） 249

			toes)
kiok$^{5-32}$ tʃi$^{35-33}$ kap^5	腳趾甲	足の指の爪（腳趾甲、toenail）
kiok$^{5-32}$ tsiam^{53}	腳尖	足先（腳尖、point of the foot）
ap$^{5-32}$ ma^{55} tʰai^{55}	鴨嬤蹄	偏平足（扁平足、flat foot）
ŋaŋ^{33} pʰi^{55}	硬皮	（足の裏にできる）うおのめ・まめ・たこ（繭、corns on the feet）
hi^{21} lit^{32}	氣力	力（力氣、strength）
tsap^5	□	力もちだ・力がある（很有力氣、strong）ʃin^{53} tʰi^{35} toŋ^{53} tsap^5 身體當□。体にとても力がある（身體很有力氣。）
ʃaŋ^{53} ʒim^{53}	聲音	声（聲音、voice）
hiuŋ^{53} pʰai^{55} kut^5	胸排骨	肋骨（肋骨、ribs）
liuŋ^{55} kut^5	龍骨	背骨（脊椎、spine）
poi^{21} noŋ^{55} kut^5	背囊骨	
poi^{21} noŋ^{55}	背囊	背中（背、back）
ʃi$^{35-33}$ vut$^{5-32}$ mun^{55}	屎□門	肛門（肛門、anus）
hak^{32} lon^{35}	□卵	陰囊；睪丸（陰囊；睪丸、scrotum ; testicles）
siau^{55} (ɔ^{55})	□(仔)	精液（精液、sperm, semen）
tsin^{53} tsɨ^{35}	精子	〈主として「siau^{55} (ɔ^{55})□(仔)」は高年層に、「tsin^{53} tsɨ^{35} 精子」は中年層以下に使用される。〉

XIII. ii. 動作（人體動作 Body movements）

tʰin^{53} tʰuŋ^{53}	□動	うごく（動、to move）
tiam$^{35-33}$ tʰeu^{55}	點頭	うなずく（點頭、to nod）
ŋam$^{35-33}$ tʰeu^{55}	頷頭	〈「ŋam$^{35-33}$ tʰeu^{55} 頷頭」には「ぬかずく」という意味もある。〉
ʒau^{55} tʰeu^{55}	搖頭	頭をふる（搖頭、to shake the head）
tʰai^{55} tʰeu^{55}	抬頭	頭をもたげる・顔をあげる（抬頭、to raise the head）

tai^{53} t^{h}eu^{55}	低頭	うつむく（低頭、to droop the head）
fui^{55} t^{h}eu^{55}	回頭	ふりかえる（回頭、to turn the head）
ŋau^{21} t^{h}eu^{55}	□頭	顔をそむける（扭頭、to turn around (the head)）
tso^{21} kui$^{35\text{-}33}$ mien^{21} hok^{5}	做鬼面殼	おどけた顔をする（做鬼臉、to make a scowl）
muk$^{5\text{-}32}$ tsiu^{33} tsiu^{33}	目皺皺	眉をひそめた様子（皺眉、to knit the eyebrows）
k^{h}on^{21}	看	見る（看、to see）
muk$^{5\text{-}32}$ k^{h}oi^{53} k^{h}oi^{53}	目開開	目をひらく・目をみはる（睜眼、to open the eyes）
muk$^{5\text{-}32}$ tʃu^{53} ta$^{35\text{-}33}$ k^{h}oi^{53} loi^{55}	目珠打開來	
muk$^{5\text{-}32}$ ʃap$^{5\text{-}32}$ ʃap^{5}	目□□	目をとじる（閉眼、to close the eyes）
muk$^{5\text{-}32}$ tʃu^{53} hap^{32} lok^{32} hi^{21}	目珠合落去	
ŋiap^{32} muk^{5}	□目	まばたきをする（眨眼、to blink）
muk$^{5\text{-}32}$ tʃu^{53} m^{55} ho$^{35\text{-}33}$ ŋiap^{32} ʃoŋ^{53} ŋiap^{32} ha^{53}	目珠唔好□上□下。	ぱちぱちとまばたきをしてはいけない（不要眨眼。）
muk$^{5\text{-}32}$ mi^{55} mi^{55}	目瞇瞇	目をほそめる（瞇著眼、to half-close the eye）
muk$^{5\text{-}32}$ him^{55} him^{55}	目□□	（おこって）目をむく様子（瞪眼、to gaze fixedly）
muk$^{5\text{-}32}$ him^{55} him^{55} k^{h}on^{21} ŋin^{55}	目□□看人。	目をむいて人を見る（瞪眼看人。）
muk$^{5\text{-}32}$ taŋ^{53} taŋ^{53}	目□□	目をおおきく見ひらく様子（瞪大眼睛、to open one's eyes wide）
muk$^{5\text{-}32}$ ʃe$^{35\text{-}33}$ ʃe^{35}	目□□	横目でそっと見る様子（斜著眼看、to look sideway）〈ぬすみ見し、相手にかまうようでかまわないというニュアンスをもつ。〉
ki^{55} muk$^{5\text{-}32}$ ʃe$^{35\text{-}33}$ ʃe^{35} k^{h}on^{21} ŋin^{55}	佢目□□看人。	彼は横目でこっそりと人を見ている(他斜著眼看人。)

XIII. 人体（人體 Human Body）　251

muk⁵⁻³² tʃʰak⁵⁻³² tʃʰak⁵	目赤赤	見ているだけでどうしようもない様子・も
muk⁵⁻³² kim⁵³ kim⁵³	目金金	のほしげに指をくわえてながめる様子（眼睜睜、helplessly）
muk⁵⁻³² tsui²¹ tsui²¹	目醉醉	よっぱらった目つき（喝醉的眼神、drunken eyes）
tʰeu⁵³ kʰon²¹	偷看	のぞき見する（窺看, 偷看、to peep）
muk⁵⁻³² teu²¹ teu²¹	目鬥鬥	じろりと見る・にらむ（瞪、to gaze fiercely）〈不服そうに上目づかいでにらむ様子。〉
ŋia²¹ muk⁵	□目	目をあけられない（睜不開眼、cannot open eyes）
		koŋ⁵³ tʰet³² kʰioŋ⁵⁵ sɨ³⁵⁻³³ to²¹ ŋai⁵⁵ ŋia²¹ muk⁵ m̩⁵⁵ hi³⁵ 光□強使到我□目唔起。光がつよすぎて、わたしは目をあけられない（光線太強，我睜不開眼。）
muk⁵⁻³² ŋia²¹ ŋia²¹	目□□	まぶしくて目をあけられない様子（光線亮得睜不開眼的情形、cannot open eyes because of the brightness）
miau³³ tʃun³⁵	瞄準	ねらいをさだめる（瞄準、to aim at）
sɨ³⁵⁻³³ muk⁵⁻³² set⁵	使目色	目配せする（使眼色、wink or hint given with the eyes）
tʰaŋ²¹	聽	きく（聽、to hear）
pʰi³³	鼻	（においを）かぐ（聞、to smell）
kʰoi⁵³ tʃoi²¹	開嘴	口をひらく（張嘴、to open the mouth）
tʃoi²¹ hap³² hi³⁵ loi⁵⁵	嘴合起來	口をとじる（閉上嘴、to close the mouth）
tʃoi²¹ vat³² vat³²	嘴滑滑	口をゆがめる様子（咧嘴、to slit-open the mouth）
tʃoi²¹ tu⁵⁵ tu⁵⁵	嘴嘟嘟	口をとがらす（噘嘴、to purse the lips）
ūãĩ⁵³ tʃoi²¹	歪嘴	口をへの字にまげる（撇嘴、to wriggle the lips）
fe³⁵⁻³³ tʃoi²¹	□嘴	〈ūãĩ⁵³ は鼻音化母音であり、これは閩南語

の影響であるとかんがえられる。「fe³⁵□」は一方をゆがめること。〉

tsim⁵³　　　　　　　　□　　　　接吻する（吻，親嘴、to kiss）
　　tsim⁵³ tʃoi²¹　　　　□嘴
　　tsip⁵⁻³² tʃoi²¹　　　接嘴

ʃit³²　　　　　　　　　食　　　　たべる・口にする（吃、to eat）
　　　　　　　　　　　ʃit³² ʒan⁵³ 食煙。
　　　　　　　　　　　タバコをすう（吸煙。）
　　　　　　　　　　　voi³⁵ ʃit³² tet⁵ □食得。
　　　　　　　　　　　たべてみるとなかなかたべられる（食物吃起來還不錯。）

pʰa⁵³　　　　　　　　　□　　　　箸で食物を口にはこぶ・(箸で) たべる（用筷子等把飯送到嘴裡、to eat with chopsticks）
　　　　　　　　　　　pʰa⁵³ pʰon³³ □飯。
　　　　　　　　　　　ご飯をたべる（吃飯。）
　　　　　　　　　　　m⁵⁵ ho³⁵⁻³³ pʰa⁵³ an⁵³ kiak⁵ 唔好□□□。
　　　　　　　　　　　あわててたべてはいけない（不要吃太快。）
　　　　　　　　　　　man³³ man³³ nɔ⁵⁵ pʰa⁵³ 慢慢仔□。
　　　　　　　　　　　ゆっくりたべなさい（慢慢吃。）

sai⁵³　　　　　　　　　□　　　　くう（吃（粗話）、eat (coarse language)）
　　　　　　　　　　　〈「ʃit³² 食」の粗野ないい方。若年層は使用しない。〉
　　　　　　　　　　　sai⁵³ tʰet⁵ ki⁵⁵ □掉佢。
　　　　　　　　　　　それをくってしまえ（吃掉它。）
　　　　　　　　　　　aːn³⁵ voi³³ sai⁵³ □會□。
　　　　　　　　　　　こんなにくって（怎麼這麼吃。）
　　　　　　　　　　　sai⁵³ kit³² to⁵³ von³⁵ □幾多碗？
　　　　　　　　　　　何杯くったんだ（吃了多少碗？）
　　　　　　　　　　　sai⁵³ pau³⁵ maŋ⁵⁵ □飽旨？
　　　　　　　　　　　腹いっぱいくったか（吃飽了嗎？）

XIII. 人体（人體 Human Body） 253

〈トイレで自分をながく待たせた人にむかっていう野卑なことば。〉

sai⁵³ vun⁵³ nə⁵⁵ □瘟仔　くいしんぼう（貪吃的人、big eater）
pot⁵⁻³² sai⁵³ vun⁵³ nə⁵⁵ 發□瘟仔。
くいしんぼう病になる（生貪吃的病。）
〈罵冒語〉

sai⁵⁵ □　　くい意地がはっている（貪吃、gluttonous）
(1) an⁵³ sai⁵⁵ □□。
(2) han⁵⁵ sai⁵⁵ ə³⁴³ □□□。
くいしんぼう（饞嘴。）
〈たべるべきでないものをたべていることを皮肉るニュアンスがある。〉

moŋ³⁵ □　　無理してたべてみる（勉強嚐、eat compulsively）
moŋ³⁵ ʃit³² □食。
しぶしぶたべてみる（勉強嚐嚐。）
tu³⁵⁻³³ ʃi³⁵ iau⁵³ iau⁵³ moŋ³⁵ ʃit³² lo²¹ 肚屎□□□食□
おなかがすいているので、無理してたべてみる（肚子餓著，勉強吃吃看）。

lim⁵³ □　　のむ（喝、to drink）
tʃʰot⁵ □　　音をたててスープをのむ（發出聲音喝湯、to slurp）
〈品のない行為である。〉
lim⁵³ tʰoŋ⁵³ m̩⁵⁵ ho³⁵⁻³³ ʒuŋ³³ tʃʰot⁵ □湯唔好用□。
スープをのむのに音をたててはいけない（不要發出聲音喝湯。）
tʃʰot⁵⁻³² ʒit⁵⁻³² heu³⁵ □一□。
音をたてて一口のむ（吸一□。）

tsot⁵ 啜　　すう；しゃぶる（吸；啜、to suck ; to sip）
tsot⁵⁻³² ʃui³⁵ 啜水。

水をすう（吸水。）

ʒuŋ³³ tʃoi²¹ tsot⁵ 用嘴啜。

口ですう（用嘴吸。）

tsot⁵⁻³² lok³² hi²¹ 啜落去。

すいこむ（吸進去。）

tsot⁵⁻³² ŋ̍⁵⁵ kut⁵⁻³² tʰeu⁵⁵ sui³⁵ 啜魚骨頭髓。

魚の骨をしゃぶる（吮魚骨頭）

tsot⁵⁻³² ʃiu³⁵⁻³³ tʃi³⁵ (⁻³³ tʰeu⁵⁵) 啜手指(頭)。

指をしゃぶる（吮指頭。）

| tsʰion⁵³ | □ | すう（吸、to suck） |

se²¹ ŋin⁵⁵ nə⁵⁵ ʃit³² nen²¹ ʒuŋ³³ tsʰion⁵³ 細人仔食□用□。

こどもはちちをすう（小孩子用吸的吃奶。）

se²¹ ŋin⁵⁵ nə⁵⁵ tsʰion⁵³ a³³ me⁵³ {e²¹ / kai²¹} nen²¹

細人仔□阿姆{□/個}□。

こどもが母親のちちをすう（小孩子吸媽媽的奶。）

{tsʰion⁵³ / tsot⁵}nen²¹ tʰeu⁵⁵{□/啜}□頭。

乳首をすう（吸乳頭。）

| tsʰiau³³ | 嚼 | 咀嚼する・かむ（嚼、to chew） |

(1) tsʰiau³³ tsʰiau³⁵ ə³³ 嚼嚼仔。

(2) tsʰiau³³ tsʰiau³³ a³³ lə³³ 嚼嚼□□。

ちょっとかむ（嚼一嚼。）

| ŋau⁵³ | 咬 | かむ・かみつく（咬、to bite） |
| sem⁵⁵ | □ | |

kai⁵⁵ tʰiau⁵⁵ keu³⁵ voi³³ {sem⁵⁵ / ŋau⁵³} ŋin⁵⁵

□條狗會{□/咬}人。

あのイヌは人にかみつく（那條狗會咬人。）

ŋi⁵⁵ m̍⁵⁵ ho³⁵⁻³³ pun⁵³ ʃa⁵⁵ {sem⁵⁵ / ŋau⁵³} to³⁵

你唔好分蛇{□/咬}倒。

ヘビにかみつかれないように（不要被蛇咬。）

| ham⁵⁵ nen³⁵⁻³³ tʃoi²¹ tsʰiau³³ | 含□嘴嚼 | （口をとじて）もぐもぐする（閉著嘴嚼、

XIII. 人体（人體 Human Body） 255

to chew with the mouth closed）

mau²¹　　　　　　　　□　　　（口をとじて）もぐもぐする・もぐもぐとた
　moi⁵³ᐟ³⁵　　　　　　□　　　べる（閉著嘴嚼著吃、to mumble）
　　　　　　　　　　　　　　　〈歯のない人がかまないでものをたべた
　　　　　　　　　　　　　　　り，牛が草をたべたりする様子。〉
　　　　　　　　　　　　　　　mau²¹ mau²¹ tʰun⁵³ lok³² hi²¹ □□吞落去。
　　　　　　　　　　　　　　　もぐもぐしてのみこんだ（閉著嘴不嚼吞下去。）
　　　　　　　　　　　　　　　lo³⁵⁻³³ ŋin⁵⁵ ka⁵³ mo⁵⁵ ŋa⁵⁵ tɕʰi³⁵ ʃit³² pʰon³³ ʒuŋ³³ {moi⁵³ /
　　　　　　　　　　　　　　　mau²¹} 老人家無牙齒食飯用{□/□}。
　　　　　　　　　　　　　　　老人は歯がないので食事をするのにもぐもぐする
　　　　　　　　　　　　　　　（老人家沒有牙齒吃飯不嚼吞下去。）
　　　　　　　　　　　　　　　ŋiu⁵⁵ ʃit³² tsʰo³⁵ ʒuŋ³³ moi⁵³ 牛食草用□。
　　　　　　　　　　　　　　　ウシは草をはむのにもぐもぐする（牛吃草用嚼。）

kʰe²¹ kut⁵⁻³² tʰeu⁵⁵　　　　□骨頭　　　骨をかじる（啃骨頭、to gnaw at a bone）
ʃe⁵³　　　　　　　　　　　舐　　　　　なめる（舔；舐、to lick with tip of tongue；
　　　　　　　　　　　　　　　　　　　to lick with blade of tongue）
　　　　　　　　　　　　　　　ʒuŋ³³ ʃat³² ma⁵⁵ ʃe⁵³ 用舌嫲舐。
　　　　　　　　　　　　　　　舌でなめる（用舌頭舔。）

tɕʰi²¹ ʃit³²　　　　　　　　試食　　　　味をみる（嚐、to smack one's lips；the action
　ʃit³²　　　　　　　　　　食　　　　　of teasing）
　ʃoŋ⁵⁵　　　　　　　　　　嚐　　　　　〈「ʃoŋ⁵⁵ 嚐」はあまり使用されない。〉
　　　　　　　　　　　　　　　ʃoŋ⁵⁵ ʃoŋ⁵⁵ kʰon²¹ 嚐嚐看。
　　　　　　　　　　　　　　　味をみてみる（嚐嚐看。）
　　　　　　　　　　　　　　　loi⁵⁵ ʃoŋ⁵⁵ ʒit⁵⁻³² ha³³ 來嚐一下
　　　　　　　　　　　　　　　ちょっと味をみてみて（來嚐一下。）
　　　　　　　　　　　　　　　loi⁵⁵ tɕʰi³³ ʃit³² kʰon²¹, ho³⁵⁻³³ ʃit³² m⁵⁵ ho³⁵⁻³³ ʃit³²
　　　　　　　　　　　　　　　來試食看，好食唔好食？
　　　　　　　　　　　　　　　ちょっと味をみてみて、おいしいですか？（來嚐嚐
　　　　　　　　　　　　　　　看，好吃嗎？）

ham⁵⁵　　　　　　　　　　含　　　　　（口に）ふくむ（含、to hold in the mouth）

		tʰoŋ⁵⁵ ŋə⁵⁵ ham⁵⁵ nen³⁵ 糖仔含□。
		飴を口にふくんでいる（含著糖。）
tʰun⁵³	吞	丸のみする（吞、to swallow）
		tʰun⁵³ {lok³² /ha⁵³} hi²¹ 吞 {落 / 下} 去。
		のみこむ（吞下去。）
		ʃit³² ʒok³² gə⁵⁵ ʒuŋ³³ tʰun⁵³, m̩⁵⁵ ho³⁵⁻³³ tsʰiau³³
		食藥仔用吞，唔好嚼。
		薬をのむのは丸のみして、かんではいけません（吃藥要吞下去，不要嚼。）
lep³²	□	舌をつかって丸のみする（用舌頭吞吃、不用嚼、to bolt using a tongue）
		tʃu⁵³ ə⁵⁵ ʃit³² ʒuŋ³³ lep³² 豬仔食用□。
		ブタはたべるのに丸のみする（豬吃東西用吞的。）
kaŋ³⁵⁻³³ to³⁵	哽倒	（のどが）つかえてしまう；むせてしまう（哽；嗆、to choke with food ; to cough with choking）
		pun⁵³ tsʰi⁵⁵ pa⁵³ kaŋ³⁵⁻³³ to³⁵ 分䬳粑哽倒。
		もちでのどがつかえてしまった（被麻糬卡住了。）
		ʃit³² tsʰi⁵⁵ pa⁵³ kaŋ³⁵⁻³³ to³⁵ 食䬳粑哽倒。
		もちをたべて、のどがつかえてしまった（吃麻糬卡住了。）
		ʃit³² lat³² tsiau⁵³ ə⁵⁵ kaŋ³⁵⁻³³ to³⁵ 食辣椒仔哽倒。
		トウガラシをたべてむせてしまった（吃辣椒嗆到了。）
kʰiuk³²	□	むせる（嗆、to cough with choking）
		kʰiuk³² (to³⁵⁻³³) ʃui³⁵ □(倒)水。
		水にむせる（嗆水。）
		pun⁵³ ʃui³⁵ kʰiuk³² to³⁵ 分水□倒。
		水でむせた（被水嗆了。）
pʰun²¹	噴	ふく・ふきだす・噴出する（噴、to spurt）

256

XIII. 人体 (人體 Human Body) 257

ʒuŋ³³ ʃui³⁵ {pʰun²¹ / lim⁵⁵} 用水 {噴 / 淋}。
水をやる (澆水。)

pʰun⁵⁵	歕	(息などを) ふく (吹、to blow)
pʰui²¹ heu³⁵⁻³³ ʃui³⁵	□口水	つばをはく (吐口水、to spit)
lau⁵⁵ heu³⁵⁻³³ ʃui³⁵	流口水	よだれをながす (流口水、to have saliva running from the mouth)
le⁵⁵ {ʃat³² / ʃet³²} ma⁵⁵	□舌嬤	舌をだす (吐舌頭、to stick out the tongue)
kʰai⁵³	□	かつぐ (挑、to shoulder)
suŋ³³ kien⁵³	聳肩	肩をすくめる (聳肩、to shrug the shoulder)
(ʒuŋ³³) ʃiu³⁵⁻³³ kʰiap³² ha⁵³ kiap⁵⁻³² nen³⁵	(用)手腋下夾□	脇の下ではさむ (夾腋下、to tug under the arm)
ʒuŋ³³ ʃiu³⁵⁻³³ tsaŋ⁵³ tun²¹ ŋin⁵⁵	用手□□人	人を肘で突く (以肘頂人、to elbow, to nudge) 〈「tun²¹ □」は力をこめて突くこと。〉
ʒak³²	□	(手を) ふる・ゆりうごかす (揮、to wave) ʒak³² ŋi⁵⁵ loi⁵⁵ □你來。 あなたを手招きする (用手招呼你。)
ʒak³² ʃiu³⁵	□手	手をふる; 手招きする (揮手, 擺手; 招手、to wave the hand, to wave the hand (in dissent); to beckon with the hand)
kʰia⁵⁵ ʃiu³⁵	□手	手をあげる (舉手、to raise the hand)
tʃʰun⁵³ ʃiu³⁵	伸手	手をのばす (伸手、to stretch out the hand)
pʰok⁵⁻³² ʃiu³⁵	拍手	手をたたく・拍手する (拍手、to clap the hands)
pioŋ²¹ ʃiu³⁵	放手	手をゆるめる (鬆手、to let loose of the hand)
ak⁵⁻³² ʃiu³⁵	握手	手をにぎる・握手する (握手、to shake hands)
kʰak³² kʰen⁵⁵	搦拳	にぎりこぶしをつくる (握拳、to clench one's fist)

lem⁵⁵	□	手をちいさな穴の中にいれる（把手伸進小洞裡、to put a hand in a small hole）
tʃi³⁵	指	指さす（指、to point）
son²¹ ʃiu³⁵⁻³³ tʃi³⁵	算手指	指をおってかぞえる（數手指頭、to count with the fingers）
tʰan⁵⁵ tʃi³⁵	彈指	指をはじく（彈指、to snap the fingers）
au³⁵⁻³³ ʃiu³⁵⁻³³ tʃi³⁵	拗手指	指をまげる（折指頭關節、to crack the knuckles）
na⁵³	拿	もつ（拿、to hold with the hand）

ʃiu³⁵ na⁵³ nen³⁵ ʒit⁵⁻³² pun³⁵ ʃu⁵³ 手拿□一本書。
手に本を一冊もっている（手裡拿著一本書。）

| ɲiam⁵³ | 拈 | 指先でつまむ（拈、to take in the fingers） |

ɲiam⁵³ hi³⁵ loi⁵⁵ 拈起來。
つまみあげる（拈起來。）

| ton³⁵ | □ | （にぎって）ちぎる（擠斷, 捏斷、tear something with one's hand） |

ton³⁵⁻³³ tʰet⁵ □掉。
（にぎって）ちぎってしまう（捏掉。）

ton³⁵⁻³³ tsʰi⁵⁵ pa⁵³ □餈粑。
もちをちぎってつくる（擠出餈粑。）

| tsep⁵ | □ | （五本の指で）つまむ・つかむ；（五本の指で）つかんだ量（用五支手指一起抓少量的東西、to pinch or hold with the fingers；handful） |

tsep⁵⁻³² ʒit⁵⁻³² teu⁵³ tsʰa⁵⁵ mi³⁵ □一□茶米。
茶葉をちょっとつまむ（抓一點茶葉。）

pun⁵³ ʒit⁵⁻³² tsep⁵ tsʰuŋ⁵³ ŋə⁵⁵ ŋai⁵³ ho³⁵ mo⁵⁵ 分一□蔥仔我好無？
わたしにネギをひとつかみくれませんか（給我一點蔥好嗎？）

XIII. 人体（人體 Human Body） 259

k^{h}iu^{35} □ つかむ・つかんでひく（揪、to clutch, to grasp with the hand）

tʃa^{35} □ つかむ（抓、to grab）
tʃa$^{35\text{-}33}$ nen^{35} m^{55} pioŋ^{21} □□唔放。
つかんではなさない（抓著不放。）

tsuk^5 捉 つかむ（抓、to claw, to clutch）
tsuk$^{5\text{-}32}$ nen^{35} sam^{53} 捉□衫。
服をつかんでいる（抓著衣服。）

ʃiu^{53} tso^{21} ʒit$^{5\text{-}32}$ toi^{53} 收做一堆 1箇所にあつめる（收集在一起、to gather together）

ŋien^{35} 捻 つねる・つむ・つかむ；ひねってしぼる；おすようにしてしぼる；親指と人差し指でつまむ（掐；擰（濕手巾）；擠；捏、to clamp；to wring (a wet towel)；to squeeze；to pinch with the fingers）
ŋien$^{35\text{-}33}$ si^{35} □死。
つかんでころす（掐死。）
mien^{21} p^{h}a^{21} ŋien$^{35\text{-}33}$ pun^{53} ki^{55} tsau^{53} 面帕捻分佢燥。
タオルをしぼってかわかせ（把手巾擰乾。）
ŋien$^{35\text{-}33}$ ŋa^{55} kau^{53} 捻牙膏。
歯磨き粉をしぼる（擠牙膏。）
ŋien$^{35\text{-}33}$ tʃ^{h}ut$^{5\text{-}32}$ loi^{55} 捻出來。
しぼりだす（擠出來。）

k^{h}ak^{32} nen^{35} 搦□ しっかりにぎる（握住、to hold firmly）
k^{h}ak^{32} nen^{35} kim^{53} mə^{55} 搦□金仔。
金をにぎりしめる（握住金子。）

t^{h}ok^5 托 手のひらなどにのせてはこぶ（托、to carry in the palm）
t^{h}ok$^{5\text{-}32}$ p^{h}an^{55} 托盤。
お盆をもつ（托盤子。）

teu⁵³	□	（お盆などの両側をもって）はこぶ（端、to bring (as a tray)）
		teu⁵³ tsʰa⁵⁵ □茶。
		お茶をはこぶ（端茶。）
		tsʰa⁵⁵ teu⁵³ tʃʰut⁵⁻³² loi⁵⁵ 茶□出來。
		お茶をだしてくる（把茶端出來。）
puŋ³⁵	捧	ささげもつ（捧、to hold up in both hands）
		puŋ³⁵⁻³³ nen³⁵/³⁵⁻³³ tʰi³³ tʰeu³³ mi³⁵ 捧□土豆米。
		ラッカセイをささげもっている（捧著花生米。）
kʰuan³³	攑	さげてもつ（提、to carry in a hanging manner with the hand(s)）
		kʰuan³³ lam⁵⁵ mɔ⁵⁵ 攑籃仔。
		籠をさげる（提籃子。）
kʰia⁵⁵	□	あげる・たかくさしあげる（舉、to raise with the hands）
		kʰia⁵⁵ tsʰiau⁵⁵ □樵。
		まきを｛かつぐ／あげる｝（扛柴、舉柴。）
koŋ⁵³	扛	かつぐ（抬，扛（兩個人）、to raise ; to carry on the shoulders）
		koŋ⁵³ tʃʰuŋ²¹ ŋɔ⁵⁵ 扛銃仔。
		銃をかつぐ（扛槍。）
		koŋ⁵³ kʰiau³³ 扛轎。
		輿をかつぐ（抬轎子。）
tʰiap³² ko⁵³	疊高	下にものをあててたかくする（墊高、to raise by putting something under）
pan⁵³	搬	はこぶ（搬、to transport）
		pan⁵³ tuŋ⁵³ si⁵³ 搬東西。
		ものをはこぶ（搬東西。）
mia⁵³	摸	ふれる・なでる（摸、to feel, to touch）
		mia⁵³ tʰeu⁵⁵ na⁵⁵ 摸頭□。

XIII. 人体（人體 Human Body） 261

mu³⁵	□		頭をなでる（摸頭。） ふれる・さわる（碰觸、to touch）

m⁵⁵ ho³⁵ mu³⁵⁻³³ ki⁵⁵ 唔好□佢。
{彼 / 彼女 / それ} にふれてはいけない
(不要碰 { 他 / 她 / 它 }。)

tut⁵	□		（手で）ふれる（用手碰觸、to touch with hands）

tut⁵ ʒit⁵⁻³² ha³³ □一下。
ちょっとふれる（碰一下。）

pioŋ²¹	放		おく（擱 , 放置、to put, to place in/on）

tsʰiam³³ pioŋ²¹ 暫放。
一時的においておく（暫放。）

tep⁵⁻³² ha⁵³ hi²¹	□下去		乱暴に下におく・なげだす（用力放下 , 頓、to put down rudely）
tʰiap³² hi³⁵ loi⁵⁵	疊起來		つみあげる（堆疊、to pile up）
tsʰut⁵	□		こする（擦、to rub in）
no⁵⁵	揉		こする・もむ（搓、to rub between the hands）

no⁵⁵ pan³⁵⁻³³ ʒan⁵⁵ 揉粄圓。
だんごをつくる（搓湯圓。）

no⁵⁵	揉		（マッサージをするように）もむ（揉（腫）、to rub, to massage）
lui⁵⁵	擂		
ŋien³⁵	捻		

lui⁵⁵ muk⁵⁻³² tʃu⁵³ 擂目珠。
めをこする（揉眼睛。）

on²¹	按		（手で）おさえる（按、to press down）
ot⁵	□		〈いずれも持続相標識「nen³⁵ □」が後接す
kʰim³³	撳		る。「kʰim³³ 撳」はいきてうごいているものなどをおさえることを指す。〉

on²¹ nen³⁵⁻³³ tʃi³⁵ 按□紙。
紙をおさえている（按著紙呢。）

kʰim³³ nen³⁵, m̩⁵⁵ ho³⁵⁻³³ pun⁵³ ki⁵⁵ hoŋ²¹ hi³⁵ loi⁵⁵ 撳□，唔好分佢□起來。
おさえて、彼をおきあがらせてはいけない（按著，不要讓他起來。）

(ʒuŋ³³) ʃiu³⁵⁻³³ tʃʰi³⁵ kʰim³³ nen³⁵ tʃuŋ³⁵ kai²¹ vui³³ so³⁵ （用）手指撳□腫個位所。
はれたところを爪でおす（用指甲尖按腫的地方。）

| oŋ³³ nen³⁵ | □□ | （腹・腰を）おさえる（壓著(腰部、腹部)、place one's hands on one's abdomen or waist) |

ŋi⁵⁵ tu³⁵⁻³³ ʃi³⁵ oŋ³³ nen³⁵ tso²¹ mak³² kai²¹ 你肚屎□□做□個？
おなかをおさえてどうしたのだ（你壓著肚子怎麼了？）

| kʰam³³ | □ | （上から）おす（壓、to press down) |

kʰam³³ nen³⁵ □□。
おしている（壓著。）

kʰam³³ lok³² hi²¹ □落去。
（下に）おす（壓下去。）

| tsak⁵ | □ | （上から）おす（壓、to press down) |

m̩⁵⁵ ho³⁵ tsak⁵⁻³² nen³⁵ 唔好□□。
おしてはいけない（不要壓著。）

ap⁵⁻³² pet⁵	壓迫	圧迫する（壓迫、to oppress)
ŋau²¹ tʰeu⁵⁵ tʃon³⁵⁻³³ tʰeu⁵⁵	□頭 轉頭	顔をそむける・そっぽをむく（扭頭、to wring)
sok⁵ ŋien³⁵	索 捻	（紐などで）くくってしめる（勒(死)、to strangle)

ʒuŋ³³ sok⁵⁻³² ŋə⁵⁵ sok⁵⁻³² si³⁵ 用索仔索死。
紐でくびりころす（用繩子勒死。）

ʒuŋ³³ ʃiu³⁵ ŋien³⁵⁻³³ si³⁵ 用手捻死。
手でしめころす（用手勒死。）

XIII. 人体（人體 Human Body） 263

pun⁵³ ŋin⁵⁵ ʒuŋ³³ sok⁵⁻³² gə⁵⁵ sok⁵⁻³² si³⁵ hi²¹
分人用索仔索死去。
人に紐でくびりころされてしまった（被人用繩子索絞死。）

| ŋiu³⁵ | 扭 | ひねる・しぼる（擰、to twist, to sprain） |
| ŋien³⁵ | 捻 | |

mien²¹ pʰa²¹ {ŋiu³⁵⁻³³ / ŋien³⁵⁻³³} tsau⁵³ loi⁵⁵
面帕{扭/捻}燥來。
ハンカチをしぼってかわかした（把手帕扭乾了。）

tsʰip⁵⁻³² sam⁵³ □衫 服をもむ（揉衣服、to twist, to crush together in the hand (e.g. clothes)）
〈服をもみ洗いする動作である。〉

tsau³⁵⁻³³ hoi⁵⁵ 爪□ かゆいところをかく（抓癢、to scratch）
kʰut³² hoi⁵⁵ □□

kua³⁵ □ こする・ひっかく（刮, 抓、to scratch）
kua³⁵⁻³³ tʰet⁵ □掉。
ひっかいてしまった（刮掉了。）

| suŋ³⁵ | □ | おす（推、to push） |
| fuŋ³⁵ | □ | |

suŋ³⁵⁻³³ mun⁵⁵ □門。
ドアをおす（推門。）
suŋ³⁵⁻³³ tʃʰa⁵³ □車。
車をおす（推車。）
suŋ³⁵ lok³² hi²¹ □落去。
おしこむ（推進去。）

| lu⁵³ | □ | おす（推、to push） |
| tʰu⁵³ | □ | |

lu⁵³ lok³² hi²¹ □落去。
おしこむ（推進去。）

lo⁵³ 拉 ひく・ひっぱる；（レバーなどを）ひく（拉;

lai⁵³　□　扳、to pull ; to pull as a lever)
〈ピストルなどの引き金をひく場合は「ŋien³⁵⁻³³ lok³² hi²¹ 捻落去」という。〉
lo⁵³ ʒit⁵⁻³² ha³³ 拉一下。
ぐっとひく（拉一把。）
lo⁵³ hi³⁵ loi⁵⁵ 拉起來。
ひく（扳起來。）。
lai⁵³ nen³⁵ □□。
ひいている（拉著。）
lo⁵³ sok⁵⁻³² gə⁵⁵ 拉索仔。
紐をひっぱる（扯繩子。）

tʰo⁵³　拖　ひきずる（拖、to drag）
paŋ⁵³　□　ぬく（拔、to pull out）
tʃʰiu⁵³ tsʰiam⁵³ mə⁵⁵　抽籤仔　くじをひく（抽籤、to draw out (lots)）
pʰat⁵⁻³² nai⁵⁵ sa⁵³　潑泥沙　砂をはじく（撥泥沙、to disperse, to put on one side (e.g. sand)）
poi³⁵　□　（手で）はらう・かきわける（用手翻轉移開，撥開、to flap away or push aside by the hand）
poi³⁵⁻³³ ko²¹ hi²¹ □過去。
はらいのける（撥過去。）
tsʰo³⁵ poi³⁵⁻³³ kʰoi⁵³ loi⁵⁵ tsʰim⁵⁵ ʃi⁵⁵ piau³⁵
草□開來尋時表。
草をかきわけて腕時計をさがす（把草撥開來找手錶。）
tsʰo³⁵ poi³⁵⁻³³ kʰoi⁵³ loi⁵⁵ tʃaŋ²¹ kʰon²¹ tet⁵⁻³² to³⁵
草□開來正看得倒。
草をかきわけてやっとみえる（把草撥開來才看得到。）

suŋ⁵³ ʃiu³⁵　雙手　両手（雙手、with both hands）
leu⁵⁵　撈　すくう（撈、to fish out）

XIII. 人体（人體 Human Body） 265

| {pak⁵ / pok⁵} | 剝 | むく；2つにわる（剝(花生殼)；掰(橘子)、to flay, to peel ; to open out, to separate） |

{pak⁵⁻³² / pok⁵⁻³²} tʰi³³ tʰeu³³ hok⁵ 剝地豆殼。
ラッカセイの殻をむく（剝花生殼。）
{pak⁵⁻³² / pok⁵⁻³²} pʰi⁵⁵ 剝皮。
皮をむく（剝皮。）
pak⁵⁻³² kʰoi⁵³ loi⁵⁵ 剝開來。
2つにわる（掰開來。）

| tʃʰa³⁵ | 扯 | ひきさく（撕(紙)、to rip, to tear） |

tʃʰa³⁵⁻³³ tʃi³⁵ 扯紙。
紙をさく（撕紙。）
tʃʰa³⁵⁻³³ tʰet⁵ 扯掉。
ひきさいてしまう（撕掉。）

| tʃap⁵ | 摺 | おる・おりたたむ（折, 折疊、to fold） |

tʃap⁵⁻³² hi³⁵ loi⁵⁵ 摺起來。
おりたたむ（折起來。）

| ta³⁵ | 打 | うつ・たたく（打、to hit, to strike） |

ta³⁵⁻³³ ŋin⁵⁵ 打人。
人をたたく（打人。）

| sem²¹ | □ | （こぶしで）たたく（用拳頭搥、to strike with fist） |

ʒuŋ³³ kʰen⁵⁵ tʰeu⁵⁵ ma⁵⁵ sem²¹ ki⁵⁵ 用拳頭嬤□佢。
こぶしで彼をたたく（用拳頭打他。）

| tsem⁵³ | □ | （こぶしや槌などで）たたく（搥、to strike with a stick or fist） |

kʰen⁵⁵ tʰeu⁵⁵ ma⁵⁵ na⁵³ loi⁵⁵ tsem⁵³ 拳頭嬤拿來□。
こぶしでたたく（用拳頭搥。）
son²¹ nɔ⁵⁵ tsem⁵³ {mien⁵⁵ / sui²¹} loi⁵⁵ 蒜仔□{綿/碎}來。
ニンニクをたたいてつぶせ（把大蒜搥碎來。）

| kuet⁵ | 摑 | たたく（敲打、to tap） |

ʒuŋ³³ ŋ̍³⁵⁻³³ kuŋ⁵³ ke⁵⁵ kuet⁵⁻³² tʰeu⁵⁵ na⁵⁵ 用五公□摜頭□。
五指をまげた手で頭をたたく(用彎曲的手指敲打頭。)
〈これは教師が学生をしかる時の動作である。〉
{lau⁵³ / tʰuŋ⁵⁵} ki⁵⁵ e²¹ tʰeu⁵⁵ na⁵⁵ kuet⁵⁻³² ʒit⁵⁻³² ha³³
{□/同} 佢□頭□摜一下。
彼の頭をちょっとたたく（把他的頭敲打一下。）

| ʃan⁵³ | □ | 平手打ちをする（摑、to slap） |

ʃan⁵³ tʃoi²¹ kok⁵ □嘴角。
びんたをはる（打嘴巴。）

| vok⁵ | □ | びんたをはる（打嘴巴、slap someone on the cheek） |

| pʰan⁵³ | □ | （上から）たたく（從上面摑、to slap from above） |

tsʰo⁵³ tʰeu⁵⁵ na⁵⁵ taŋ³⁵ pʰan⁵³ ha⁵³ loi⁵⁵ 坐頭□頂□下來。
頭の上からたたく（從頭頂上打。）

| koi⁵⁵ | □ | （まがったもので）たたく（用彎鉤狀的東西敲打、to rap with curved things） |

ʒuŋ³³ ʒan⁵³ tsʰuŋ⁵³ tʰeu⁵⁵ koi⁵⁵ tʰeu⁵⁵ na⁵⁵
用煙囪頭□頭□。
キセルで頭をたたく（用煙管敲打頭。）
koi⁵⁵ mun⁵⁵ □門。
戸口をたたく（敲門。）

| kʰok⁵⁻³² tʰeu⁵⁵ na⁵⁵ | □頭□ | 頭をたたく（敲頭、to pound, to tap, to strike, to rap on (the hand)） |

| kʰau²¹ | 拷 | せめうつ（拷打、to flog） |

kʰau²¹ tʰeu⁵⁵ na⁵⁵ 拷頭□。
あたまをなぐる（拷打頭。）

| piet⁵ | □ | たたく（拍、to hit lightly） |

piet⁵⁻³² ki⁵⁵ e²¹ ʃi³⁵⁻³³ vut⁵ □佢□屎□。
彼のしりをたたく（拍他的屁股。）

XIII. 人体（人體 Human Body） 267

leu⁵⁵ pʰi³³ ʃi³⁵	撈鼻屎	鼻くそをほる（挖鼻屎、to pick at, to scrape (e.g. the nose)）〈「leu⁵⁵ 撈」のほか「vet⁵ 挖」「kʰaŋ²¹ □」「kʰeu²¹ 扣」なども使用できる。〉
tʃʰui⁵⁵ poi²¹ noŋ⁵⁵	搥背囊	背中をたたく（搥背、to massage the back by pounding）
pʰok⁵⁻³² ken⁵³ tʰeu⁵⁵	拍肩頭	肩をたたく（拍肩膀、to pat on the shoulder）〈肩は「ken⁵³ poŋ³⁵ 肩膀」ともいうが、「pʰok⁵⁻³² ken⁵³ tʰeu⁵⁵ 拍肩頭」が一般的である。〉
tʃuŋ⁵³	舂	搗く（舂、to pound, to ram） tʃuŋ⁵³ mi³⁵ 舂米。 米を搗く（舂米。） tʃuŋ⁵³ tsʰi⁵⁵ pa⁵³ 舂餈粑。 もちを搗く（舂餈粑。）
{toŋ⁵⁵ / tuŋ⁵⁵}	捅	突く・つつく（捅、to poke）
tsiet³²	□	（手のひらや指で人を）つつく（用手掌、手指捅人、to poke by fingers or plam）
loŋ²¹	□	つつく（捅、to poke） ʒuŋ³³ tʃuk⁵⁻³² gə⁵⁵ loŋ²¹ lok³² hi²¹ 用竹仔□落去。 タケでつつく（用竹子捅。） loŋ²¹ loŋ²¹ ŋa³³ lə³³ pun⁵³ ki⁵⁵ tʰuŋ⁵³ □□□分佢通。 あれこれついて（穴を）とおした（捅來捅去把它弄通。）
tʰan⁵⁵	彈	はじく（彈、to pluck with the fingers）
au³⁵	拗	2つにおる・へしおる（拗(棍子)、to break into two） au³⁵⁻³³ kun²¹ nə⁵⁵ 拗棍仔。 棒をへしおる（拗棍子。）
ʒau⁵⁵	搖	ゆらす・ふる（搖、to shake） ʒau⁵⁵ tsʰiam⁵³ tʰuŋ³⁵ 搖籤筒。

おみくじをふってだす（搖籤。）

piaŋ²¹ tʃʰut⁵⁻³² loi⁵⁵　拼出來　ふってだす（抖(出來)、to shake out）

leu⁵⁵　撈　（手や指をつっこんで）とりだす（掏、to pull out, to take out (from pocket)）

　　　leu⁵⁵ tsʰien⁵⁵ 撈錢。
　　　金をとりだす（掏錢。）
　　　leu⁵⁵ tʃʰut⁵⁻³² loi⁵⁵ 撈出來。
　　　とりだす（掏出來。）

fan⁵³ kʰon²¹　翻看　（ページを）めくってしらべる（翻開查看、to rummage）

　　　fan⁵³ kʰon²¹ tsʰa⁵⁵ tsi⁵³ liau³³ 翻看查資料。
　　　資料をしらべる（翻檢資料。）

fin⁵⁵/²¹　□　ふりまわす（甩、to fling）

fit⁵　□　なげる（丟, 扔, 投、to throw）

tʃim³³　□　ほうる（丟, 扔、to toss ; to throw）

　　　na⁵³ ʃak³² tʰeu⁵⁵ {tʃim³³ / tep⁵} ki⁵⁵ 拿石頭 {□/□} 佢。
　　　おおきな石をとって彼にほうる（拿石頭向他丟。）

tep⁵　□　ほうる・なげる；すてる（扔(球)；扔(垃圾)、丟(垃圾)、to throw ; to throw away）

　　　tep⁵⁻³² tuŋ⁵³ si⁵³ □東西。
　　　ものをほうりなげる（甩東西。）
　　　tep⁵⁻³² kʰiu⁵⁵ □球。
　　　ボールをほうる（扔球。）
　　　tep⁵⁻³² la³³ sap⁵ □□□。
　　　ごみをすてる（扔垃圾。）
　　　tep⁵⁻³² tʰet⁵ □掉。
　　　すててしまう（扔掉。）

pʰiak⁵　□　ほうる（丟, 扔、to toss ; to throw）

　　　pʰiak⁵⁻³² lok³² hi²¹ □落去。
　　　なげおとす（丟下去。）

XIII. 人体（人體 Human Body）　269

tʰiau³⁵		□	すてる（丢掉、to throw away）
			tʰiau³⁵⁻³³ la³³ sap⁵ □□□。
			ごみをすてる（丢垃圾。）
tsiap⁵		接	うけとる（接、to take with the hand, to receive）
tʃoi²¹ fuŋ⁵³ nen³⁵		嘴封□	（手で）口をおおう（搗嘴巴、to cover with the hand）
fu⁵⁵		扶	（手で）ささえる（扶、to support, to prop up）
			fu⁵⁵ hi³⁵ loi⁵⁵ 扶起來。
			（手でささえて）たすけおこす（扶起來。）
nam³⁵		□	（人や動物をかかえて）だく；だいてはこぶ（摟；抱、to embrace, to hug；to carry in the arms）
			nam³⁵⁻³³ ki⁵⁵ □佢。
			彼をだく（摟他。）
			nam³⁵⁻³³ hi³⁵ loi⁵⁵ □起來。
			だきあげる（抱起來）。
			nam³⁵⁻³³ se²¹ o⁵⁵ □細□。
			こどもをだく（抱小孩。）
let⁵		□	（ものを両手でもちあげて）かかえる（抱、to hold in the arms）
			let⁵⁻³² hi³⁵ loi⁵⁵ □起來。
			かかえる（抱起來。）
tsun³⁵		轉	ぐるぐるまわす；（ドアノブを）まわす（旋（開，緊）；轉（門把）、to screw；to turn (doorknob)）
			tsun³⁵⁻³³ kʰoi⁵³ loi⁵⁵ 轉開來。
			まわしてあける（旋開。）
			tsun³⁵⁻³³ hen⁵⁵ 轉□。
			まわして締める（旋緊。）
			tsun³⁵⁻³³ mun⁵⁵ pa³⁵ 轉門把。

ノブをまわす（轉門把。）

| ta$^{35\text{-}33}$ ʃiu$^{35\text{-}33}$ ʃe^{21} | 打手勢 | 手まねをする（做手勢、to make a hand sign） |

toŋ^{21}　　擋　　さえぎる・ふせぐ（擋、to ward off）

toŋ^{21} nen^{35} 擋□。

しっかりさえぎる（擋住。）

toŋ^{21} m̩^{55} tʰet^{5} 擋唔掉。

しっかりさえぎることができない（擋不住。）

tsʰaŋ^{21}　　撐　　ささえる・ぴんとひろげる・つっぱる（撐、to prop up, to stretch out）

kʰa^{55}　　□　　ささえる・ひっかかる（撐、to prop up ; to get stuck）

kʰa^{55} nen^{35} □□。

ささえていなさい（撐著）

pun^{53} ŋ^{55} kut^{5} kʰa^{55} to$^{35\text{-}33}$ heu^{55} lien^{55} koi^{53}

分魚骨□倒喉□□。

魚の骨がのどにささった（被魚骨刺到喉嚨。）

ken^{35}　　捲　　まく（捲、to roll up）

ken$^{35\text{-}33}$ hi^{35} loi^{55} 捲起來。

まきあげる（捲起來。）

pau^{53}　　包　　つつむ（包、to wrap）

kʰun^{35}　　綑　　しばる（綑、to tie up, to bind）

kʰun$^{35\text{-}33}$ hi^{35} loi^{55} 綑起來。

しばりあげる（綑起來。）

tʰak^{5}　　□　　しばる（綁、to bind）

ŋiam^{53}　　拈　　ひろう（撿拾、to pick up）

ŋiam^{53} hi^{35} loi^{55} 拈起來。

ひろいあげる（撿起來。）

tʃoŋ^{53}　　裝　　（袋などに）つめる・いれる（裝、to fill up, to load）

tʃoŋ^{53} tuŋ^{53} si^{53} 裝東西。

XIII. 人体（人體 Human Body） 271

		ものをいれる（裝東西。）
tsat³²	□	ものをいっぱいにつめる（東西裝得很密實、to fill up … with something）
tsʰaŋ³³	□	つめこむ・おしこむ（塞進去, 擠進去、to saturate）
		tsʰaŋ³³ lok³² hi²¹ □落去。
		おしこむ（擠壓進去。）
		tsʰaŋ³³ pau³⁵ maŋ⁵⁵ □飽吂？
		腹いっぱいになったか（吃飽了嗎？）
		〈このことばはマイナスのニュアンスを持つ。〉
siap³²	□	つめる・おしこむ（塞進去、to saturate, to squeeze）
		siap³² lok³² hi²¹ □落去。
		おしこむ（插進去。）
		siap³² lai³³ vui³³ hi²¹ □□位去？
		どこにおしこんだのだ（塞到哪裡去？）
piaŋ²¹ kʰoi⁵³ loi⁵⁵	拼開來	ふってあける・ふってひろげる（抖開、to shake open, to spread by shaking）
hien⁵³ kʰoi⁵³ loi⁵⁵	掀開來	めくる・あける（掀開、to lift open (a lid)）
lien⁵³	□	めくりあげる（掀、to lift a cover）
		lien⁵³ kʰoi⁵³ loi⁵⁵ □開來。
		めくってひらく（掀開來。）
pʰon⁵³	翻	うらがえす（翻過去、to turn back）
		pʰon⁵³ ko²¹ hi²¹ 翻過去。
		うらがえす（折捲過去。）
		pʰon⁵³ ko²¹ han⁵⁵ ʒit⁵⁻³² mien²¹ 翻過還一面。
		別の面をめくる（翻過另一面。）
kʰiau²¹ kʰoi⁵³ loi⁵⁵	撬開來	こじあける（撬開、to pry open）
kem⁵⁵	□	ふたをする（蓋、to close the lid）
		ʒuŋ³³ vok³² koi²¹ kem⁵⁵ hi³⁵ loi⁵⁵ 用鑊蓋□起來。

なべのふたでふたをする（用鍋蓋蓋起來。）

kʰem⁵⁵ hi³⁵ loi⁵⁵　　□起來　　おおいかぶせる（蓋上、to cover from head down）

〈「kʰem⁵⁵ □」は「kem⁵⁵ □」（ふたをする）と同義である。〉

miaŋ⁵³　　　　　　　□　　　　かぶせる（蓋住、to overlay）

em⁵³　　　　　　　　□　　　　かぶせるようにする・おおう（遮蓋、to cover）

em⁵³ nen³⁵ □□。

おおう（遮住。）

em⁵³ se²¹ ŋin⁵⁵ nə⁵⁵ ʃoi³³ muk⁵ □細人仔睡目。

こどもをだいてねむる（抱著小孩子睡覺。）

kʰeu⁵³　　　　　　　□　　　　かこむ・おおう（圏，套住、to surround, to cover）

kʰeu⁵³ hi³⁵ loi⁵⁵ □起來。

かこんでしまう／おおってしまう（圏起來、套住。）

kʰeu⁵³ nen³⁵ □□。

かぶせている（扣著。）

tʰuŋ⁵⁵ ap⁵⁻³² bə⁵⁵ kʰeu⁵³ hi³⁵ loi⁵⁵ 同鴨仔□起來。

アヒルをかこんでしまえ（把鴨子圏起來。）

ʒau³⁵　　　　　　　　舀　　　　くむ（舀(水)、to ladle）

ʒau³⁵⁻³³ ʃui³⁵ 舀水。

水をくむ（舀水。）

ʒau³⁵⁻³³ ʒit⁵⁻³² ʃok³² 舀一勺。

1さじすくう（舀一勺。）

pʰai⁵⁵　　　　　　　　排　　　　ならべる（排、to line up, to queue up）

tʰap³²　　　　　　　　踏　　　　ふむ（踏、to tread）

tʰap³² nen³⁵ 踏□。

ふんでいる（踏著。）

tʰap³² ʃoŋ⁵³ hi²¹ 踏上去。

XIII. 人体（人體 Human Body） 273

			ふんであがっていく（踏上去。）
tsʰio²¹		□	ふみつける（用腳去踐踏, 踩、to stamp）
			{lau⁵³ / tʰuŋ⁵⁵} kai⁵⁵ ʒan⁵³ tʰeu⁵⁵ tsʰio²¹ tʰet⁵
			{□/同}□煙頭□掉。
			タバコの火ををふみつけてけしてしまえ（把煙頭踩滅。）
			tsʰio²¹ mien⁵⁵ mien⁵⁵ □綿綿。
			ふんでぐちゃぐちゃにする（踩爛。）
naŋ²¹		□	（大便・こどもをうむために）力む・ふみつける（用力踩, 用力大便, 生小孩子、to bear down, to stamp）
tem³³ kiok⁵		□腳	足をふみならす（跺腳、to stamp the feet）
kʰiam³³		□	またぐ（跨、to step across）
			kʰiam³³ ko²¹ hi²¹ □過去。
			またいでこえていく（跨過去。）
pin³³ pin³⁵ tʰiau²¹		□□跳	はねる（蹦蹦跳、to skip）
pai⁵⁵ kiok⁵ haŋ⁵⁵ lu³³		跛腳行路	足をひきずってあるく（跛腳走路、to limp）
kʰiaŋ⁵³ ʃiu³⁵ kʰiaŋ⁵³ kiok⁵		輕手輕腳	そっとあるく（躡手躡腳、to walk on tiptoe）
tseu³⁵		走	はしる（跑、to run）
			tseu³⁵⁻³³ lu³³ 走路。
			道をはしる（跑路。）
			sioŋ⁵³ tseu³⁵ ɔ⁵⁵ 相走仔。
			徒競走（賽跑。）
			〈純粋に競技としての競争を指す。〉
			tsieu³⁵⁻³³ sioŋ⁵³ kiuk⁵ 走相□。
			徒競走（賽跑。）
piau⁵³		□	（ウシが）はしる（(牛)跑、(a cow) run）
			ŋiu⁵⁵ piau⁵³ to²¹ tsʰoi²¹ ʒan⁵⁵ 牛□到菜園。
			ウシが畑まではしった（牛跑到菜園。）
tʰet⁵		踢	ける（踢、to kick）

			hioŋ²¹ heu³³ poi²¹ tʰet⁵⁻³² {lak³² / lok³²} hi²¹ 向後背踢落去。
			うしろ方向にける（往後踢。）
			tʰet⁵⁻³² pʰi⁵³ 踢被。
			ふとんをける（踢被子。）
liau²¹		□	ける（踢的動作的一種、to kick）
sio²¹		□	ける（踢、to kick）
			ʒuŋ³³ kiok⁵ sio²¹ ŋin⁵⁵ 用腳□人。
			足で人をける（用腳踢人。）
tʃʰok⁵		□	（足で）はらいのける（用腳撥開、to push aside by a foot）
			tʰuŋ⁵⁵ lia⁵³ toi⁵³ tuŋ⁵³ si⁵³ tʃʰok⁵⁻³² kʰoi⁵³ 同□堆東西□開。
			これらのものを足ではらいのける（把這堆東西用腳撥開。）
tsʰiok⁵⁻³² ʃoŋ⁵³ hi²¹		□上去	とびあがる（飛上去(從下往上跳)、to upfly）
kiok⁵ (voi³³) tʃun⁵³		腳(會)□	足がふるえる（抖腿、to jiggle the feet）
			〈「ʃiu³⁵ (voi³³) tʃun⁵³ 手(會)□」は手がふるえることである。〉
ko²¹ ʃui³⁵		過水	川などをあるいてわたる（涉水、to wade in the water）
ko²¹ ho⁵⁵ pa²¹		過河壩	川をわたる（渡河、to cross a river）
ko²¹ haŋ⁵³		過坑	
kʰiau⁵³ kiok⁵		□腳	あぐらをかく（盤腿、to cross the legs）
tʃʰan⁵⁵ kiok⁵⁻³² pʰan⁵⁵		纏腳盤	纏足する（纏足、to bind the feet）
tsʰo⁵³		坐	すわる（坐、to sit）
tsʰo⁵³ ha⁵³ hi²¹		坐下去	腰をおろす（坐下、to sit down）
hoŋ²¹ hi³⁵ loi⁵⁵		□起來	おきあがる；おきてすわる（起來；坐起來、to get up；to sit up）
			〈「□ hoŋ²¹」は上体をおこすことを指す。「hoŋ²¹ tsʰoŋ⁵⁵ □床」は起床することである。〉

XIII. 人体（人體 Human Body） 275

kʰi⁵³ 企 たつ（站、to stand）

kʰi⁵³ nen³⁵ 企□。
たっている（站著。）

fat³² kʰi⁵³ ɔ⁵⁵ 罰企仔。
罰としてたたせる（罰站。）

kʰi⁵³ hi³⁵ loi⁵⁵ 企起來 たちあがる（站起來、to stand up）

kʰu⁵⁵ □ しゃがむ（蹲、to squat）

kʰu⁵⁵ ha⁵³ hi²¹ □下去。
しゃがみこむ（蹲下去。）

tun⁵⁵ nen³⁵ □□ しゃがんでいる（蹲著、to keep down）

tsʰap⁵⁻³² ʒau⁵³ 插腰 手を腰にあてる（（手）叉腰、arms akimbo）

ʒau⁵³ ɔ⁵⁵ van⁵³ ha⁵³ hi²¹ 腰仔彎下去 腰をかがめる・腰をまげる（彎腰、to stoop）

ʒau⁵³ ham⁵⁵ poi²¹ tiau²¹ 腰含背吊

fan⁵⁵ tɕʰun³³ kai²¹ lo⁵⁵ tsok⁵ sɨ³⁵⁻³ to²¹ ki⁵⁵ tʰiam³⁵⁻³³ to²¹ ʒau⁵³ ham⁵⁵ poi²¹ tiau²¹ 繁重個勞作使到佢□到腰含背吊。
重労働で彼はつかれて腰がまがった（繁重的勞作把他累彎了腰。）

tɕʰun⁵³ nan⁵³ kin⁵³ 伸懶筋 のびをする（伸懶腰、to stretch (as when yawn)）

kʰui³⁵ 跪 ひざまずく（跪、to kneel）

kʰui³⁵⁻³³ nen³⁵ 跪□。
ひざまずいている（跪著。）

haŋ⁵⁵ li⁵³ 行禮 おじぎをする（鞠躬、to bow）

hioŋ²¹ tʰai³³ ka⁵³ haŋ⁵⁵ li⁵³ 向大家行禮。
みんなにむかっておじぎをする（向大家鞠躬。）

〈儀式などでおじぎをする場合は、よく以下のようにいう。「ʒit⁵⁻³² kʰiuk³² kʰiuŋ⁵³, tsai²¹ kʰiuk³² kʰiuŋ⁵³, sam⁵³ kʰiuk³² kʰiuŋ⁵³ 一鞠躬，再鞠躬，三鞠躬。」〉

ŋam³⁵⁻³³ tʰeu⁵⁵ 頷頭 ぬかずく（磕頭、to prostrate and knock the head on the ground）

⟨比喩的にもちい感謝をあらわす。⟩

ŋai⁵⁵ {tʰuŋ⁵⁵ / lau⁵³} ŋi⁵⁵ ŋam³⁵⁻³³ tʰeu⁵⁵ 我{同/□}你頷頭。感謝します（我給你磕頭。）

hap³² ʃiu³⁵ haŋ⁵⁵ li⁵³	合手行禮	両手をくみながらたかくあげおじぎをする動作（作揖、to make a low bow with the hands in front）

⟨神にむかって手をあわせながらおじぎをすることは「hap³² ʃiu³⁵ tsʰam⁵³ pai²¹ 合手参拜」という。⟩

haŋ⁵⁵ li⁵³	行禮	おじぎをする・敬礼する（行禮、to salute with the hands folded）
kin³³ li⁵³	敬禮	

⟨「敬」の本来の字音は陰去の kin²¹ である。たとえば「kin²¹ ʃin⁵⁵ 敬神」（神にお供え物をする）。⟩

kʰo³³	靠	よりかかる（靠(著)、to lean against）
tʰe⁵⁵ nen³⁵	□□	もたれている・よりかかっている（依靠著、to lean over on）

tsʰo⁵³ min⁵⁵ tsʰoŋ⁵⁵ tʰe⁵⁵ nen³⁵ hiu⁵³ sit⁵ 坐眠床□□休息。ベッドにもたれてやすむ（在床上靠著休息。）

pen²¹	□	ぴったりとくっつく（靠近緊緊靠靠、to adhere tightly to）

pen²¹ nen³⁵⁻³³ piak⁵ □□壁。
かべにぴったりとくっついている（靠著牆。）
ŋai⁵⁵ pun⁵³ ŋi⁵⁵ pen²¹ nen³⁵ 我分你□□。
わたしはあなたをよりかからせてあげる（我讓你靠著。）

va²¹	□	よりかかる・ちかよる（靠近、to get close to）

va²¹ ko²¹ loi⁵⁵ □過來。
ちかよってくる（靠過來）。

vun³³ nen³⁵	□□	腹ばいになっている・へばりつくような姿

XIII. 人体（人體 Human Body） 277

勢になっている・うずくまる；いすわる（趴著；待著、to lay on one's stomach, to huddle ; to stay）

tsʰo⁵³ min⁵⁵ tsʰoŋ⁵⁵ taŋ³⁵ vun³³ nen³⁵ 坐眠床頂□□。
寝床でうつぶせになっている（在床上趴著。）

vun³³ nen³⁵⁻³³ min⁵⁵ tsʰoŋ⁵⁵ taŋ³⁵ □□眠床頂。
寝床にうつぶせになっている（趴在床上。）

ʃui³⁵⁻³³ ŋiu⁵⁵ vun³³ ʃui³⁵ 水牛□水。
スイギュウが池の中で水をあびている（水牛在小池裡泡水。）

ʃui³⁵⁻³³ ŋiu⁵⁵ tsʰo⁵³ ʃui³⁵⁻³³ tɕʰi⁵⁵ nen⁵³ vun³³ nen³⁵
水牛坐水池□□□。
スイギュウがため池で水にひたっている（水牛在水池裡泡。）

ki⁵⁵ ʃoŋ⁵³ sim⁵³ to²¹ vun³³ lok³² tʰi³³ nai⁵⁵ ha⁵³ hi²¹
佢傷心到□落地泥下去。
彼は悲しみのあまり地面にへたりこんでしまった（他傷心得站不住。）

tsʰo⁵³ ki⁵⁵ kai²¹ vuk⁵⁻³² ha⁵³ vun³³ nen³⁵ {haŋ⁵⁵ kʰi⁵⁵ / tu³⁵⁻³³ keu³⁵}
坐佢個屋下□□{行棋／賭□}
彼の家にいすわって{将棋をさす／かけごとをする}（呆在他家{下棋／賭博}。）

ʃoi³³ ha⁵³ hi²¹	睡下去	横になる（躺下、to lie down）
pʰuk⁵⁻³² nen³⁵ ta³⁵⁻³³ am⁵³ pʰuk⁵	匍□ 打□匍	腹ばいになっている（趴、to lie flat on the stomach）
pʰuk⁵⁻³² nen³⁵ ʃoi³³ (muk⁵) ta³⁵⁻³³ am⁵³ pʰuk⁵ ʃoi³³	匍□睡(目) 打□匍睡	うつぶせでねむる（趴著睡、to sleep with stomach down） 〈「ta³⁵⁻³³ am⁵³ pʰuk⁵ ʃoi³³ 打□匍睡」はこどもがうつぶせでねることを指す。〉

ŋo²¹ tʰeu⁵⁵ ʃoi³³ (muk⁵)　　臥頭睡（目）　あおむけでねる（仰著睡、to sleep with back down）

〈「ŋo²¹ tʰeu⁵⁵ 臥頭」は頭を上向きにすることを指す。〉

ta³⁵⁻³³ tsʰet⁵ ʃoi³³ (muk⁵)　　打側睡（目）　横向きでねる（側著睡、to sleep on the side）

pʰuk⁵⁻³² nen³⁵　　匍□　　うつぶせである（伏、to prostrate and knock the head on the ground）

pat⁵⁻³² si³³ kiok⁵　　八字腳
　ap⁵⁻³² ma⁵⁵ kiok⁵　　鴨嬤腳　　外またにあるくこと（八字腳、splayfooted）

toi⁵³ to³⁵　　□倒　　よろめく・ころぶ；おちる（跌倒；跌、to stumble, to fall down ; to fall）

toi⁵³ ha⁵³ hi²¹ □下去。
おちていく（跌下去。）

kaŋ²¹ to³⁵　　□倒　　つまずいてころぶ（絆倒、to fall over）

kaŋ²¹ to³⁵ toi⁵³ ha⁵³ hi²¹ □倒□下去。
つまずいてころんだ（絆倒了。）

tʰiu²¹　　□　　すべってころぶ（滑倒、to slip and fall）

tʰiu²¹ to³⁵ □倒。
すべってころんでしまう（滑倒。）

pʰiu²¹　　□　　（目的をさだめず）すべる（沒有對準滑掉、to slide incautiously）

pʰiu²¹ tseu³⁵ □走。
すべってゆく（滑走。）

liu²¹　　□　　すべる（滑、to slide）

liu²¹ ha⁵³ hi²¹ □下去。
すべりおりる（滑下去。）

liu²¹ kia²¹ a⁵⁵ □崎□。
坂をすべりおりる（滑下坡。）

m̩⁵⁵ ho³⁵⁻³³ liu²¹ to³⁵ o³³ 唔好□倒□。
すべってころばないように（不要滑倒。）

XIII. 人体（人體 Human Body） 279

tiet⁵⁻³² to³⁵	跌倒	おちる（跌、to fall）
pun³³ pun³⁵ tʰiau²¹	□□跳	はねる・とびあがる（跳蹦蹦、to jump）
pʰuk⁵⁻³² nen³⁵ haŋ⁵⁵	匍□行	はってすすむ・匍匐する（匍匐、to crawl）
pʰoŋ⁵³	□	でくわす（碰、to run against）
		lioŋ³⁵ sa⁵⁵ sioŋ⁵³ pʰoŋ⁵³ ə⁵³ 兩儕相□仔。
		二人がでくわす（兩人相碰。）
ʃam³⁵⁻³³ kʰoi⁵³	閃開	傍らによける（閃開、to slip to one side）
kʰoŋ²¹	囥	かくれる・かくす・しまう（躲、to hide）
		tuŋ⁵³ si⁵³ kʰoŋ²¹ hi³⁵ loi⁵⁵ 東西囥起來。
		ものをしまいこむ（東西藏起來。）
		kʰoŋ²¹ tsʰo⁵³ ti⁵³ poi²¹ tu³⁵ 囥坐□背肚。
		中にかくす（藏在裡面。）
pa⁵⁵	背	せおう（背（東西）、to carry on the back）
		pa⁵⁵ tuŋ⁵³ si⁵³ 背東西。
		ものをせおう（背東西。）
		pa⁵⁵ se²¹ ŋin⁵⁵ nə⁵⁵ □細人仔。
		こどもをせおう（背小孩。）

XIII. iii. みだしなみ（梳洗 Grooming）

se³⁵⁻³³ mien²¹	洗面	顔をあらう（洗臉、to wash face）
mien²¹ pʰun⁵⁵	面盆	洗面器（臉盆、face bowl）〔隻〕
se³⁵⁻³³ ʃin⁵³	洗身	風呂にはいる（洗澡、to take a bath）
se³⁵⁻³³ ʃin⁵³ pʰun⁵⁵	洗身盆	風呂桶（浴盆、bathtub）
se³⁵⁻³³ kiok⁵	洗腳	足をあらう（洗腳、to wash the feet）
kiok⁵⁻³² pʰun⁵⁵	腳盆	足をあらうたらい（腳盆、foot bowl）〔隻〕
se³⁵⁻³³ tʰeu⁵⁵ na⁵⁵	洗頭□	頭をあらう（洗頭、to shampoo the hair）
tsʰa⁵⁵ ku⁵³	茶□	石鹼（肥皂、soap）
		〈かつて客家の農家は、油をしぼった後の茶の実のかすの塊（茶餅）を石鹼として使用していた。〉

mien²¹ pʰa²¹	面帕	タオル（毛巾、towel）
tʰa³³ o⁵⁵ lu²¹	□□□	
mo⁵³ kin⁵³	毛巾	
se³⁵⁻³³ mien²¹ pʰa²¹	洗面帕	顔用のタオル（毛巾(洗臉用)、washcloth）〔條〕
se³⁵⁻³³ ʃin⁵³ pʰa²¹	洗身帕	体をふくタオル(毛巾(洗澡用)、bath towel)〔條〕
ŋa⁵⁵ sot⁵⁻³² lə⁵⁵	牙刷仔	歯ブラシ（牙刷、toothbrush）〔枝〕
se³⁵⁻³³ ŋa⁵⁵ tʃʰi³⁵	洗牙齒	歯をみがく（刷牙、to brush teeth）
		ŋi⁵⁵ ʒiu⁵³ se³⁵⁻³³ ŋa⁵⁵ tʃʰi³⁵ tʃaŋ²¹ ʃoi³³ muk⁵ mo⁵⁵
		你有洗牙齒正睡目無？
		歯をみがいてからねたか？（你有刷牙才睡覺嗎？）
ŋa⁵⁵ tsʰiam⁵³	牙籤	つまようじ（牙籤、toothpick）〔枝〕
vak³² ŋa⁵⁵ tʃʰi³⁵	□牙齒	歯をほじる（剔牙、to pick teeth）
tʰoŋ⁵³ tʃoi²¹	□嘴	口をすすぐ（漱口、to rinse the mouth）
tʰam⁵⁵ fu⁵⁵	痰壺	痰壺（痰盂、spittoon）〔條〕
vui³³ sen⁵³ tʃi³⁵	衛生紙	ちり紙・トイレットペーパー（衛生紙，廁紙、toilet paper）〔疊〕〔捆〕〔包〕〔箱〕/〔張〕
tsʰut⁵⁻³² ʃi³⁵⁻³³ vut⁵	□屎□	尻をふく（擦屁股、to clean the bottom）
kuat⁵⁻³² ʃi³⁵⁻³³ vut⁵	刮屎□	〈かつて用便後に尻をふく場合は、竹のヘラなどを使用していた。〉
ta³⁵⁻³³ pan²¹	打扮	着飾る（打扮、to make up）
so⁵³ ə⁵⁵	梳仔	櫛（梳子、comb）〔枝〕
so⁵³ tʰeu⁵⁵	梳頭	くしけずる（梳頭、to comb the hair）
tʰeu⁵⁵ na⁵⁵ mo⁵³ kit⁵	頭□毛髻	（女性の）まげ（髻，髮髻、woman's hair-do）
tʰeu⁵⁵ na⁵⁵ mo⁵³ pien⁵³	頭□毛辮	おさげ・辮髪（辮子、pigtail）
pien⁵³ tʰeu⁵⁵ na⁵⁵ mo⁵³ pien⁵³	編頭□毛辮	おさげをあむ（編辮子、to plait the hair）
liu⁵⁵ hoi³⁵	劉海	（こどもや女性の）切り下げ髪（留髮、to
hai³⁵ kʰa⁵⁵ la⁵³	□□□	leave hair hanging down over the forehead）〈「hai³⁵ kʰa⁵⁵ la⁵³ □□□」は日本語由来。〉

XIV. 人生・病気など（生老病死 Life, Sickness, and Death）　281

tʰi²¹ tʰeu⁵⁵	剃頭	（男性が）散髪をする；頭をそる（剪頭髪（男）；剃頭、to have a haircut (male); to shave the head)
tsien³⁵⁻³³ mo⁵³	剪毛	（女性が）散髪をする（剪頭髪(女)、to have a haircut (female)）
tʰien³³ mo⁵³	電毛	パーマをかける（燙髪、to crimp）
se³⁵⁻³³ mo⁵³	洗毛	髪をあらう・洗髪する（洗髪、to have a shampoo）
tʰi²¹ koŋ⁵³ tʰeu⁵⁵	剃光頭	坊主頭にする（剃光頭、to shave the head bald）
kuat⁵⁻³² fu⁵⁵ si⁵³	刮鬍鬚	ひげをそる（刮鬍子、to shave beard）
kʰau⁵⁵ si⁵³	□鬚	
kʰau⁵⁵	□	そる・こすってけずる（刮、to shave, scrape down）
liu⁵⁵ si⁵³	留鬚	ひげをのばす（留鬍子、to wear a beard）
siu⁵³ mien²¹	修面	顔の産毛をそる（修面、to shave downy hair）
pʰak³² fun³⁵	白粉	おしろい（粉、face powder）
ko⁵⁵ fun³⁵	□粉	おしろいをぬる（塗粉、to powder the face）
ʒan⁵³ tʃi⁵³	胭脂	紅・口紅（胭脂、rouge）〔條〕 〈中年層以下は標準中国語の「口紅」をもちいる。〉
ko⁵⁵ ʒan⁵³ tʃi⁵³	□胭脂	紅をぬる；口紅をぬる（塗胭脂；抹口紅、to put on rouge; to paint the lips）
fa³³ muk⁵⁻³² mi⁵⁵ (mo⁵³)	畫目眉(毛)	眉をかく（畫眉、to paint the eyebrows）

XIV. 人生・病気など（生老病死 Life, Sickness, and Death）

XIV. i. ライフサイクル（生死 Life cycle）

| miaŋ³³ | 命 | 命（生命、life）〔條〕 |

ʃiu³³ ŋien⁵⁵	壽年	〈「mian³³ 命」「ʃiu³³ ŋien⁵⁵ 壽年」が一般的。	
sen⁵³ miaŋ³³	生命	「sen⁵³ miaŋ³³ 生命」はあまり使用されない。〉	

       miaŋ³³ {tʃʰoŋ⁵⁵ / ton³⁵} 命 {長 / 短}。
       寿命が {ながい／みじかい}（命 {長 / 短}。）
       ʃiu³³ ŋien⁵⁵ tʃʰoŋ⁵⁵ ton³⁵ 壽年長短。
       命のながさ（生命長短。）

ʒit⁵⁻³² sen⁵³ ŋin⁵⁵	一生人	一生（一生，一輩子、the whole life）
tʰeu⁵⁵ tʰoi⁵³	投胎	うまれかわる（投胎、to pass into a womb）
tʃʰut⁵⁻³² ʃe²¹	出世	うまれる（出生、to be born）
tʃʰut⁵⁻³² sen⁵³	出生	

       ŋi⁵⁵ mak³² kai²¹ ŋien⁵⁵ tʃʰut⁵⁻³² ʃe²¹ 你□個年出世？
       あなたは何年うまれですか（你是哪一年出生的？）

saŋ⁵³	生	いきる（活、living, to be alive）

       saŋ⁵³ nen³⁵ 生□。
       いきている（活著。）

hiuk⁵⁻³² se²¹ ŋin⁵⁵ (nə⁵⁵)	畜細人(仔)	こどもをそだてる（養孩子，育兒、to raise children）
kʰon²¹ se²¹ ŋin⁵⁵ (nə⁵⁵)	看細人(仔)	こどもの面倒をみる（看(孩子)、to watch the children）

       〈「kʰon²¹ 看」のかわりに、「kʰon²¹ ku²¹ 看顧」「tʃau²¹ ku²¹ 照顧」も使用できる。〉

ŋien⁵⁵ ki²¹ {siau³⁵ / ʃau³⁵}	年紀{小 / 少}	年がわかい（年紀小、young in age）
ŋien⁵⁵ han⁵⁵ se²¹	年還細	
tʃoŋ³⁵⁻³³ tʰai³³	長大	成長する（長大、to grow）
tʰai³³ le⁵³	大了	おおきくなった（大了、to be grown up）
lo³⁵ le⁵³	老了	年をとった（老了、to get old）
tʰiam³⁵	□	つかれている（疲倦、to get tired）
pʰi⁵⁵ lo⁵⁵	疲勞	〈「kʰioi³³ □」は四県客家語由来。海陸客家語ではほとんど使用しない。〉
kʰioi³³	□	

       ŋin⁵⁵ tsʰin³³ {tʰiam³⁵ / pʰi⁵⁵ lo⁵⁵ / kʰioi³³}

XIV. 人生・病気など（生老病死 Life, Sickness, and Death）　283

　　　　　　　　　　　　　人盡{□/疲勞/□}。
　　　　　　　　　　　　　体がとてもつかれている（(我)身體很疲倦。）

hiu⁵³ sit⁵　　　　　　　休息　　　　やすむ（休息、to rest）
　liau³³　　　　　　　　□
　hiet³² kʰun²¹　　　　　歇睏
　　　　　　　　　　　　　liau³³ ʒit⁵⁻³² ha³³ loi⁵⁵ □一下來
　　　　　　　　　　　　　すこしやすもう。（休息一下。）

ʃoi³³ muk⁵　　　　　　　睡目　　　　ねむる（睡覺、to sleep）
ʃoi³³ toŋ⁵³ tʃiu²¹　　　　睡當晝　　　昼寝する（睡午覺、to take a nap）
pot⁵⁻³² muŋ³³　　　　　發夢　　　　夢を見る（做夢、to dream）〔場〕
ʃoi³³ muk⁵ koŋ³⁵⁻³³ kʰoŋ⁵⁵ voi⁵³
　　　　　　　　　　　　　睡目講狂話　寝言をいう（說夢話、to talk in sleep）
　pot⁵⁻³² muk⁵⁻³² ʃoi³³ kʰoŋ⁵⁵
　　　　　　　　　　　　　發目睡狂

ok⁵⁻³² muŋ³³　　　　　　惡夢　　　　悪夢（夢魘、nightmare）
kai³⁵⁻³³ muŋ³³　　　　　解夢　　　　夢判断をする（解夢、to explain a dream）
li⁵⁵ pʰiet³²　　　　　　　離別　　　　離別する（離別、to part from）
si³⁵　　　　　　　　　　死　　　　　死ぬ（死、to die）
ŋok³² tʰeu⁵⁵　　　　　　□頭　　　　死んでしまう・くたばる（死掉、kick the bucket）
fui⁵⁵ koŋ⁵³ fan³⁵⁻³³ tʃau²¹　回光反照　人が臨終の時に一時急に精神が興奮すること（迴光返照、the transient reviving of the dying）
tiau²¹ kiaŋ³⁵　　　　　　吊頸　　　　首をつる（上吊、to hang oneself）
　tʰak⁵⁻³² kiaŋ³⁵　　　　□頸　　　　〈「tʰak⁵⁻³² kiaŋ³⁵ □頸」は使用頻度がひくい。「tʰak⁵ □」はくくること。〉
saŋ⁵³ saŋ⁵³ ʃau⁵³ si³⁵　　生生燒死　いきながら焼死する（活生生的燒死、to be burnt alive）
pot⁵⁻³² tʃʰuŋ⁵⁵　　　　　發蟲　　　　（ウジなどの）虫がわく（長蛆、to get maggots）
saŋ⁵³ tʃʰuŋ⁵⁵　　　　　　生蟲

ʒau⁵³ tʃat⁵ 　　　　　夭折　　　夭折する（夭折、to die young）
ʒau⁵³ ʃiu³³ 　　　　　夭壽　　　夭折する（夭壽、to die young）
　　　　　　　　　　　　　　　〈還暦前に死ぬこと。〉
ŋien⁵⁵ ki²¹ 　　　　　年紀　　　年齢（年紀、age）
soi²¹ 　　　　　　　　歲　　　　…歲（歲、year old）
　　　　　　　　　　　　　　　kit³² to⁵³ soi²¹ 幾多歲？
　　　　　　　　　　　　　　　何歲ですか？（多大年紀？）
　　　　　　　　　　　　　　　——sam⁵³ ʃip³² soi²¹ 三十歲。
　　　　　　　　　　　　　　　30歲です（三十歲。）
piaŋ²¹ miaŋ³³ 　　　　拼命　　　一生懸命になる（拼命、to risk one's life）
pin³⁵ 　　　　　　　　拼　　　　必死になる（掙扎、to struggle）

XIV. ii. 病気（疾病 Sickness）

pʰiaŋ³³ 　　　　　　　病　　　　病気（病、disease）〔場〕
pot⁵⁻³² pʰiaŋ³³ 　　　　發病　　　病気になる（生病、to be ill）
tʰai³³ pʰiaŋ³³ 　　　　大病　　　重病（大病, 重病、serious illness）
pʰiaŋ³³ toŋ⁵³ tʃʰuŋ⁵³ 　病當重　　病気がおもい（病重、to be seriously ill）
tʃʰon⁵⁵ ŋiam³³ 　　　　傳染　　　伝染する（傳染、to infect）
m̩⁵⁵ suŋ⁵³ soŋ³⁵ 　　　　唔鬆爽　　気分がわるい（不舒服、do not feel well）
　　m̩⁵⁵ ʃu⁵³ fuk³² 　　唔舒服　　〈「m̩⁵⁵ suŋ⁵³ soŋ³⁵ 唔鬆爽」は高年層に、標
　　　　　　　　　　　　　　　準中国語由来の「m̩⁵⁵ ʃu⁵³ fuk³² 唔舒服」は
　　　　　　　　　　　　　　　中年層以下に使用される。〉
tʰuŋ²¹ 　　　　　　　　痛　　　　いたい・いたむ（痛、painful）
　　　　　　　　　　　　　　　toŋ⁵³ tʰuŋ²¹ 當痛。
　　　　　　　　　　　　　　　いたい（很痛。）
tsʰen⁵³ 　　　　　　　呻　　　　うなる（呻吟、to moan）
　　　　　　　　　　　　　　　voi³³ tsʰen⁵³ 會呻。
　　　　　　　　　　　　　　　うなる（會呻吟。）
　　　　　　　　　　　　　　　tsʰen⁵³ mak³² kai²¹ 呻□個。
　　　　　　　　　　　　　　　なぜうなっているのだ（為什麼呻吟。）

XIV. 人生・病気など（生老病死 Life, Sickness, and Death）　285

pʰiaŋ³³ ho³⁵ le⁵³	病好了	病気がよくなった（病癒, 病好了、to get well）
tʰeu⁵⁵ na⁵⁵ tʰuŋ²¹	頭□痛	頭がいたい・頭痛がする（頭痛、to have headache）〈「tʰeu⁵⁵ tʰuŋ²¹ 頭痛」というと、頭をなやますことを指す。〉
tʰeu⁵⁵ (na⁵⁵) hin⁵⁵ (hin⁵⁵)	頭(□)□(□)	めまいがする（頭暈、to feel dizzy）
tʰeu⁵⁵ hin⁵⁵ no³⁵⁻³³ pien³⁵	頭□腦□	〈「hin⁵⁵ □」はめまいがしたり頭がくらくらしたりすること。〉
(muk⁵⁻³² tʃu⁵³) muŋ⁵⁵ muŋ⁵⁵	(目珠)濛濛	目がくらむ（眼花、eyesight blurred）
ʒa³³ koŋ⁵³ muk⁵	夜光目	鳥目（夜盲症、nightblind）
lo³⁵⁻³³ fa⁵³ ŋan³⁵	老花眼	老眼（老花眼、farsighted）
pot⁵⁻³² tʃʰak⁵⁻³² muk⁵	發赤目	トラコーマ（砂眼，顆粒性結膜炎、tracoma）
a³³ kʰa⁵⁵ me⁵³	□□□	〈「pot⁵⁻³² tʃʰak⁵⁻³² muk⁵ 發赤目」「a³³ kʰa⁵⁵ me⁵³
sa⁵³ ŋan³⁵	砂眼	□□□」は高年層に使用される。後者は日本語由来である。〉
ŋi³⁵⁻³³ luŋ⁵³	耳聾	耳がきこえないこと（耳朵聾、deaf）
ta³⁵⁻³³ hat⁵ tsʰiu⁵³	打□□	くしゃみをする（打噴嚏、to sneeze）
pʰi³³ set⁵⁻³² set⁵	鼻塞塞	鼻がつまる（鼻子不通氣、to have a stuffy nose）
paŋ⁵³ ŋa⁵⁵ tʃʰi³⁵	□牙齒	歯をぬく（拔牙、to remove teeth）
tʃiu²¹ ŋa⁵⁵	蛀牙	虫歯（蛀牙、to have decayed teeth）〔枝〕
ta³⁵⁻³³ et⁵ tuk⁵	打□□	しゃっくりをする；げっぷをする（打噎；打嗝、to hiccough；to burp）
voi³³ eu³⁵	會嘔	吐き気がする（嘔心、nauseating）
fan³⁵⁻³³ vui³³	反胃	
eu³⁵	嘔	はく・嘔吐する（嘔吐、to vomit）
ok³² tʰet⁵	□掉	（意図的に）はく（吐掉，想辦法故意吐、to vomit by design）〈意図的でない場合は「eu³⁵ 嘔」をもちい

		る。〉
pot$^{5-32}$ tʃu^{53} tʰeu^{55} pʰi^{55}	發豬頭皮	おたふくかぜになる（生腮腺炎、to have the mumps）
ʃaŋ^{53} ʃit$^{5-32}$ ʃit^{5}	聲失失	声がかれる（聲音沙啞、to be hoarse）
ʃit$^{5-32}$ ʃaŋ^{53}	失聲	〈「ʃaŋ^{53} ʃit$^{5-32}$ ʃit^{5} 聲失失」が一般的。〉
	heu^{55} lien^{55} koi^{53} ʃit$^{5-32}$ ʃaŋ^{53} 喉□□失聲。	
		声がかれている（喉嚨沙啞。）
pot$^{5-32}$ ʃa^{55}	發蛇	疱疹・ヘルペス（泡疹、herpes）
sim^{53} tʰiau^{21}	心跳	動悸がする（心跳、nervous, palpitating heart）
sim^{53} tsʰoŋ^{35} tʰiau^{21}	心臟跳	
sim^{53} tsʰoŋ$^{35-33}$ pʰiaŋ^{33}	心臟病	心臟病（心病、heart disease）
fui^{21} pʰiaŋ^{33}	肺病	肺結核（肺結核、to have tuberculosis）
vui^{33} m̩^{55} siau^{53} fa^{21}	胃唔消化	消化不良である（胃不消化、to have indigestion）
ʒau^{53} ə^{55} ʃam$^{35-33}$ to^{35}	腰仔閃倒	腰の筋をちがえてしまう（閃腰、to strain one's back）
tu$^{35-33}$ ʃi^{35} tʰuŋ^{21}	肚屎痛	腹がいたむ（肚子痛、to have stomachache）
o^{53} li^{33} tu^{35}	屙痢肚	腹をくだす（腹瀉，拉肚子、to have diarrhea）
o^{53} ʃui$^{35-33}$ sia^{21}	屙水瀉	
pot$^{5-32}$ tsi^{35}	發子	つわり（害喜、sickness of pregnancy）
ʒiu^{53} ʃin^{53} hoŋ^{33}	有身項	
liu^{55} san^{35}	流產	流産する（小產，流產、miscarriage）
lau^{21} tʰoi^{53}	□胎	
ma^{55} pi^{21}	痲痺	麻痺する（痲痺、to feel numb）
tʃʰiu^{53} kin^{53}	抽筋	筋がつる（抽筋、to have cramps）
kiok^{5} tʃun^{53}	腳□	足がふるえる（抖腳、to shiver）
		〈「tʃun^{53}□」はふるえることを指す。〉
ta$^{35-33}$ lin^{53} tsʰin^{53}	打冷嚫	身震いする（打冷顫、to shudder）
hon^{55} to^{35} le^{53}	寒倒了	風邪をひく（著涼，感冒、to catch cold）
laŋ^{53} to^{35}	冷倒	

XIV. 人生・病気など（生老病死 Life, Sickness, and Death） 287

ŋiet³² to³⁵	熱倒	熱病になる；熱中症になる（熱衰竭；中暑、calenture ; to get sunstroke）
	ŋi⁵⁵ ŋiet³² to³⁵ le⁵³ 你熱倒了。	
	あなたは熱中症になった（你中暑了。）	
fat⁵⁻³² ʃau⁵³	發燒	熱をだす（發燒、to have fever）
tsok⁵⁻³² ʃau⁵³	作燒	
hin⁵⁵ ʃon⁵⁵	□船	船酔いする（暈船、to get seasick）
fun⁵⁵ ʃon⁵⁵	□船	
tʃʰut⁵⁻³² ma⁵⁵ ə⁵⁵	出麻仔	はしかにかかる（出疹子、to have the measles）
tʃʰut⁵⁻³² ʃui³⁵⁻³³ tʰeu³³	出水痘	水疱瘡になる（出水痘、to have chicken pox）
pot⁵⁻³² ʃui³⁵⁻³³ tʰeu³³	發水痘	
tʃuŋ³⁵⁻³³ hi³⁵ loi⁵⁵	腫起來	腫れる・浮腫になる（浮腫, 水腫、edema）
tʃuŋ³⁵⁻³³ tʃuŋ³⁵	腫腫	
	kiok⁵⁻³² pi³⁵ tʃuŋ³⁵⁻³³ tʃuŋ³⁵ 腳臂腫腫。	
	太ももがはれた（大腿腫起來了。）	
pot⁵⁻³² hap⁵	發□	喘息になる（哮喘, 氣喘、to have asthma）
{fat⁵⁻³² / pot⁵⁻³²} ʃin⁵⁵ kin⁵³	發神經	気がふれる（發神經、hysterical）
tʃuŋ²¹ fuŋ⁵³	中風	脳卒中（中風、brain hemmorhage）
pʰak³² heu⁵⁵	白喉	ジフテリア（白喉、diphtheria）
tʰai³³ tʃʰoŋ⁵⁵ ŋiet³²	大腸熱	腸チフス（大腸熱、typhoid fever）
vui³³ tʃʰoŋ⁵⁵ pʰiaŋ³³	胃腸病	胃腸病（胃腸病、gastroenteropathy）
	vui³³ tʃʰoŋ⁵⁵ fat⁵⁻³² ʒam³³ 胃腸發炎。	
	胃腸が炎症をおこす（胃腸發炎。）	
tʰai³³ hak³² pau⁵³	大□包	ヘルニア（疝氣、hernia）
o⁵³ kak³² eu³⁵	屙□嘔	コレラ（霍亂、to have cholera）
kʰu³³ lo⁵⁵ le⁵⁵ la⁵³	□□□□	〈「o⁵³ 屙」は排泄すること。「o⁵³ kak³² eu³⁵ 屙□嘔」が一般的。「kʰu³³ lo⁵⁵ le⁵⁵ la⁵³ □□□□」は高年層が使用し、日本語由来の可能性がある。〉
pot⁵⁻³² ma³³ a⁵⁵ li⁵⁵ ia⁵³	發□□□	マラリアになる（生瘧疾、to have malaria）

                                              〈「ma³³ a⁵⁵ li⁵⁵ ia⁵³ □□□□」は日本語由来。
                                              高年層が使用する。〉

tʰan⁵³ fan²¹   癱瘓   半身不随である（癱、paralysis）

tʃu⁵³ ma⁵⁵ tsʰai³⁵   豬嬤□   てんかん（羊癲瘋、epilepsy）
                                         pot⁵⁻³² tʃu⁵³ ma⁵⁵ tsʰai³⁵ 發豬嬤□。
                                         てんかんになる（發羊癲瘋。）

pot⁵⁻³² vun⁵³ nə⁵⁵   發瘟仔   急性伝染病になる（瘟疫、the plague）
                                         〈「vun⁵³ nə⁵⁵ 瘟仔」のみではもちいない。〉

ŋin⁵⁵ vun⁵³   人瘟   人の伝染病（人的傳染病、human epidemic）

kai⁵³ vun⁵³   雞瘟   ニワトリの伝染病（雞的傳染病, 雞瘟、
                                         chicken epidemic）

tʃu⁵³ vun⁵³   豬瘟   ブタの伝染病（豬的傳染病, 豬瘟、pig
                                         epidemic）

pot⁵⁻³² lai²¹ ko⁵³   發癩糕   ハンセン病になる（長痲瘋、to have leprosy）

pot⁵⁻³² set³² ma⁵⁵   發蝨嬤   シラミがわく（生蝨子、to have lice）

fu⁵⁵ {pit⁵ / fit⁵}   狐□   わきが（狐臭、to have underarm odor）
                                         〈「fu⁵⁵ pit⁵ 狐□」が一般的。〉

kai⁵³ ma⁵⁵ pʰi⁵⁵   雞嬤皮   鳥肌（雞皮疙瘩、to have goose flesh）
                                         pot⁵⁻³² kai⁵³ ma⁵⁵ pʰi⁵⁵ 發雞嬤皮。
                                         鳥肌がたつ（起雞皮疙瘩。）

pot⁵⁻³² tʃʰi³⁵⁻³³ ə⁵⁵   發痔仔   痔になる（長痔瘡,to have piles (hemorrhoid)）

pʰi⁵⁵ fu⁵³ pʰiaŋ³³   皮膚病   皮膚病（皮膚病、skin diseases）

pot⁵⁻³² sien³⁵   發癬   皮膚病になる（長癬、to have ringworm）

pot⁵⁻³² ŋiet³² mui³³ ə⁵⁵   發熱□仔   汗もができる（長痱子、to have prickly heat）

pot⁵⁻³² tsʰoŋ⁵³ ŋə⁵⁵   發瘡仔   できものができる（長瘡、to have sores）

pot⁵⁻³² taŋ⁵³ ŋə⁵⁵   發疔仔   毛囊炎（疔）ができる（長疔、to have boils）

pot⁵⁻³² liu⁵⁵   發瘤   腫瘤ができる（長瘤、to have a tumour, a
                                         swelling）

pot⁵⁻³² tʃʰiu²¹ tʰeu⁵⁵   發臭頭   できもので髪がぬける病気になる（長癩、
                                         to have the mange）

XIV. 人生・病気など（生老病死 Life, Sickness, and Death）　289

hioŋ⁵³ koŋ³⁵⁻³³ kiok⁵	香港腳	水虫（香港腳、to have athlete foot）
mui⁵⁵ tʰuk³²	梅毒	梅毒（梅毒、syphilis）
lim⁵⁵ pʰiaŋ³³	淋病	淋病（淋病、gonorrhea）
pʰi³³ hiet⁵	鼻血	鼻血（鼻血、nosebleed）
tuŋ²¹ ʃoŋ⁵³	凍傷	凍傷（凍瘡、chilblain）
pi²¹ ket⁵	秘結	便秘（便秘、constipation）
ŋam⁵⁵ tʃin²¹	癌症	癌（癌症、cancer）

XIV. iii. 薬と治療（醫藥 Medicine and cure）

tsʰiaŋ³⁵⁻³³ ʒi⁵³ sen⁵³	請醫生	医者をよぶ（請醫生、to get a doctor）
kʰon²¹ ʒi⁵³ sen⁵³	看醫生	医者に診てもらう（看醫生、to visit a doctor）
ʒi⁵³ pʰiaŋ³³	醫病	病気をなおす（醫病、to heal disease）
kʰon²¹ pʰiaŋ³³	看病	診察する（看病、to examine the disease）
ta³⁵⁻³³ mak⁵	打脈	脈をとる（把脈、to examine the pulse）
tʃim⁵⁵ tʃit⁵	針□	鍼灸（針灸、acupuncture）
kʰoi⁵³ ʒok³² foŋ⁵³	開藥方	処方箋をだす（開處方、to prescribe medicine）
kap⁵⁻³² ʒok³² gə⁵⁵	合藥仔	調剤する（配藥、to make up a prescription）
ʒok³² gə⁵⁵	藥仔	薬（藥、medicine）〔份〕〔包〕〔服〕
		ʒit⁵⁻³² fuk³² ʒok³² gə⁵⁵ 一服藥仔。
		1服の薬（一服藥。）
ʒok³² ʒan⁵⁵	藥丸	丸薬（藥丸、pill）〔條〕
ʒok³² pian³⁵	藥餅	錠剤（藥餅、medicine in tablet form）〔條〕
ʒok³² san³⁵	藥散	粉薬・散剤（藥散、powdered medicine）〔罐〕〔包〕
ʒok³² tʰoŋ⁵³	藥湯	煎じ薬（湯藥、liquid medicine）〔碗〕〔湯匙〕〔壺〕〔鑊〕
tsien⁵³ ʒok³² gə⁵⁵	煎藥仔	薬を煎じる（煎藥、to make a decoction）
ʃit³² ʒok³² gə⁵⁵	食藥仔	薬をのむ（吃藥；喝藥、to take medicine；to drink liquid medicine）
		〈固形・液体いずれの薬についてももちい

る。〉

ko⁵³ ʒok³²	膏藥	膏薬（膏藥、plaster）〔te²¹ □〕	
tap⁵⁻³² ko⁵³ ʒok³²	貼膏藥	膏薬をはる（貼膏藥、to apply a plaster）	
ʒok³² ko⁵³	藥膏	軟膏（藥膏、ointment）	
ko⁵⁵ ʒok³² ʒiu⁵⁵	□藥油	軟膏をぬる（塗藥油, 塗藥膏、to rub ointment）	
(tap⁵⁻³²) o⁵⁵ kʰe⁵⁵ paŋ⁵³	(貼)OK□	絆創膏（透明膠布, OK 繃、plaster）	
tʰuk³² ʒok³²	毒藥	毒薬（毒藥、poison）	
muk⁵⁻³² ʒok³²	目藥	目薬（眼藥、eye lotion）〔罐〕	
ʒi⁵³ ʒan²¹	醫院	病院（醫院、hospital）	
pʰiaŋ³³ ʒan²¹	病院	〈「pʰiaŋ³³ ʒan²¹ 病院」は旧語である。〉	
ʃiu³⁵⁻³³ sut³²	手術	手術（手術、an operation）	
kʰoi⁵³ to⁵³ ʃiu³⁵⁻³³ sut³²	開刀 手術	手術をする（開刀, 動手術、to operate on）	

hi²¹ ʒi⁵³ ʒan²¹ {kʰoi⁵³ to⁵³ / ʃiu³⁵⁻³³ sut³²}
去醫院 {開刀 / 手術}。
病院にいって手術をする（去醫院動手術。）

tsiap⁵⁻³² sen⁵³	接生	助産をする（接生、to act as a midwife）	
ʒok³² gə⁵⁵ ʒiu⁵³ hau³⁵	藥仔有效	薬が効く（藥有效、(medicine) effective）	
paŋ⁵³ fo³⁵⁻³³ kon²¹	□火罐	すいふくべ・すい玉(拔火罐、cupping glass）	
kʰiaŋ³³ nen³⁵	□□	養生する（保養、take care of one's health）	

ʃin⁵³ tʰi³⁵ oi²¹ kʰiaŋ³³ nen³⁵ 身體愛□□。
体は養生しなくてはいけない（身體要保養。）
ŋi⁵⁵ oi²¹ kʰiaŋ³³ nen³⁵⁻³³ ʃin⁵³ tʰi³⁵ o³³ 你愛□□身體□。
体を養生しなくてはいけない（你要保養身體。）

lioŋ⁵⁵ fat⁵⁻³² ʃau⁵³ {kai²¹/ e²¹}	量發燒 {個/□}	

温度計（溫度計、thermometer）

vun⁵³ tʰu³³ ki²¹	溫度計	

XIV. 人生・病気など（生老病死 Life, Sickness, and Death）　291

XIV. iv. 戦闘と負傷（戰事，受傷 Battle, wounds）

tʃan²¹ tsen⁵³	戰爭	戦争（戰爭、war）
ta³⁵⁻³³ tʃan²¹	打戰	たたかう・戦争をする（打仗、to war）
sioŋ⁵³ tʃʰi⁵⁵ ə⁵⁵	相弒仔	
		lioŋ³⁵ kuet⁵ sioŋ⁵³ tʃʰi⁵⁵ ə⁵⁵ 兩國相弒仔。二国がたたかう（兩國打仗。）
ket⁵⁻³² miaŋ³³	革命	革命（革命、revolution）
pau²¹ tʰuŋ³³	暴動	暴動（暴動、roit）
ta³⁵⁻³³ ʒiu⁵⁵ kit⁵	打游擊	ゲリラ戦（打游擊、guerilla warfare）
tʃin⁵³ pin⁵³	徵兵	徵兵する（徵兵，徵召、to draft）
toŋ⁵³ pin⁵³	當兵	兵士になる（當兵、to become a soldier）
kiun⁵³ tʃʰui³³	軍隊	軍隊（軍隊、army）
ʒiu⁵⁵ kit⁵⁻³² tʃʰui³³	游擊隊	ゲリラ（游擊隊、guerilla）
tʰit³² ŋin⁵⁵	敵人	敵（敵人、enemy）
tʃan²¹ tʃʰoŋ⁵⁵	戰場	戰場（戰場、battlefield）
tʃan²¹ ho⁵⁵	戰壕	塹壕（戰壕、fighting trenches）
kiun⁵³ kam²¹	軍艦	軍艦（軍艦、battleship）〔條〕
tʃan²¹ tʃʰa⁵³	戰車	戰車（坦克、tank）
kiuŋ⁵³	弓	弓（弓、bow）〔副〕
tsien²¹	箭	矢（箭、arrow）〔枝〕
ʃa²¹ tsien²¹	射箭	矢を射る（射箭、to shoot an arrow）
tun²¹	盾	盾（盾、shield）〔隻〕
kiam²¹	劍	劍（劍、sword）〔枝〕
tʃʰuŋ²¹ ŋə⁵⁵	銃仔	銃（槍、gun）〔枝〕
pʰe³³ si⁵⁵ tʰo⁵⁵ lu⁵³	□□□□	ピストル（手槍、pistol）
ʃiu³⁵⁻³³ tʃʰuŋ²¹	手銃	〈「pʰe³³ si⁵⁵ tʰo⁵⁵ lu⁵³ □□□□」は日本語由来。高年層がもちいる。〉
pʰau²¹	砲	大砲（砲、cannon）〔台〕〔尊〕
tsi³⁵⁻³³ tʰan⁵⁵	子彈	弾・銃弾（子彈、bullet）〔隻〕〔粒〕
kʰoi⁵³ tʃʰuŋ²¹	開銃	銃をうつ・発砲する（開槍、to shoot with

			a gun)
ta$^{35\text{-}33}$ pa^{21}		打靶	射撃をする（打靶、to shoot the target）
mai^{55} fuk^{32}		埋伏	まちぶせする（埋伏、to ambush）
kuŋ^{53}		攻	攻める（攻、to attack）
ʃiu^{35}		守	まもる（守、to guard）
tsin^{21}		進	すすむ（進、to advance）
t^{h}ui^{21}		退	しりぞく・退却する（退、to retreat）
pau^{53} vui^{55}		包圍	包囲する（包圍、to surround）
t^{h}o^{55} pin^{53}		逃兵	脱走兵（逃兵、deserter）
ta$^{35\text{-}33}$ ʒaŋ^{55}		打贏	かつ（打勝、to win a war）
ta$^{35\text{-}33}$ ʃiu^{53}		打輸	まける（打敗、to be defeated）
t^{h}o^{55} nan^{33}		逃難	避難する（逃難、to flee from calamity）
pit^{32} nan^{33}		避難	避難する（避難、to seek refuge from calamity）
koŋ$^{35\text{-}33}$ fo^{55}		講和	講和（講和、truce）
t^{h}eu^{55} hoŋ^{55}		投降	投降する（投降、to surrender）
t^{h}ai^{21} p^{h}in^{55}		太平	平和（和平、peace）
(pun^{53} net^5) ts^{h}iuk$^{5\text{-}32}$ to^{35}		(分笍)刺倒	とげに刺される（扎刺, 刺傷、to get a splinter）
sun$^{35\text{-}33}$ ʃoŋ^{53}		損傷	傷つける（損傷、to hurt the skin）
luk$^{5\text{-}32}$ ʃoŋ^{53}		□傷	やけどする（燙傷、to scald oneself）
		pun^{53} {kuŋ$^{35\text{-}33}$ ʃui^{35} / fo^{35}} luk$^{5\text{-}32}$ ʃoŋ^{53} 分{滾水／火}□傷。 {熱湯／火}でやけどする（被{開水／火}燙傷。）	
nat^5		□	やけどをする・あたためる（(用火)燙、to burn, to warm or heat in hot water）
		ʒuŋ^{33} ʒan^{53} nat^5 ki^{55} 用煙□佢。 煙でそれをあたためなさい（用煙燙他。）	
		pun^{53} fo^{35} nat$^{5\text{-}32}$ to^{35} 分火□倒。 火でやけどをした（被火燙到。）	
ʃiu^{53} heu^{35}		收口	傷口がふさがる（收口, 癒合、(wound) to heal）

XV. 人間関係（與人關係 Human Relationships） 293

ket$^{5\text{-}32}$ pa^{53} ə^{55}	結疤仔	かさぶたができる（結疤, 結痂、to grow into a scar）
p^{h}oŋ^{53} ʃoŋ^{53}	碰傷	打撲を負う（碰傷、to knock against something and get hurt）
ŋap^{32}	□	（かたいものに）ぶつかる（碰, 磕, 撞、to bump something hard）
		ŋiak^{32} t^{h}eu^{55} ŋap^{32} to^{35} tʃ^{h}ut$^{5\text{-}32}$ hiet^5 額頭□倒出血。
		ひたいをぶつけて血がでた（額頭碰到出血了。）
tsit$^{5\text{-}32}$ hiet^5	積血	鬱血する（瘀, 瘀血、extravasated blood）
ʒiu^{53} loŋ^{55}	有□	みみずばれ（鞭痕、whip mark）
		〈「loŋ^{55} □」は、ほそながくもりあがった形状を指す。〉
		ta$^{35\text{-}33}$ ʒiu^{53} loŋ^{55} 打有□。
		（鞭で）みみずばれにする（用鞭子打出來鞭痕）。
ʃiu^{33} ʃoŋ^{53}	受傷	傷つく（受傷、to get wounded）
ʃoŋ^{53} heu^{35}	傷口	傷口（傷口、wound）
pau^{53} ʃoŋ^{53} heu^{35}	包傷口	傷口をつつむ（包傷口、to wrap a wound）
t^{h}iet$^{5\text{-}32}$ kap^5	鐵甲	甲冑（盔甲、armor）

XV. 人間関係（與人關係 Human Relationships）
XV.i. 姓名・出身（姓名, 出身 Identity）

siaŋ^{21} ʃi^{21}	姓氏	姓（姓氏、surname, the clan name）
siaŋ^{21}	姓	姓を…という（姓、to be surnamed）
		ŋai^{55} siaŋ^{21}…. 我姓…。
		わたしは…という姓だ（我姓…。）
kui^{21} siaŋ^{21}	貴姓	お名前は？（貴姓、May I ask your name?）
ʃoŋ^{33} siaŋ^{21}	上姓	
		ŋi^{55} {kui^{21} siaŋ^{21} / ʃoŋ^{33} siaŋ^{21}} 你{貴姓 / 上姓}？
		お名前は？（您貴姓？）

tsun⁵³ siaŋ²¹ tʰai³³ miaŋ⁵⁵	尊姓大名	尊名（尊姓大名、your name）	
miaŋ⁵⁵ ŋɔ⁵⁵	名仔	名前（名字、name）〔隻〕〔條〕	
pʰien⁵³ miaŋ⁵⁵	偏名	あだ名（綽號, 暱稱、nickname）	
on⁵³ to³⁵⁻³³…	□倒…	名を…という・…とよぶ（叫(做)、to be called, be named）	
		ŋi⁵⁵ on⁵³ to³⁵⁻³³ mak³² kai²¹ 你□倒□個？	
		あなたは、名前は何というか？（你叫甚麼？）	
		ŋai⁵⁵ on⁵³ to³⁵⁻³³…我□倒…。	
		わたしは…という（我叫…）。	
tʃʰin⁵³ fu⁵³	稱呼	よぶ（稱呼、to call, to designate）	
toŋ⁵³	當	…とみなす（當、to regard as）	
		tʰuŋ⁵⁵ pʰet³² sa⁵⁵ kai²¹ sɿ³³ toŋ⁵³ tsʰit³² ka⁵³ kai²¹ sɿ³³ loi⁵⁵ tso²¹	
		同別儕個事當自家個事來做。	
		他人のことを自分のこととみなす（把別人的事當自己的事。）	
son²¹	算	…とする・…とみなす（算、to count as）	
tʃʰut⁵⁻³² ʃin⁵³	出身	出身（出身、origin）	
lo³⁵⁻³³ vuk⁵	老屋	故郷（老家、native village）	
vuk⁵⁻³² ha⁵³	屋下	家（家、home）	
tʰi³³ tʃi³⁵	地址	住所（地址、address）〔隻〕	
kuan⁵³ he³³	關係	関係（關係、relationship）	

XV. ii. 親族（親屬 Kinship）

tsu³⁵⁻³³ sien⁵³	祖先	祖先（祖先、ancestor）	
tsʰin⁵³ tsʰit⁵	親戚	親戚（親戚、relatives）	
kʰiun⁵³ tsʰin⁵³	近親	ちかい親戚（近親、close relatives）	
ʒan³⁵ tsʰin⁵³	遠親	とおい親戚（遠親、distant relatives）	
		ʒan³⁵ tsʰin⁵³ m̩⁵⁵ toŋ²¹ kʰiun⁵³ lin³³ 遠親唔當近鄰。	
		とおくの親戚よりちかくの他人（遠親不如近鄰。）	
tsʰin⁵³	親	ちかしい・親密だ（親、close (in relationship)）	

XV. 人間関係（與人關係 Human Relationships） 295

ki⁵⁵ tui²¹ ŋai⁵⁵ pi³⁵⁻³³ tsʰin⁵³ hiuŋ⁵³ tʰi³³ ha²¹ tsʰin⁵³
佢對我比親兄弟□親。
彼はわたしにとって兄弟よりもちかしい（他對我比親兄弟還親。）

ʃu⁵³ ʒan³⁵	疏遠	疎遠だ（疏、distant (in relationship)）
pʰai⁵⁵ hoŋ⁵⁵	排行	同族の同世代の長幼の序（排行、order of seniority）
tsʰin⁵³ ka⁵³	親家	子の婚姻による親同士の親戚関係（親家、married relationships）
tʃoŋ³⁵⁻³³ pui²¹	長輩	目上（長輩、senior generation）
ʃoŋ³³ pui²¹	上輩	
a³³ kuŋ⁵³ tʰai²¹	阿公太	曾祖父（曾祖父、great-grandfather）
a³³ tʰai²¹	阿太	曾祖母（曾祖母、great-grandmother）
a³³ kuŋ⁵³	阿公	〔父方〕おじいさん；祖父（爺爺；祖父、
o³³ ʒi⁵³ saŋ²¹	□□□	paternal grandfather (address term); paternal grandfather (quoting term)）
		〈両者は呼びかけ称・言及称をかねる。「o³³ ʒi⁵³ saŋ²¹ □□□」は日本語由来で、高年層が使用する。〉
a³³ pʰo⁵⁵	阿婆	〔父方〕おばあさん；祖母（奶奶；祖母、
o³³ va⁵³ saŋ²¹	□□□	paternal grandmother (address term); paternal grandmother (quoting term)）
a³³ ma³⁵	阿□	
		〈呼びかけ称・言及称をかねる。「o³³ va⁵³ saŋ²¹ □□□」は日本語由来で、高年層が使用する。〉
fu²¹ mu⁵³	父母	父母（父母、parents）
a³³ pa⁵³	阿爸	おとうさん〔呼びかけ称〕（爸爸、father (address term)）
to⁵⁵ saŋ⁵³	□□	
		〈「to⁵⁵ saŋ⁵³ □□」は日本語由来。〉
a³³ pa⁵³	阿爸	父〔言及称〕（父親、father (quoting term)）

pa⁵³	爸	〈「fu²¹ tsʰin⁵³ 父親」は文章語的である。〉	
fu²¹ tsʰin⁵³	父親		
		lia⁵⁵ he²¹ ŋai⁵⁵ {kai²¹ a³³ pa⁵³ / pa⁵³} □係我{個阿爸/爸}。	
		こちらはわたしの父です（這是我父親。）	
		ki⁵⁵ he²¹ kia⁵⁵ pa⁵³ 佢係□爸。	
		彼は彼のお父さんです（他是他爸。）	
a³³ me⁵³	阿姆	おかあさん〔呼びかけ称〕（媽媽、mother	
kʰa⁵⁵ saŋ⁵³	□□	(address term))	
		〈「a³³ me⁵³ 阿姆」が一般的。「kʰa⁵⁵ saŋ⁵³ □□」は日本語由来で、高年層が使用する。両者は継母の呼びかけ称としても使用できる。〉	
a³³ me⁵³	阿姆	母〔言及称〕（母親、mother (quoting term))	
kʰa⁵⁵ saŋ⁵³	□□		
oi⁵³ ə⁵⁵	□仔		
me⁵³	姆		
		(1) lia⁵⁵ he²¹ ŋai⁵⁵ kai²¹ {a³³ me⁵³ / kʰa⁵⁵ saŋ⁵³ / oi⁵³ ə⁵⁵} □係我個{阿姆/□□/□仔}。	
		(2) lia⁵⁵ he²¹ ŋai⁵⁵ { me⁵³ / kʰa⁵⁵ saŋ⁵³ / oi⁵³ ə⁵⁵} □係我{姆/□□/□仔}。	
		こちらはわたしの母です（這是我母親）。	
heu³³ oi⁵³	後□	継母〔言及称〕（後母(指稱)、stepmother (quoting term))	
a³³ pa⁵³	阿爸	おとうさん〔夫の父の呼びかけ称〕（公公(對稱)、husband's father (address term))	
ka⁵³ kon⁵³	家官	義父〔夫の父の言及称〕（公公(指稱)、husband's father (quoting term))	
a³³ me⁵³	阿姆	おかあさん〔夫の母の呼びかけ称〕（婆婆(對稱)、husband's mother (address term))	
ka⁵³ ŋioŋ⁵⁵	家娘	義母〔夫の母の言及称〕（婆婆(指稱)、	

XV. 人間関係（與人關係 Human Relationships）　297

		husband's mother (quoting term))
ʃuk⁵⁻³² pak⁵	叔伯	父方のおじ（叔伯、paternal uncles）
a³³ pak⁵	阿伯	〔父の兄〕おじさん；伯父（伯父（對稱）；伯父（指稱）、father's elder brother (address term); father's elder brother (quoting term)）
pak⁵⁻³² me⁵³/³⁵	伯姆	〔父の兄の妻〕おば（伯母、father's elder brother's wife）
a³³ ʃuk⁵	阿叔	〔父の弟〕おじさん（叔父、father's younger brother）
a³³ tsim⁵⁵ a³³ me³⁵	阿□ 阿□	〔父の弟の妻〕おば（嬸母、father's younger brother's wife）
ku⁵³ tʃʰoŋ⁵³	姑丈	〔父の姉妹の夫〕おじ（姑父、father's sister's husband）
a³³ ku⁵³	阿姑	〔父の姉妹〕おば（姑母、father's sister）
tsia³³ kuŋ⁵³	□公	〔母方の祖父〕おじいさん；祖父（外公（對稱）；外公（指稱）、maternal grandfather (address term); maternal grandfather (quoting term)）
tsia³³ pʰo⁵⁵	□婆	〔母方の祖母〕おばあさん；祖母（外婆（對稱）；外婆（指稱）、maternal grandmother (address term); maternal grandmother (quoting term)）
a³³ pa⁵³	阿爸	〔妻の父の呼びかけ称〕おとうさん（岳父、wife's father (address term)）
ŋok³² fu²¹ tʃʰoŋ⁵³ min⁵³ lo³⁵	岳父 丈□老	〔妻の父の言及称〕義父（丈人、wife's father (quoting term)）
tʰien⁵⁵ tʰeu⁵⁵ ka⁵³	田頭家	〈「tʰien⁵⁵ tʰeu⁵⁵ ka⁵³ 田頭家」は冗談めかした呼び方である。〉
a³³ me⁵³	阿姆	〔妻の父の呼びかけ称〕おかあさん（岳母、wife's mother (address term)）

tɕʰoŋ⁵³ min⁵³ oi⁵³	丈□□	〔妻の父の言及称〕義母（丈母、wife's mother (quoting term)）
a³³ kʰiu⁵³	阿舅	〔母の兄弟〕おじ（舅父、mother's brother）
kʰiu⁵³ me⁵³	舅姆	〔母の兄弟の妻〕おば（舅母、mother's brother's wife）
ʒi⁵⁵ tɕʰoŋ⁵³	姨丈	〔母の姉妹の夫〕おじ（姨父、mother's sister's husband）
a³³ ʒi⁵⁵	阿姨	〔母の姉妹〕おば（姨母(已婚)、mother's sister）
pʰiaŋ⁵⁵ pui²¹	平輩	同世代・兄弟やいとこ（平輩、of the same generation）
lo³⁵⁻³³ kuŋ⁵³	老公	夫（丈夫、husband）
tɕʰoŋ³³ fu⁵³	丈夫	〈「lo³⁵⁻³³ kuŋ⁵³ 老公」は高年層が使用する。
sin⁵³ saŋ⁵³	先生	「sin⁵³ saŋ⁵³ 先生」は最近のことばである。〉
pu⁵³ ŋioŋ⁵⁵	□娘	妻（妻子、wife）
tɕu³⁵⁻³³ pʰon³³ nə⁵⁵	煮飯仔	
tɕin²¹ foŋ⁵⁵	正房	正妻（正房，元配、legal wife）
pʰien⁵³ foŋ⁵⁵	偏房	妾（偏房，妾、concubine）
hiuŋ⁵³ tʰi³³	兄弟	兄弟（兄弟、brothers）
tsʰin⁵³ hiuŋ⁵³ tʰi³³	親兄弟	実の兄弟（同胞兄弟，親兄弟、uterine brothers）
tsi³⁵⁻³³ so³⁵	姊嫂	兄弟それぞれの妻・相嫁（妯娌、wives of brothers）
a³³ ko⁵³	阿哥	おにいさん〔呼びかけ称〕；兄〔言及称〕（哥哥(對稱)；哥哥(指稱)、elder brother (address term); elder brother (quoting term)）
ko⁵⁵ ko⁵³	哥哥	おにいさん〔呼びかけ称〕（哥哥(對稱)、elder brother (address term)）
a³³ so³⁵	阿嫂	兄嫁（嫂子、elder brother's wife）
lo³⁵⁻³³ tʰai⁵³	老弟	弟〔言及称〕（弟弟、younger brother

XV. 人間関係（與人關係 Human Relationships）　299

		(quoting)）
ti⁵⁵ ti⁵³	弟弟	弟〔呼びかけ称〕（弟弟、younger brother (address term)）
tsi³⁵⁻³³ moi²¹ (ə⁵⁵)	姊妹(仔)	姉妹（姊妹、sisters）
ʒi⁵⁵ tʃʰoŋ⁵³ ŋə⁵⁵	姨丈仔	姉妹それぞれの夫（襟兄弟、husbands of sisters）
a³³ tse⁵⁵	阿姊	姉（姐姐、elder sister）
tse⁵⁵ tse⁵³	姊姊	姉〔呼びかけ称〕（姐姐、elder sister (address term)）
tsi³⁵⁻³³ tʃʰoŋ⁵³	姊丈	姉の夫（姐夫、elder sister's husband）
lo³⁵⁻³³ moi²¹	老妹	妹〔言及称〕（妹妹、younger sister (quoting term)）
		lia⁵⁵ ŋai⁵⁵ lo³⁵⁻³³ moi²¹ □我老妹。
		こちらはわたしの妹です（這是我妹妹。）
me⁵⁵ me⁵³	妹妹	妹〔呼びかけ称〕（妹妹、younger sister (address term)）
(lo³⁵⁻³³) moi²¹ se²¹	(老)妹婿	妹の夫（妹夫、younger sister's husband）
tʰai³³ pak⁵	大伯	夫の兄（大伯子、husband's elder brother）
se²¹ ʃuk⁵	細叔	夫の弟（小叔子、husband's younger brother）
tʰai³³ ku⁵³ ə⁵⁵	大姑仔	夫の姉（大姑子、husband's elder sister）
ku⁵⁵ ku⁵³	姑姑	
a³³ ku⁵³ ə⁵⁵	阿姑仔	
se²¹ ku⁵³ ə⁵⁵	細姑仔	夫の妹（小姑子、husband's younger sister）
ku⁵⁵ ku⁵³	姑姑	
a³³ ku⁵³ ə⁵⁵	阿姑仔	
tsʰi⁵³ kʰiu⁵³ ə⁵⁵	妻舅仔	妻の兄弟（妻子的兄弟、wafe's brother）
nui³³ hiuŋ⁵³	内兄	妻の兄（內兄、wife's elder brother）
nui³³ tʰi³³	内弟	妻の弟（內弟、wife's younger brother）
a³³ ʒi⁵⁵ ə⁵⁵	阿姨仔	妻の姉妹（妻子的姊妹、wife's sister）
pu⁵³ ŋioŋ⁵⁵ kai²¹ a³³ tse⁵⁵	□娘個阿姊	妻の姉（妻姊、wife's elder sister）

pu⁵³ ŋioŋ⁵⁵ kai²¹ lo³⁵⁻³³ moi²¹	□娘個老妹	妻の妹（妻妹、wife's younger sister）
tʰoŋ⁵⁵ hiuŋ⁵³ tʰi³³	堂兄弟	父の兄弟のいとこ（堂兄弟、siblings of father's brothers）
piau³⁵⁻³³ hiuŋ⁵³ tʰi³³	表兄弟	父の姉妹のいとこ（表兄弟、siblings of father's sisters ; of mother's brothers and sisters, cousins）
ku⁵³ piau³⁵	姑表	父方のいとこ（姑表、cousins on father's side）
ʑi⁵⁵ piau³⁵	姨表	母方のいとこ（姨表、cousins on mother's side）
ha³³ pui²¹	下輩	下の世代・目下（晩輩、junior generation）
lai²¹ ə̣⁵⁵	□仔	息子（兒子、son）
ʒoŋ⁵³ tsɨ³⁵	養子	養子（養子、foster son）
ŋi³³ tsɨ³⁵	義子	義理の子・養子（義子、adopted son）
sim⁵³ kʰiu⁵³	心舅	息子の嫁（媳婦、son's wife）
sim⁵³ kʰiu⁵³ ə̣⁵⁵	心舅仔	息子の嫁にするため幼い時に買うなどしてそだてた女の子（童養媳、girl brought up in the home of her fiancé）
moi²¹ ə̣⁵⁵	妹仔	娘（女兒、daughter）
se²¹ loŋ⁵⁵	婿郎	娘婿（女婿、daughter's husband）
tʃʰit³² lə⁵⁵	姪仔	〔兄弟の息子〕おい（姪兒, 姪子、brother's son）
tʃʰit³² ŋ̍³⁵	姪女	〔兄弟の娘〕めい（姪女、brother's daughter）
ŋoi³³ saŋ⁵³ ŋə⁵⁵	外甥仔	〔姉妹の息子〕おい（外甥、sister's son）
nui³³ tʃʰit³²	內姪	〔妻の兄弟の息子〕おい（內姪、wife's brother's son）
sun⁵³ nə⁵⁵	孫仔	〔息子の息子〕孫（孫子、son's son）
sun⁵³ ŋ̍³⁵	孫女	〔息子の娘〕孫娘（孫女、son's daughter）
ŋoi³³ sun⁵³	外孫	〔娘の息子〕外孫（外孫、daughter's son）
tsen⁵³ sun⁵³	曾孫	ひ孫（曾孫、great-grandson）

XV. 人間関係（與人關係 Human Relationships）　301

set³² lə⁵⁵	□仔	
tsen⁵³ sun⁵³ ŋ̍³⁵	曾孫女	ひ孫娘（曾孫女、great-granddaughter）
hien⁵⁵ sun⁵³	玄孫	男の玄孫（玄孫、great-great-grandson）
ŋien⁵⁵ sun⁵³	元孫	
hien⁵⁵ sun⁵³ ŋ̍³⁵	玄孫女	女の玄孫（玄孫女、great-great-granddaughter）
ŋien⁵⁵ sun⁵³ ŋ̍³⁵	元孫女	
vuk⁵⁻³² ha⁵³ ŋin⁵⁵	屋下人	家のもの・家族（家眷, 家人、family）
kʰiuŋ³³ ka⁵³ ŋin⁵⁵	共家人	
tsɨ³⁵⁻³³ sun⁵³	子孫	子孫（子孫、descendent）
tsɨ³⁵⁻³³ tsʰɨ⁵⁵	子嗣	後継ぎ（子嗣、a male offspring）

XV. iii. その他の関係（其他 Other human relations）

lo³⁵⁻³³ ʒa⁵⁵	老爺	旦那さま（老爺、head of the household）
ʃau²¹ ʒa⁵⁵	少爺	若旦那（少爺、young master of the household）
siau³⁵⁻³³ tsi³⁵	小姊	お嬢さま（小姐、young unmarried lady of the household）
ket⁵⁻³² pai²¹ hiuŋ⁵³ tʰi³³	結拜兄弟	義兄弟（結拜兄弟、sworn brothers）
tʰuŋ⁵⁵ hioŋ⁵³	同郷	同郷（同郷、people from the same native village）
tʰuŋ⁵⁵ tsʰuŋ⁵³	同窗	同窓生（同窗、classmate）
tʰuŋ⁵⁵ hok³²	同學	同級生（同學、schoolmate）
pʰen⁵⁵ ʒiu⁵³	朋友	ともだち・友人（朋友、friend）
lo³⁵⁻³³ pʰen⁵⁵ ʒiu⁵³	老朋友	ふるい友人（老朋友、intimate friend）
lin⁵⁵ ʃa²¹	鄰舍	隣家（鄰居、neighbor）
kai⁵³ lu³³	街路	隣近所（街坊、people living on the same street）

XV. iv. 調査地点付近の姓（本地姓氏 Local family names）

tʃam⁵³	詹	
lim⁵⁵	林	

liu⁵⁵	劉	
ŋ̍⁵⁵	吳	
tsʰia³³	謝	
liau³³	廖	
sun⁵³	孫	
voŋ⁵⁵	王	〈「黃」と区別するため「sam⁵³ vak³² voŋ⁵⁵ 三劃王」という。〉
voŋ⁵⁵	黃	〈「王」と区別するため「tʰai³³ tu³⁵⁻³³ voŋ⁵⁵ 大肚黃」という。〉
tʃʰin⁵⁵	陳	
tsen⁵³	曾	
li³⁵	李	〈「呂」と区別するため「muk⁵⁻³² tsɨ³⁵⁻³³ li³⁵ 木子李」という。〉
li³⁵	呂	〈「李」と区別するため「suŋ⁵³ kʰeu³⁵⁻³³ li³⁵ 雙口呂」という。〉
kioŋ⁵³	姜	
tʃoŋ⁵³	張	
tʃʰaŋ³³	鄭	
kan³⁵	簡	
tʰen³³	鄧	
fam³³	范	
tʰu²¹	杜	
lien⁵⁵	連	
fu⁵⁵	胡	
suŋ²¹	宋	
tʃu⁵³	朱	
pʰaŋ⁵⁵	彭	
fuŋ⁵⁵	馮	
tsʰien⁵⁵	錢	
tʃʰau³³	趙	

XVI. 人品（人品 Types of People）　303

tʃiu⁵³	周
koŋ⁵³	江
fam³³ kioŋ⁵³	范姜
lo⁵⁵	羅
tsok⁵	卓
ʒi⁵⁵	余
ʒoŋ⁵⁵	楊
ŋui³³	魏
vun⁵³	溫

XVI. 人品（人品 Types of People）

se²¹ ŋin⁵⁵ nə⁵⁵	細人仔	赤ん坊；こども（嬰兒；小孩兒、baby；child）
lai²¹ ə⁵⁵	□仔	男の子（男孩兒、boy）
moi²¹ ə⁵⁵	妹仔	女の子（女孩兒、girl）
heu³³ saŋ⁵³ ŋə⁵⁵	後生仔	若者（小伙子，青年人、young man）
se²¹ lai²¹ ŋin⁵⁵	細□人	男（男人；男人(已婚)、male ; married man）
nam⁵⁵ m³³ ŋin⁵⁵	男□人	
tan⁵³ ʃin⁵³ hon²¹	單身漢	独身の男（單身漢、bachelor）
tan⁵³ ʃin⁵³ ko⁵³ {ə⁵⁵ / e⁵⁵}	單身哥{仔/□}	
tan⁵³ ʃin⁵³ lo⁵⁵ hon²¹	單身羅漢	〈妻をなくした結果ひとり身になった男性（鰥夫）については特定の呼称はない。よって以下のように分析的な表現になる。「pu⁵³ ŋioŋ⁵⁵ ko²¹ ʃin⁵³ tʰet⁵ kai²¹ se²¹ lai²¹ ŋin⁵⁵ □娘過身掉個細□人」。また「mo⁵⁵ tʰo³⁵⁻³³ pu⁵³ ŋioŋ⁵⁵ kai²¹ se²¹ lai²¹ ŋin⁵⁵ 無討□娘個細□人」は結婚しない男性のこと。〉
lo⁵⁵ hon²¹ kʰa⁵⁵	羅漢□	
se²¹ moi²¹ ŋin⁵⁵	細妹人	女（女人、female）

siau$^{35\text{-}33}$ tsi^{35}	小姊	娘・女の子（姑娘、unmarried young woman）
fu^{33} ŋin^{55} ka^{53}	婦人家	既婚女性（女人（已婚）、married woman）
ŋin^{55} ka^{53} ŋ^{35}	人家女	処女（處女、virgin）
lo$^{35\text{-}33}$ ŋin^{55} ka^{53} ŋ^{35}	老人家女	老孃・オールドミス（老處女、old maid）
tsai^{21} ka^{21} kai^{21} fu^{33} ŋin^{55} ka^{53}	再嫁個婦人家	再婚した女性（再婚的女人、woman who remarries）〈「fu^{33} ŋin^{55} ka^{53} 婦人家」は「se^{21} moi^{21} ŋin^{55} 細妹人」におきかえが可能である。〉
hoŋ^{53} ŋin^{55} kai^{21} pu^{53} ŋioŋ^{55} ŋin^{55}	□人個□娘人	妊婦（孕婦、pregnant woman）〈「pu^{53} ŋioŋ^{55} ŋin^{55} □娘人」は「se^{21} moi^{21} ŋin^{55} 細妹人」におきかえが可能である。〉
mo^{55} lo$^{35\text{-}33}$ kuŋ^{53} kai^{21} pu^{53} ŋioŋ^{55} ŋin^{55}	無老公個□娘人	寡婦（寡婦、widow）〈「pu^{53} ŋioŋ^{55} ŋin^{55} □娘人」は「se^{21} moi^{21} ŋin^{55} 細妹人」におきかえが可能である。〉
lo$^{35\text{-}33}$ heu^{55} ku^{35}	老猴牯	おじいさん（老頭兒、old man）
lo$^{35\text{-}33}$ a^{33} pʰo^{55}	老阿婆	おばあさん（老太婆、old woman）
tʰeu^{55} tʰoi^{55}	頭胎	最初にうまれた子（頭胎, 第一胎、first born）
man^{53} tsɨ^{35}	滿子	末っ子（老么、youngest child）
suŋ^{53} pau^{53} lon^{35}	雙胞卵	双子（雙胞胎、twin）
tan^{53} ten^{53} tsɨ^{35}	單丁子	ひとりっ子（獨生子、single child）
tʰuk^{32} sen^{53} tsɨ^{35}	獨生子	〈「tan^{53} ten^{53} tsɨ^{35} 單丁子」が一般的である。〉
ʒi^{55} fuk^{32} tsɨ^{35}	遺腹子	父の死後うまれた子（遺腹子、posthumous child）
kua^{21} tʰoi^{53} loi^{55} kai^{21}	掛胎來個	妊娠後別の人にとついでうまれた子（懷孕後再嫁給別人以後出生的孩子、a child who is born when his/her pregnant mother has married with another man again）

XVI. 人品 (人品 Types of People)

tsʰien⁵⁵ ŋin⁵⁵ tsɨ³⁵	前人子	夫の連れ子（前人子、child of husband's former marriage）
tʰen⁵⁵ kʰiau³³ poi²¹	□轎背	妻の連れ子（油瓶子，拖油瓶、child of a woman's former marriage）〈「tʰen⁵⁵□」は「ついてゆく」という意味である。「tʰen⁵⁵ kʰiau³³ poi²¹□轎背」は、輿の後についてゆくことをいう。〉
ku⁵³ ʒi⁵⁵	孤兒	孤児（孤兒、orphan）
pʰai³³ ka⁵³ tsɨ³⁵	敗家子	金持ちの坊ちゃん；放蕩息子（紈褲子弟；敗家子、idle man who lives on the provisions of his predecessors；son who ruins the family）
hok³² lo³³ ma⁵⁵	福佬嬤	内縁の妻（情婦、mistress）〈「福」の字音は閩南語由来。〉
kʰe²¹ ko⁵³	客哥	内縁の夫・情夫（情夫、lover）〈「客」の字音は閩南語由来。〉
tsʰit³² ka⁵³ ŋin⁵⁵	自家人	身内（自己人、in-group）
ŋoi³³ ŋin⁵⁵	外人	他人（外人、outsider）
saŋ⁵³ fun³³ ŋin⁵⁵	生□人	みしらぬ人（陌生人、stranger）
ʃaŋ⁵⁵ ʃi³³ ŋin⁵⁵	城市人	町の人（城裡人，都市人、townpeople）
tu⁵³ ʃi³³ ŋin⁵⁵	都市人	
tsoŋ⁵³ ha³³ ŋin⁵⁵	莊下人	いなかの人（郷下人、countryfolk）
hioŋ⁵³ ha³³ ŋin⁵⁵	郷下人	
pun³⁵⁻³³ tʰi³³ ŋin⁵⁵	本地人	土地の人（本地人、aboriginal）
ŋoi³³ sen³⁵⁻³³ ŋin⁵⁵	外省人	外省人（外省人、person from another province）
fa⁵⁵ kʰiau⁵⁵	華僑	華僑（華僑、overseas Chinese）
si⁵³ ʒoŋ⁵⁵ ŋin⁵⁵	西洋人	西洋人（西洋人、foreigner）
ʒin²¹ tʰu³³ ŋin⁵⁵	印度人	インド人（印度人、Indian）
ŋit⁵⁻³² pun³⁵⁻³³ ŋin⁵⁵	日本人	日本人（日本人、Japanese）
ŋit⁵⁻³² pun³⁵⁻³³ kui³⁵	日本鬼	日本人の蔑称（日本人(罵人話)，日本鬼子、

Jap）

tʃuŋ⁵³ kuet⁵⁻³² ŋin⁵⁵	中國人	中国人（中國人、Chinese）
kʰiuŋ³³ fui⁵³	共匪	共匪・中国人の蔑称（共匪，中國人(罵人話)、communist bandit）
ŋin⁵⁵	人	人（人、human being）
koŋ⁵³ tʰeu⁵⁵	光頭	はげ頭の人（禿頭的人、bald-headed person）
tsʰiaŋ⁵³ miaŋ⁵³ ŋə⁵⁵ mo⁵³ ə⁵⁵	青瞑仔 □仔	目がみえない人・めくら（瞎子，盲人、blind person）
kʰon²¹ m̩⁵⁵ to³⁵ muk⁵⁻³² moŋ⁵⁵ moŋ⁵⁵ muk⁵	看唔倒 目盲 盲目	目がみえない・盲目（瞎、blind）
tan⁵³ muk⁵⁻³² gə⁵⁵ tan⁵³ ŋan³⁵ ne²¹ ta³⁵⁻³³ tiau⁵³ (u⁵⁵) e²¹	單目仔 單眼□ 打鳥(□)□	片目の人・めっかち（獨眼龍、gotch-eyed person）
tai²¹ muk⁵⁻³² kiaŋ²¹ kai²¹ ŋin⁵⁵	戴目鏡個人	めがねをかけている人（戴眼鏡的人、person who wears glasses）
ŋi³⁵⁻³³ luŋ⁵³ ŋə⁵⁵	耳聾仔	耳がきこえない人・つんぼ（聾子、deaf person）
tʰaŋ²¹ m̩⁵⁵ to³⁵ ŋi³⁵⁻³³ luŋ⁵³	聽唔倒 耳聾	きこえない・聾である（聾、deaf）
a³⁵⁻³³ ə⁵⁵	啞仔	口がきけない（人）・おし（啞巴；啞、dumb person；dumb）
kʰet⁵⁻³² tʃoi²¹	缺嘴	三口・兎唇（兎唇、harelipped person）
ket⁵⁻³² ʃat³² koŋ³⁵⁻³³ voi⁵³ tʰoŋ⁵⁵ tʰut³² koŋ³⁵⁻³³ voi⁵³ tʰoŋ⁵⁵ tʰoŋ⁵⁵ tʰut³² tʰut³²	結舌 講話□□ 講話□□□□	どもる（人）（結巴，大舌頭、person who stutters）
niau⁵³ mien²¹	□面	あばた（の人）・あばたづら（麻子，麻臉、person with pockmarks）

XVI. 人品（人品 Types of People）　307

〈「niau⁵³ □」はでこぼこしていることを指す。〉

mien²¹ nə⁵⁵ niau⁵³ niau⁵³	面仔□□		あばたづらだ・顔の皮膚がでこぼこだ（臉的皮膚不平、pockmarked）
tso²¹ (ʃiu³⁵⁻³³) pai⁵³ ə⁵⁵	左(手)撇仔		左利き（左撇子、left-handed person）
tso²¹ pai⁵³ lai⁵⁵	左撇□		
pai⁵⁵ kiok⁵	跛腳		足が不自由な人・びっこ；足が不自由である（跛子；跛腳、lame person ; lame）
kʰio⁵⁵ ʃiu³⁵ pai⁵⁵ kiok⁵	瘸手跛腳		手足が不自由だ（肢體殘障、crippled）
ku⁵³ ʒau⁵³ ə⁵⁵	□腰仔		猫背の人（駝子,駝背的人、humpbacked）
pa⁵⁵ vok³² gə⁵⁵	背鑊仔		
tʃʰe⁵³ ma⁵⁵	□嬤		おろかでとんちんかんな女（沒有知識、說話行為不得體的女性、an uninitiated woman）
tʃʰe⁵³ ku³⁵	□牯		おろかでとんちんかんな男（沒有知識、說話行為不得體的男性、an uninitiated man）
ŋoŋ²¹ ŋə⁵⁵	□仔		ばか・あほう（傻子、simpleton）
tsoi⁵³ tsi³⁵	□子		ばかもの（罵人家呆、idiot）
a³³ ta²¹	阿□		のろま・あほう（呆子,阿呆、block head）
ŋa²¹ ta²¹	□□		
tien⁵³ nə⁵⁵	癲仔		気がふれた人・気ちがい（瘋子、mad person）〈「tien⁵³ tien⁵³ 癲癲」は気がふれている人の行為を形容する。「an⁵³ᐟ³⁵ tien⁵³ □癲」（気ちがいじみている）は気がふれている人の行為を過度にまねしている様子を指す。強調する場合「an⁵³ □」は35調になる。〉
a³³ ʃa²¹	阿舍		金持ち（有錢人(貶義)、rich man）
kau³⁵⁻³³ tʰeu⁵⁵ voŋ⁵⁵	搞頭王		あそび上手な人（很會玩的人、a person good at play）
tʰan⁵³ lin⁵³	□鱗		反骨の人（形容有叛逆性的人、adversarial people）

aŋ⁵⁵ naŋ⁵⁵	□□	道理がわからない人・いくじなし（聽不懂道理的人，窩囊廢、a man good for nothing）
lau²¹ ɔ⁵⁵	□仔	ペテン師・詐欺師・嘘つき（騙子、swindler）
tʰai³³ o⁵⁵ sien⁵⁵	大□□	でぶ（胖子、fat person）
tʰai³³ kʰeu⁵³ ku³⁵	大□牯	男のでぶ（胖子(男)、fat man）
pʰui⁵⁵ ku³⁵	肥牯	
tʰai³³ kʰeu⁵³ ma⁵⁵	大□嬤	女のでぶ（胖子(女)、fat woman）
pʰui⁵⁵ ma⁵⁵	肥嬤	

XVII. 職業（職業 Occupation）

tʃit⁵⁻³² ŋiap³²	職業	職業（職業、occupation）〔隻〕
hoŋ⁵⁵ ŋiap³²	行業	職種・業種（行業、trade, occupation）
tso²¹ ʃe³³	做事	仕事（をする）（做事(工作)、to work）
kuŋ⁵³ tsok⁵	工作	
tʰeu⁵⁵ lu³³	頭路	
tso²¹ ʃe³³	做事	（単純）労働をする（幹活(勞動)、to do manual labor）
lo⁵⁵ tʰuŋ³³	勞動	
nui³³ hoŋ⁵⁵	內行	玄人（內行、expert）
ŋoi³³ hoŋ⁵⁵	外行	素人（外行、amateur）
hiun²¹ lien³³	訓練	訓練する（訓練、to train）
ku²¹	雇	やとう（僱用、to hire, to employ）
pun⁵³ ki⁵⁵ ku²¹	分佢雇	やとわれる（被雇、to be employed）
sin⁵³ ʃui³⁵	薪水	給料（薪水、salary）
		fat⁵⁻³² sin⁵³ ʃui³⁵ 發薪水。
		給料を支給する（發薪水。）
ŋiet³² kip⁵	月給	月給（月薪、monthly salary）
		〈日本語由来。〉
		fat⁵⁻³² ŋiet³² kip⁵ 發月給。

XVII. 職業（職業 Occupation）

月給を支給する（發月薪。）
ŋia⁵⁵ pa⁵³ liaŋ⁵³ ŋiet³² kip⁵ maŋ⁵⁵ □爸領月給㖏？
あなたのおとうさんは月給をうけとったか
（你爸爸領月薪了嗎？）

ŋin⁵⁵ kuŋ⁵³	人工	給料・人件費など（人工、wages）
loŋ³³ fui²¹ ʃi⁵⁵ kien⁵³	浪費時間	時間をむだにする（浪費時間、to while away time）
tsit⁵⁻³² ʒim³³	責任	責任（責任、responsibility）〔隻〕
tsʰɨ⁵⁵ tʃit⁵	辭職	辞職する（辭職、to resign from a job）
mien⁵³ tʃit⁵	免職	免職にする（免職、to dismiss from a job）
tʰeu⁵⁵ ka⁵³ lo³⁵⁻³³ pan³⁵	頭家 老闆	雇い主；主人（東家；主人, 老闆、employer；master）
ʃiu³³ ku²¹ ŋin⁵⁵	受雇人	やとわれる人・被雇用者（受雇人, 員工、employee）
tʃu³⁵⁻³³ ŋin⁵⁵	主人	主人（主人、master）
ʒuŋ³³ ŋin⁵⁵	用人	召使い；お手伝い（僕人；佣人、servant；household servant）
tʰuŋ⁵⁵ sɨ³³	同事	同僚（同事、collegue）
kon⁵³	官	役人（官、officer）
fap⁵⁻³² kon⁵³	法官	裁判官（法官、judge）
ʃim³⁵⁻³³ pʰan³³	審判	裁判をする（審判、to judge）
sin⁵³ saŋ⁵³ lo³⁵⁻³³ sɨ⁵³ sen³⁵ se⁵³	先生 老師 □□	先生・教師（老師、teacher）〈「sen³⁵ se⁵³ □□」は日本語由来。〉
hok³² saŋ⁵³ ŋə⁵⁵	學生仔	学生・生徒（學生、student）
kau²¹ tʃoŋ³⁵	校長	校長・学長（校長、headmaster of a school）〈「校」の字音は本来上声 kau³⁵ であり陰去ではない。陰去 kau²¹ は「教」の字音でもあるために、「教長」である可能性もある。〉
kaŋ⁵³ tʰien⁵⁵ ŋin⁵⁵	耕田人	農民（農夫、farmer）

kaŋ⁵³ tʃuŋ²¹ ŋin⁵⁵	耕種人	〈「kʰak³² nai⁵⁵ lon³⁵ ne²¹ 搭泥卵□」の「kʰak³²
kʰak³² nai⁵⁵ lon³⁵ ne²¹	搭泥卵□	搭」はつかむこと。「nuŋ⁵⁵ fu⁵³ 農夫」は文
nuŋ⁵⁵ fu⁵³	農夫	章語的。〉
tʃʰoŋ⁵⁵ kuŋ⁵³	長工	常雇い・作男（長工、regular employee of a
tʃʰoŋ⁵⁵ ŋien⁵⁵ (nə⁵⁵)	長年(仔)	farm)
tʰi³³ tʃu³⁵	地主	地主（地主、landowner)
tʃoŋ³⁵⁻³³ ŋiu⁵⁵ {kai²¹ / e²¹}	掌牛 {個/□}	ウシ飼い（放牛的人、cattle tender)
hiuk⁵⁻³² tʃu⁵³ {u⁵⁵ / ə⁵⁵} e²¹	畜豬 {□/仔} □	
		ブタ飼い（放豬的人、pig tender)
tʃʰi⁵⁵ tʃu⁵³ e²¹	弒豬□	屠殺業者（屠夫、butcher)
ta³⁵⁻³³ ŋ⁵⁵ e²¹	打魚□	漁師（漁夫、fisherman)
tsuk⁵⁻³² ŋ⁵⁵ e²¹	捉魚□	
kiam³³ tsʰiau⁵⁵ e²¹	撿樵□	木こり（樵夫、woodchopper)
kʰai⁵⁵ tsʰiau⁵⁵ e²¹	□樵□	〈「kʰai⁵³ □」はかつぐこと。〉
tsʰai⁵⁵ fuŋ⁵⁵	裁縫	仕立屋（裁縫、tailor)
tso²¹ hai⁵⁵ e²¹	做鞋□	靴職人（鞋匠、cobbler)
tso²¹ hai⁵⁵ sɨ⁵³ fu²¹	做鞋師傅	
von³³ hai⁵⁵ tai³⁵	換鞋底	靴底をかえる（換鞋底、to put a new sole to a shoe)
tʰi²¹ tʰeu⁵⁵ e²¹	剃頭□	床屋（理髮師、barber)
tʰi²¹ tʰeu⁵⁵ sɨ⁵³ fu²¹	剃頭師傅	
tso²¹ nai⁵⁵ ʃui³⁵ e²¹	做泥水□	左官屋（泥水匠,水泥工、bricklayer)
nai⁵⁵ ʃui³⁵ sɨ⁵³ fu²¹	泥水師傅	
tso²¹ muk⁵⁻³² sioŋ³³ {e²¹/kai²¹}	做木匠 {□/個}	
		大工（木匠、carpenter's square)
muk⁵⁻³² sioŋ³³ sɨ⁵³ fu²¹	木匠師傅	
tiau⁵³ kʰat⁵ le²¹	雕刻□	彫刻師（雕工,雕刻師、engraver)
tiau⁵³ kʰat⁵ sɨ⁵³ fu²¹	雕刻師傅	
kʰat⁵⁻³² fa⁵³	刻花	模様をほる（雕花、to carve figures/pictures)
ta³⁵⁻³³ tʰiet⁵ le²¹	打鐵□	鍛冶屋（打鐵的,鐵匠、blacksmith)

XVII. 職業（職業 Occupation） 311

ta$^{35\text{-}33}$ t^{h}iet^5 sɿ^{53} fu^{21}	打鐵師傅	
ta$^{35\text{-}33}$ t^{h}iet^5	打鐵	鉄をきたえる（打鐵、to forge (thing) out of iron）
ta$^{35\text{-}33}$ kaŋ^{53} ŋe^{21}	打更□	夜間に時をしらせてまわった夜番（更夫、watchman）
ʃiu^{53} la^{33} sap^5 be^{21}	收□□□	道路清掃夫（清道夫、scavanger）
ʒi^{53} sen^{53}	醫生	医者（醫生、doctor）
sin^{53} saŋ^{53}	先生	〈「sin^{53} saŋ^{53} 先生」は日本植民地時代以前に使用されたという。〉
		k^{h}on^{21} ʒi^{53} sen^{53} 看醫生。
		医者に診察してもらう（看醫生。）
tʃuŋ^{53} ʒi^{53} sɿ^{53}	中醫師	漢方医（中醫、Chinese doctor）
san$^{35\text{-}33}$ p^{h}o^{55}	產婆	產婆（產婆、midwife）
nen^{21} oi^{53}	□□	乳母；ベビーシッター（乳母,；褓母、wet nurse；baby sitter）
sɿ$^{35\text{-}33}$ ŋ^{35}	使女	小間使い（丫頭，丫鬟、maidservant）
tʃu$^{35\text{-}33}$ ʃit^{32} le^{21}	煮食□	料理人（廚子，廚師、cook）
tʃ^{h}u^{55} kuŋ^{53}	廚工	調理員（廚工、cook）
tʃ^{h}u^{55} sɿ^{53}	廚師	料理長（掌廚，大廚、chief cook）
kon$^{35\text{-}33}$ ka^{53} {kai^{21}/ e^{21}}	管家{個/□}	執事（管家、housekeeper）
ta$^{35\text{-}33}$ tsʰap^{32} be^{21}	打雜□	雑役夫（打雜兒的、janitor；a household helper）
tʃoŋ$^{35\text{-}33}$ mun^{55} ne^{21}	掌門□	門番（看門的, 侍衛、doorkeeper）
ʒan^{55} kuŋ^{53}	園工	庭師（園丁、gardener）
ʒiu^{53} ʃiu$^{35\text{-}33}$ ŋi^{33} kai^{21} ŋin^{55}	有手藝個人	さまざまな技術をもっている人・なんでも屋（會各種手藝的人、jack-of-all-trades）
vuk$^{5\text{-}32}$ ha^{53} tʃu$^{35\text{-}33}$ ʃit^{32} kai^{21} ŋin^{55}	屋下煮食個人	家専属の料理人（家庭廚師、household cook）
ŋ$^{35\text{-}33}$ tʃu$^{35\text{-}33}$ ŋin^{55}	女主人	女主人（女主人、mistress）
k^{h}ai^{53} tam^{21} me^{21}	□擔□	運搬夫（搬運工、porter）

tseu³⁵⁻³³ kiok⁵⁻³² pan³⁵ ne²¹	走腳板□	店員・使い走り（跑腿的、bellboy）
ma⁵³ fu⁵³	馬夫	馬方（馬夫、groom）
tʃʰa⁵³ fu⁵³	車夫	車夫（車夫、driver）
ʃon⁵⁵ fu⁵³	船夫	船頭（船夫、boatmen）
ʃot⁵⁻³² ʃu⁵³ e²¹	說書□	講談師（說書人、storyteller）
tso²¹ hi²¹ e²¹	做戲□	役者（戲子, 演員、actor）
tan²¹ nə⁵⁵	旦仔	女形（旦、actor who takes female role）
tso²¹ tʃʰiu³⁵⁻³³ tok⁵ ge²¹	做丑□□	道化（丑角、clown）
a³³ tʃʰiu³⁵⁻³³ tok⁵	阿丑□	
tso²¹ hi²¹	做戲	演じる（演戲、to act in a play）
tʃʰoŋ²¹ hi²¹ kʰiuk⁵	唱戲曲	芝居をする（唱戲、to sing a role in opera）
ta³⁵⁻³³ ku³⁵ e²¹	打鼓□	ドラマー（鼓手、drum player）
kuŋ⁵³ ŋin⁵⁵	工人	工場労働者（工人、factory worker）
kuŋ⁵³ tʰeu⁵⁵	工頭	現場監督（工頭、foreman）
kuŋ⁵³ tʃʰoŋ⁵⁵	工廠	工場（工廠、factory）
moi⁵⁵ ŋin⁵⁵	媒人	仲人（媒人、matchmaker）
tso²¹ moi⁵⁵ ŋin⁵⁵	做媒人	仲人をする（做媒, 拉紅線、to act as go-between）
foŋ⁵⁵ tuŋ⁵³	房東	家主・大家（房東、landlord）
vuk⁵⁻³² tʃu³⁵	屋主	
sɨ⁵³ fu²¹	師傅	親方・師匠（師傅、master of a trade）
tʰu⁵⁵ tʰi³³	徒弟	徒弟・弟子（徒弟、apprentice）
ʃoŋ⁵³ ŋin⁵⁵	商人	商人（商人、merchant）
sen⁵³ li⁵³ ŋin⁵⁵	生理人	
tso²¹ sen⁵³ li⁵³ {kai²¹/e²¹}	做生理{個/□}	
tso²¹ sen⁵³ li⁵³	做生理	商売をする（做生意、to do business）
kin⁵³ ki²¹	經紀	仲買人・ブローカー（經紀人、broker）
tʃoŋ³⁵⁻³³ tiam²¹ {kai²¹ / e²¹}	掌店{個/□}	店主・番頭（掌櫃, 店長、shopkeeper）
ʃin⁵⁵ lo⁵⁵	神鑼	店の従業員・ウェイター（服務生、assistant in a shop, waiter）
fuk³² vu³³ sen⁵³	服務生	

XVII. 職業（職業 Occupation） 313

tsoŋ⁵³ tʰeu⁵⁵ ə⁵⁵	莊頭仔	行商人（小販, 路邊販、peddler）
kin²¹ tsʰat⁵	警察	警官（警察、policeman）
sun⁵⁵ lo⁵⁵	巡邏	警邏する・パトロールする（巡邏、to patrol）
pin⁵³ nə⁵⁵	兵仔	兵士（兵，士兵、soldier）
ʃiu³⁵⁻³³ vui³⁵	守衛	看守（守衛、jail keeper）
		〈「foŋ⁵⁵ vui³³ 防衛」の場合、「衛」は陽去である。〉
tsam³⁵⁻³³ fam³³ ŋin⁵⁵ ne²¹	斬犯人□	死刑執行人（劊子手、executioner）
tsam³⁵⁻³³ fam³³ ŋin⁵⁵ kai²¹ ŋin⁵⁵	斬犯人個人	
tʃʰi⁵⁵ tʰeu⁵⁵	弑頭	斬首する（砍頭, 斬首、to behead）
tsam³⁵⁻³³ tʰeu⁵⁵	斬頭	
pʰan³³ soŋ⁵³ sɨ³³ {kai²¹ / e²¹} ŋin⁵⁵	辦喪事{個/□}人	葬儀をとりおこなう人・葬儀屋（辦喪事的人、undertaker）
tʰoi⁵⁵ kon⁵³ {kai²¹ / e²¹}	抬棺{個/□}	棺桶をかつぐ人（抬棺材的人、coffin bearer）
kiau²¹ hau²¹ {kai²¹ / e²¹}	叫孝{個/□}	泣き屋（職業哭喪的人、person hired to cry at funerals）
tʃʰut⁵⁻³² ka⁵³ ŋin⁵⁵	出家人	出家（出家人、Buddhist priest or nun）
tʃʰut⁵⁻³² ka⁵³	出家	出家する（出家、to become a Buddhist priest or nun）
vo⁵⁵ ʃoŋ³³	和尚	和尚・僧侶（和尚、monk）
ni⁵⁵ ku⁵³	尼姑	尼・尼僧（尼姑、nun）
fan⁵⁵ siuk³²	還俗	還俗する（還俗、to return to the laity）
tʰiau⁵⁵ tʰuŋ⁵⁵ {kai²¹ / e²¹}	跳童{個/□}	霊媒師（靈媒、shaman）
ki⁵³ tʰuŋ⁵⁵	乩童	
tʰuŋ⁵⁵ ki⁵³	童乩	
sɨ⁵³ fu²¹	師傅	寺院の住持（方丈、abbot）
tʃʰu²¹ tʃʰi⁵⁵	住持	

miau³³ kuŋ⁵³	廟公	廟の管理人（廟祝, 廟公、temple curator）
tʰo³³ sɿ³³	道士	道士（道士、Taoist priest）
sien⁵³ pʰo⁵⁵	仙婆	みこ・女性の祈祷師（巫婆、sorceress）
vu³⁵⁻³³ hiap³²	武俠	俠客（武俠、legendary knight）
tsʰon³³ ʃit³² ŋ³⁵	賺食女	娼婦（妓女、prostitute）
ki⁵³ ŋ³⁵	妓女	
tsʰoŋ⁵³ ki⁵³	娼妓	
tsʰon³³ ʃit³²	賺食	売春をする（賣淫、to practice prostitution）
lo³⁵⁻³³ tsʰuŋ⁵³ tʰeu⁵⁵	老蔥頭	やり手ばば（鴇母, 老鴇、madam of a brothel）
kʰe³³ ʃit³² (lə⁵⁵)	乞食(仔)	乞食（乞丐、beggar）
pun⁵³ ʃit³²	分食	物乞いをする（行乞、to beg）
		ki⁵⁵ tʰuŋ⁵⁵ ŋin⁵⁵ pun⁵³ ʃit³² 佢同人分食。
		彼は人に物乞いをする（他跟人要飯。）
oŋ⁵⁵ lok³² {gə⁵⁵ / ge²¹}	□□{仔/□}	無職でぶらぶらしている人（無業游民、vagrant）
		〈「tso²¹ oŋ⁵⁵ lok³² 做□□」は仕事をせずぶらぶらすることで、こどもをしかる時につかう。「oŋ⁵⁵ lok³² ŋiap³² □□業」は無職のこと。〉
tsien³⁵⁻³³ liu⁵³ ə⁵⁵	剪□仔	すり（扒手、pickpocket）
sam⁵³ ki⁵³ ʃiu³⁵	三支手	
tʰeu⁵³ tsʰien⁵⁵	偷錢	金をぬすむ・金をする（扒錢、to pickpocket）
tsʰet³² lə⁵⁵	賊仔	泥棒（小偷、thief）
kʰioŋ⁵⁵ tʰo³³	強盜	強盜（強盜、robber）
liu⁵⁵ moŋ⁵⁵	流氓	ごろつき（流氓、bandit）
tʰeu⁵³ nan⁵³	偷懶	なまける・サボる（偷閒、to steal）
tsʰioŋ³⁵	搶	うばう・強奪する（搶、to rob）
pʰien²¹ tsʰien⁵⁵	騙錢	金をだましとる（騙錢、to cheat）
hiau⁵³ ŋin⁵⁵	□人	他人の利益をわがものにする（占人便宜、to profit at other people's expense）
tʰut⁵	□	不正な手段で利益をえる・だましとる（佔

XVII. 職業（職業 Occupation） 315

便宜，沒有注意的時候被人家騙、to profit at other people's expense, to rip off）

pun⁵³ ki⁵⁵ tʰut⁵⁻³² tseu³⁵ hi²¹ 分佢□走去。

彼にだましとられた（被他拐騙了。）

ki⁵⁵ voi³³ tʰut⁵⁻³² ŋin⁵⁵ 佢會□人。

彼は人をだます（他會騙人。）

| ũãĩ⁵⁵ ko⁵⁵ | 歪□ | だましとる・かってにもっていく・誘拐する（拐騙，騙吃騙喝，順手牽羊、to rip off, to abduct） |

ũãĩ⁵⁵ ko⁵⁵ ŋin⁵⁵ 歪□人。

人を誘拐する（拐騙人。）

ʒiu²¹ tseu³⁵⁻³³ hi²¹ ũãĩ⁵⁵ ko⁵⁵ ŋin⁵⁵ hõ⁵³ 又走去歪□人□。

また人をかどわかしにいくのか（又去拐騙人家啊。）

pʰien²¹ ŋin⁵⁵ {kai²¹ / ne²¹}　騙人{個/□}　人さらい（綁架者、kidnapper）

kuai³⁵⁻³³ ŋin⁵⁵ {kai²¹ / ne²¹} se²¹ ŋin⁵⁵ nə⁵⁵

拐人{個/□}細人仔

こどもを誘拐する（綁架(小孩)、to kidnap）

kuŋ⁵³ tʰuk³² sen⁵³	工讀生	苦学生（工讀生、self-supporting student）
suŋ²¹ sin²¹ nə⁵⁵ e²¹	送信仔□	郵便配達夫（郵差、postman）
suŋ²¹ ʒiu⁵⁵ pʰien³³ ne²¹	送郵便□	
tiam²¹ ʒan⁵⁵	店員	店員（店員、clerk）
kʰon²¹ tiam²¹ {kai²¹ / me²¹}	看店{個/□}	
tʃoŋ³⁵⁻³³ tiam²¹ {kai²¹ / me²¹}	掌店{個/□}	

kuŋ⁵³ sɨ⁵³ {kai²¹ / e²¹} tʃit⁵⁻³² ʒan⁵⁵

公司{個/□}職員

会社員（公司職員、company employee）

〈「kuŋ⁵³ sɨ⁵³ tʃit⁵⁻³² ʒan⁵⁵ 公司職員」といった場合、これは会社と職員という意味であ

		る。〉
ki²¹ tʃa⁵³	記者	記者（記者、press person）
sɨ⁵³ ki⁵³	司機	運転手（司機、driver）
vu⁵³ ʃa⁵³ fui³³	烏社會	暴力団・裏社会（黒道、gang group）
tset⁵⁻³² ɲit⁵ sin⁵³ saŋ⁵³	擇日先生	吉日をえらぶ占い師（擇日先生, 算命師, a augur who picks a lucky day）
tset⁵⁻³² ɲit⁵⁻³² kon³⁵	擇日館	吉日をうらなうところ（擇日館、augur house）
iu⁵³ e²¹	□□	派閥のボス（幫派老大、faction leader）

XVIII. 行為（活動 Activities）

XVIII. i. 人に対する行為（對人 Activities towards people）

koŋ³⁵⁻³³ siau²¹	講笑	冗談をいう（說笑、to joke (verbally)）
kʰoi⁵³ van⁵⁵ siau²¹	開玩笑	冗談をいう・からかう（開玩笑、to joke）
on⁵³ to³⁵	□倒	賞賛する（讚美、to praise）
tʃʰui⁵³ ɲiu⁵⁵	吹牛	ほらをふく（吹牛、to brag）
koŋ³⁵⁻³³ pʰoŋ²¹ fuŋ⁵³	講膨風	〈「pʰaŋ⁵³ kai⁵³ koi⁵³ □雞□」は新竹県竹東で
pʰaŋ⁵³ kai⁵³ koi⁵³	□雞□	は「pun⁵⁵ ke⁵³ koi⁵³ □雞□」という。〉
tʰok⁵⁻³² ɲin⁵⁵ {kai²¹ / ne²¹} ʃi³⁵⁻³³ vut⁵	托人 {個/□} 屎□	おべっかをつかう（拍馬屁、to flatter obsequiously）
to⁵³ tʃoi²¹	多嘴	おしゃべりである（多嘴、to speak more than one should）
tsʰioŋ³⁵⁻³³ koŋ⁵³	搶光	他人のことばをさえぎってはなす；面とむかっていいかえす（搶嘴；搶白、assertive, to seize to speak : to denounce to the face）
en²¹ tʃoi²¹	應嘴	（目上に）口答えする；いいかえす（頂嘴；還嘴、to contradict a senior ; to talk back）

XVIII. 行為（活動 Activities） 317

sioŋ⁵³ au²¹ ɔ⁵⁵	相□仔	いいあらそう（爭辯、to argue）
sioŋ⁵³ tsʰau⁵⁵	相吵	口げんかする（鬥嘴、to squabble）
pʰi⁵³ pʰin⁵⁵	批評	批判する・あげつらう（批評、to criticize）
tsau⁵³ tʰat⁵⁵ ŋin⁵⁵	糟□人	辛辣なことをいう・ひやかす・皮肉をいう（挖苦人（含有輕視之意）、to ridicule sarcastically or in disguise）〈相手をばかにするというニュアンスがある。〉
tiau⁵³ nan⁵⁵	刁難	意地悪をする・難癖をつける（刁難(不一定有輕視之意)、to make things difficult for）〈相手をばかにするというニュアンスがあるとはかぎらない。〉
tioŋ⁵³	□	意地悪をする・難癖をつける（刁難、to make things difficult for）
		m̩⁵⁵ ho³⁵⁻³³ tioŋ⁵³ ŋin⁵⁵ 唔好□人。
		人に難癖をつけてはいけない（不要刁難人。）
koŋ³⁵⁻³³ han⁵⁵ voi⁵³	講閑話	うわさ話をする・悪口をいう（說閒話、to gossip）
koŋ³⁵⁻³³ ʃi³³ fui⁵³	講是非	陰口をたたく；余計なことをしゃべる（講是非；長舌、to gossip about the failings of others；to tell tales）
{koŋ³⁵⁻³³ / ʃot⁵⁻³²} hau⁵⁵ siau⁵³ {講/說}□□		嘘をつく（說謊、to lie）〈「ʃot⁵ 說」はあまりもちいられない。〉
tsʰim⁵⁵ pʰet³² ŋin⁵⁵ {kai²¹ / ne²¹} ko²¹ ʃit⁵		
	尋別人{個/□}過失	他人のあらさがしをする（找別人的過失、to look for other's failts）
ko²¹ ʃit⁵	過失	過失・過ち（過失、fault）
ko²¹ tsʰo²¹	過錯	
kʰet⁵⁻³² tiam³⁵	缺點	欠点・傷（瑕疵、flaw, defect, blemish）

pan⁵³ ʃi³³ fui⁵³	搬是非	いざこざがおこるよう双方をそそのかす（挑撥是非、to incite to contention）
taŋ³³ tui²¹	□□	からかう（逗、to tease）
ŋia⁵³	惹	（よくないこと・ある種の感情などを）ひきおこす（惹、to provoke）
kuai²¹	怪	せめる・とがめる（怪、to blame）
lai³³	賴	（過失を）せめる（賴、to blame for your own mistake）
lai³³ ŋin⁵⁵	賴人	理不尽なことをする・とぼける（耍賴、to go back on a promise）
ma²¹	罵	叱責する・しかる；ののしる（吃叱；罵、to upbraid ; to scold）
tot⁵	□	叱責する（斥責, 責罵、to brush down） m̩⁵⁵ ho³⁵⁻³³ tot⁵ ŋin⁵⁵ 唔好□人。 人を叱責してはいけない（不要責罵。）
toi⁵⁵	□	（大声で）しかる・どやす（責罵, 大聲責罵、to dress down (loudly)） toi⁵⁵ se²¹ ŋin⁵⁵ nə⁵⁵ □細人仔。 こどもをしかる（責罵小孩子。） ki⁵⁵ tso²¹ ʃe³³ tʰoŋ⁵⁵ ŋe²¹ pun⁵³ ŋin⁵⁵ toi⁵⁵ 佢做事常□分人□。 彼は何かやるごとに人にしかられる（他做事常被人家責罵。） ŋin⁵⁵ ka⁵³ tʰuŋ⁵⁵ ŋi⁵⁵ tso²¹ ʃe³³, m̩⁵⁵ ho³⁵⁻³³ kin³⁵ toi⁵⁵ ŋin⁵⁵, oi²¹ ho³⁵⁻³³ tʃoi²¹ koŋ³⁵ 人家同你做事，唔好緊□人，愛好嘴講。 人があなたのためにやっているのだから、人をどやしてばかりではいけない、ことばづかいをよくしなければ（人家給你做事，不要常責罵人，口氣要好一點。）

XVIII. 行為（活動 Activities）　319

hio⁵⁵	□	大声でしかりつける（叱喝, 叱責、to dress down loudly）
		hio⁵⁵ ŋin⁵⁵ □人。
		人をしかりつける（叱喝人家。）
		hio⁵⁵ keu³⁵ □狗。
		大声でイヌをおいはらう（把狗趕走。）
tʃiu²¹ ma²¹	咒罵	ののしる・罵倒する（咒罵、to curse）
koŋ³⁵⁻³³ liau³³ siau²¹ voi⁵³	講□□話	きたないことばをつかう・卑俗な話をする（講粗話, 罵髒話、to use bad words）〈「liau³³ siau²¹ □□」は口にしてはいけないきたないことばを指す。〉
pun⁵³ ŋin⁵⁵ ma²¹	分人罵	ののしられる・しかられる（挨罵、to get scolded）
sioŋ⁵³ tsʰau⁵⁵ (ɔ⁵⁵)	相吵(仔)	口げんかをする（吵架、to quarrel）
kiu²¹ kau⁵³	救□	けんかの仲裁をする（勸架、to ack as peacemaker）
fo⁵⁵ kai³⁵	和解	和解する（和解、to intercede）
kʰen²¹	勸	すすめる（勸、to advise）
tsioŋ⁵³ tsʰiu³³	將就	我慢して相手にあわせる・妥協する（遷就、to make a compromise）
ʃun³³ ŋin⁵⁵	順人	
ŋioŋ²¹ pʰu³³	讓步	讓步する（讓步、to give into）
ʒiu⁵⁵ (ki⁵⁵)	由(佢)	（彼に）まかせる（任由、let (him) do as he pleases）
tsʰin³³ tsʰai³⁵	□□	いいかげんにあしらう（敷衍、to deal with negligently）
sui⁵⁵ pʰien³³	隨便	
ma⁵⁵ fu⁵⁵	馬虎	
lo³³ tʃʰo³⁵	□□	
tsʰok³² ka³⁵	□□	

〔重叠〕tsʰin³³ tsʰin³³ tsʰai³⁵⁻³³ tsʰai³⁵ □□□□
〔重叠〕ma⁵⁵ ma⁵⁵ fu⁵⁵ fu⁵⁵ 馬馬虎虎

〔重畳〕lo³³ lo³³ tʃʰo³⁵⁻³³ tʃʰo³⁵ □□□□

kʰon²¹ m̩⁵⁵ hi³⁵	看唔起	見くだす（看不起、to look down upon）
am²¹ tʰet⁵	暗掉	かくす・ごまかす（瞞住 , 隱瞞、to conceal）
tet⁵⁻³² tsʰui³³ ŋin⁵⁵	得罪人	人をおこらせる（得罪人、to offend people）
kuai³⁵	拐	おびきよせる・誘惑する（誘、to lure）
sia⁵⁵	餳	〈「kuai³⁵ 拐」には「（こどもを）あやす」という意味もある。〉
ŋu³³ ŋin⁵⁵ tsɨ³⁵⁻³³ tʰi³³	誤人子弟	人の子弟をわるくしてしまう（誤人子弟、to impede）
toŋ²¹	擋	さまたげる・邪魔をする（阻、to hinder, to get in the way）
kʰi⁵³ fu³³	欺負	いじめる・ばかにする（欺負、to bully）
ʒan⁵³ voŋ³⁵	冤枉	ぬれぎぬを着せる（冤枉、to do injustice to）
kʰioŋ⁵⁵ pet⁵	強迫	無理強いする（強迫、to compel, to force）
pa²¹ tʃam²¹	霸佔	権勢にたよって人のものをまきあげる（霸佔、to keep for oneself）
a⁵⁵	□	牛耳る（壟斷 , 把著、to capture）
a⁵⁵ nen³⁵ □□。		
牛耳る（壟斷。）		
tsʰap⁵⁻³² tʃʰui³³	插隊	列にわりこむ（插隊、to wedge in, to crowd into the line）
toŋ²¹ tʰet⁵	擋掉	とめる（截住、to intercept, to stop）
tsiam⁵³	□	こみあう（擠、to crowd）
tsʰin³³ tsiam⁵³ 盡□。		
とてもこみあっている（很擠。）		
tsiam⁵³ lok³² hi²¹ □落去。		
（人ごみを）おしわけてはいっていく（擠進去。）		
kʰit³² nen³⁵	□□	おしあっている（擠著、to squeeze together）
m̩⁵⁵ ho³⁵⁻³³ kʰit³² 唔好□。		
おしてはいけない（不要擠。）		

XVIII. 行為（活動 Activities） 321

ŋai⁵⁵ tsʰo⁵³ tʃʰa⁵³ pun⁵³ ŋin⁵⁵ kʰit³² nen³⁵, toŋ⁵³ m̩⁵⁵ ʃu⁵³ fuk³²
我坐車分人□□，當唔舒服。
わたしは車で人におされて，とても気分が悪かった
(我在車上被人擠，很不舒服。)

tsiam²¹		□	無理にはいりこんで場所をとる（擠進去，佔, to squeeze oneself into）

tsiam²¹ vui³³ ɔ⁵⁵ □位仔。
場所をしめる（佔位子。）

am²¹ tʃuŋ⁵³ hoi³³ ŋin⁵⁵	暗中害人	人に策略をもちいる（背地裡算計人、to tell tales of, to play trick on）
sioŋ⁵³ ta³⁵	相打	けんかをする（打架、to fight）
pun⁵³ ŋin⁵⁵ ta³⁵	分人打	なぐられる（挨打、to get beaten）
tʰuŋ⁵⁵ se²¹ o⁵⁵ kuan⁵³ hi³⁵ loi⁵⁵	同細□關起來	こどもをとじこめる（把小孩關起來 to shut up (someone)）
		〈こどもは「se²¹ ŋin⁵⁵ nɔ⁵⁵ 細人仔」でも可。〉
kon³⁵⁻³³ tʃʰut⁵ hi²¹	趕出去	おいはらう（趕出去、to chase away）
liap³²	□	おう（趕、to drive off, to whack）

liap³² tseu³⁵ □走。
おいはらう（趕走。）
liap³² ŋo⁵⁵ □鵝。
ガチョウをおう（趕鵝。）
liap³² ŋiu⁵⁵ □牛。
ウシをおう（趕牛。）
liap³² vu⁵³ ʒin⁵⁵ □烏蠅。
ハエをおう（趕蒼蠅。）

{hem⁵³ / ham²¹} ki⁵⁵ tseu³⁵	喊佢走	でるようにいう・おいだす（叫他滾、to scram）
ŋin³³ tsʰo²¹	認錯	誤りをみとめる（認錯、to admit one's wrong）
ŋiau⁵⁵ ŋai⁵⁵	饒我	わたしをゆるす（求饒、to ask for forgiveness）

tsʰiaŋ³⁵⁻³³ ŋi⁵⁵ ŋiau⁵⁵ ŋai⁵⁵ 請你饒我。

おゆるしください（請你饒了我。）

ŋiau⁵⁵ ʃuk³²	饒恕	ゆるす・勘弁する（饒恕、to forgive）
{hem⁵³ / ham²¹} kiu²¹ miaŋ³³	喊救命	たすけてとさけぶ（喊救命、to call help!）
m̩⁵⁵ ho³⁵⁻³³ tʰin⁵³ tʰuŋ⁵³	唔好□動	うごくな（別動、don't move!）
fun⁵³ fu²¹	吩咐	命じる・いいつける（吩咐、to command）
kau⁵³ tai²¹	交代	いいきかせる（囑咐、to charge）
ʃoŋ⁵³ lioŋ⁵⁵	商量	相談する（商量、to consult）
kʰiu⁵⁵	求	もとめる（求、to beg）
tap⁵⁻³² ʒin²¹	答應	応じる（答應、to promise）
hok³² ŋin⁵⁵	學人	人まねをする（學, 模仿、to imitate）
kʰo³³	靠	…による（靠、to depend on）
poŋ⁵³ tsʰu³³	幫助	たすける・援助する（幫助、to help）
poŋ⁵³ moŋ⁵⁵	幫忙	たすける・てつだう（幫忙、to help, to assist）
tʰen²¹ ʃiu³⁵	□手	
kaŋ²¹ ʃiu³⁵ kaŋ²¹ kiok⁵	□手□腳	ありがた迷惑になる（幫倒忙、be more of a hindrance than a help ; to give the wrong kind of help）
po³⁵⁻³³ fu³³	保護	まもる・保護する（保護、to protect）
po³⁵⁻³³ tʃin²¹	保證	保証する（保證、to guarantee）
kiu²¹	救	すくう・救助する（救、to rescue）
tʰi⁵⁵ foŋ⁵⁵	提防	気をつける・用心する（提防、to beware of）
tʃau²¹ ku²¹	照顧	面倒をみる（照顧、to look after）
fuk³² si³³	服侍	世話をする・つかえる（侍候、to attend on）
ŋiok³² tʰai³³	虐待	虐待する（苛待、to mistreat）
po²¹ tap⁵	報答	むくいる（報答、to requite）
tap⁵⁻³² tsʰia³³	答謝	礼をいう（答謝、to thank someone）
po²¹ ʃiu⁵⁵	報仇	復讐する（報仇、to avenge a grievance）
{ken²¹ / kien²¹}	見	あう（見、to meet with）
{ken²¹ / kien²¹} mien²¹	見面	あう・面会する（見面、to meet）
		lau⁵³ pʰen⁵⁵ ʒiu⁵³ ken²¹ mien²¹ □朋友見面。

XVIII. 行為（活動 Activities） 323

友人とあう（跟朋友見面。）

tu⁵⁵ to³⁵	□倒	偶然であう・でくわす（碰見、to meet (by chance)）
{hem⁵³ / ham²¹} loi⁵⁵	喊來	よびだす・よんでくる（召來、to summon）
tʃau⁵³ ki⁵⁵ loi⁵⁵	招佢來	〈「tʃau⁵³ ki⁵⁵ loi⁵⁵ 招佢來」という方が丁寧である。〉
pʰai²¹	派	派遣する（派，打發、to send）
		pʰai²¹ ki⁵⁵ hi²¹ 派佢去。
		彼を派遣していかせる（派他去。）
min³³ lin³³	命令	命令（する）（命令、to give command）〔隻〕〔次〕
tʰok⁵	託	たのむ（託、to entrust to）
pai²¹ tʰok⁵	拜託	
		pai²¹ tʰok⁵⁻³² ki⁵⁵ 拜託佢。
		彼にたのむ（拜託他。）
tʰu²¹	□	ひきつれる（帶領、to lead）
		ŋi⁵⁵ tʰu²¹ lo³⁵⁻³³ tʰai⁵³ hi²¹ {mai⁵³ pen⁵³ / hok³² kau³⁵}
		你□老弟去{買冰／學校}。
		あなたは弟をつれて{アイスを買い／学校}にいけ。
		(你帶弟弟去{買冰淇淋／學校}。)
tʰen⁵⁵	□	つきしたがう（跟隨、to follow）
{hem⁵³ / ham²¹}	喊	…するようにいう・…させる（使，叫、to cause）
pun⁵³	分	
sɨ³⁵	使	
		{hem⁵³ / ham²¹} ki⁵⁵ ko²¹ loi⁵⁵ 喊佢過來。
		彼にくるようにいう（叫他過來。）
		hem⁵³ ki⁵⁵ man³³ teu⁵³ 喊佢慢□。
		ゆっくりするように彼にいう（叫他慢一點。）
		pun⁵³ ki⁵⁵ tseu³⁵ 分佢走。
		彼をいかせてやる（讓他走。）

si³⁵⁻³³ ŋai⁵⁵ kam³⁵⁻³³ tʰuŋ³³ 使我感動。
わたしを感動させる（使我感動。）

ten³⁵ 等 まつ（等、to wait for）
ten³⁵⁻³³ ki⁵⁵ loi⁵⁵ 等佢來。
彼がくるのをまつ（等他來。）

tui⁵³ 追 うながす（催,催促、to hasten, to urge）
tui⁵³ ki⁵⁵ kiak⁵ teu⁵³ 追佢□□。
はやくするよう彼にうながす（催他快點。）

pun⁵³ 分 あたえる・あげる（給、to give to）
pun⁵³ ki⁵⁵ ʃip³² kai²¹ ŋiun⁵⁵ 分佢十個銀。
彼に10元あげる（給他十塊錢。）
pun⁵³ ki⁵⁵ ʒit⁵⁻³² pau⁵³ mi³⁵ 分佢一包米。
彼に米を1袋あげる（給他一包米。）

kiuŋ⁵³ kip⁵ 供給
suŋ²¹ 送 おくる・プレゼントする（贈送、to present）
na⁵³ ʒit⁵⁻³² pau⁵³ mi³⁵ kiuŋ⁵³ kip⁵⁻³² ki⁵⁵ 拿一包米供給佢。
米を1袋彼におくる（把一包米送給他。）
suŋ²¹ ki⁵⁵ ʒit⁵⁻³² pun³⁵ ʃu⁵³ 送佢一本書。
彼に本を1冊おくる（送他一本書。）

m̩⁵⁵ tsiap⁵⁻³² ʃiu³³ 唔接受 うけいれない・ことわる（推卻、to decline）
tsiap⁵⁻³² ʃiu³³ 接受 うけいれる（接受、to accept）
von³³ tuŋ⁵³ si⁵³ 換東西 ものを交換する（換（東西）、to exchange）
tʰoi³³ li⁵³ 代理 とってかわる（代替、to take the place of）
pʰoi⁵⁵ ʃoŋ³⁵ 賠償 賠償する・弁償する（賠償、to compensate）
tʃʰon⁵⁵ pi²¹ foŋ⁵³ 傳秘方 秘方をつたえる（傳（秘方）、to hand down）
sien³⁵ 選 えらぶ・えらんで…にする・選抜する（選…（做）、to elect (as)）
sien³⁵⁻³³ ki⁵⁵ {toŋ⁵³ / tso²¹} tʰoi³³ piau³⁵ 選佢{當/做}代表。
彼をえらんで代表にする（選他當代表。）

kan³⁵ 揀 えらぶ（揀,選、to select）

XVIII. 行為（活動 Activities） 325

kʰoi⁵³ fui³³	開會	会議をひらく（開會、to have a meeting）
san²¹ fui³³	散會	会議をおわる（散會、meeting dismissed）
mai⁵³ ʃiu⁵³	買收	賄賂をおくる・買収する（賄賂、to bribe）
ʃiu⁵³ mai⁵³	收買	
pun⁵³ ŋin⁵⁵ mai⁵³ ʃiu⁵³	分人買收	買収される・賄賂をうけとる（受賄、to accept a bribe）
pun⁵³ ŋin⁵⁵ ʃiu⁵³ mai⁵³	分人收買	
ko²¹ tsʰoŋ³³	告狀	うったえる（告狀、to sue）
seu⁵³ ʃin⁵³	搜身	所持品などについて身体検査をする（搜身、to search the person）
tsuk⁵	捉	つかまえる・逮捕する（逮捕、to seize and arrest）
ki⁵³ liu⁵⁵	拘留	拘留する（拘留、to detain）
on²¹ nə⁵⁵	案仔	事件（案子、case）
ʃim³⁵⁻³³ on²¹	審案	事件を審理する（審案、to try a case）
ʒiu⁵³ tsʰui³³	有罪	有罪である（有罪、guilty）
ʒuŋ³³ hin⁵⁵	用刑	拷問にかける（用刑、to use torture）
tʃuk⁵⁻³² gə⁵⁵ pʰan⁵³	竹仔□	竹の棒でうつ（用竹子打、to flog with bamboo）
tʃuk⁵⁻³² gə⁵⁵ ta³⁵	竹仔打	
		〈「pʰan⁵³ □」は鞭でうつことを指す。〉
kun²¹ nə⁵⁵ eu⁵⁵	棍仔毆	棒でなぐる（用棍子打、to club）
kun²¹ nə⁵⁵ mak³²	棍仔□	〈「eu⁵⁵ 毆」は上からなぐることを指す。〉
kʰa⁵⁵	枷	かせ（枷、cangue）
ʃiu³⁵⁻³³ kʰau²¹ ə⁵⁵	手銬仔	手錠（手銬、handcuffs）
		ʃiu³⁵⁻³³ kʰau²¹ ə⁵⁵ kʰau²¹ nen³⁵ 手銬仔銬□。 手錠をかけている（手銬銬著。）
ʃim³⁵⁻³³ mun²¹	審問	尋問する（審問、to question）
kon³⁵⁻³³ nə⁵⁵	館仔	監獄・牢屋（監獄、prison）
tsʰo⁵³ kon³⁵⁻³³ nə⁵⁵	坐館仔	牢屋にはいる（坐牢、to be imprisoned）
piaŋ⁵⁵	□	（銃を）うつ・銃殺刑にする（槍斃, 射、to shoot (someone dead)）

		piaŋ⁵⁵ tʰet⁵ ki⁵⁵ □掉佢。
		彼を銃殺しろ（槍殺他。）
		piaŋ⁵⁵ lok³² hi²¹ □落去。
		うつ（射下去。）
fam³³ ŋin⁵⁵	犯人	囚人・犯人（囚犯、prisoner）
tsuk⁵⁻³² fam³³ ŋin⁵⁵	捉犯人	犯人をつかまえる（抓犯人、to capture a prisoner）
pioŋ²¹	放	釈放する（釋放、to release）
kon³⁵⁻³³ tʃʰut⁵ ŋoi³³ tʰi³³	趕出外地	（国外などに）追放する（流放、to exile）
kon³⁵⁻³³ tʃʰut⁵ kuet⁵⁻³² ŋoi³³	趕出國外	
tseu³⁵⁻³³ tʰet⁵	走掉	にげてしまう（逃掉、to flee）
san⁵⁵	□	こっそりにげる（偷溜, 偷跑、make off）
		loi⁵⁵ hi²¹ san⁵⁵ 來去□。
		こっそりにげよう（偷溜吧。）
tui⁵³	追	おう・おいかける（追、to pursue）
tʃʰi⁵⁵ ŋin⁵⁵	弒人	人をころす（殺人、to murder）
sat⁵⁻³² ŋin⁵⁵	殺人	
pioŋ²¹ fo³⁵	放火	放火する（放火、arson）
kʰioŋ⁵⁵ kien⁵³	強姦	強姦する（強姦、to rape）
hi²¹ se²¹ moi²¹ kien⁵³	去細妹間	遊郭にゆく・女郎を買う（嫖妓、to visit prostitutes）
se²¹ moi²¹ kien⁵³	細妹間	遊郭（妓院、brothel）
kʰa⁵⁵ nen³⁵ kiaŋ³⁵⁻³³ kin⁵³	枷□頸筋	首かせをつける（駄枷、to wear a cangue）
nuŋ³³ {se²¹ o⁵⁵ / se²¹ ŋin⁵⁵}	弄{細□/細人}	こどもをからかう（逗小孩、to tease/play with a child）

XVIII. ii. その他の行為（其他 Others）

ʒuŋ³³	用	つかう（用、to use）

XVIII. 行為（活動 Activities） 327

ta$^{35-33}$ soŋ^{35}	打爽	浪費する・無駄にする（浪費、to waste）
loŋ^{33} fui^{21}	浪費	〈「ta$^{35-33}$ soŋ^{35} 打爽」が一般的。「{loŋ^{33} fui^{21} / ta$^{35-33}$ soŋ$^{35/35-33}$} ʃi^{55} kien^{53}{浪費/打爽}時間」（時間を無駄にする）という場合は「loŋ^{33} fui^{21} 浪費」が一般的。〉
saŋ$^{35-33}$ kʰiam^{33}	省儉	儉約する（節儉、to save）
saŋ$^{35-33}$ ʃit^{32}	省食	（節約のため）食事量をへらす・節食する（吃得不多, 節食、to be abstemious in eating）
tioŋ^{55}	□	あまる・のこっている（剩餘、to remain）
		ŋai^{55} tioŋ^{55} mo^{55} kit^{32} to^{53} tsʰien^{55}, tso^{21} m̩^{55} tet^{5} tsia^{21} ŋi^{55} 我□無幾多錢，做唔得借你。
		わたしはお金がいくらものこっていないので、あなたにかすことはできない（我剩餘沒有多少錢, 不能借你。）
liu^{55}	留	のこす（留、to keep）
tʃʰi^{21}	試	ためす（試、to try）
		〈「kʰau$^{35-33}$ ʃi^{21} 考試」の「試」は ʃi^{21} である。〉
		tʃʰi^{21} tʃʰi^{21} kʰon^{21} 試試看。
		ためしてみる（試試看。）
tʃun$^{35-33}$ pʰi^{33}	準備	準備する（準備、to prepare）
ʒi^{33} pʰi^{33}	預備	
ʃiu^{53} hi^{35} loi^{55}	收起來	しまう（收起來、to put away）
kʰoŋ^{21} hi^{35} loi^{55}	囥起來	かくす（藏起來(不讓人看)、to hide (things)）
tsʰoŋ^{55} hi^{35} loi^{55}	藏起來	〈「kʰoŋ^{21} hi^{35} loi^{55} 囥起來」は高年層がもちいる。〉
tsʰim^{55}	尋	さがす・たずねる（找、to look for）
		tsʰim^{55} tuŋ^{53} si^{53} 尋東西。
		ものをさがす（找東西。）
		tsʰim^{55} ŋin^{55} 尋人。
		人をたずねる（找人。）

	tsʰim⁵⁵ tsʰien⁵⁵	尋錢。
	金をさがす／金を工面する（尋找錢／弄錢。）	
m̩⁵⁵ ki²¹ tet⁵	唔記得	わすれる（遺忘、to leave behind）
pi³⁵⁻³³ kau³⁵	比較	比較する（比較、to compare）
tsʰeu²¹ la³³	湊□	あつめて満額になる（湊數、to make up the
teu²¹ la³³	鬥□	proper amount）
		〈「la³³ □」は十分であることを指す。「la³³ le⁵³ □了」は十分だ（夠了）という意味。また「teu²¹ 鬥」はつぎあわせることを指す。〉
han³³	限	かぎる（限、to limit）
tʃʰin³³	趁	…に乗じる・…を利用する（趁（機會）、to take the opportunity, to take advantage of）
	tʃʰin³³ lia⁵⁵ {kai²¹ / tʃak⁵} ki⁵³ fui³³ 趁□ {個/隻} 機會…。	
	この機会を利用して…（趁這個機會…。）	
sɨ³³ heu³³	伺候	つかえる・かしずく（伺候、to wait in secret
fuk³² sɨ³³	服 {侍/伺}	for an opportunity）
ʃin⁵⁵ kuŋ⁵³	成功	成功する（（事情）成功、to succeed）
ʃit⁵⁻³² pʰai³³	失敗	失敗する（（事情）失敗、to fail）
tso²¹ tet⁵	做得	よろしい・だいじょうぶだ（行、will do）
ok⁵ kʰei⁵³	□□	
toŋ²¹ m̩⁵⁵ tʰet⁵	擋唔掉	ささえることができない（抵不住、unable to sustain/resist）
tʃʰuŋ⁵⁵ fuk³²	重複	くりかえす（重複、to repeat）
tso²¹ ki²¹ ho³³	做記號	しるしをつける（打記號、to mark/make a sign）
kiun⁵³/³³ nen³⁵	均□	調節する・平均する（節制, 平均著、to control, smooth out）
	ka⁵³ ʒiu⁵⁵ oi²¹ kiun⁵³/³³ nen³⁵, m̩⁵⁵ ho³⁵⁻³³ pun⁵³ ki⁵⁵ tʃʰau⁵³ ko²¹ {leu³³ / liu⁵⁵} tʃʰut⁵ loi⁵⁵	
	加油愛均□，唔好分佢超過 {漏/流} 出來。	

給油するにはちゃんと調節する必要があり、あふれさせてはいけない（加油要好好調整，不要把它超過流出來。）

lia⁵⁵ ʒoŋ³³ tsʰoi²¹ oi²¹ kiun⁵³/³³ nen³⁵ ʃit³², m̩⁵⁵ ho³⁵⁻³³ ko²¹ lioŋ³³ □樣菜愛均□食，唔好過量。

この種の料理は調節してたべねばならず、たべすぎてはいけない（這種菜要平均著吃，不要過量。）

oi²¹ kiun⁵³/³³ nen³⁵⁻³³ pun⁵³ 愛均□分。

平均するようにあたえる（要平均給。）

XIX. 精神活動（精神活動 Mental Activities）

XIX.i. 感情（感情 Sentiments）

kam³⁵⁻³³ tsʰin⁵⁵	感情	感情（感情、feelings）
hau²¹	好	このむ・すきだ（喜歡、to like）
(toŋ⁵³) oi²¹	（當）愛	
fon⁵³ hi³⁵	歡喜	

ŋai⁵⁵ toŋ⁵³ oi²¹ ʃit³² ŋiu⁵⁵ ŋiuk⁵⁻³² mien³³ 我當愛食牛肉麵。
わたしは牛肉麵をたべることがすきだ（我喜歡吃牛肉麵。）

ŋi⁵⁵ hau²¹ m̩⁵⁵ hau²¹ {ʃit³² moi⁵⁵ / tʰuk³² ʃu⁵³} 你好唔好{食糜/讀書}？
あなたは{粥をたべること／勉強}がすきか（你喜歡{喝粥/讀書}嗎？）

ŋi⁵⁵ hau²¹ kʰon²¹ hi²¹ mo⁵⁵ 你好看戲無？
あなたは芝居見物がすきか？（你喜歡看戲嗎？）

—— hau²¹ 好。

　　すきだ（喜歡。）

—— m̩⁵⁵ hau²¹ 唔好。

すきではない（不喜歡。）

siau²¹	笑	わらう（笑、to laugh）
vui⁵⁵ siau²¹	微笑	ほほえむ（微笑、to smile）
{hap³² / kak³²} ʒi²¹	合意	気にいる（合意、agreeable）
at⁵	□	腹をたてる・おこる（生氣、to be angry）
pot⁵⁻³² at⁵	發□	

at⁵⁻³² mak³² kai²¹ □□個？
何を腹をたてているのか（氣甚麼？）
ŋi⁵⁵ at⁵⁻³² ŋai⁵⁵ 你□我。
あなたはわたしに腹をたてている（你生我的氣。）

at⁵⁻³² ŋin⁵⁵	□人	腹がたつ（氣、to anger）
pot⁵⁻³² tʃʰat⁵	發□	こどもが不機嫌になる（小孩子不高興、a child gets in a bad mood）
fat⁵⁻³² pʰi⁵⁵ hi²¹	發脾氣	癇癪をおこす（發脾氣、to lose one's temper）
seu⁵⁵	愁	気が滅入る・気がしずむ：おもいなやむ（發愁；煩惱、to be sad ; vexed）
kiau²¹	叫	（涙をながし声をあげて）なく（哭、to weep, to cry）
tsʰi⁵³ tsʰam³⁵	凄惨	悲惨である（悲惨、grievous, sad）
on⁵³ vui³³	安慰	なぐさめる（安慰、to comfort）
noi⁵³	□	なぐさめる・なだめる（安慰，勸解，給不高興的人說一點好話讓他高興、to comfort, to calm down）
oi⁵³ noi⁵³	□□	

se²¹ ŋin⁵⁵ nə⁵⁵ oi²¹ ŋin⁵⁵ oi⁵³ noi⁵³ 細人仔愛人□□。
こどもはなだめなければ（小孩子，要安慰。）
ŋi⁵⁵ oi⁵³ noi⁵³ ki⁵⁵, ki⁵⁵ si³³ m̩⁵⁵ voi³³ at⁵ 你□□佢，佢唔會□。
あなたが彼をななだめれば，彼は腹をたてないだろう（你安慰他，他就不會生氣。）

ko⁵³ hin²¹	高興	うれしい（高興、glad）

XIX. 精神活動（精神活動 Mental Activities） 331

fon⁵³ hi³⁵	歡喜	
tʰioŋ²¹	□	
		ŋai⁵⁵ kʰon²¹ to³⁵ ŋi⁵⁵, toŋ⁵³ fon⁵³ hi³⁵ 我看倒你，當歡喜。
		あなたにあってうれしい（我見到你很高興。）
		toŋ⁵³ tʰioŋ²¹ 當□。
		とてもうれしい（很高興。）
		tʰioŋ²¹ sia²¹ □□。
		うれしい（高興。）
kʰuai²¹ lok³²	快樂	愉快だ・たのしい（快樂、happy）
fon⁵³ hi³⁵	歡喜	
on⁵³ lok³²	安樂	（何の憂いもなく）気楽だ・たのしい（安樂、joyful, at ease）
mo⁵⁵ seu⁵⁵ mo⁵⁵ li³³	無愁無慮	何の心配もない（無憂無慮、carefree）
pʰin⁵⁵ on⁵³ kʰuai²¹ lok³²	平安快樂	平安でたのしい（平安快樂、safe and joyful）
man⁵³ ʒi²¹	滿意	滿足する（滿意, to satisfy oneself）
tsʰin³³ tat³²	盡值	滿足している（很滿意、be satisfied）
tsʰin³³ tet⁵⁻³² ʒi²¹	盡得意	おおいに得意である・自己満足している
toŋ⁵³ sa⁵³ pʰi³³	當沙鼻	（洋洋得意、self-satisfied）
sa⁵³ haŋ⁵³	沙坑	〈有頂天になっている様子。「toŋ⁵³ sa⁵³ pʰi³³ 當沙鼻」には得意になっている人をからかうニュアンスがある。「sa⁵³ pʰi³³ 沙鼻」「sa⁵³ haŋ⁵³ 沙坑」は得意になって人の称賛をあびたいことをいう。また、「sa⁵³ haŋ⁵³ 沙坑」は地名にかけた隠語でもある。「坑」は小川を指す。〉
		ŋi⁵⁵ tai²¹ sa⁵³ haŋ⁵³ 你□沙坑。
		きみは沙坑に住んでいる。
		〈「人からほめられるのが大すきな人だ」という意味である。なお「tai²¹ □」は住むという意味。〉
oi²¹	愛	愛する（愛、to love）

siak⁵ 惜 かわいいとおもう・かわいがる（疼愛、to love dearly）

〈「siak⁵ 惜」は肉親・友人の間の情について、一方、「oi²¹ 愛」は男女間の情についてもちいる。〉

toŋ⁵³ tet⁵⁻³² ȵin⁵⁵ siak⁵ 當得人惜。
とてもかわいい（可愛。）
siak⁵⁻³² se²¹ ȵin⁵⁵ nə⁵⁵ 惜細人仔。
こどもをかわいがる（疼孩子。）

ʒuŋ⁵⁵ 容 溺愛する（寵、to favor to excess）

tʰiet⁵⁻³² ʒuŋ⁵⁵ se²¹ o⁵⁵ □容細□。
こどもを溺愛しすぎだ（太寵愛小孩子。）

tʰiet⁵⁻³² ʒuŋ⁵⁵ se²¹ o⁵⁵
tʰiet⁵⁻³² tsiuŋ³⁵ □容細□ □□ こどもをあまやかす（慣孩子、to spoil (a child)）

toŋ⁵³ sioŋ³⁵⁻³³ oi²¹ 當想愛
toŋ⁵³ hi⁵³ moŋ³³ 當希望 つよくのぞむ・渇望する（渇望、to long for）

ȵien²¹ 願 のぞみ・ねがい（意願、desire）

ȵi⁵⁵ ʒiu⁵³ ȵien²¹ mo⁵⁵ 你有願無？
ねがいはあるか？（你有意願嗎？）

ȵien²¹ tʰeu⁵⁵ 願頭 ねがい・のぞみ・希望（意願, 希望、desire, hope)

ȵi⁵⁵ tui²¹ lia⁵ tʃak⁵ kuŋ⁵³ tsok⁵ ʒiu⁵³ ȵien²¹ tʰeu⁵⁵ mo⁵⁵ 你對□隻工作有願頭無？
あなたはこの仕事に希望はあるか（你對這個工作有意願嗎？）

ȵi⁵⁵ ʒiu⁵³ ȵien²¹ tʰeu⁵⁵ ʃit³² ʒan⁵³ mo⁵⁵ 你有願頭食煙無？
タバコをすいたいという希望はあるか（你有意願吸煙嗎？）

mi⁵⁵ 迷 夢中になる（迷、to be fascinated, to be addicted to)

XIX. 精神活動（精神活動 Mental Activities）　333

		ŋip³² mi⁵⁵ 入迷。
		ひきつけられる（入迷。）
		mi⁵⁵ sin²¹ 迷信。
		盲信する（迷信。）
tsun⁵³ tʃʰuŋ³³	尊重	尊重する・うやまう（尊重、to respect）
kin²¹ tʃʰuŋ³³	敬重	
tsʰoi⁵³ ko²¹	□□	かわいそうだ（可憐、to pity, piteous）
tsʰin³³ tet⁵⁻³² ŋin⁵⁵ nau⁵³	盡得人惱	憎らしい・癪にさわる（可惡、detestable）
tsʰin³³ tet⁵⁻³² ŋin⁵⁵ at⁵	盡得人□	〈「tsʰin³³ 盡」のかわりに「toŋ⁵³ 當」でも可。〉
m̩⁵⁵ kam⁵³ ŋien³³	唔甘願	嫉妬する（妒忌、to be jealous, to envy）
muk⁵⁻³² tʃu⁵³ tʃʰak⁵	目珠赤	〈「muk⁵⁻³² tʃu⁵³ tʃʰak⁵ 目珠赤」は本来「目があかい」ということ。〉
tet⁵⁻³² ŋin⁵⁵ nau⁵³	得人惱	いやだ（討厭、disagreeable）
nau⁵³	惱	
		toŋ⁵³ tet⁵⁻³² ŋin⁵⁵ nau⁵³ 當得人惱。
		とてもいやだ（討人厭、不可愛。）
hiam⁵⁵	嫌	きらいである・気がすすまない（嫌、to dislike, to reject）
hen³³	恨	憎む（恨、to hate）
vui²¹	畏	（たべるのが）いやになる（膩(厭)、get tired of）〈胃にもたれたりして，たべるのがいやになること。〉
		ʃit³² vui²¹ le⁵³ 食畏了。
		たべあきた（吃膩了。）
ne²¹ koi⁵³	膩□	（たべるのが）いやだ（膩、get tired of）〈のどが不快な感覚を指す。〉
m̩⁵⁵ tʃʰok³² le⁵³	唔著了	後悔する（後悔、to regret）
kiaŋ⁵³	驚	おそれる・こわがる・…が苦手だ（怕；害怕、fear, to be afraid of ; afraid）

	kiaŋ⁵³ ŋiet³² 驚熱。	
	暑がりだ（怕熱。）	
tʃʰok³² kiaŋ⁵³	著驚	おどろかされる（受驚、to be frightened）
ʃiu³³ kiaŋ⁵³	受驚	
tʃʰok³² kiaŋ⁵³	著驚	びっくりする（吃驚、to be stunned）
pot⁵⁻³² tot³² ŋoi⁵⁵	發□□	ぽかんとする（發愣、to stare vacantly into space）
tsʰin³³ tet⁵⁻³² ŋin⁵⁵ kiaŋ⁵³	盡得人驚	おそろしい（可怕、terrible）〈「tsʰin³³ 盡」のかわりに「toŋ⁵³ 當」でも可。文字どおりの意味は「人をこわがらせる」ということである。〉
kʰi⁵⁵ kuai²¹	奇怪	変だ・おかしい（奇怪、to feel strange）
saŋ⁵³ fun³³	生□	はずかしい（害羞、bashful）
vui²¹ siu⁵³	畏羞	
kiaŋ⁵³ vui²¹ siu⁵³	驚畏羞	
kiaŋ⁵³ ken²¹ siau²¹	驚見笑	
m̩⁵⁵ ti⁵³ ken²¹ siau²¹	唔知見笑	恥しらずだ（無恥、shameless）
mo⁵⁵ mien²¹ mo⁵⁵ muk⁵	無面無目	
m̩⁵⁵ ho³⁵⁻³³ ʒi²¹ si³³	唔好意思	はずかしい・すまない（不好意思、embarassed）
mo⁵⁵ mien²¹ tsi³⁵	無面子	メンツをうしなう・恥さらしだ（丟臉、face lost, disgraced）
pʰi³³ ʃi³⁵⁻³³ ŋin⁵⁵	鼻屎人	はずかしい・恥をかかせる（羞辱、shameful）
tsʰam⁵⁵ kʰui²¹	慚愧	はずかしい（慚愧、to be ashamed）
ken²¹ siau²¹	見笑	
saŋ⁵³ fun³³	生□	よくしらない（陌生、to feel strange）
	saŋ⁵³ fun³³ ŋin⁵⁵ 生□人。	
	しらない人（陌生人。）	
kiaŋ⁵³ saŋ⁵³ fun³³	驚生□	人見しりをする（怕生、to be bashful towards

XIX. 精神活動（精神活動 Mental Activities）　335

strangers）

nan⁵⁵ ko²¹	難過	くるしい・つらい（難過、to be distressed）
nai³³ sim⁵³	耐心	辛抱づよい（耐心、patience）
ʒan⁵³ voŋ³⁵	冤枉	（不当な仕打ちに）不満である・くやしい・つらい思いをさせる（委屈、grievance）

　　　　　　　　　　　{pun⁵³ ŋin⁵⁵ / ʃiu³³ to³⁵⁻³³} ʒan⁵³ voŋ³⁵ {分人/受倒} 冤枉。
　　　　　　　　　　　つらい思いをさせる（受委屈。）

| ŋiam²¹ so⁵⁵ so⁵⁵ | □□□ | 元気がない（沒精神、to be dispirited） |
| 　su⁵⁵ su⁵⁵ | 　□□ | |

　　　　　　　　　　　ŋi⁵⁵ ŋioŋ³³ ŋiam²¹ so⁵⁵ so⁵⁵ no³³ 你□□□□？
　　　　　　　　　　　あなたはどうして元気がないのか（你怎麼沒精神？）

| ŋiun⁵³ | 忍 | こらえる・がまんする（憋、to suppress inner feelings with efforts） |

　　　　　　　　　　　ŋiun⁵³ ŋiau³³ 忍尿。
　　　　　　　　　　　おしっこをがまんする（憋尿。）

ŋiun⁵³ nai³³	忍耐	がまんする（忍受、to endure）
ta³⁵⁻³³ piaŋ²¹	打拼	（仕事を）がんばる（努力工作、to work hard）
ok⁵⁻³² sim⁵³	惡心	心を鬼にする（忍心、can tolerate）
hen⁵⁵ sim⁵³	□心	
ʃa³⁵⁻³³ m̩⁵⁵ tet⁵	捨唔得	はなれがたい・手ばなしがたい（捨不得、can't bear to part with）
vu⁵⁵ liau⁵⁵	無聊	つまらない・退屈だ（無聊、bored）
mo⁵⁵ ʒi²¹ sɿ³³	無意思	
ku⁵³ si⁵³	孤□	さびしい（寂寞、lonely）
ku⁵³ tan⁵³	孤單	
on⁵³ tsʰin³³	安靜	しずかだ・しずかにする（安靜、peaceful, quiet）〈やすむというニュアンスがある。〉

　　　　　　　　　　　ŋai⁵⁵ lia⁵⁵ ha³³ oi²¹ on⁵³ tsʰin³³ ʒit⁵⁻³² ha³³
　　　　　　　　　　　我□下愛安靜一下。

わたしはこれからちょっとやすむことにする（我現在要安靜一下。）

tiam⁵³ tiam⁵³	□□		しずかにする（安靜，不作聲、to quiet down）

tʰai³³ ka⁵³ tiam⁵³ tiam⁵³ 大家□□。
みなさんしずかに（大家安靜。）

tam⁵³ sim⁵³	擔心		心配する（擔心、to be worried）
kua²¹ sim⁵³	掛心		
foŋ²¹ sim⁵³	放心		安心する（放心、to be free from anxiety）
m̩⁵⁵ si³⁵⁻³³ seu⁵⁵	唔使愁		〈「m̩⁵⁵ si³⁵ 唔使」は「…する必要がない」という意味である。〉
kam³⁵⁻³³ tʰuŋ³³	感動		感動する（感動、to be moved）
kam³⁵⁻³³ sim⁵³	感心		（感激して）感謝する（感激、to be grateful）
kam³⁵⁻³³ tsʰia³³	感謝		

kam³⁵⁻³³ sim⁵³ ŋi⁵⁵ 感心你。
ありがとう（謝謝你。）

siau³⁵⁻³³ sim⁵³	小心		気をつける（小心、to be careful about）
se²¹ ŋi³³	細義		
ho³³ sien⁵³	□□		
hioŋ³⁵⁻³³ fuk⁵	享福		幸せを享受する（享福、to enjoy happiness）

XIX. ii. 意志 （意志 Thoughts）

sioŋ³⁵⁻³³ fap⁵	想法	かんがえ（念頭、ideathought）
ʒi²¹ ken²¹	意見	意見（意見、opinion）
tʃu³⁵⁻³³ ʒi²¹	主意	定見・かんがえ（主意、decision, resolution）
ʒi²¹ si³³	意思	意味・意図（意思，意圖、intention）
sim⁵³ si³³	心思	かんがえごと（心思、intellectual faculties）
ke²¹ meu⁵⁵	計謀	策略（計謀、plan, device）
ʒuŋ³³ ke²¹	用計	
lioŋ⁵⁵ sim⁵³	良心	良心（良心、conscience）
ti⁵³	知	しっている・わかる（知道、to know）

XIX. 精神活動 （精神活動 Mental Activities） 337

ti⁵³ to³⁵	知倒	
		ŋi⁵⁵ ti⁵³ maŋ⁵⁵? 你知旨？
		あなたわかりましたか？（你知道了嗎？）
		——ŋai⁵⁵ ti⁵³ le⁵³ 我知了。
		わかりました（我知道了。）
min⁵⁵ pʰak³²	明白	あきらかだ・わかる（明白、to be clear, to
min⁵⁵ liau⁵⁵	明瞭	understand）
liau³⁵⁻³³ kai³⁵	了解	
liau³⁵⁻³³ kai³⁵	了解	わかる・理解する（懂、to comprehend）
		ki⁵⁵ liau³⁵⁻³³ kai³⁵ ʒin⁵³ vun⁵⁵ 佢了解英文。
		彼は英語がわかる（他懂英文。）
ŋu³³ kok⁵	悟覺	自覚する（覺悟、to become aware of）
tsʰɨ³³ kok⁵	自覺	
min⁵⁵ pʰak³² le⁵³	明白了	
ŋu²¹ᐟ³³ fui³³	誤會	誤解する（誤會、to misunderstand）
sioŋ³⁵	想	かんがえる（想、to think）
ta³⁵⁻³³ son²¹	打算	…つもりだ（打算、to plan to）
tsʰai⁵³ tsʰet⁵	猜測	推測する（猜測、to speculate, to guess）
tset⁵	□	見通しをつける（衡量（與"猜"不同），要心
tioŋ⁵³	□	中有數、to provide more insight）
		〈「tioŋ⁵³ □」は、あてずっぽうな推測では
		なく比較考量するというニュアンスがあ
		る。〉
		tset⁵⁻³² m̩⁵⁵ to³⁵ □唔倒。
		予測できない（預料不到。）
		{tset⁵ / tioŋ⁵³} nen³⁵ loi⁵⁵ to³⁵, m̩⁵⁵ ho³⁵⁻³³ pun⁵³ ki⁵⁵ liu⁵⁵
		tʃʰut⁵ loi⁵⁵ {□/□} □來倒，唔好分佢流出來。
		気をつけてそそぎなさい，こぼしてはいけない（倒
		的時候要小心，不要讓它流出來。）
ŋoŋ²¹ sioŋ³⁵	□想	空想する（幻想，想像、to fancy）

kʰuŋ⁵³ sioŋ³⁵	空想	
sioŋ⁵³ sin²¹	相信	信じる（相信、to believe）
fai⁵⁵ ŋi⁵⁵	懷疑	うたがう（懷疑、to suspect）
siau³⁵⁻³³ sim⁵³	小心	気をつける（小心、to take care）
se²¹ ŋi³³	細義	
ho³³ sien⁵³	□□	
kim³⁵⁻³³ ʃim³⁵	謹慎	
sioŋ³⁵⁻³³ ŋiam³³	想念	なつかしむ・恋しがる（想念、to worry, to put to heart）
ki²¹ tet⁵	記得	ちゃんとおぼえる；おぼえている（記住；記得、to make an effort to remember；to remember）
ŋin³³ ʃit⁵	認識	見わけがつく（認得、to recognize）
m̩⁵⁵ ki²¹ tet⁵	唔記得	わすれる（忘記、to forget）
moŋ⁵⁵ ki²¹	忘記	〈「moŋ⁵⁵ ki²¹ 忘記」は標準中国語由来。〉
		ngai⁵⁵ {m̩⁵⁵ ki²¹ tet⁵ / moŋ⁵⁵ ki²¹} ki⁵⁵ kai²¹ tʰien³³ fa²¹ ho³³ ma⁵³
		我 {唔記得 / 忘記} 佢個電話號碼。
		わたしは彼の電話番号をわすれた（我忘了他的電話號碼。）
ki²¹ ŋiam³³	紀念	記念する（紀念、to commemorate）
tʃon⁵³ sim⁵³	專心	專念する（專心、concentrated）
hai⁵⁵ loŋ⁵⁵	□□	散漫だ・しまりがない（散漫、distracted）
hai⁵⁵ lo⁵⁵	□□	
oi²¹	愛	ほしがる・必要とする（要，想要、to want）
tʰo³⁵	討	要求する（討、to demand）
liau³⁵⁻³³ put⁵⁻³² hi³⁵	了不起	めずらしい・めずらしくてありがたがる
hi⁵³ kʰi⁵⁵	稀奇	（稀少，稀有的、to value, to regard as rare）
		mo⁵⁵ hi⁵³ kʰi⁵⁵ 無稀奇。
		めずらしくない（不稀罕。）

XIX. 精神活動（精神活動 Mental Activities）　339

　　　　　　　　　　mo⁵⁵ mak³² kai²¹ liau³⁵⁻³³ put⁵⁻³² hi³⁵ 無□個了不起。
　　　　　　　　　　なにも大したことがない（沒什麼了不起。）

kʰon²¹ tʃʰut⁵⁻³² loi⁵⁵　　看出來　　　見ぬく・見てとる（看出(來)、to see through）
kʰon²¹ pʰo²¹　　　　　　看破　　　　見やぶる（看破、to see through a thing）

XIX. iii. 可能と当為（能願 Optatives）

ʒin²¹ koi⁵³　　　　　　應該　　　　…なければならい・…べきだ（應該；得，
　　　　　　　　　　　　　　　　　必須、ought to, should；to have to）
　　　　　　　　　　put⁵⁻³² ʒin²¹ koi⁵³ 不應該
　　　　　　　　　　…てはいけない（不應該）
　　　　　　　　　　〈つよい語気で禁止の意味をもつ。〉
　　　　　　　　　　m̩⁵⁵ ʒin²¹ koi⁵³ 唔應該
　　　　　　　　　　…べきでない（不應該）
　　　　　　　　　　〈相対的に穏やかな語気をもつ。〉
　　　　　　　　　　ʒin²¹ koi⁵³ tso²¹ 應該做。
　　　　　　　　　　やらねばならない（應該做。）
　　　　　　　　　　put⁵⁻³² ʒin²¹ koi⁵³ tso²¹ 不應該做。
　　　　　　　　　　やってはいけない（不應該做。）

{tʃʰit³² / tat³²} tet⁵　　値得　　　　…する価値がある（値得、is worthy of）
ʒiu⁵³ ka²¹ {tʃʰit³² / tat³²} 有價值
　　　　　　　　　　tʃʰit³² tet⁵⁻³² kʰon²¹ 値得看。
　　　　　　　　　　見る価値がある（値得看。）
　　　　　　　　　　ʒiu⁵³ hi²¹ kʰon²¹ kai²¹ ka²¹ {tʃʰit³² / tat³²} 有去看個價值。
　　　　　　　　　　いって見る価値がある（値得去看。）

ka²¹ tat³²　　　　　　價值　　　　価値（價值、value）
ʒiu⁵³　　　　　　　　有　　　　　…た・…ている・…てある（實現情態詞標
　　　　　　　　　　　　　　　　　誌、realis modality marker）
　　　　　　　　　　〈ある動作行為・状態が確実に発生してい
　　　　　　　　　　ること、または存在していることをあらわ
　　　　　　　　　　す実現モダリティ標識である。〉

ŋi⁵⁵ ʒiu⁵³ {hem⁵³ / ham²¹ / tʰuŋ⁵³ ti⁵³} ki⁵⁵ loi⁵⁵ mo⁵⁵
你有{喊/喊/通知}佢來無？
あなたは彼にくるようにいったか？（你有沒有叫他來？）

—— ʒiu⁵³ 有。　／ mo⁵⁵ 無。
　　はい（叫了。）　いいえ（沒有。）

ŋi⁵⁵ ʒiu⁵³ hi²¹ ko²¹ {tʃuŋ⁵³ kuet⁵ / tʰai³³ liuk³²} mo⁵⁵
你有去過{中國/大陸}無？
あなたは中国にいったことがあるか？（你去過中國嗎？）

—— ʒiu⁵³ (hi²¹ (ko²¹))有(去(過))。
　（いったことが）ある（去過。）

—— mo⁵⁵ (hi²¹ (ko²¹))無(去(過))。
　（いったことが）ない（沒有去過。）

| voi³³ | 會 | …だろう・…はずだ（非實現情態詞標誌、irrealis modality marker）〈未実現モダリティ標識である。〉 |

tʰien⁵³ koŋ⁵³ ŋit⁵ voi³³ lok³² ʃui³⁵ 天光日會落水。
明日は雨がふるだろう（明天會下雨。）

ki⁵⁵ ʒiu⁵³ si³³ tsʰin⁵⁵, m̩⁵⁵ voi³³ loi⁵⁵ 佢有事情，唔會來。
彼は用事があるので、こないだろう（他有事不會來。）

| voi³³ hiau³⁵ | 會 曉 | …できる（會(英文)、to be capable of）〈「hiau³⁵ 曉」は主として技能についてもちいる。〉 |

m̩⁵⁵ voi³³ 唔會。
できない（不會。）

voi³³ ʒin⁵³ vun⁵⁵ 會英文。
英語ができる（會英文。）

ŋai⁵⁵ voi³³ koŋ³⁵⁻³³ ʒin⁵³ ŋi⁵³ 我會講英語。
わたしは英語がはなせる（我會講英語。）

XIX. 精神活動（精神活動 Mental Activities）

ki⁵⁵ tui²¹ ʒin⁵³ vun⁵⁵ toŋ⁵³ voi³³ 佢對英文當會。
彼は英語がとてもうまい（他很會英文。）

ŋi⁵⁵ {voi³³ / hiau³⁵} mo⁵⁵ 你{會/曉}無？
あなたはできるか（你會嗎？）

toŋ⁵³ {voi³³ / hiau³⁵} 當{會/曉}。
とても上手だ（很會。）

ŋi⁵⁵ {voi³³ / hiau³⁵⁻³³} tso²¹ hien⁵⁵ nə⁵⁵ mo⁵⁵
你{會/曉}做弦仔無？
あなたは胡弓をつくることができるか（你會做胡琴嗎？）

── ŋai⁵⁵ {voi³³ / hiau³⁵} 我{會/曉}。
わたしはできる（我會。）

── ŋai⁵⁵ m̩⁵⁵ {voi³³ / hiau³⁵} 我唔{會/曉}。
わたしはできない（我不會。）

〈かつて民衆はヤシの実を胴にして一弦の胡弓をつくっていた。〉

tso²¹ tet⁵	做得	…さしつかえない（可以、may）
kʰo³⁵ ʒi⁵³	可以	〈「tso²¹ tet⁵ 做得」は客家語での問いかけにこたえる場合につかう。否定形式は「tso²¹ m̩⁵⁵ tet⁵ 做唔得」である。これは用事など外部に原因があってできないことを指す。「kʰo³⁵ ʒi⁵³ 可以」は標準中国語での問いかけにこたえる場合につかう。否定形式は「put⁵⁻³² kʰo³⁵ ʒi⁵³ 不可以」である。〉

tso²¹ tet⁵ hi²¹ mo⁵⁵ 做得去無？
いってかまいませんか。（可以去嗎？）

── tso²¹ tet⁵ 做得。 ／ tso²¹ m̩⁵⁵ tet⁵ 做唔得。
かまいません（可以。）／だめです。（不行。）

hen³⁵	肯	すすんで…する（肯、to be willing）

hen³⁵ ʒa³⁵⁻³³ m̩⁵⁵ hen³⁵ 肯也唔肯？

すすんでするか（肯不肯？）

m̩⁵⁵ hen³⁵⁻³³ tso²¹ 唔肯做。

どうしてもやらない（不肯做。）

| kam³⁵ | 敢 | あえて…する（敢、to dare） |

m̩⁵⁵ kam³⁵ 唔敢。

する勇気がない（不敢。）

ŋi⁵⁵ kam³⁵ ʒa³⁵⁻³³ m̩⁵⁵ kam³⁵ 你敢也唔敢？

あえてするか（你敢不敢？）

| tsʰin⁵⁵ ŋien³³ | 情願 | みずからすすんで…する（情願、to be willing to, to prefer） |

ŋai⁵⁵ tsʰin⁵⁵ ŋien³³ ʃit³² lia⁵⁵ von³⁵ mien³³ 我情願食□碗麵。

わたしはこの麵をたべたい（我情願吃這碗麵。）

| m̩⁵⁵ ŋien³³ ʒi²¹ | 唔願意 | …したくない（不願意、not willing） |

〈肯定は「ŋien³³ ʒi²¹ 願意」。〉

| kam⁵³ ŋien³³ | 甘願 | よろこんで…する（甘心、甘願、contented, willing） |

ŋai⁵⁵ kam⁵³ ŋien³³ tʰuŋ⁵⁵ ŋi⁵⁵ tso²¹ 我甘願同你做。

わたしはよろこんでお手伝いする（我甘心幫你做。）

| ka³⁵ | 假 | …のふりをする（假裝、to pretend） |

ki⁵⁵ ka³⁵⁻³³ se²¹ moi²¹ ə⁵⁵ 佢假細妹仔。

彼は女の子のふりをする（他假裝女孩子。）

| pun³⁵⁻³³ sï³³ | 本事 | 能力・腕前（本事、本領、ability, capability） |
| pun³⁵⁻³³ liaŋ⁵³ | 本領 | 〈「pun³⁵⁻³³ sï³³ 本事」が一般的。「pun³⁵⁻³³ liaŋ⁵³ 本領」はほとんどつかわれない。〉 |

| nen⁵⁵ (keu²¹) | 能(夠) | …できる（能，能夠、） |

put⁵⁻³² nen⁵⁵ (keu²¹) 不能(夠)。

できない（不能(夠)。）

ŋi⁵⁵ nen⁵⁵ (keu²¹) tso²¹ mo⁵⁵ 你能(夠)做無？

あなたはできるか？（你能做嗎？）

──{nen⁵⁵ (keu²¹)能(夠) / tso²¹ tet⁵ 做得}。

XX．五感（生理感受 Sensations）

できる（能。）
——{put⁵⁻³² nen⁵⁵ (keu²¹)不能(夠) / tso²¹ m̩⁵⁵ tet⁵ 做唔得}。
できない（不能。）

oi²¹　　　　　愛　　　…したい・…なければならない（要、to want to do ; must to do)

ŋai⁵⁵ oi²¹ mai⁵³ pʰiau²¹ mo⁵⁵ 我愛買票無？
わたしは切符を買わねばなりませんか（我要買票嗎？）
——oi²¹ 愛。 ／ m̩⁵⁵ si³⁵ 唔使。
はい（要。）／ いいえ（不用。）

XX．五感（生理感受 Sensations）

単独では使用しない拘束的な形態素には、最初に＊を付す。

XX．i．感覚（感覺 Touch）

kam³⁵⁻³³ kok⁵　　　感覺　　感じる・おもう（覺得，感覺、to feel）
laŋ⁵³　　　　　　　冷　　　さむい（冷（天氣，東西）、cold）
lioŋ⁵⁵　　　　　　　涼　　　すずしい（涼、cool）
ŋiet³²　　　　　　　熱　　　（天気などが）暑い（熱(天氣)、hot）
　　　　　　　　　　　　　　tʰien⁵³ hi²¹ toŋ⁵³ ŋiet³² 天氣當熱。
　　　　　　　　　　　　　　天気がとても暑い（天氣很熱。）
hip⁵⁻³² ŋiet³²　　　翕熱　　蒸し暑い（悶熱、sultry, hot and close）
　　　　　　　　　　　　　　〈「hip⁵ 翕」とは密閉されていることを指す。〉
hip⁵⁻³² nen³⁵　　　翕□　　（空気が）こもっている（悶、stuffy）
ʃau⁵³　　　　　　　燒　　　（ものが）熱い（熱(東西)、hot）
　　　　　　　　　　　　　　ʃui³⁵ toŋ⁵³ ʃau⁵³ 水當燒。
　　　　　　　　　　　　　　湯が熱い（水很熱。）
　　　　　　　　　　　　　　ʃau⁵³ ʃui³⁵ 燒水。

湯（熱水。）

| luk⁵ | □ | （体にふれて）熱い（燙、(it feels) hot） |

pun⁵³ fo³⁵ luk⁵⁻³² to³⁵ 分火□倒。

火でやけどをする（給火燙到。）

lia⁵⁵ von³⁵ mien³³ toŋ⁵³ ʃau⁵³, ʃat³² ma⁵⁵ m̩⁵⁵ ho³⁵⁻³³ luk⁵⁻³² to³⁵ □碗麵當燒，舌嬤唔好□倒。

この麵はとても熱いので、舌をやけどしないように（這碗麵很燙，舌頭不要燙到。）

| ʃau⁵³ non⁵³ | 燒暖 | （天気が）あたたかい（暖和、warm） |
| vun⁵⁵ | 溫 | （ものが）あたたかい（溫、lukewarm） |

〈「vun⁵⁵ 溫」は、姓の場合は陰平 vun⁵³ である。〉

| vui³³ kʰeu³⁵ | 胃□ | 食欲（胃□、appetite） |
| iau⁵³ | □ | 空腹である（餓、hungry） |

〈閩南語由来。〉

tu³⁵⁻³³ ʃi³⁵ iau⁵³ 肚屎□。

おなかがすいた（肚子餓了。）

| hot⁵ | 渇 | のどがかわいている（渇、thirsty） |

tʃoi²¹ toŋ⁵³ hot⁵ 嘴當渴。

のどがとてもかわいている（很渴。）

| pau³⁵ | 飽 | おなかがいっぱいである（飽、full, satiated） |

tu³⁵⁻³³ ʃi³⁵ toŋ⁵³ pau³⁵ 肚屎當飽。

おなかがいっぱいだ（肚子飽了。）

ʃit³² toŋ⁵³ pau³⁵ 食當飽。

たべておなかがいっぱいになっている（吃得很飽。）

m̩⁵⁵ siau⁵³ fa²¹	唔消化	消化がわるい（消化不良、indigestible, overfilling and uncomfortable）
fo³⁵⁻³³ hi²¹ ŋiet³²	火氣熱	胸やけ（火氣太大、after-effect of overeating oily food）
ʒiu⁵⁵ {ni²¹ ni²¹ / ne²¹ ne²¹}	油膩膩	あぶらっこい（油膩、fatty）

XX. 五感（生理感受 Sensations）

tsui²¹　　　　　　　　醉　　　　よっぱらっている（酒醉、drunk）

　　　　　　　　　　　ʃit³² zui²¹ 食醉。

　　　　　　　　　　　のんでよっぱらう（喝醉。）

iau⁵³ to²¹ voi³³ tʃun⁵³　□到會□　ひもじくてたまらない（餓得發慌、fatigue,

iau⁵³ to²¹ kit³² kit⁵ tʃun⁵³　□到□□□　as a result of hunger）

　　　　　　　　　　　〈「tʃun⁵³ □」は「ふるえる」ことを指す。〉

hoi⁵⁵　　　　　　　　□　　　　かゆい・むずむずする（癢、itchy）

　　　　　　　　　　　toŋ⁵³ hoi⁵⁵ 當□。

　　　　　　　　　　　とてもかゆい（很癢。）

ʃu⁵³ fuk³²　　　　　　舒服　　　ここちよい（((人))舒服、(person) comfortable）

　suŋ⁵³ soŋ³⁵　　　　 鬆爽

ʃu⁵³ ʃit³²　　　　　　舒適　　　いごこちがよい（((地方))舒服、cozy）

ŋiok³² siok⁵　　　　　□□　　　（はだの感じが）気もちわるい（皮膚感覺不

　　　　　　　　　　　　　　　　舒服，不自在、to feel uncomfortable in one's

　　　　　　　　　　　　　　　　skin）

　　　　　　　　　〔重疊〕ŋiok³² ŋiok³² siok⁵⁻³² siok⁵ □□□□

　　　　　　　　　　　kam³⁵⁻³³ kok⁵ to³⁵⁻³³ ŋiok³² siok⁵ 感覺倒□□。

　　　　　　　　　　　気もちわるいと感じる（覺得不自在。）

mo⁵⁵ han⁵⁵　　　　　 無閒　　　いそがしい（忙、busy）

　moŋ⁵⁵　　　　　　　忙　　　　〈「mo⁵⁵ han⁵⁵ 無閒」が一般的である。これ

　　　　　　　　　　　　　　　　には程度をあらわす「盡」をつけることが

　　　　　　　　　　　　　　　　できない。「moŋ⁵⁵ 忙」は使用頻度がひく

　　　　　　　　　　　　　　　　い。〉

　　　　　　　　　　　ŋai⁵⁵ toŋ⁵³ mo⁵⁵ han⁵⁵, tso²¹ m̩⁵⁵ tet⁵ hi²¹

　　　　　　　　　　　我當無閒，做唔得去。

　　　　　　　　　　　わたしはとてもいそがしいので，行けない（我很忙，

　　　　　　　　　　　不能去。）

　　　　　　　　　　　ŋai⁵⁵ kuŋ⁵³ tsok⁵ {mo⁵⁵ han⁵⁵/tsʰin³³ hen⁵⁵}, tso²¹ m̩⁵⁵ tet⁵ hi²¹

　　　　　　　　　　　我工作{無閒/盡□}，做唔得去。

　　　　　　　　　　　わたしは仕事がいそがしいので，行けない（我工作

		很忙，不能去。）
han⁵⁵	閒	ひま（閑、leisurely）
		ŋai⁵⁵ ʒiu⁵³ han⁵⁵ 我有閒。
		わたしはひまがある（我有空。）
laŋ⁵³ tsʰin³³	冷靜	ひっそりしている（冷清、still and lonely）
laŋ⁵³ tsʰin⁵³	冷清	〈「laŋ⁵³ tsʰin³³ 冷靜」が一般的である。「laŋ⁵³ tsʰin⁵³ 冷清」はあまり使用されない。〉
kiaŋ⁵³ ŋin⁵⁵ neu⁵³	驚人□	くすぐったい（怕癢的、ticklish）

XX.ii. 味覚（味 Taste）

ho³⁵⁻³³ ʃit³²	好食	おいしい（好吃、delicious）
m̩⁵⁵ ho³⁵⁻³³ ʃit³²	唔好食	おいしくない・まずい（不好吃，難吃，it
nan⁵⁵ ʃit³²	難食	tastes bad）
tʰiam⁵⁵	甜	あまい（甜、sweet）
		〔重畳〕tʰiam⁵⁵ tʰiam⁵⁵ 甜甜
		lia⁵⁵ kam⁵³ mə⁵⁵ toŋ⁵³ tʰiam⁵⁵ □柑仔當甜。
		このミカンはとてもあまい（這個橘子很甜。）
		lia⁵⁵ kam⁵³ mə⁵⁵ {mo⁵⁵ / m̩⁵⁵} tʰiam⁵⁵ □柑仔{無/唔}甜。
		このミカンはあまくない（這個橘子不甜。）
*kam⁵³	甘	あまずっぱい（酸甜，甘、sweet and sour taste）
		〈植物のあまさで，酸味をおびる。〉
		〔重畳〕kam⁵³ᐟ³⁵ kam⁵³ 甘甘。
		toŋ⁵³ kam⁵³ 當甘。
		とてもあまい（很甘。）
		ka⁵³ lam³⁵ kam⁵³ kam⁵³ 橄欖甘甘。
		オリーブがとてもあまい（橄欖甘甘的。）
son⁵³	酸	すっぱい（酸、sour）
		lia⁵⁵ mak³² kai²¹ mui³³ tʰo³³? □□個味道？
		これはどんな味か（這個甚麼味道？）

XX. 五感（生理感受 Sensations） 347

  —— {son⁵³ son⁵³ / toŋ⁵³ son⁵³ / son⁵³ {kai²¹ / ne²¹}}

  酸酸 / 當酸 / 酸 {個 / □}

  すっぱい（很酸。）

fu³⁵	苦	にがい（苦、bitter）

  〔重畳〕fu³⁵⁻³³ fu³⁵ 苦苦。

lat³²	辣	からい（辣；辛辣、pepper-hot；pungent）

  〔重畳〕lat³² lat³² 辣辣。

sep⁵	澀	しぶい（澀、astringent, a harsh flavor）
ham⁵⁵	鹹	しおからい（鹹、salty）
tʰam⁵³	淡	味がうすい（淡、flavorless, insipid）
*suŋ⁵³	鬆	やわらかい・ふわふわだ（(餅)鬆、spongy, fluffy）

  〔重畳〕suŋ⁵³/³⁵ suŋ⁵³ 鬆鬆。

  toŋ⁵³ suŋ⁵³ 當鬆。

  たいへんやわらかい（很鬆。）

  piaŋ³⁵ suŋ⁵³/³⁵ suŋ⁵³ 餅鬆鬆。

  餅（ピン）がとてもやわらかい（餅鬆鬆的。）

su⁵³	酥	さくさくだ（酥、flaky）

  {pʰo⁵⁵ tsʰoi²¹ / ʒiu⁵⁵ tʰiau⁵⁵} toŋ⁵³ su⁵³ {□菜 / 油條} 當酥。

  {揚物 / ヨウティアオ}がさくさくだ（{炸菜 / 油條}很酥。）

  su⁵³ tʰoŋ⁵⁵ 酥糖。

  落花生飴（花生糖。）

tsʰe²¹	脆	歯ごたえがよい（脆、brittle, crunchy）

  tsʰoi²¹ tʰeu⁵⁵ toŋ⁵³ tsʰe²¹ 菜頭當脆。

  ダイコンは歯ごたえがよい（蘿蔔很脆。）

ʒun³³	潤	しっとりしている（潤、soft, uncrisp）

  ʃit³² ka⁵³ lam³⁵ voi³³ ʒun³³ heu⁵⁵ 食橄欖會潤喉。

  オリーブをたべるとのどがうるおう（吃橄欖會潤喉。）

XX.iii. 嗅覚（嗅 Smell）

mui^{33}	味	におい（味道、smell, odor）
hioŋ^{53}	香	かおりがよい（香、fragrant）
		toŋ^{53} hioŋ^{53} 當香。
		たいへんかおりがよい（很香。）
sin^{53} sien^{53}	新鮮	新鮮だ（新鮮、(food) fresh）
tʃʰiu^{21}	臭	（気体が）くさい（臭、bad smell）
tʃʰiu^{21} seu^{53}	臭餿	（食物が）くさい（(肉, 火腿, 雞蛋, 飯)臭；餿、(meat) rotten；(ham) stale smell；(eggs) rotten smell；(rice) bad；(of cereals) musty smell）
		lia^{55} von^{35} ɲiuk^{5} toŋ^{53} tʃʰiu^{21} □碗肉當臭。
		この肉はたいへんくさい（這碗肉很臭。）
so^{53}	臊	小便くさい（臊、rank (smell of urine)）
ʒoŋ^{55} ɲiuk$^{5-32}$ so^{53}	羊肉臊	（羊肉の）くさみがある（羶（羊味）、rank）
siaŋ^{53}	腥	なまぐさい（腥、fishy）

XX.iv. 形・色（形, 觀 Sight, shape）

ʒoŋ^{33} ŋə^{55}	樣仔	形・格好（樣子、shape）
tsiak^{5}	跡	あと・痕跡（痕跡、trace）
		ʒiu^{53} tsiak^{5} 有跡。
		痕跡がある（有痕跡。）
ki^{21} ho^{33}	記號	しるし・記號（記號、sign）
tuŋ^{53} si^{53}	東西	もの（東西、thing）
tʰai^{33}	大	おおきい（大、big）
tʃam^{21} vui^{33} ə^{55}	佔位仔	場所をとる（佔位子、taking up space, bulky）
se^{21}	細	ちいさい（小、small）
		lia^{55} tʃak^{5} tuŋ^{53} si^{53} toŋ^{53} se^{21} □隻東西當細。
		このものはとてもちいさい（這個東西很小。）
toŋ^{53} se^{21}	當細	たいへんちいさい・微小だ（微小、tiny）

XX. 五感（生理感受 Sensations） 349

vui⁵⁵ siau³⁵	微小		
ʒiu²¹	幼	（きざんだものなどが）こまかい（細小、very small, fine）	
		tsʰiet⁵⁻³² ʒiu²¹ ʒiu²¹ 切幼幼。	
		みじん切りにする（剁碎。）	
ko⁵³	高	（位置・たけが）たかい（高、tall, high）	
tai⁵³	低	（位置が）ひくい（低、low）	
ai³⁵	矮	（たけが）ひくい（矮、short (of height)）	
tʃʰoŋ⁵⁵	長	ながい（長、long）	
ton³⁵	短	みじかい（短、(of length) short）	
tsʰu⁵³	粗	ふとい（粗、thick (eg. thread)）	
se²¹	細	ほそい（細、fine (eg. thread)）	
kʰon⁵³	寬	ひろい（寬、broad, wide）	
fat⁵	闊	ひろい・ひろびろしている（廣闊、vast, wide）	
hap³²	狹	せまい（窄、narrow）	
pʰun⁵³	厚	厚い（厚、thick）	
pʰok³²	薄	うすい（薄、thin）	
tʃʰim⁵³	深	ふかい（深、deep）	
tsʰien³⁵	淺	あさい（淺、shallow）	
si²¹ foŋ⁵³	四方	四角い；四角（四方形；四方、square; a square）	
		〔重疊〕si²¹ si²¹ foŋ⁵³ foŋ⁵³ 四四方方	
tʃin²¹ tʃin²¹ foŋ⁵³ foŋ⁵³	正正方方	ま四角だ（正方形、square）	
ʒan⁵⁵	圓	まるい（圓、round）	
pien³⁵⁻³³ pien³⁵ ʒan⁵⁵ ʒan⁵⁵	扁扁圓圓	楕円である（橢圓、oval shaped）	
tiam³⁵	點	点（點、dot）	
sien²¹	線	線（線、line）	
ʒan⁵⁵ kʰen⁵³ nə⁵⁵	圓圈仔	円（圓圈、circle）	
tʃin²¹	正	ただしい・ゆがんでいない（正、upright）	

fan³⁵	反	あべこべだ・反対だ（反、turn over (the wrong side), reversed）
to³⁵	倒	ひっくりかえっている（倒、upside down）
*ũãĩ⁵³	歪	かたむいている・ゆがんでいる（歪、slanted）

〈発音については鼻音化させない uai⁵³ も可。〉

〔重畳〕ũãĩ⁵³′³⁵ ũãĩ⁵³ 歪歪

ten²¹ nɔ⁵⁵ ũãĩ⁵³′³⁵ ũãĩ⁵³ 凳仔歪歪。

こしかけがかたむいている（凳子歪歪的。）

ũãĩ⁵³ e²¹ 歪□。

ゆがんだもの（歪的。）

| fe³⁵ | □ | 片方をゆがめる・ゆがんでいる（歪、to misform the other side ; distorted） |

〔重畳〕fe³⁵⁻³³ fe³⁵ □□

〈「ũãĩ⁵³ ũãĩ⁵³ 歪歪」と同義である。〉

fe³⁵⁻³³ tso²¹′³⁵⁻³³ pʰien³⁵ □左片。

左側にゆがむ（歪到左邊去了。）

| *vaŋ⁵⁵ | 横 | 横になっている（横、horizontal） |

〔重畳〕vaŋ⁵⁵ vaŋ⁵⁵ 横横

ta³⁵⁻³³ vaŋ⁵⁵ 打横。

横にする（打横。）

vaŋ⁵⁵ ŋe²¹ 横□。

横になったもの（横的。）

| *tɕʰit³² | 直 | まっすぐだ（直、straight） |

〔重畳〕tɕʰit³² tɕʰit³² 直直

ta³⁵⁻³³ tɕʰit³² 打直。

まっすぐにする（打直。）

tɕʰit³² le²¹ 直□。

まっすぐであるもの（直的。）

XX．五感（生理感受 Sensations） 351

ta³⁵⁻³³ tʃʰit³²　　　　　　打直　　　縦にする・まっすぐにする（豎、vertical）

　　　　　　　　　　　　　　　　ta³⁵⁻³³ tʃʰit³², tun²¹ hi³⁵ loi⁵⁵ 打直，□起來。

　　　　　　　　　　　　　　　　まっすぐにたてなさい（豎立起來。）

ten⁵⁵　　　　　　　　　　□　　　　まっすぐだ（筆直、perfectly straight）

　　　　　　　　　　　　　　　　kʰi⁵³ ten⁵⁵ ten⁵⁵ 企□□。

　　　　　　　　　　　　　　　　直立する（站得筆直。）

*tsʰia²¹　　　　　　　　　斜　　　ななめだ・かたむいている（斜、inclined, sloping）

　　　　　　　　　　　　　　　　〔重疊〕tsʰia²¹/³⁵ tsʰia²¹ 斜斜

　　　　　　　　　　　　　　　　ta³⁵⁻³³ tsʰia²¹ 打斜。

　　　　　　　　　　　　　　　　ななめむかいにたつ（打斜。）

　　　　　　　　　　　　　　　　tsʰia²¹ e²¹ 斜□。

　　　　　　　　　　　　　　　　かたむいたもの（斜的。）

kʰi⁵³　　　　　　　　　　□　　　　（傾斜が）急だ（陡、steep）

　　　　　　　　　　　　　　　　kia²¹ ɔ⁵⁵ tong⁵³ kʰi⁵³ 崎仔當□。

　　　　　　　　　　　　　　　　坂が大変急だ（坡很陡。）

*van⁵³　　　　　　　　　彎　　　まがっている（彎、crooked）

　　　　　　　　　　　　　　　　〔重疊〕van⁵³/³⁵ van⁵³ 彎彎

　　　　　　　　　　　　　　　　van⁵³ e²¹ 彎□。

　　　　　　　　　　　　　　　　まがっているもの（彎的。）

*pʰiaŋ⁵⁵　　　　　　　　平　　　たいらだ・ひらたい（平、level）

　　　　　　　　　　　　　　　　〔重疊〕pʰiaŋ⁵⁵ pʰiaŋ⁵⁵ 平平

ŋiap⁵⁻³² ŋiap⁵　　　　　□□　　（空で）ぺちゃんこである（裡面沒有東西；扁平、flattened）

　　　　　　　　　　　　　　　　lia⁵⁵ tʃak⁵ tʰoi³³ ɔ⁵⁵ ŋiap⁵⁻³² ŋiap⁵, mo⁵⁵ tʃoŋ⁵³ tuŋ⁵³ si⁵³ □隻袋仔□□，無裝東西。

　　　　　　　　　　　　　　　　この袋はぺちゃんこで，ものがはいっていない

　　　　　　　　　　　　　　　　（這個袋子扁扁的，沒有裝東西。）

*au⁵⁵　　　　　　　　　　凹　　　くぼんでいる（凹、concave）

　　　　　　　　　　　　　　　　au⁵⁵ ha⁵³ hi²¹ 凹下去。

			くぼむ（凹下去。）
*tʰu⁵⁵		□	つきだしている（凸、convex）
		tʰu⁵⁵ tʃʰut⁵ loi⁵⁵ □出來。	
			つきだす（凸出來。）
kiuŋ⁵⁵ hi³⁵ loi⁵⁵		□起來	もりあがる（凸起來, 隆起來、rise）
tsʰin⁵³ tsʰu³⁵		清楚	はっきりしている（清楚、clear）
min⁵⁵ pʰak³²		明白	
muŋ⁵⁵ muŋ⁵⁵		濛濛	ぼやけている・はっきりしない（模糊, 看
kʰon²¹ m̩⁵⁵ tsʰin⁵³ tsʰu³⁵		看唔清楚	不清楚、blurred）
tʰeu²¹ min⁵⁵		透明	透明だ（透明、transparent）
ho³⁵⁻³³ kʰon²¹		好看	見ばえがよい（好看、good-looking）
nan⁵⁵ kʰon²¹		難看	見ばえがわるい・みにくい（難看、ugly looking）
an⁵³ tsiaŋ⁵³		□靚	うつくしい（美麗、beautiful）
tsiaŋ⁵³		靚	きれいだ・うつくしい（漂亮、pretty）
ʒan⁵⁵ tau⁵⁵		緣□	ハンサムだ（英俊、handsome）
tʃe³⁵		醜	みにくい（醜、ugly）
kʰi⁵⁵ hin⁵⁵		畸形	奇形である（畸形、(human being) deformed）
tseu³⁵⁻³³ ʒoŋ³³		走樣	型がくずれる（走樣、(clothes) deformed）
pien²¹ kʰuan³⁵		變款	
pien²¹ hin⁵⁵		變形	
pien²¹ ʒoŋ³³		變樣	
ko⁵³ tʰai³³ kai²¹ ŋin⁵⁵		高大個人	おおきな人・巨人（巨人、giant）
pʰiaŋ⁵⁵ pʰi³³		平鼻	扁平な鼻（扁鼻子、flat-nosed）
keu⁵⁵ pʰi³³ ə⁵⁵		鈎鼻仔	鈎鼻（鈎鼻子、crooked nose）
tʃu⁵³ ko⁵³ ŋa⁵⁵		豬哥牙	出っ歯（暴牙、with protruding teeth）
se²¹ ʒau⁵³ ə⁵⁵		細腰仔	ほっそりした人（細（腰）、slender）
lut³² put³²		□□	（服が）ぼろぼろだ（襤褸、shabby, tattered
lan³³ kʰuan³³		□□	garments）
pʰu³³ lau⁵³		□□	〈「pʰu³³ lau⁵³ □□」は日本語由来の可能性

XX．五感（生理感受 Sensations） 353

	〔重疊〕lut³² lut³² put³² put³² □□□□	
	〔重疊〕lan³³ lan³³ kʰuan³³ kʰuan³³ □□□□	
	〔重疊〕pʰu³³ lau³⁵ pʰu⁵⁵ lau⁵³ □□□□	
tʃʰi⁵³ pʰui⁵⁵	癡肥	ぶくぶくふとっている（臃腫、clumsy and bulky, bulging）
fan³⁵⁻³³ vui³³	反胃	胸がわるくなる（噁心、nauseating, unsightly）
kʰon²¹ to³⁵ voi³³ eu³⁵	看倒會嘔	
set⁵	色	色（顏色、color）
	mak³² kai²¹ set⁵ □個色？	
	なに色か（甚麼顏色？）	
tʃʰim⁵³ set⁵	深色	くらい色・ふかい色（深色、dark color）
tsʰien³⁵⁻³³ set⁵	淺色	あかるい色・あわい色（淺色、light color）
tʰam⁵³ set⁵	淡色	
min⁵⁵ set⁵	明色	あざやかな色（亮色、bright color）
am²¹ set⁵	暗色	にぶい色（暗色、dull color）
* fuŋ⁵⁵	紅	あか・あかい（紅、red）
fuŋ⁵⁵ set⁵	紅色	
	〔重疊〕fuŋ⁵⁵ fuŋ⁵⁵ 紅紅	
	〔重疊〕fu:ŋ³⁵³ fuŋ³³ 紅紅〈強調〉	
	〔重疊〕fu:ŋ³⁵³ fuŋ⁵⁵ fuŋ⁵⁵ 紅紅紅〈強調〉	
	fuŋ⁵⁵ {kai²¹ / ŋe²¹} 紅 {個/□}。	
	あかいもの（紅的。）	
	piak⁵ fuŋ⁵⁵ fuŋ⁵⁵ 壁紅紅。	
	壁がまっかだ（牆非常紅。）	
	tʃʰim⁵³ fuŋ⁵⁵ 深紅。	
	ふかいあか（深紅。）	
voŋ⁵⁵	黃	きいろ・きいろい（黃、yellow）
voŋ⁵⁵ set⁵	黃色	
	〔重疊〕voŋ⁵⁵ voŋ⁵⁵ 黃黃	

〔重畳〕vo:ŋ³⁵³ voŋ³³ 黄黄 〈強調〉
〔重畳〕vo:ŋ³⁵³ voŋ⁵⁵ voŋ⁵⁵ 黄黄黄 〈強調〉
voŋ⁵⁵ {kai²¹ / ŋe²¹} 黄 {個 / □}。
きいろいもの（黄的。）

lam⁵⁵ 藍 あお・あおい・藍色だ（藍、blue）
    lam⁵⁵ set⁵ 藍色

〔重畳〕lam⁵⁵ lam⁵⁵ 藍藍
〔重畳〕la:m³⁵³ lam⁵⁵ lam⁵⁵ 藍藍藍 〈強調〉
lam⁵⁵ {kai²¹ / me²¹} 藍 {個 / □}。
あおいもの（藍的。）

pʰak³² 白 しろ・しろい（白、white）
    pʰak³² set⁵ 白色

〔重畳〕pʰak³² pʰak³² 白白
〔重畳〕pʰa:k³⁵³ pʰak³² 白白 〈強調〉
〔重畳〕pʰa:k³⁵³ pʰak³² pʰak³² 白白白 〈強調〉
pʰak³² {kai²¹ / ge²¹} 白 {個 / □}。
しろいもの（白的。）

vu⁵³ 烏 くろ・くろい（黒、black）
    vu⁵³ set⁵ 烏色

〔重畳〕vu⁵³ vu⁵³ 烏烏
〔重畳〕vu:³⁵³ vu⁵³ 烏烏 〈強調〉
〔重畳〕vu:³⁵³ vu⁵³ vu⁵³ 烏烏烏 〈強調〉
vu⁵³ {kai²¹ / e²¹} 烏 {個 / □}。
くろいもの（黒的。）

tsʰiaŋ⁵³ 青 あお（青、color of nature–green, blue, black）
    tsʰiaŋ⁵³ set⁵ 青色 〈あお（藍色）としろ（白色）のまざった色である。〉

〔重畳〕tsʰiaŋ⁵³ tsʰiaŋ⁵³ 青青
〔重畳〕tsʰia:ŋ³⁵³ tsʰiaŋ⁵³ 青青 〈強調〉
〔重畳〕tsʰia:ŋ³⁵³ tsʰiaŋ⁵³ tsʰiaŋ⁵³ 青青青 〈強調〉

XX. 五感（生理感受 Sensations）

tsʰiaŋ⁵³ {kai²¹ / ŋe²¹} 青 {個 / □}。
あおいもの（青的。）

fun³⁵⁻³³ fuŋ⁵⁵ 　　粉紅　　もも色（粉紅、pink）
　fun³⁵⁻³³ fuŋ⁵⁵ set⁵ 　粉紅色
fun³⁵⁻³³ fuŋ⁵⁵ {kai²¹ / ŋe²¹} 粉紅 {個 / □}。
もも色のもの（粉紅色的。）

kʰio⁵⁵ set⁵ 　　　茄色　　むらさき（紫、purple）
kʰio⁵⁵ set⁵ {kai²¹ / le²¹} 茄色 {個 / □}。
むらさきのもの（紫色的。）

kam⁵³ mə⁵⁵ set⁵ 　柑仔色　　だいだい色（橙色, 橘色、orange color）
kam⁵³ mə⁵⁵ set⁵ {kai²¹ / le²¹} 柑仔色 {個 / □}。
だいだい色のもの（橙色的。）

tsuŋ⁵³ set⁵ 　　　棕色　　茶色（褐色、brown）
　voŋ⁵⁵ nai⁵⁵ set⁵ 　黃泥色
(1) tsuŋ⁵³ set⁵ {kai²¹ / le²¹} 棕色 {個 / □}。
(2) voŋ⁵⁵ nai⁵⁵ set⁵ {kai²¹ / le²¹} 黃泥色 {個 / □}。
茶色のもの（褐色的。）

liuk³² 　　　　　　綠　　　みどり（綠、green）
　liuk³² set⁵ 　　　綠色　　〈重疊型はない。〉
foi⁵³ set⁵ 　　　　灰色　　灰色（灰、grey）
〔重疊〕foi⁵³ foi⁵³ 灰灰
〔重疊〕fo:i³⁵³ foi⁵³ 灰灰〈強調〉
〔重疊〕fo:i³⁵³ foi⁵³ foi⁵³ 灰灰灰〈強調〉
foi⁵³ set⁵ {kai²¹ / le²¹} 灰色 {個 / □}。
灰色のもの（灰色的。）

tʃʰak⁵⁻³² set⁵ 　　赤色　　くらいあか・暗赤色（赤、dark red）
〈肉の赤身の色を指す。〉
〔重疊〕tʃʰak⁵⁻³² tʃʰak⁵ 赤赤
〔重疊〕tʃʰa:k³⁵³ tʃʰak⁵ 赤赤〈強調〉
〔重疊〕tʃʰa:k³⁵³ tʃʰak⁵ tʃʰak⁵ 赤赤赤〈強調〉

tʃʰak⁵⁻³² {kai²¹ / ge²¹} 赤 {個 / □}。
暗赤色のもの（赤色的。）

XX. v.（音 Sound）

ʃaŋ⁵³ ʒim⁵³	聲音	声・音（聲音、sound, noise）
hioŋ³⁵	響	音がする（響、loud）
se²¹ ʃaŋ⁵³	細聲	小声（小聲、soft voice）
tsʰau⁵⁵	吵	やかましい（吵、noisy）
tsʰau⁵⁵ nau³³	吵鬧	
tsʰin³³	靜	しずかだ（靜、quiet）

XX. vi. 擬声語（擬聲詞 Onomatopoeia）

pi²¹ pi²¹ pia²¹ pia²¹	□□□□	〔大雨がふる音〕ざあざあ（下大雨的聲音、sound of heavy rain）
li²¹ li²¹ lia²¹ lia²¹	□□□□	〔自転車のチェーンのようなものが回転する音〕がらがら・じゃらじゃら・ちゃりちゃり（滾動的聲音、脚踏車的鏈子鬆動的聲音、sound of something rolling）
oŋ³⁵ oŋ²¹	□□	〔ひくい音〕ごうごう・ごろごろ（形容低音、low sound）
tiaŋ⁵⁵ tiaŋ⁵⁵ {hioŋ³⁵/ kun³⁵}	□□{響/滾}	〔目覚まし時計の音〕じりじり（鬧鐘的聲音、sound of alarm clocks）
tin⁵⁵ tiaŋ⁵⁵ kun³⁵	□□滾	
tin⁵⁵ tin⁵⁵ tiaŋ⁵⁵tiaŋ⁵⁵	□□□□	
liaŋ⁵⁵ liaŋ⁵⁵ {hioŋ³⁵/ kun³⁵}	□□{響/滾}	〔目覚まし時計の音〕りんりん（鬧鐘的聲音、sound of alarm clocks）
lin⁵⁵ liaŋ⁵⁵ kun³⁵	□□滾	
lin⁵⁵ lin⁵⁵ liaŋ⁵⁵ liaŋ⁵⁵	□□□□	
kʰuaŋ⁵⁵/²¹ kʰuaŋ⁵⁵/²¹ kun³⁵	□□滾	〔銅鑼をたたく音〕じゃんじゃん（敲銅鑼的聲音、sound of beating a Chinese gong）
kʰin⁵⁵ kʰuaŋ⁵⁵ kun³⁵	□□滾	
kʰin⁵⁵/²¹ kʰin⁵⁵/²¹ kʰuaŋ⁵⁵/²¹ kʰuaŋ⁵⁵/²¹	□□□□	

XX. 五感（生理感受 Sensations）

kʰin⁵⁵ kʰiaŋ⁵⁵ kun³⁵　　□□滾　　〔瓶をはじく音〕ちんちん（敲瓶子的聲音、
　kʰin⁵⁵ kʰin⁵⁵ kʰiaŋ⁵⁵ kʰiaŋ⁵⁵　　　　　sound of tapping a bottle）
　　　　　　　　　　　□□□□

tem⁵³　　　　　　　□　　〔ものを水中になげた時の音〕どぽん（把東西丢到水裡的聲音、sound of throwing something into water）

puŋ⁵⁵　　　　　　　□　　〔石を水中になげた時の音〕ちゃぽん（石頭丢到水裡的聲音、sound of throwing a stone into water）

poŋ²¹　　　　　　　□　　〔爆発の音〕ぽん・どかん（爆炸的聲音、sound of explosion）

pʰui⁵³　　　　　　　□　　〔痰やつばをはく音〕ぺっ（吐痰的聲音、sound of spitting phlegm）

ken⁵⁵ ken⁵⁵ kun³⁵　　□□滾　　〔イヌがたたかれた時のなき声〕きゃんきゃん（狗被打的時候發出的叫聲、cries of dogs which have been hit）

vi⁵⁵ vi⁵⁵ ve⁵⁵ ve⁵⁵　　□□□□　　〔こどものなき声・ブタがころされる時のなき声〕えんえん・びいびい（小孩子哭叫聲、殺豬的聲音、cries of chidren, cries of pigs which are going to be slaughtered）
　vi⁵⁵ ve⁵⁵ kun³⁵　　□□滾

i⁵⁵ i⁵⁵ e⁵⁵ e⁵⁵　　□□□□　　〔よくききとれない人の声〕こそこそ・ひそひそ・ごにょごにょ（聽不懂的人聲、human voice which cannot be heard clearly）
　　　　　　　　　e⁵⁵ mak³² kai²¹ □□個？
　　　　　　　　　なにをこそこそいっているのだ（嘀咕甚麼呢？）

hi⁵³ hi⁵³ he⁵³ he⁵³　　□□□□　　さまざまな音を形容（各種各樣的聲音、many kinds of sound）

ki⁵⁵/²¹ ki⁵⁵/²¹ kia⁵⁵/²¹ kia⁵⁵/²¹　　□□□□　　〔騒々しい音〕ぎゃあぎゃあ・がやがや（吵鬧聲、noisy sound）
　　　　　　　　　ŋi⁵⁵ ki⁵⁵ kia⁵⁵ mak³² kai²¹ 你□□□個？

なにをぎゃあぎゃあいっているのだ（你吵甚麼？）。

| kiaŋ⁵⁵ kiaŋ⁵⁵ kun³⁵ | □□滾 | 経をとなえる声（念經的聲音、sound of |
| kin⁵⁵ kin⁵⁵ kiaŋ⁵⁵ kiaŋ⁵⁵ | □□□□ | chanting Buddhist sutra） |

XXI. 状態（狀態 State, Quality）

単独では使用しない拘束的な形態素には、最初に＊を付す。

kʰiaŋ⁵³	輕	かるい（輕、light）
		〔重畳〕kʰiaŋ⁵³ kʰiaŋ⁵³ 輕輕
		〔重畳〕kʰia:ŋ³⁵³ kʰiaŋ⁵³ 輕輕〈強調〉
tʃʰuŋ⁵³	重	おもい（重、heavy）
suŋ⁵³	鬆	ゆるい（鬆、loose）
hen⁵⁵	□	きつい・かたい（緊、tight）
set⁵⁻³² hen⁵⁵	塞□	きっちり蓋をする（塞緊、to cram in tightly）
hen⁵⁵ piaŋ²¹ piaŋ²¹	□繃繃	ぎゅっとしめてある（緊繃的、taut）
het³²	□	しっかりしている・堅固だ（牢固、tight）
		tʰak⁵ tsʰin³³ het³² □盡□。
		しっかりしばってある（綁得很緊。）
kon⁵³	乾	かわいている（乾、dry）
tsau⁵³	燥	
ʃip⁵	濕	しめっている（濕、wet）
ʒun³³	潤	うるおいがある・しっとりしている（潤、moistening）
ɲion⁵³	軟	やわらかい（軟、soft）
ŋaŋ³³	硬	かたい（硬、hard）
ɲiun³³	韌	湿気ている；（肉が）かたい（（花生米）皮；（肉）韌、(nuts) soft；(meat) tough）
		〈弾力があるかたさを指す。〉
		ɲiun³³ tʰet⁵ 韌掉。

XXI. 状態（狀態 State, Quality） 359

       すっかり湿気てしまった（皮透了。）
       ŋiuk⁵ tsʰin³³ ŋiun³³ 肉盡靭。
       肉がとてもかたい（肉很靭。）
       〈肉がかみ切りにくいことを指す。〉

lo³⁵⁻³³ kua²¹ kua²¹   老□□ かたい・こわい；食物がかたい・とうがた
            っている（老，不嫩；（菜）老、tough；
            (vegetables) tough, old, not tender)

nun³³   嫩 （わかくて）やわらかい（嫩、tender）

*so⁵³   疏 まばらである・あらい（疏、sparse）

 *lo²¹   □
       〔重畳〕so⁵³⁽³⁵ so⁵³ 疏疏
       〔重畳〕lo³⁵ lo²¹ □□
       lia⁵⁵ tsʰuŋ⁵⁵ lin⁵³ go²¹ ket⁵⁻³² to³⁵⁻³³ lo³⁵ lo²¹ m̩⁵⁵ to⁵³
       □檎□□結倒□□唔多。
       このリンゴの木は実がすくない（這棵蘋果結得不
       多。)
       lia⁵⁵ tʰiau⁵⁵ mien²¹ pʰa²¹ tɕit³² to³⁵⁻³³ lo³⁵ lo²¹
       □條面帕織倒□□。
       このタオルはあみかたがあらい（這條毛巾織得很
       疏。)

*mi⁵³   密 密である（密、dense）
       〔重畳〕mi⁵³ mi⁵³ 密密
       〔重畳〕mi³⁵ mi⁵³ 密密

*vat³²   滑 なめらかだ・つるつるだ（滑、smooth；
            slippery)
       〔重畳〕vat³² vat³² 滑滑
       〔重畳〕vat³⁵ vat³² 滑滑〈強調〉

*tsʰu⁵³   粗 ざらざらだ（粗、coarse）
       〔重畳〕tsʰu⁵³ tsʰu⁵³ 粗粗
       〔重畳〕tsʰu³⁵ tsʰu⁵³ 粗粗〈強調〉

tsʰu⁵³ tsʰau²¹	粗糙	きめがあらい（粗糙、rough）
ʒiu⁵⁵ ȵiam⁵⁵ ʒiu⁵⁵ vat³²	又黏又滑	ぬるぬるだ（黏滑、slimy）
ʒe⁵⁵ ʒe⁵⁵	□□	
m̩⁵⁵ vat³² liu³⁵	唔滑□	なめらかでない（澀，不滑、rough）
sep⁵⁻³² sep⁵	澀澀	
* tʃiu²¹	縐	しわくちゃだ（縐、wrinkled）

〔重疊〕tʃiu²¹ tʃiu²¹ 縐縐

〔重疊〕tʃiu³⁵ tʃiu²¹ 縐縐 〈強調〉

tʃiu²¹ tʰet⁵ 縐掉。

しわになってしまった（縐掉了。）

| * ȵiam⁵⁵ | 黏 | ねばねばする（黏、sticky） |

〔重疊〕ȵiam⁵⁵ ȵiam⁵⁵ 黏黏

ȵiam⁵⁵ hi³⁵ loi⁵⁵ 黏起來。

ねばつきだす（黏起來。）

| * san²¹ | 散 | ちらばった（散、scattered） |

〔重疊〕san²¹ san²¹ 散散

〔重疊〕san³⁵ san²¹ 散散 〈強調〉

| kʰuŋ⁵³ | 空 | からだ（空、empty） |

〔重疊〕kʰuŋ⁵³ kʰuŋ⁵³ 空空

〔重疊〕kʰuŋ³⁵ kʰuŋ⁵³ 空空 〈強調〉

〔重疊〕kʰuːŋ³⁵³ kʰuŋ⁵³ kʰuŋ⁵³ 空空空 〈強調〉

| poŋ⁵⁵ poŋ⁵⁵ | □□ | すっからかんである；まっぱだかある（空空；赤身、not have any money；naked） |

tsʰo⁵³ pu⁵³ ȵit⁵ ta³⁵⁻³³ ma⁵⁵ tsiok⁵ ʃu⁵³ to²¹ {poŋ⁵⁵ poŋ⁵⁵ / koŋ³⁵ koŋ⁵³ / mo⁵⁵ pan²¹ sien³⁵}

昨晡日打麻雀輸到{□□/光光/無半□}。

昨日はマージャンにまけてオケラになった（昨天打麻將輸光光了。）

loi⁵⁵ se³⁵⁻³³ poŋ⁵⁵ poŋ⁵⁵ 來洗□□。

こどもをたらいで行水させる（叫小孩子在小盆裡洗

XXI. 状態（狀態 State, Quality）　361

　　　　　　　　　　　　澡。）

man⁵³　　　　　　　滿　　　みちている（滿、full）

　　　　　　　　　　　　〔重疊〕man⁵³ man⁵³ 滿滿

　　　　　　　　　　　　〔重疊〕man³⁵ man⁵³ 滿滿〈強調〉

nem⁵³　　　　　　　□　　　いっぱいである・満々としている（滿、full）

　　　　　　　　　　　　ʃui³⁵ nem⁵³ le⁵³ 水□了。

　　　　　　　　　　　　水がいっぱいになった（水滿了。）

　　　　　　　　　　　　ʃui³⁵ nem⁵³ᐟ³⁵ nem⁵³ 水□□。

　　　　　　　　　　　　水が満々としている（水滿滿。）

　　　　　　　　　　　　tʃoŋ⁵³ ha³³ nem⁵³ teu⁵³ 裝下□□。

　　　　　　　　　　　　いっぱいにいれなさい（裝滿一點。）

　　　　　　　　　　　　m⁵⁵ ho³⁵⁻³³ tʃoŋ⁵³ an⁵³ nem⁵³ 唔好裝□□。

　　　　　　　　　　　　そんなにいっぱいいれてはいけない（不要裝太滿。）

pʰun⁵⁵ tʃʰut⁵ loi⁵⁵　　歕出來　あふれてくる（溢、overflowing）

hi⁵³　　　　　　　　虛　　　（体が）虛弱である（(身體)虛、delicate）

　　　　　　　　　　　　〔重疊〕hi⁵³ hi⁵³ 虛虛

　　　　　　　　　　　　〔重疊〕hi³⁵ hi⁵³ 虛虛〈強調〉

　　　　　　　　　　　　〔重疊〕hiː³⁵³ hi⁵³ hi⁵³ 虛虛虛〈強調〉

　　　　　　　　　　　　ŋin⁵⁵ toŋ⁵³ hi⁵³ 人當虛。

　　　　　　　　　　　　とても虛弱だ（人很虛。）

pau³⁵　　　　　　　飽　　　（穀物が）実がつまっている（(穀子)實、(grain) solid）

　　　　　　　　　　　　kuk⁵ {tsʰin³³ / toŋ⁵³} pau³⁵ 穀｛盡/當｝飽。

　　　　　　　　　　　　穀物の実が大変につまっている（穀子很飽滿。）

li³³　　　　　　　　利　　　鋭利である（快，鋒利、sharp）

　　　　　　　　　　　　to⁵³ ə⁵⁵ toŋ⁵³ li³³ 刀仔當利。

　　　　　　　　　　　　刃物がとても鋭利だ（刀子很鋒利。）

tʰun³³　　　　　　　鈍　　　切れ味がわるい；とがっていない（鈍，不鋒；鈍，不尖、dull；blunt）

　　　　　　　　　　　　〔重疊〕tʰun³³ tʰun³³ 鈍鈍

〔重畳〕tʰun³⁵ tʰun³³ 鈍鈍〈強調〉
to⁵³ ə⁵⁵ tʰun³³ 刀仔鈍。
刃物の切れ味がわるい（刀子鈍。）
tsʰoi²¹ to⁵³ tʰun³³ tʰet⁵ le⁵³ 菜刀鈍掉了。
包丁の切れ味がわるくなった（菜刀鈍了。）

*tsiam⁵³	尖	とがっている（尖、pointed）	

〔重畳〕tsiam⁵³ tsiam⁵³ 尖尖
〔重畳〕tsiam³⁵ tsiam⁵³ 尖尖〈強調〉

sin⁵³　　　　　新　　　あたらしい（新、new）

〔重畳〕sin⁵³ sin⁵³ 新新
〔重畳〕siːn³⁵³ sin⁵³ 新新〈強調〉

kʰiu³³　　　　舊　　　ふるい（舊、old）

〔重畳〕kʰiu³³ kʰiu³³ 舊舊
〔重畳〕kʰiːu³⁵³ kʰiu³³ 舊舊〈強調〉

kʰiu³³ ʃit⁵　　舊式　　旧式の（舊式、old-fashioned）
lo³⁵⁻³³ ʃit⁵　　老式

vun³⁵　　　　穩　　　安定した（穩、steady）

〔重畳〕vun³⁵⁻³³ vun³⁵ 穩穩
〔重畳〕vuːn³⁵³ vun³³ 穩穩〈強調〉

m̩⁵⁵ vun³⁵　　唔穩　　不安定だ・ふらふらしている（晃、不穩、
　foŋ⁵³ loi⁵⁵ foŋ⁵³ hi²¹　晃來晃去　unsteady）
　pʰien⁵³ loi⁵⁵ pʰien⁵³ hi²¹　偏來偏去
　ʒau⁵⁵ loi⁵⁵ ʒau⁵⁵ hi²¹　搖來搖去
　ʒau⁵⁵ ʒau⁵⁵ toŋ⁵³ toŋ⁵³　搖搖蕩蕩

pʰo²¹　　　　破　　　やぶれている（破、torn）
kʰe⁵⁵ tʰet⁵　　□掉　　われてしまう（破掉、to have broken）
von³⁵ kʰe⁵⁵ tʰet⁵ 碗□掉。
碗がわれてしまった（碗打破了。）

kʰet⁵⁻³² kok⁵　缺角　　われ目・さけ目（缺口（瓶子）、broken）
*tsʰe⁵⁵　　　齊　　　そろっている・均一だ（齊、regular, uniform,

XXI. 狀態（狀態 State, Quality）　363

　　　　　　　　　　　　　　　　even）
　　　　　　　　　　　〔重疊〕tsʰe⁵⁵ tsʰe⁵⁵ 齊齊
　　　　　　　　　　　〔重疊〕tsʰe:³⁵³ tsʰe³³ 齊齊〈強調〉

(tʃʰoŋ⁵⁵ ton³⁵) m̩⁵⁵ tsʰe⁵⁵　（長短）唔齊　（長短が）そろっていない（參差不齊、
tʃʰoŋ⁵⁵ tʃʰoŋ⁵⁵ ton³⁵⁻³³ ton³⁵　　　　　　uneven）
　　　　　　　　　　長長短短

laŋ⁵⁵ san⁵³　　　　　零□　　　斷片的な（零星、fragmentary）
　laŋ⁵⁵ saŋ⁵³　　　　零生

tʃin³⁵⁻³³ tsʰe⁵⁵　　　整齊　　　整然としている（整齊、orderly）

lon³³　　　　　　　　亂　　　　（ものが）みだれている（亂、(things)
　　　　　　　　　　　　　　　　disorderly）

kio⁵³　　　　　　　　□　　　　めちゃめちゃにする（弄亂、to bash up）
　　　　　　　　　　　m̩⁵⁵ ho³⁵⁻³³ ʃoŋ⁵³ min⁵⁵ tson⁵⁵ taŋ³⁵ kio⁵³ 唔好上眠床頂□。
　　　　　　　　　　　寝床にあがってめちゃくちゃやってはいけない（不
　　　　　　　　　　　要上床上弄亂。）
　　　　　　　　　　　{lau⁵³ / tʰuŋ⁵⁵} ŋin⁵⁵ tʃuŋ²¹ kai²¹ tsʰoi²¹ kio⁵³ tsʰiaŋ³⁵ tsʰiaŋ³³
　　　　　　　　　　　{□/同} 人種個菜□□□。
　　　　　　　　　　　人がうえた野菜をめちゃくちゃにした（把人家種的
　　　　　　　　　　　菜弄得東倒西歪。）
　　　　　　　　　　　ŋiu⁵⁵ {tseu³⁵⁻³³ / haŋ⁵⁵} to²¹ tsʰoi²¹ ʒan⁵⁵ {lau⁵³ / tʰuŋ⁵⁵} kai⁵⁵
　　　　　　　　　　　tsʰoi²¹ ʒan⁵⁵ kai²¹ tsʰoi²¹ kio⁵³ to²¹ ũãĩ⁵⁵ ko⁵⁵ tsʰi²¹ tsʰa²¹
　　　　　　　　　　　牛{走/行}到菜園{□/同}□菜園個菜□到歪□□□。
　　　　　　　　　　　ウシが畑にはしっていって畑の野菜をめちゃくちゃ
　　　　　　　　　　　にした（牛走到菜園把那菜園的菜弄得東倒西歪。）

vaŋ⁵⁵ vaŋ⁵⁵ vak⁵⁻³² vak⁵　横横劃劃　ごちゃごちゃといりまじっている（雜亂、
　　　　　　　　　　　　　　　　mixter-maxter）
　　　　　　　　　　　ŋi⁵⁵ vaŋ⁵⁵ vaŋ⁵⁵ vak⁵⁻³² vak⁵ sia³⁵⁻³³ mak³² kai²¹
　　　　　　　　　　　你横横劃劃寫□個？
　　　　　　　　　　　ごちゃごちゃとなにを書いているのだ（你寫得歪歪
　　　　　　　　　　　斜斜，寫什麼？）

	ʃu³³ kuaŋ³⁵ vaŋ⁵⁵ vaŋ⁵⁵ vak⁵⁻³² vak⁵, m̩⁵⁵ ho³⁵⁻³³ ko²¹ 樹梗橫橫劃劃，唔好過。木の枝がからみあっていて，とおりにくい（樹枝亂放，不好過。）	
ŋiuŋ⁵⁵ ŋiuŋ⁵⁵	□□	混乱して秩序がない・乱雑だ（亂糟糟、disordered）
lo³³ tʃʰo³⁵	□□	（文字が）ぞんざいだ（潦草、disorderly (handwriting)）
saŋ⁵³	生	なまだ（生，不熟、raw）
pan²¹ saŋ⁵³ ʃuk³²	半生熟	半熟だ・なまにえだ（半生不熟、half-boiled）
ʃuk³²	熟	熟した；火がとおっている（熟、done, ripe）
	〔重畳〕ʃuk³² ʃuk³² 熟熟 〔重畳〕ʃuk³⁵ ʃuk³² 熟熟〈強調〉	
siuk⁵	熟	（くだものが）熟している（（水果）成熟、ripe）
tʃu³⁵⁻³³ lok⁵	煮□	やわらかくなるまで煮る（煮爛，煮軟、cooked till tender）
lok⁵	□	（煮えて）やわらかい（（菜）爛、(vegetables) tender）
	〔重畳〕lok⁵⁻³² lok⁵ □□ tsʰoi²¹ toŋ⁵³ lok⁵ 菜當□。野菜が（煮えて）やわらかい（菜很爛。）	
neu⁵⁵	□	（液体が）こい（稠(稀飯)、(liquid) thick） moi⁵⁵ toŋ⁵³ neu⁵⁵ 糜當□。粥がこい（稀飯很稠。）〈粥がうすい場合は「moi⁵⁵ tsʰioŋ²¹ tʃip⁵ ʒoŋ³³ 糜像汁樣。」（粥が汁のようだ）という。〉
ŋiam⁵⁵	釅	（茶が）こい（釅(茶濃)、(tea) thick） tsʰa⁵⁵ toŋ⁵³ ŋiam⁵⁵ 茶當釅。茶がこい（茶很濃。）
muk³² tʰet⁵	□掉	（木などが）くさっている（（木）朽、(wood)

XXI. 状態（狀態 State, Quality）

			mildewed and spoilt）
mien⁵⁵ tʰet⁵		綿掉	（野菜が雨水などにひたって）くさっている（(菜)爛、(vegetables) spoiled）
			tsʰoi²¹ mien⁵⁵ tʰet⁵ 菜綿掉。
			野菜がくさってしまっている（菜爛掉了。）
tsau⁵³ lat⁵		燥□	こげている（焦, 燒焦、scorched）
			〈「lat⁵ □」はやけこげること。「pʰon³³ lat⁵ 飯□」はおこげ。〉
ʒiu⁵⁵ laŋ⁵³ ʒiu⁵⁵ ŋaŋ³³		又冷又硬	（米飯が）ひえてかたい（(飯)又冷又硬、(rice) cold and hard）
nai³³ ʒuŋ³³		耐用	長もちする・じょうぶだ（耐用, 結實、strong, lasting）
ket⁵⁻³² ʃit³²		結實	
m̩⁵⁵ ket⁵⁻³² ʃit³²		唔結實	丈夫でない（不結實、flimsy）
ho³⁵⁻³³ tʃʰu²¹		好處	よいところ・利点（好處, 優點、good points）
fai³³ tʃʰu²¹		壞處	わるいところ・不利な点（壞處, 缺點、bad points）
tʃuŋ³⁵⁻³³ lui³³		種類	種類（種類、kinds）
tʃit⁵ (⁻³² tʰi³³)		質(地)	質（質地, 品質、quality (of things)）
			tʃit⁵ ho³⁵ 質好。
			質がよい（質量好。）
tsam²¹		讚	すばらしい（讚、great）
			toŋ⁵³ tsam²¹ 當讚。
			とてもすばらしい（很棒。）
ho³⁵		好	よい（好、good）
fai³³		壞	わるい（壞、bad）
han⁵⁵ tso²¹ tet⁵		還做得	まあまあだ・なんとか間にあう（還馬馬虎虎, 尚可、of passing / indifferent quality）
tʃuŋ⁵³ ten³⁵		中等	中等（中等、of medium quality）
mo⁵⁵ kit³² ho³⁵		無幾好	よくない（差, 不夠好、not good enough）

lam³⁵	□	おとる（劣(質)、of poor quality）
	lam³⁵⁻³³ hok³² saŋ⁵³ □學生。	
	劣等生（劣等生。）	
pʰu⁵³ tʰuŋ⁵³	普通	普通だ（普通、ordinary, common）
voi³⁵ tso²¹ tet⁵	會做得	〈「voi³⁵ tso²¹ tet⁵ 會做得」は「han⁵⁵ tso²¹ tet⁵ 還做得」よりも評価がよいことを指す。中等以上。〉
pʰin⁵⁵ fan⁵⁵	平凡	平凡だ（平凡、commonplace）
hi⁵³ han⁵⁵	稀罕	まれだ（稀罕、rare）
hi⁵³ kʰi⁵⁵	稀奇	
tʰit³² pʰiet³²	特別	特別だ（特別、special）
sin⁵³ kʰi⁵⁵	新奇	めずらしい（新奇、unusual）
kʰi⁵⁵ kuai²¹	奇怪	奇妙だ・おかしい（奇怪、strange）
tsiaŋ⁵³	靚	きれいだ・ユニークだ（標緻, 別緻、(things) cute）
{tsʰin³³ / toŋ⁵³} tʰit³² pʰiet³²	{盡 / 當} 特別	
tsʰiau²¹	俏	（女の子が）きれいで活発であること（女孩子漂亮活潑、to denote that a girl is beautiful and vivacious）
ʃit³² tsʰai³³	實在	本場の・本物だ（道地、genuine, typical）
tʃin⁵³ ʃit³²	真實	
pun³⁵⁻³³ loi⁵⁵	本來	
pun³⁵⁻³³ tʰi³³	本地	
ŋien⁵⁵ loi⁵⁵	原來	
	〔重疊〕ʃit³² ʃit³² tsʰai³³ tsʰai³³ 實實在在 ŋien⁵⁵ loi⁵⁵ kai²¹ mui³³ tʰo³³ 原來個味道。本場の味（道地的味道。）	
nan⁵⁵	難	むずかしい（難、difficult）
ʒuŋ⁵⁵ ʒi²¹	容易	やさしい（容易、easy）
{kien³⁵⁻³³ / kan³⁵⁻³³} tan⁵³	簡單	

XXI. 狀態（狀態 State, Quality） 367

ma^{55} fan^{55} ʃoŋ^{53} no$^{35\text{-}33}$ kin^{53}		麻煩 傷腦筋	わずらわしい・面倒だ（麻煩（不容易解決）、knotty）

ma^{55} fan^{55} ŋi^{55} 麻煩你。
面倒をおかけします（麻煩你。）

nan^{55} haŋ^{55}　　　難行　　（道がでこぼこで）あるきにくい（難走、崎嶇、(road) rough）

kui^{21}　　　貴　　たかい・高価だ（貴、expensive）

p^{h}ien^{55} ŋi^{55}　　便宜　　やすい・安価だ（便宜、cheap）

hap^{32} son^{21}　　合算　　ひきあう・割にあう（合算, 劃算、worth, worthwhile）

ts^{h}iaŋ^{33} li^{33}　淨利　（掃除などをして）清潔だ・きれいだ（乾
ts^{h}in^{53} ket^5　清潔　　淨、clean）

laŋ$^{55/33}$ li^{33}　　□□　清潔だ・清浄だ・けがれていない（清潔、immaculate）

〈清潔に気をつかっていること。特に土地について人を埋葬したことがなく、清浄であることを指す。〉

foŋ^{55} kien^{53} laŋ$^{55/33}$ li^{33} 房間□□。
部屋が清潔だ（房間乾淨。）

lia^{55} te^{21} t^{h}i^{33} ts^{h}in^{33} laŋ^{33} li^{33} □□地盡□□。
この土地は清浄だ（這塊地沒有問題。）
〈土地に問題がないことをいう。〉

lia^{55} te^{21} t^{h}i^{33} m^{55} laŋ^{33} li^{33} □□地唔□□。
この土地は清浄でない（這塊地有問題。）
〈土地に問題があるということ。〉

o^{53} tso^{53}　　　污糟　　きたない（髒、dirty）

tso^{35}　　　早　　（時間が）はやい（早、early）
〈「來得早」（くるのがはやい）は「kiak^5 □」をもちいて「loi^{55} an^{53} kiak^5 來□□」という。〉

am^{21}　　　暗　　（時間が）おそい（晩, 遲、late）

〈「來得晚」（くるのがおそい）は「loi⁵⁵ an⁵³ man³³ 來□慢」という。〉

kiak⁵	□		（速度が）はやい（快，迅速、quick, fast）
man³³	慢		（速度が）おそい（慢、slow）
{toŋ⁵³ / tsʰin³³} kip⁵	{當/盡}急		緊急だ（緊急、on the verge of）
tʃun³⁵	準		正確だ（準、accurate）

ʃi⁵⁵ kien⁵³ toŋ⁵³ tʃun³⁵ 時間當準。
時間が正確だ（時間很準。）

tʃun³⁵⁻³³ ʃi⁵⁵ 準時。
時間どおりに（準時。）

nau³³ ŋiet³²	鬧熱	にぎやかだ（熱鬧、bustling）
ŋin⁵⁵ toŋ⁵³ tsiam⁵³	人當□	人がこみあっている（人擠人、crowded
toŋ⁵³ tsiam⁵³ ŋin⁵⁵	當□人	with (people)）
pʰien⁵³ pʰit⁵	偏僻	辺鄙だ（偏僻、remote, out of the way）
pi²¹ met³²	秘密	秘密だ（秘密、secret）
ʒau³³ kin³⁵	要緊	重要だ・大切だ（打緊，要緊，緊急、urgent）
ta³⁵⁻³³ kin³⁵	打緊	
mo⁵⁵ ʒau³³ kin³⁵	無要緊	だいじょうぶだ・かまわない；無害だ・安
mo⁵⁵ ta³⁵⁻³³ kin³⁵	無打緊	全だ（不打緊；不礙事、unimportant ; harmless）

〈「mo⁵⁵ 無」は「m̩⁵⁵ 唔」でも可。〉

lai³⁵ ʒo⁵³ vu²¹	□□□	安全だ（安全、safe）
on⁵³ tsʰion⁵⁵	安全	

〈「lai³⁵ ʒo⁵³ vu²¹ □□□」は日本語由来。高年層が使用する。〉

mun⁵⁵ hiam³⁵	□險	あぶない・危険だ（危險、dangerous）
foŋ⁵³ pʰien³³	方便	便利だ（方便、convenient）
ʒiu⁵³ hoi³³	有害	有害だ（有害、harmful）
m̩⁵⁵ sɨ³⁵⁻³³ seu⁵⁵	唔使愁	心配ない・無害だ・安全だ（無害、harmless）
ʒiu⁵³ li³³	有利	有利だ（有利、advantageous）
kʰiau³⁵	巧	おりよく（巧(事情)、coincidental）
lo³⁵⁻³³ ʃit³²	老實	素朴だ・質素だ（樸素，老實、simple and

XXI. 状態（狀態 State, Quality）

		plain）
ŋi³³ ten³⁵	二等	二流（二等，二流、plain, second-rate）
ŋi³³ liu⁵⁵	二流	
pʰui⁵⁵	肥	ふとっている；脂身がおおい（胖；肥、fat；fat (meat)）
	tʃu⁵³ ŋiuk⁵ an⁵³ pʰui⁵⁵ 豬肉□肥。	
	ブタ肉がこんなに脂身がおおい（豬肉這麼肥。）	
	pʰui⁵⁵ tʃu⁵³ ŋiuk⁵ 肥豬肉。	
	脂身がおおいブタ肉（肥豬肉。）	
pʰui⁵⁵ nep⁵⁻³² nep⁵	肥□□	（女の子が）ふとっている様子（(女孩子)胖嘟嘟、(a girl is) chubby）
pʰui⁵⁵ lep³² lep³²	肥□□	（男の子が）ふとっている様子（(男孩子)胖嘟嘟、(a boy is) chubby）
eu²¹	□	（男性が）ふとっていて風采があがらない（又胖又不英俊、a man is porky and ugly）
	ki⁵⁵ saŋ⁵³ to³⁵⁄³⁵⁻³³ {eu³⁵ eu²¹ / toŋ⁵³ eu²¹ / tsʰin³³ eu²¹}	
	佢生倒{□□/當□/盡□}。	
	彼はふとっていて風采があがらない（他長得又胖又醜。）	
o³⁵ o²¹	□□	ふとっていてみにくい（胖醜、porky and ugly）
	saŋ⁵³ to³⁵⁻³³ o³⁵ o²¹ 生倒□□。	
	でぶでぶとふとっている（長得胖嘟嘟。）	
	〈「pʰui⁵⁵ to³⁵⁻³³ tʰai³³ o⁵⁵ sien⁵⁵ 肥倒大□□」と同義。「tʰai³³ o⁵⁵ sien⁵⁵ 大□□」は「でぶ」という意味である。〉	
lui⁵⁵ tʃui⁵³	□□	ずんぐりむっくりだ（矮胖、short fat）
	saŋ⁵³ to³⁵⁻³³ lui⁵⁵ lui⁵⁵ tʃui⁵³ tʃui⁵³ 生倒□□□□。	
	ずんぐりむっくりだ（長得矮胖。）	
seu²¹	瘦	やせている・脂身がすくない（瘦、thin）

		seu²¹ tʃu⁵³ ɲiuk⁵ 瘦豬肉。	
		赤身のブタ肉（瘦豬肉。）	
ʒiu⁵⁵ seu²¹ ʒiu⁵⁵ se²¹	又瘦又細	やせていて小柄だ（又瘦又小、thin and small）	
ŋan⁵³ ŋan⁵³	□□	こどもがやせてちいさいこと（小孩子長得又瘦又小、a child is short and thin）	
		lia⁵⁵ tʃak⁵ se²¹ ɲin⁵⁵ no⁵⁵ ŋan⁵³ ŋan⁵³ □隻細人仔□□。	
		この子はやせていてちいさい（這小孩子瘦小。）	
lo³⁵	老	年おいている（老, 不年輕、old of age）	
ɲien⁵⁵ tsʰiaŋ⁵³	年青	わかい（年輕、young of age）	
kʰioŋ⁵⁵ tsoŋ²¹	強壯	壯健だ（強壯、strong）	
soi⁵³ ɲiok³²	衰弱	よわる（衰弱、weak）	
ho³⁵⁻³³ ho³⁵ kai²¹	好好個	よい狀態だ（好好兒的、state of being well）	
ʒiu⁵³ mian⁵⁵	有名	有名だ（有名、famous）	
tsʰin⁵³ pʰak³²	清白	純粹無垢だ（清白、pure, unsullied）	
tui²¹	對	ただしい・そのとおりだ（對、correct）	
tʃʰok³²	著		
	(1) tui²¹ m̩⁵⁵ tui²¹ 對唔對？		
	(2) tʃʰok³² m̩⁵⁵ tʃʰok³² 著唔著？		
	ただしいか（對不對？）		
tsʰo²¹	錯	まちがいだ（錯、wrong）	
tʃin²¹ toŋ⁵³	正當	正当だ（正當、seemly）	
kʰiuŋ⁵⁵	窮	まずしい（窮、poor）	
ʒiu⁵³ tsʰien⁵⁵	有錢	金持ちだ（有錢、rich）	
fap⁵	發		
	tsʰin³³ fap⁵ 盡發。		
	金持ちだ（很有錢。）		
hen³³ ʒun³³	幸運	幸運だ（幸運、lucky）	
soi⁵³	衰	ついていない（倒霉、unlucky）	
ʒun³³ hi²¹ m̩⁵⁵ ho³⁵	運氣唔好	運がわるい（倒運, 運氣壞、unfortunate,	

XXII. 性格・行為（品性, 行為 Character, Temperament, Manner, Behavior）

ʒun³³ nə⁵⁵ m̩⁵⁵ ho³⁵		運仔唔好	unlucky）
fai³³ ʒun³³		壞運	
leu³³		漏	もらす（漏、to leak）
kan⁵³ kʰu³⁵		艱苦	苦難にみちている（艱苦、distressing, hard）
tʰeu²¹		透	徹底している・…つくす（徹底, 盡、thorough）

      tʰoi⁵⁵ pet⁵ ʃi³³ ŋi⁵⁵ ʃuk³² mo⁵⁵ 台北市你熟無？
      台北市はくわしいですか（台北市你熟嗎？）
    —— tʰoi⁵⁵ pet⁵ ʃi³³ ŋai⁵⁵ lau⁵³ tsʰin³³ tʰeu²¹
      台北市我□盡透。
      台北市は，わたしはどこも観光したことがあります（台北市我哪裡都遊覽過。）
      haŋ⁵⁵ tʰeu²¹ tʰeu²¹ 行透透
      あるきつくす（走透透。）

XXII. 性格・行為（品性, 行為 Character, Temperament, Manner, Behavior）

sin²¹ ket⁵	性格	性格（性格、character）
sin²¹ tsʰin⁵⁵	性情	性質（性情、temperament）
pʰi⁵⁵ hi²¹	脾氣	気性（脾氣、temper）
ŋoi³³ piau³⁵	外表	風貌（外表, 外在、demeanor, bearing）
tʰai²¹ tʰu³³	態度	態度（態度、behavior, attitude）
pʰin³⁵⁻³³ tet⁵	品德	品行（品行、conduct）
tʰo³³ tet⁵	道德	
kui⁵³ ki³⁵	規矩	きまり・ルール（規矩、rules of conduct）
li⁵³ mau³³	禮貌	礼儀・マナー（禮貌、manners）
vun⁵³ fo⁵⁵	溫和	やさしい；温和だ（和藹；溫和、amiable; docile, mild, tame）
vun⁵³ ʒiu⁵⁵	溫柔	おとなしい・やさしい（溫柔、meek）

pien²¹ mien²¹	變面	態度を急にかえる（翻臉、to turn hostile
pien³⁵⁻³³ mien²¹	□面	suddenly）
pʰi⁵⁵ hi²¹ fai³³	脾氣壞	わるい性質（脾氣壞、bad-tempered）
fai³³ pʰi⁵⁵ hi²¹	壞脾氣	
sin²¹ kip⁵	性急	せっかちだ（性急、impatient）
kip⁵⁻³² sin²¹	急性	〈「kip⁵⁻³² sin²¹ 急性」はおこりっぽいという意味である。〉
		ki⁵⁵ toŋ⁵³ {kip⁵⁻³² sin²¹ / sin²¹ kip⁵} 佢當 {急性/性急}。
		彼はせっかちだ（他很性急。）
fai³³ pʰi⁵⁵ hi²¹	壞脾氣	気がみじかい・おこりっぽい（易怒, 急燥、
toŋ⁵³ kiak⁵ at⁵	當□□	irritable）
		〈「toŋ⁵³ kiak⁵ at⁵ 當□□」は「大変はやく立腹する」という意味である。〉
		ki⁵⁵ fai³³ pʰi⁵⁵ hi²¹ 佢壞脾氣。
		彼は気がみじかい（他脾氣很壞。）
hiuŋ⁵³ ok⁵	兇惡	凶悪だ（兇惡、fierce）
maŋ⁵³	猛	獰猛だ・はげしい（猛、fierce (of animals)）
		fo³⁵ toŋ⁵³ maŋ⁵³ 火當猛。
		火がはげしい（火很猛。）
voi³³ kan³⁵	會揀	こうるさい（愛挑剔、fussy）
kʰaŋ²¹ sɿ³³ ŋan³⁵	□字眼	〈「kʰaŋ²¹ □」とは「ほる」という意味である。〉
ŋiu³⁵⁻³³ tsiu³⁵	扭□	ひねくれている・つきあいにくい（別扭、hard to please）
		〔重疊〕ŋiu³⁵⁻³³ ŋiu³⁵⁻³³ tsiu³⁵⁻³³ tsiu³⁵ 扭扭□□
		kai⁵⁵ tʃak⁵ ŋin⁵⁵ toŋ⁵³ ŋiu³⁵⁻³³ tsiu³⁵ □隻人當扭□。
		あの人はつきあいにくい（那個人難伺候。）
lo³⁵⁻³³ ʃit³²	老實	誠実だ・まじめだ（老實、trustworthy, honest）
ŋin⁵⁵ toŋ⁵³ tʃʰit³²	人當直	率直だ（直爽, 正直、straightforward, frankhonest）
tʃe⁵³/⁵⁵	□	誘惑する（勾引, 引誘、to entice）

XXII. 性格・行為（品性，行為 Character, Temperament, Manner, Behavior）

ṃ^{55} ho$^{35-33}$ pun^{53} ŋin^{55} tʃe$^{53/55}$ hi^{21} 唔好分人□去。
人に誘惑されてはいけない（別被人勾引。）

pʰien^{21} ŋin^{55}	騙人	まどわす・たぶらかす（蠱惑、to poison and bewitch）
lau^{21} ŋin^{55}	□人	
sien^{55} tʰuŋ^{33} ŋin^{55}	□動人	
kau^{33} vat^{32}	狡猾	ずるい・狡猾だ（狡猾、cunning）
kan^{53} tsai^{21}	奸詐	わるがしこい・腹ぐろい（奸詐、deceitful, fraudulent）
ʒim^{53} hiam^{35}	陰險	陰險だ（陰險、designing）
sim^{53} tʰi^{33} ho^{35}	心地好	気だてがよい（心地好、kind）
ʒiu^{53} lioŋ^{55} sim^{53}	有良心	
ʒiu^{53} sim^{53}	有心	思いやりがある・気がきく（有心、considerate）
hen^{33} sim^{53}	狠心	残忍だ（殘忍、cruel）
koŋ^{53} kʰioŋ^{55}	剛強	（性格や意志が）つよい（剛強、strong character）
ŋion^{53} ŋiok^{32}	軟弱	（性格や意志が）よわい（懦弱、(character) weak）
tam^{35} tʰai^{33}	膽大	肝がおおきい・大胆だ・度胸がある（大膽、bold）
tʰai^{33} tam^{35}	大膽	
		(1) ki^{55} tam^{35} toŋ^{53} tʰai^{33} 佢膽當大。
		(2) ki^{55} toŋ^{53} tʰai^{33} tam^{35} 佢當大膽。
		彼は度胸がある（他膽子很大。）
tam^{35} se^{21}	膽細	肝がちいさい・臆病だ（膽小、timid）
		〈「tʰai^{33} tam^{35} 大膽」に対応する「細膽」といういい方はない。〉
		ki^{55} tam^{35} toŋ^{53} se^{21} 佢膽當細。
		彼は臆病だ（他膽子很小。）
mo^{55} tiok^{32}	無□	いくじがない（沒骨氣，不爭氣、shy）
ʒuŋ$^{35-33}$ kam^{35}	勇敢	勇敢だ（勇敢、courageous, brave）

ku²¹ tʃʰit⁵	固執	強情だ（固執、stubborn）
tsʰuŋ⁵³ min⁵⁵	聰明	かしこい・聰明だ（聰明、clever, smart）
tsin⁵³ tsia⁵⁵ tsia⁵⁵	精□□	利口だ・かしこい（精靈、clever）
kit³² lin⁵⁵	□靈	利口だ・さとい（機靈、quick, smart）
lin⁵⁵ tʰuŋ⁵³	靈通	
tsin⁵³ min⁵⁵	精明	頭が切れる（精明、smart but conceited）
tsin⁵³ lin⁵⁵	精靈	（性格が）利発である（伶俐、(children) smart and quick）
liu⁵⁵ liak³²	流□	（行動・手際が）敏捷だ・てきぱきしている（麻俐、quick-witted）
nen⁵⁵ kon²¹	能幹	能力がある（能幹、capable）
kʰiaŋ²¹	□	能力がある（很會、to have it in one）〈人をほめる場合につかう。〉
	toŋ⁵³ kʰiaŋ²¹ 當□！	すばらしい（讚！）
kʰiaŋ²¹ kiok⁵	□腳	特別な能力をもっている人をたたえることば（稱讚有某一種特殊能力的人、a person who have a specific ability）
m̩⁵⁵ lin⁵⁵ tʰuŋ⁵³	唔靈通	頭がわるい・おろかだ；にぶい（笨，不聰明；遲鈍、stupid; slow and dull）
pun²¹	笨	頭がわるい・おろかだ（笨，不聰明、stupid）
ŋoŋ²¹	□	頭がわるい・ばかだ（傻、foolish）〈「ŋoŋ³⁵ ŋoŋ²¹ □□」は頭がわるい様子。とがめるニュアンスはない。一方、「an⁵³ ŋoŋ²¹ □□」（まったくばかだ）にはとがめるニュアンスがある。〉
muŋ³³ tuŋ³⁵	懵懂	にぶい・頭の回転が遅い（懵懂無知、dull, stupid）
ŋoŋ²¹ ŋə⁵⁵	□仔	おろかもの；おろか（傻瓜，胡裡胡塗、

XXII. 性格・行為（品性, 行為 Character, Temperament, Manner, Behavior）　375

fu^{55} t^{h}u^{55}	胡塗	stupid and ignorant)
fu^{55} li^{55} fu^{55} t^{h}u^{55}	胡裡胡塗	

ŋi^{55} ŋioŋ^{33} an^{53} fu^{55} t^{h}u^{55} 你□□胡塗？
おまえはどうしてこんなにおろかなのか（你怎麼這麼胡塗？）

ŋoŋ^{21} ta^{21} ta^{21}　　□□□　　にぶい・のろまだ（呆、slow-witted, dull）

ŋoŋ^{21} tsia^{55} tsia^{55}　　□□□　　ぼんやりしている・にぶい（呆呆的、dull）

ŋi^{55} m̩^{55} ho$^{35-33}$ k^{h}on^{21} ki^{55} ŋoŋ^{21} tsia^{55} tsia^{55} a^{33}, k^{h}i^{55} ʃit^{32} ki^{55} pi$^{35-33}$ ŋi^{55} ha^{21} tsin^{53}

你唔好看佢□□□啊，其實佢比你□精。
彼のことをにぶいと思ってはいけない。実は彼はあなたよりも頭がいいのだ（不要看他呆呆的，其實他比你還聰明。）

ŋoŋ^{55} ŋoŋ^{55}　　□□　　意識がぼんやりしている（昏昏、muzzy）

ŋai^{55} ʃoi^{33} hoŋ^{21} hi^{35} loi^{55}, t^{h}eu^{55} na^{55} ŋoŋ^{55} ŋoŋ^{55}

我睡□起來，頭□□□。
わたしは目がさめて頭がぼんやりしている（我醒起來，頭昏昏的。）

ŋoi^{55} ŋoi^{55}　　□□　　ぼんやりする（失神、to feel disoriented）

ki^{55} kin^{53} pu^{53} ŋit^5 t^{h}eu^{21} ŋit^5 ŋoi^{55} ŋoi^{55} m̩^{55} ti^{53} tso^{21} mak^{32} kai^{21}

佢今晡日透日□□唔知做□個。
彼は今日一日中ぼんやりとし，なにをしていたかわからない（他今天整天發呆，不知做什麼。）

kia^{55} me^{53} ko^{21} ʃin^{53} heu^{33}, ki^{55} t^{h}eu^{21} ŋit^5 ŋoi^{55} ŋoi^{55}

□姆過身後，佢透日□□。
彼の母親がなくなったあと，彼は日がな一日ぼんやりしている（他母親過世後，他整天發呆。）

ŋa^{21} ŋa^{21} ta^{21} ta^{21}　　□□□□　　のろまだ・頭がわるい（不聰明、mutton-headed）

ŋo^{21} ŋo^{21} to^{21} to^{21}　　□□□□　　つじつまがあわないことをいう様子・頭が

			わるいこと（講話前後不一致，呆笨、confused, stupid）
ham^{53} ham^{53}		憨憨	おろかな様子・ぼんやりしている（呆呆、傻傻、dull）
sio^{55}		□	おとる・ひどい・おろかだ（差勁，比不上人家、less able, stupid）
			t^{h}uk^{32} ʃu^{53} t^{h}uk^{32} ŋin^{55} m̩^{55} ʒaŋ^{55}, an^{53} sio^{55}
			讀書讀人唔贏，□□。
			勉強は人にかなわない，まったくだめだ（讀書比不上人，差勁。）
hau^{21} k^{h}i^{55}		好奇	好奇心がある（好奇、curious）
tet$^{5-32}$ ŋin^{55} siak^5		得人惜	かわいい（可愛（小孩）、cute）
pit$^{5-32}$ pit^5 t^{h}iau^{21}		□□跳	活発だ・元気がよい（活潑、lively）
			lia^{55} tʃak^5 se^{21} ŋin^{55} nə^{55} pit$^{5-32}$ pit^5 t^{h}iau^{21}
			□隻細人仔□□跳。
			この子は元気がいい（這小孩子很活潑。）
kuai^{53}		乖	おとなしい・ききわけがいい（乖、good as a child）
ne^{53} ne^{53}		□□	内向的で口数がすくない様子・ひかえめだ（内向不多說、introvert and not say a lot）
			sin^{53} ŋioŋ^{55} ne^{53} ne^{53} ʒiu^{55} tsʰin^{33} tsiaŋ^{53} 新娘□□又盡靚。
			新婦はひかえめであり、またとてもきれいだ（新娘又文靜又漂亮。）
van^{55} p^{h}i^{55}		頑皮	いたずらだ・腕白だ（頑皮、naughty）
tet$^{5-32}$ ŋin^{55} at^5		得人□	いたずらだ・やんちゃだ（淘氣、mischievous）
taŋ^{55} ti^{55}		□□	〈「tet$^{5-32}$ ŋin^{55} at^5 得人□」は人をおこらせるという意味である。「taŋ^{55} ti^{55} □□」はおてんばなことを指す。「taŋ^{55} ti^{55} ma^{55} □□孃」はおてんば娘。〉
lak^{32} hiak^5		□□	おてんばだ（女孩子淘氣活潑、hoydenish）

XXII. 性格・行為（品性, 行為 Character, Temperament, Manner, Behavior） 377

lak³² hiak⁵ ma⁵⁵	□□嬤	おてんば娘（淘氣的女孩子、flapper）
hia⁵³ pai⁵⁵	□□	奇抜な行動やファッションをするもの（標新立異的動作或穿著、persons who wear startling fashions or do whimsy）〈おおく女性を指す。〉
tsʰin³⁵	□	ひけらかす・誇示する・鼻にかける（炫耀、to flaunt）〈「hia⁵³ pai⁵⁵ □□」とほぼ同義である。〉m⁵⁵ ho³⁵⁻³³ tsʰin³⁵⁻³³ ŋi⁵⁵ ʒiu⁵³ tsʰien⁵⁵ tsʰiu³³ oi²¹ ki⁵³ fu³³ ŋin⁵⁵ 唔好□你有錢就愛欺負人。金があるのを鼻にかけて人をいじめてはいけない（不要炫耀有錢就要欺負人。）
sau⁵⁵ ʒoŋ⁵³	□癢	女の子が色気づく（女孩子發情、a girl becomes sexually awaer）
hiau⁵⁵	□	（女の子に）節操がない（女孩子行為不檢點、a girl has no principles）
hiau⁵⁵ tsi⁵³ vai⁵⁵	□□□	あばずれ（罵女孩子放蕩、a girl is dissolute）〈放縦な女の子をののしる語。〉
hiau⁵⁵ ne²¹ ne²¹	□□□	（女の子の行動やファッションが）外向的だ（女孩子動作穿著外向、a girl is extroverted）
pʰat³² fu²¹	跋扈	女の子の性格がきついこと（形容女孩子不溫順, 厲害、a girl is fierce）
pʰat³² fu²¹ ma⁵⁵	跋扈嬤	性格がきつい女性（厲害的女人、fierce women）
kiau⁵³	嬌	あまやかされている（嬌、spoilt）
sai³³ nai³³	□□	だだをこねる（撒嬌、to act like a spoiled child）
man⁵⁵ pʰi⁵⁵	蠻皮	粗野だ・乱暴だ（蠻、wild, ungovernable）
ʒa⁵³ man⁵⁵	野蠻	
lu⁵⁵ man⁵⁵	□蠻	道理をわきまえていない（不講理、not to

			be reasonable)
ŋia⁵³ ŋin⁵⁵ ta³⁵ ŋia⁵³ ŋin⁵⁵ ma²¹	惹人打,惹人罵		
tsʰim⁵⁵ ta³⁵ tsʰim⁵⁵ ma²¹	尋打尋罵	いらいらさせる・気にさわる（找打找罵的、irritating, annoying)	
sa⁵³ pʰi³³	沙鼻	傲慢だ（驕傲、proud)	
kiau⁵³ ŋau⁵⁵	驕傲		
ka²¹ ɔ⁵⁵ {toŋ⁵³ / tsʰin³³} tʰai³³	架仔{當/盡}大	横柄だ・高慢だ（傲慢、haughty)	
se²¹ ŋi³³	細義	謙虛だ（謙虛、modest)	
tsʰin³³ kʰiam⁵³	盡謙		
kʰoŋ⁵³ kʰoi³⁵	慷慨	気前がいい（慷慨、generous)	
kʰet⁵ tsi⁵³	□□	けちだ・吝嗇だ（吝嗇、niggardly, miserly)	
toŋ⁵³ sep⁵	當嗇	〈「kʰet⁵ tsi⁵³ □□」は日本語由来。〉	
ŋat⁵	□	けちだ（吝嗇、cheeseparing)	
	toŋ⁵³ ŋat⁵ 當□。 とてもけちだ（很小氣。)		
ni²¹ si²¹	□□	吝嗇だ（吝嗇、mean)	
	〔重畳〕ni²¹ ni²¹ si²¹ si²¹ □□□□		
saŋ³⁵	省	節約する（節儉、thrifty)	
loŋ³³/²¹ fui²¹	浪費	浪費する・むだづかいだ（浪費、wasteful)	
hau²¹ ʃun³³	孝順	親孝行だ（孝順、filial)	
{m̩⁵⁵ / put⁵⁻³²} hau²¹ ʃun³³	{唔/不}孝順	親不孝だ（不孝順、undutiful, ungrateful)	
tʃin²¹ kin⁵³	正經	まじめだ（正經、serious)	
{mo⁵⁵ / put⁵⁻³²} tʃin²¹ kin⁵³	{無/不}正經	ふまじめだ（吊郎當, 不正經、not serious)	
tien⁵³	癲	気がおかしい（瘋、mad, out of one's mind)	
pot⁵⁻³² tien⁵³	發癲	気がくるう（發瘋、to become mad)	
tien⁵³ nɔ⁵⁵	癲仔	きちがい（神經的、crazy)	
ŋiam⁵⁵ ket⁵	嚴格	厳格だ・きびしい（嚴格、strict)	
kʰon⁵³ tʰai³³	寬大	寬大だ（寬大、lenient)	

XXII. 性格・行為（品性, 行為 Character, Temperament, Manner, Behavior）　379

ŋin³³ tʃin⁵³	認真	まじめだ・誠実だ（認真、conscientious）
ma⁵⁵ fu⁵⁵	馬虎	ぞんざいだ・いいかげんだ（馬虎、sloppy）
sui⁵⁵ pʰien³³	隨便	
se²¹ sim⁵³	細心	注意ぶかい（細心、careful）
siau³⁵⁻³³ sim⁵³	小心	
tsʰu⁵³ sim⁵³	粗心	そそっかしい・不注意だ（粗心, 大意,
tʰai³³ ʒi²¹	大意	careless, heedless）
tʰai³³ foŋ⁵³	大方	鷹揚だ（大方、generous in manner）
siau³⁵⁻³³ hi²¹	小氣	小心だ（小氣、mean-spirited）
tsi⁵⁵ tsi²¹	□□	
		〔重疊〕tsi⁵⁵ tsi⁵⁵ tsi²¹ tsi²¹ □□□□
vui⁵³ sok⁵	委縮	おどおどしている（畏畏縮縮的、in a timid manner）
tsʰɨ³³ ʒan⁵⁵	自然	自然だ（自然、naturally, spontaneously）
mien⁵³ kʰioŋ⁵⁵	勉強	無理やり・しぶしぶ・なんとか（勉強、
kʰat³² ŋai³⁵ ə⁵⁵	□□仔	forced）
		m̩⁵⁵ ho³⁵⁻³³ kʰat³² ŋai³⁵ ə⁵⁵ tso²¹ 唔好□□仔做。
		無理やりやってはいけない（不要勉強做。）
vun⁵³ vun⁵⁵	溫文	おとなしくて上品だ（溫文、gentle）
tsʰu⁵³ lu⁵⁵	粗魯	あらっぽい・がさつだ（粗魯、rude）
tʰam⁵³ sim⁵³	貪心	欲ばりだ・がめつい（貪心、greedy for money）
tʰu⁵⁵ ʃit³²	□食	くい意地がはっている・口がいやしい（嘴
tʰam⁵³ ʃit³²	貪食	饞、greedy for food）
lo³⁵⁻³³ ʃin⁵⁵	老成	老成している（老成、experienced, mature）
se²¹ ŋin⁵⁵ nə³³ hi²¹	細人仔氣	こどもっぽい（孩子氣、childish）
sip³² kuan²¹	習慣	なれている（習慣、to be accustomed to）
mo⁵⁵ hak⁵⁻³² hi²¹	無客氣	遠慮ない（不客氣、brusque）
m̩⁵⁵ ʃaŋ⁵³ m̩⁵⁵ si²¹	唔聲唔敍	寡黙だ・口数がすくない（沉默寡言、
tiam⁵³	恬	taciturn）

	kai⁵⁵ tʃak⁵ ŋin⁵⁵ tsʰin³³ tiam⁵³ □隻人盡惦。		
	あの人は寡黙だ（那個人不說話。）		
mu²¹ ku²¹	□□	寡黙だ（沉默不講話、reticent）	
	〔重畳〕mu²¹ mu²¹ ku²¹ ku²¹ □□□□		
lo⁵³ so⁵³	囉唆	わずらわしい・くどい（囉唆、chattering, annoying）	
to⁵⁵ to⁵⁵ to³³ to³³	□□□□	くどくどいう（嘮嘮叨叨、to jaw）	
tʰeu³³ tʰai³³ hi²¹	□大氣	ふかく呼吸する（深呼吸、to breathe deeply）	
hau²¹ koŋ³⁵⁻³³ voi⁵³	好講話	おしゃべりだ（愛說話、garrulous, talkative）	
tʃʰoŋ⁵⁵ ʃat³² ma⁵⁵	長舌嬤	〈「tʃʰoŋ⁵⁵ ʃi³⁵⁻³³ vut⁵ 長屎□」はうわさ話がす	
tʃʰoŋ³⁵⁻³³ ʃi³⁵⁻³³ vut⁵	長屎□	きだというマイナスのニュアンスをもつ。〉	
tsʰap⁵⁻³² sɨ³³	插事	おせっかいだ（愛管閒事、nosy）	
	toŋ⁵³ tsʰap⁵⁻³² sɨ³³ 當插事。		
	たいへんおせっかいだ（多管閒事。）		
	hau²¹ tsʰap⁵⁻³² sɨ³³ 好插事。		
	おせっかいずきだ（喜歡管閒事。）		
hau²¹ koŋ³⁵⁻³³ ʃi³³ fui⁵³	好講是非	うわさ話がすきだ・ゴシップずきだ（愛講人家短處、like to tell tales of others）	
koŋ³⁵⁻³³ siau²¹	講笑	ユーモアがある・冗談をいう（詼諧、jokeful）	
kʰin⁵⁵ kʰuai²¹	勤快	勤勉だ（勤快、diligent）	
nan⁵³ ʃi⁵³	懶屍	怠惰だ（懶惰、lazy）	
laŋ⁵³ tsʰin³³	冷静	冷静だ（鎮定、calm）	
put⁵⁻³² foŋ⁵³ put⁵⁻³² moŋ⁵⁵	不慌不忙	あわてずさわがず落ちついている様子（不慌不忙、at ease）	
	m̩⁵⁵ voi³³ kin³⁵⁻³³ tʃoŋ⁵³	唔會緊張	
kin³⁵⁻³³ tʃoŋ⁵³	緊張	気がはっている・緊張している；あわてる・そそっかしい（緊張；慌張、nervous; bewildered, in a fluster）	
tsʰioŋ²¹ ŋin⁵⁵ ʒiu⁵³ sɨ³³ ʒoŋ³³	像人有事樣	いかにももっともらしい（煞有其事、	

XXII. 性格・行為（品性, 行為 Character, Temperament, Manner, Behavior）　381

			clamorous)
tsʰuŋ⁵³ moŋ⁵⁵		匆忙	あわただしい（匆忙、in a hurry, hurried)
lien⁵⁵ tʰun⁵³ tʃʰi²¹ tʰun⁵³		連吞□吞	あわててたべる（連吞帶嚥、(to eat) in a hurry)
ʃit³² ʃoi³³ m̩⁵⁵ on⁵³		食睡唔安	おちつかない・そわそわする（坐臥不安、restless)
foŋ⁵³ tʃoŋ⁵³		慌張	あわてる・そそっかしい（慌張、bewildered, in a fluster)
tʰeu⁵³ tʰeu⁵³		偷偷	こっそりと（偷偷的、slyly)
kiak⁵⁻³² ʃiu³⁵ kiak⁵⁻³² kiok⁵		□手□腳	すばしっこい（快手快腳的、in a quick manner)
man³³ tʰun⁵³ tʰun⁵³		慢吞吞	のろのろしている（慢吞吞的、sluggish)
tʰo⁵³ tʰo⁵³ paŋ⁵³ paŋ⁵³		拖拖□□	ものごとの処理がおそい様子・のろのろしている（做事很慢, 拖泥帶水、to do something slowly)〈ひっぱられてもうごけないことも指す。〉
pun²¹ ʃiu³⁵ pun²¹ kiok⁵		笨手笨腳	不器用でもたもたしている（笨手笨腳、clumsy and bulky, bulging)
lin⁵⁵ kʰiau³⁵		靈巧	器用だ（靈巧、skillful)
liu⁵⁵ liat³²		流□	こぎれいできちんとしている（乾淨俐落、clean and tidy)
{put⁵⁻³² / m̩⁵⁵} tʃin³⁵⁻³³ tsʰe⁵⁵		{不/唔}整齊	きちんとしていない（不整齊、(person) untidy)
ko⁵³ kui²¹		高貴	高貴だ（高貴、noble)
ha³³ liu⁵⁵		下流	下賤だ（下賤、low, vile, mean)
ha³³ tsʰien³³/³⁵		下賤	
tsʰien³³/³⁵		賤	下品だ・いやしい（下流、crude)
ha³³ tsʰien³³		下賤	
	toŋ⁵³ tsʰien³³/³⁵ 當賤。		
	とても下品だ（很下流。)		

　　　　　　　　　　　ts^{h}ien^{33} ʃiu^{35} ts^{h}ien^{33} kiok^5 賤手賤腳。

　　　　　　　　　　　かってに人のものをとるような人（形容隨便拿人家的東西的人。）

ten^{55} t^{h}eu^{55} 　　　　□頭　　　　風格がある・貫録がある（氣派, 威風, imposing）

　　　　　　　　　　　ki^{55} tʃok^{32} kai^{21} sam^{53} ts^{h}in^{33} ten^{55} t^{h}eu^{55} 佢著個衫盡□頭。

　　　　　　　　　　　彼がきている服は風格がある（他穿的衣服很氣派。）

XXIII. 時間（時間 Time）

ʃi^{55} heu^{33} 　　　　　時候　　　　時（時候、time）
　ʃi^{55} tsiet^5 　　　　時節
si^{21} ki^{21} 　　　　　四季　　　　四季（四季、four seasons）
tʃ^{h}un^{53} t^{h}ien^{53} 　　　春天　　　　春（春天、spring）
ŋiet^{32} t^{h}ien^{53} 　　　熱天　　　　夏（夏天、summer）
　　　　　　　　　　　ŋiet^{32} t^{h}ien^{53} to^{21} le^{53} 熱天到了。
　　　　　　　　　　　夏がきた（夏天到了。）
ts^{h}iu^{53} t^{h}ien^{53} 　　　秋天　　　　秋（秋天、autumn）
laŋ^{53} t^{h}ien^{53} 　　　冷天　　　　冬（冬天、winter）
　tuŋ^{53} t^{h}ien^{53} 　　　冬天
ha^{33} tʃi^{21} 　　　　　夏至　　　　夏至（夏至、summer solstice）
tuŋ^{53} tʃi^{21} 　　　　冬至　　　　冬至（冬至、winter solstice）
kiaŋ^{53} tʃi^{21} 　　　驚至　　　　啓蟄（驚蟄、March 5-18）
ŋien^{55} 　　　　　　年　　　　　年（年、year）
ʒun^{33} ŋien^{55} 　　　閏年　　　　閏年（閏年、leap year）
kin^{53} ŋien^{55} 　　　今年　　　　今年（今年、this year）
maŋ^{55} ŋien^{55} 　　　明年　　　　来年（明年、next year）
heu^{33} ŋien^{55} 　　　後年　　　　再来年（後年、year after next）
k^{h}iu^{33} ŋien^{55} 　　　舊年　　　　去年（去年、last year）

XXIII. 時間 (時間 Time)

tsʰien⁵⁵ ŋien⁵⁵	前年	おととし (前年、year before last)
ŋien⁵⁵ tsʰu⁵³	年初	年のはじめ (年初、beginning of the year)
ŋien⁵⁵ tai³⁵	年底	年末 (年底、end of the year)
ʒit⁵⁻³² ŋien⁵⁵ to²¹ tʰeu⁵⁵	一年到頭	一年中 (一年到頭、all year round)
tʰien⁵³ kon⁵³	天干	十干 (天干、heavenly stems)
kap⁵	甲	甲 (甲、1st heavenly stem)
ʒat⁵	乙	乙 (乙、2nd heavenly stem)
piaŋ³⁵	丙	丙 (丙、3rd heavenly stem)
ten⁵³	丁	丁 (丁、4th heavenly stem)
vu³⁵	戊	戊 (戊、5th heavenly stem)
ki³⁵	己	己 (己、6th heavenly stem)
kaŋ⁵³	庚	庚 (庚、7th heavenly stem)
sin⁵³	辛	辛 (辛、8th heavenly stem)
ŋim⁵⁵	壬	壬 (壬、9th heavenly stem)
kui²¹	癸	癸 (癸、10th heavenly stem)
tʰi³³ ki⁵³	地支	十二支 (地支、twelve earthly branches)
tsɿ³⁵	子	子 (子、1st earthly branch)
tʃʰiu³⁵	丑	丑 (丑、2nd earthly branch)
ʒi⁵⁵	寅	寅 (寅、3rd earthly branch)
mau⁵³	卯	卯 (卯、4th earthly branch)
ʃin⁵⁵	辰	辰 (辰、5th earthly branch)
sɿ³³	巳	巳 (巳、6th earthly branch)
ŋ̍³⁵	午	午 (午、7th earthly branch)
mui³³	未	未 (未、8th earthly branch)
ʃin⁵³	申	申 (申、9th earthly branch)
ʒiu⁵³	酉	酉 (酉、10th earthly branch)
sut⁵	戌	戌 (戌、11th earthly branch)
hoi³³	亥	亥 (亥、12th earthly branch)
ŋiet³²	月	月 (月、month)
tʃaŋ⁵³ ŋiet³²	正月	旧暦の正月 (正月、1st lunar month)

lap³² ŋiet³²	臘月	旧暦の十二月（臘月、12th lunar month）
ʒun³³ ŋiet³²	閏月	閏月（閏月、intercalary month）
lia⁵⁵ tʃak⁵ ŋiet³²	□隻月	今月（這個月、this month）
ʃoŋ³³ tʃak⁵ ŋiet³²	上隻月	先月（上個月、last month）
ha³³ tʃak⁵ ŋiet³²	下隻月	来月（下個月、next month）
ŋiet³² tsʰu⁵³	月初	月はじめ（月初、beginning of the month）
ŋiet³² tʃuŋ⁵³	月中	月のなかば（月中、middle of the month）
ŋiet³² tai³⁵	月底	月末（月底、end of the month）
tsʰu⁵³ ʒit⁵	初一	旧暦一日（初一、first day of the lunar month）
ʃip³² ŋ̍³⁵	十五	旧暦十五日（十五、15ᵗʰ day of the lunar month）
ŋit⁵	日	日（天、day）
kin⁵³ pu⁵³ ŋit⁵	今晡日	今日（今天、today）
tʰien⁵³ koŋ⁵³ ŋit⁵	天光日	明日（明天、tomorrow）
ʃau⁵⁵ tso³⁵	□早	
heu³³ ŋit⁵	後日	あさって（後天、day after tomorrow）
tʰai³³ heu³³ ŋit⁵	大後日	しあさって（大後天、day after day after tomorrow）
{tsʰa⁵³ / tsʰo⁵³} pu⁵³ ŋit⁵	昨晡日	昨日（昨天、yesterday）
tsʰien⁵⁵ ŋit⁵	前日	おととい（前天、day before yesterday）
tʰai³³ tsʰien⁵⁵ ŋit⁵	大前日	さきおととい（大前天、day before day before yesterday）
(kin⁵³ pu⁵³ ŋit⁵) tʃau⁵³ ʃin⁵⁵	(今晡日)朝晨	今朝（今天早上、this morning）〈普通は「kin⁵³ pu⁵³ ŋit⁵ 今晡日」はくわえない。〉
tʰien⁵³ koŋ⁵³ (ŋit⁵) tʃau⁵³ ʃin⁵⁵	天光(日)朝晨	明日の朝（明天早上、tomorrow morning）
am²¹ pu⁵³ ʒa³³	暗晡夜	今夜（今天晚上、this evening）
tʰien⁵³ koŋ⁵³ (ŋit⁵) am²¹ pu⁵³	天光(日)暗晡	明晩（明天晚上、tomorrow evening）
heu³³ ŋit⁵ am²¹ pu⁵³	後日暗晡	あさっての晩（後天晚上、day after tomorrow evening）

XXIII. 時間（時間 Time）

tsʰa⁵³ am²¹ pu⁵³	昨暗哺	昨晚（昨天晚上、yesterday evening）
tsʰien⁵⁵ ŋit⁵ am²¹ pu⁵³	前日暗哺	おとといの晩（前天晚上、day before yesterday evening）
ŋit⁵⁻³² lə⁵⁵	日仔	日・日にち（日子、day）
tʰien⁵³ koŋ⁵³ pʰak³² ŋit⁵ ŋi³³ ʃi⁵⁵ tʰeu⁵⁵	天光白日 □時頭	昼間・日中（白天、daytime）
		tʰien⁵³ koŋ⁵³ pʰak³² ŋit⁵ tso²¹ fai³³ sɿ³³ 天光白日做壞事。昼日中わるいことをする（光天化日之下做壞事。）
am²¹ pu⁵³ ʃi⁵⁵ (tʰeu⁵⁵)	暗哺時(頭)	夜・夜間（夜間、nighttime）
ʒa³³ ə⁵⁵	夜仔	
tʰeu²¹ ŋit⁵	透日	一日中（整天、whole day）
ʒit⁵⁻³² ŋit⁵ to²¹ am²¹	一日到暗	朝から晩まで（一天到晚、from morn till night）
tʰeu²¹ am²¹ pu⁵³	透暗哺	一晚中（整夜、whole night）
tʰien⁵³ koŋ⁵³	天光	夜あけ；夜があけはじめる（天亮，黎明；破曉、dawn；daybreak）
ŋit⁵⁻³² tʰeu⁵⁵ tʃʰut⁵ le⁵³	日頭出了	日がでた（日出、sunrise）
tʃau⁵³ ʃin⁵⁵	朝晨	朝；午前（早晨；上午、morning；before noon）
		tʃau⁵³ ʃin⁵⁵ ʃip³² ʒit⁵ tiam³⁵ 朝晨十一點。午前 11 時（上午十一點。）
ʃoŋ³³ vu³⁵	上午	午前（上午、before noon）
lim⁵⁵ tʃiu²¹ ə⁵⁵	臨晝仔	午前（近午時分、before noon）〈正午にちかい時間帯を指す。〉
toŋ⁵³ tʃiu²¹ (tʰeu⁵⁵)	當晝(頭)	昼・正午（中午、noon）
		toŋ⁵³ ʒiu²¹ ʃit³² {pʰien³³ toŋ⁵³ / pʰon³³ teu⁵³ ə⁵⁵} 當晝食{便當 / 飯□仔}。昼に弁当をたべる（中午吃便當。）
ha⁵³ tʃiu²¹ (tʰeu⁵⁵)	下晝(頭)	午後（下午、afternoon）
lim⁵⁵ am²¹ mə⁵⁵	臨暗仔	夕方（傍晚、sunset）

am²¹ pu⁵³ ʃi⁵⁵ (tʰeu⁵⁵)	暗晡時(頭)	晚（晚上、evening）
am²¹ pu⁵³	暗晡	

tsʰu⁵³ ʃip³² am²¹ pu⁵³ 初十暗晡。
陰暦十日の晩（十日晚上。）

ʃoŋ³³ (pan²¹) ʒa³³	上(半)夜	晚（晚上、night）

〈21時〜22時くらいを指す。〉

pan²¹ ʒa³³	半夜	真夜中（半夜、midnight）
ha³³ (pan²¹) ʒa³³	下(半)夜	夜・真夜中（夜裡、very late at night）

〈午前1時から夜あけ前までを指す。〉

lim⁵⁵ tʰian⁵³ koŋ⁵³	臨天光	夜あけ前の時間帯（天要亮的時候、daybreak）
kak⁵⁻³² ʒit⁵⁻³² ŋit⁵	隔一日	一日おき（隔一天、every other day）
kak⁵⁻³² ʒa³³	隔夜	宵越し（隔夜、overnight）

kak⁵⁻³² ʒit⁵⁻³² ʒa³³ 隔一夜。
一晩へだてる（隔一夜。）

ko²¹ ʒa³³	過夜	一夜をすごす（過夜、to stay overnight）
kaŋ⁵³	更	〔時間の単位〕更（更、2-hour interval of a night watch）
ta³⁵⁻³³ kaŋ⁵³	打更	時をうってしらせる・夜まわりをする（打更、to sound the night watch）
tiam³⁵⁻³³ tʃuŋ⁵³	點鐘	〔時間の単位〕…時間（鐘頭, 小時、hour）
siau³⁵⁻³³ ʃi⁵⁵	小時	

ʒit⁵⁻³² {tiam³⁵⁻³³ tʃuŋ⁵³ / siau³⁵⁻³³ ʃi⁵⁵} 一{點鐘 / 小時}。
1時間（一個小時。）

kʰon²¹ ʃu⁵³ fa⁵³ tʰet⁵ lioŋ³⁵ {tiam³⁵⁻³³ tʃuŋ⁵³ / siau³⁵⁻³³ ʃi⁵⁵} 看書花掉兩{點鐘 / 小時}。
本をよむのに2時間かかった（看書花了兩個小時。）

tiam³⁵	點	〔時刻の単位〕…時（點鐘、o'clock）

toŋ⁵³ tʃiu²¹ ʃip³² ŋi³³ tiam³⁵ 當晝十二點。
昼12時（中午十二點。）

XXIII. 時間（時間 Time） 387

ŋ̍³⁵ fun⁵³ tʃuŋ⁵³	五分鐘	5 分（五分鐘、numeral on the face of the clock）
mak³² kai²¹ ɲiet³² mak³² kai²¹ ɲit⁵	□個月□個日	何月何日（幾月幾號(今天幾號)）、(to tell date) what day is today?
kit³² to⁵³ tiam³⁵	幾多點	何時（問時候(幾點鐘)、(to tell time) what time is it?）
kit³² to⁵³ fun⁵³	幾多分	何分（幾分鐘、how many minutes）
ɲit⁵⁻³² lak³²	日曆	日めくり・カレンダー（日曆、calendar）
tʰuŋ⁵³ ʃu⁵³	通書	曆（通書、almanac）
li⁵³ pai²¹	禮拜	週（禮拜, 星期、week）
sen⁵³ kʰi⁵⁵	星期	
li⁵³ pai²¹ ɲit⁵	禮拜日	日曜日（禮拜天, 星期天、Sunday）
sen⁵³ kʰi⁵⁵ ɲit⁵	星期日	〈「li⁵³ pai²¹ 禮拜…」は旧語形であり、「sen⁵³ kʰi⁵⁵ 星期…」は新語形である。〉
(li⁵³) pai²¹ ʒit⁵	(禮)拜一	月曜日（禮拜一, 星期一、Monday）
sen⁵³ kʰi⁵⁵ ʒit⁵	星期一	
(li⁵³) pai²¹ ɲi³³	(禮)拜二	火曜日（禮拜二, 星期二、Tuesday）
sen⁵³ kʰi⁵⁵ ɲi³³	星期二	
(li⁵³) pai²¹ sam⁵³	(禮)拜三	水曜日（禮拜三, 星期三、Wensday）
sen⁵³ kʰi⁵⁵ sam⁵³	星期三	
(li⁵³) pai²¹ si²¹	(禮)拜四	木曜日（禮拜四, 星期四、Thursday）
sen⁵³ kʰi⁵⁵ si²¹	星期四	
(li⁵³) pai²¹ ŋ̍³⁵	(禮)拜五	金曜日（禮拜五, 星期五、Friday）
sen⁵³ kʰi⁵⁵ ŋ̍³⁵	星期五	
(li⁵³) pai²¹ liuk⁵	(禮)拜六	土曜日（禮拜六, 星期六、Saturday）
sen⁵³ kʰi⁵⁵ liuk⁵	星期六	
(li⁵³) pai²¹ ki³⁵	(禮)拜幾	何曜日（禮拜幾, 星期幾、what day）
sen⁵³ kʰi⁵⁵ ki³⁵	星期幾	

XXIV. 方向と位置・移動（方位, 移動 Location, Movement）

XXIV. i. 位置・方向・距離（方位, 距離 place, direction, distance）

t^{h}i^{33} foŋ^{53} 地方 場所（地方、place）
so$^{35\text{-}33}$ ts^{h}ai^{33} 所在

       lia^{55} mak^{32} kai^{21} {t^{h}i^{33} foŋ^{53} / so$^{35\text{-}33}$ ts^{h}ai^{33}}
       □□個 {地方 / 所在}？
       ここはどこか（這裡是什麼地方？）

vui^{33} 位 場所をしめす接辞（…兒（這裡, 那裡）、
       (localizer)）

lia^{55} vui^{33} □位 ここ（這裡、here）
kai^{55} vui^{33} □位 あそこ（那裡、there）
ts^{h}o^{53} 坐 …にいる・…にある（在、to be at a place）
       ŋai^{55} ts^{h}o^{53} lia^{55} vui^{33} 我坐□位。
       わたしはここにいる（我在這裡。）
       ki^{55} ts^{h}o^{53} kai^{55} vui^{33} 佢坐□位。
       彼はあそこにいる（他在那裡。）

mo^{55} ts^{h}oi^{53} 無□ （家に）いない（不在(家)、not at (home)）
 mo^{55} ts^{h}o^{53} vuk$^{5\text{-}32}$ ha^{53} 無坐屋下
       ŋi^{55} ʒiu^{53} {ts^{h}oi^{53} / ts^{h}o^{53} vuk$^{5\text{-}32}$ ha^{53}} mo^{55}
       你有 {□ / 坐屋下} 無？
       あなたは家にいるか（你在家嗎？）

foŋ^{53} hioŋ^{21} 方向 方向（方向、direction）
hioŋ^{21} 向 …へ（朝（方向）, 往（東）to face (a
 tʃ^{h}au^{55} 朝   direction)）
       〈「hioŋ^{21} 向」が一般的であり、「tʃ^{h}au^{55} 朝」
       はあまり使用されない。〉
       hioŋ^{21} tuŋ^{53} haŋ^{55} 向東行。
       東へあるく（往東走。）

ts^{h}ien^{55} mien^{21} 前面 前（前面、front）

XXIV. 方向と位置・移動（方位，移動 Location, Movement） 389

mien²¹ tsʰien⁵⁵	面前	〈「tsʰien⁵⁵ mien²¹ 前面」は距離がとおい場合に，「mien²¹ tsʰien⁵⁵ 面前」は距離がちかい場合に使用される。〉
tʃuŋ⁵³ sim⁵³	中心	中心（中心、central）
heu³³ poi²¹	後背	うしろ（後面、back）
vui³³ tʃi²¹	位置	位置（位置, 地點、location）
vui³³ so³⁵	位所	
tʰi³³ tiam³⁵	地點	
ti⁵³ poi²¹	□背	中・内（裡面、inside）
ʒi⁵³ nui³³	以内	以内（以内、within）
ŋoi³³ poi²¹	外背	外（外面、outside）
ʒi⁵³ ŋoi³³	以外	以外（以外、beyond）
taŋ³⁵ poi²¹	頂背	上（上面、above）
tuŋ²¹ taŋ³⁵	棟頂	最上（頂上、the top）
ʒi⁵³ ʃoŋ³³	以上	以上（以上、(from) above）
kiok⁵ ha⁵³	腳下	下（下面、below）
ʒi⁵³ ha³³	以下	以下（以下、(from) below）
tʃuŋ⁵³ kien⁵³	中間	中間（中間、middle of the month）
pan²¹ tuŋ³⁵ oŋ⁵³	半□□	
pʰoŋ⁵⁵ pien⁵³	旁邊	かたわら・そば（旁邊、side）
lioŋ³⁵ pʰoŋ⁵⁵	兩旁	両側（兩旁、both sides）
lioŋ³⁵/³⁵⁻³³ pʰien³⁵	兩片	
suŋ⁵³ pʰien³⁵	雙片	
kak⁵⁻³² piak⁵	隔壁	隣家・隣人（隔壁、neighboring, next door）
fu²¹ kʰiun³³/⁵³	附近	付近（附近、around）
tʃiu⁵³ vui⁵⁵	周圍	まわり・周囲（周圍、surrounding）
tui²¹ mien²¹	對面	まむかい（對面、opposite）
tsʰia³³ tui²¹ mien²¹	斜對面	ななめむかい（斜對面、indirectly opposite）
tuŋ⁵³	東	東（東、east）
si⁵³	西	西（西、west）

nam⁵⁵　　　　　　　　南　　　　南（南、south）

pet⁵　　　　　　　　　北　　　　北（北、north）

tso³⁵　　　　　　　　左　　　　左（左(面兒)、left (side)）

　　tso²¹/³⁵⁻³³ pʰien³⁵　　左片　　〈「pʰien³⁵ 片」は fien³⁵ とも。〉

ʒiu³³　　　　　　　　右　　　　右（右(面兒)、right (side)）

　　ʒiu³³ pʰien³⁵　　　　右片　　〈「pʰien³⁵ 片」は fien³⁵ とも。〉

　　tʃin²¹ pʰien³⁵　　　　正片

vuk⁵⁻³² ha⁵³　　　　　屋下　　家・家庭（家裡、home）

to²¹ tʃʰu²¹　　　　　　到處　　いたるところ（到處、everywhere）

man⁵³ tʰi³³　　　　　　滿地　　地面いっぱい・そこらじゅう（一地, 滿地,
　　　　　　　　　　　　　　　　the whole floor /ground）

pʰen³³ nen³⁵　　　　　□□　　…によって・…にそって（靠著(河邊)、
　　　　　　　　　　　　　　　　alongside (e.g. river)）

ʒiu⁵⁵　　　　　　　　由　　　　…にそって（沿(路)、along (the street)）

　　　　　　　　　　ʒiu⁵⁵ lia⁵⁵ tʰiau⁵⁵ lu³³ tʃʰit³² tʃʰit³² haŋ⁵⁵ 由□條路直直行。
　　　　　　　　　　この道にそってまっすぐゆく（沿著這條路一直走。）

ʒan³⁵　　　　　　　　遠　　　　とおい（遠、far）

　　　　　　　　　　ʒan³⁵⁻³³ ʃui³⁵ kiu²¹ m̩⁵⁵ to³⁵ kʰiun⁵³ fo³⁵ 遠水救唔倒近火。
　　　　　　　　　　とおい水はちかくの火をけすことはできない・とお
　　　　　　　　　　くの親戚よりちかくの他人（遠水救不了近火。）

kʰiun⁵³　　　　　　　近　　　　ちかい（近、near）

　　　　　　　　　　hok³² kau³⁵ li³³ ŋai⁵⁵ vuk⁵⁻³² ha⁵³ tsʰin³³ kʰiun⁵³
　　　　　　　　　　學校離我屋下盡近。
　　　　　　　　　　学校はわたしの家からちかい（學校離我家很近。）

XXIV. ii. 移動 （移動 Motion）

ʒi⁵⁵ tʰuŋ³³　　　　　　移動　　移動する（移動、to move）

　　sai³⁵⁻³³ tʰuŋ³³　　　　徙動

sai³⁵　　　　　　　　徙　　　　うつる（遷、to move）

　　　　　　　　　　ŋi⁵⁵ sai³⁵⁻³³ to²¹ lai³³ vui³³ 你徙到□位？

XXIV. 方向と位置・移動（方位, 移動 Location, Movement）

あなたはどこにうつるか（你遷到哪裡？）
m⁵⁵ ho³⁵⁻³³ sai³⁵ 唔好徙。
移動してはいけない（不要移動）。

sai³⁵⁻³³ vui³³	徙位	席をゆずる（讓位、to give one's seat to）
		tsʰiaŋ³⁵⁻³³ ŋi⁵⁵ sai³⁵⁻³³ ʒit⁵⁻³² ha³³ vui³³ 請你徙一下位。
		席をゆずってください（請你讓一下位。）
ŋia²¹	□	うつす・よる（挪移；依靠、to transfer；to keep near to）
		ŋia²¹ ko²¹ loi⁵⁵ □過來。
		よってくる（靠過來。）
ʒe⁵³	挪	うつす（挪移、to transfer）
sai³⁵	徙	
tʰin⁵⁵ tɕi³⁵	停止	とまる・停止する（停止、to stop）
kʰoi⁵³ ʃi³³/³⁵	開始	はじめる・開始する（開始、to start）
ki²¹ siuk³²	繼續	つづける・継続する（繼續、to continue）
sot⁵	□	おえる・おわる（完、to end）
		sot⁵ le⁵³ □了。
		おわった（完了。）
tsʰiuŋ⁵⁵	從	…から（從, 打、from）
ʒiu⁵⁵	由	
		tsʰiuŋ⁵⁵ tuŋ⁵³ fien³⁵ voŋ⁵³ si⁵³ fien³⁵ 從東□往西□。
		ʒiu⁵⁵ tuŋ⁵³ voŋ⁵³ si⁵³ 由東往西。
		東から西へ（從東邊往西邊。）
loi⁵⁵	來	くる（來、to come）
hi²¹	去	いく（去、to go）
ʃoŋ⁵³	上	あがる・のぼる（上、to ascend）
ha⁵³	下	おりる・くだる（下、to descend）
lok³²	落	
lok³²	落	はいる（進、to enter）
ŋip³²	入	〈「ŋip³² 入」は使用頻度がひくい。〉

		{lok³² / ŋip³²} loi⁵⁵ {落 / 入} 來。
		はいってくる（進來。）
		haŋ⁵⁵ {lok³² / ŋip³²} loi⁵⁵ 行 {落 / 入} 來。
		あるいてはいってくる（走進來。）
tʃʰut⁵	出	でる（出、to exit）
tʃon³⁵	轉	かえる・もどる（回、to return）
		tʃon³⁵⁻³³ vuk⁵⁻³² ha⁵³ 轉屋下。
		家にかえる（回家。）
		tʃon³⁵ loi⁵⁵ 轉來。
		かえってくる（回來。）
ko²¹	過	すぎる（過、to cross）
tsʰien⁵⁵ tsin²¹	前進	前にすすむ・前進する（往前進、to advance）
tsin²¹ tsʰien⁵⁵	進前	
tʰui²¹ heu³³	退後	ひく・後退する（往後退、to retreat）
tʃon³⁵⁻³³ ko²¹ loi⁵⁵	轉過來	向きをかえる（轉過來、to turn around）
ʒau⁵³ ko²¹ hi²¹	繞過去	まわり道をしてゆく（繞過去、to go around）
tʃon³⁵⁻³³ van⁵³	轉彎	（かどを）まがる（拐彎、to turn a corner）
ʒau⁵³ kʰen⁵³ nə⁵⁵	繞圈仔	まわり道をする（繞圈子、to go around in a circle）
vui⁵⁵ to³⁵	圍倒	とりかこむ（圍住、to surround）
haŋ⁵⁵ foŋ⁵³ pʰu³³	行方步	おおまたでゆっくりあるく（踱方步、to pace back and forth）

XXV. コピュラ・存在（存現 Copula, Existential）

he²¹	係	…だ・…である（是、to be）
		m̩⁵⁵ he²¹ 唔係。
		…ではない（不是。）
tsʰioŋ²¹	像	…のようだ（像、to resemble）

ʒiu⁵³	有	ある・いる・もっている（有、existential verb, to have）
mo⁵⁵	無	ない・いない・もっていない（沒有、not have ; there is not）
tʃʰut⁵⁻³² hien²¹/³³	出現	あらわれる（出(現)、to appear）〈「現」の声調は陰去 (21 調) が一般的。陽去 (33 調) はあまり使用されない。〉
m̩⁵⁵ kien²¹ tʰet⁵ ta³⁵⁻³³ m̩⁵⁵ kien²¹	唔見掉 打唔見	みえなくなる・なくなる（不見了、to disappear）〈この場合「見」は ken²¹ ではない。〉
tiet⁵⁻³² tʰet⁵	跌掉	（ものを）なくしてしまう（遺失、to lose (thing)）
pien²¹	變	かわる・かえる（變、to change）

XXVI. 数量・数 (數量, 數目 Quantity, Numbers)

| to⁵³ | 多 | おおい（多、many ; much）〈重畳型は形成しない。〉 |

m̩⁵⁵ to⁵³ 唔多。
おおくない（不多。）
lia⁵⁵ tʃak⁵ hok³² kau³⁵ hok³² saŋ⁵³ ŋə⁵⁵ m̩⁵⁵ to⁵³
□隻學校學生仔唔多。
ここの学校は学生がおおくない（這個學校學生不多。）
ŋi⁵⁵ e²¹ hok³² kau³⁵ hok³² saŋ⁵³ ŋə⁵⁵ to⁵³ mo⁵⁵?
你□學校學生仔多無？
あなたの学校は、学生はおおいか（你的學校學生多嗎？）

| ʃau³⁵ | 少 | すくない（少、not many） |

⟨「m⁵⁵ 唔」や「mo⁵⁵ 無」では否定しない。また、重疊型は形成しない。⟩

lia⁵⁵ tʃak⁵ hok³² kau³⁵ hok³² saŋ⁵³ ŋə⁵⁵ toŋ⁵³ ʃau³⁵
□隻學校學生仔當少。
この学校は学生がすくない（這個學校學生很少。）

so³⁵ ʒiu⁵³	所有	あらゆる・全部（所有, 全部、all）
tsʰion⁵⁵ pʰu³³	全部	
mui⁵³	每	それぞれ・すべて（每、every）

mui⁵³ ʒit⁵⁻³² tʃak⁵ 每一隻。
ひとつひとつ（每一個。）

{tsʰin³³ / toŋ⁵³ / an⁵³} kiu³⁵	{盡 / 當 / □} 久	
		ひさしい（很久、very long (in time)）
kui⁵³ tʃak⁵	規隻	全体・全部（整個、whole）
tsʰion⁵⁵ tʃak⁵	全隻	
ʒit⁵⁻³² pan²¹	一半	半分（一半、half）
tʰai³³ pan²¹	大半	ほとんど・大部分（大半、greater half）
se²¹ pan²¹	細半	半分よりもすくない量（小半、smaller half）
tʃak⁵ pan²¹	隻半	1個半（一個半、one and a half）
ʒit⁵⁻³² pʰoi³³	一倍	2倍（一倍、twice as much/many）

lia⁵⁵ (tʃak⁵) kiuŋ⁵³ tsiau⁵³ pi³⁵⁻³³ pʰu⁵³ tʰuŋ⁵³ kui²¹ ka⁵³ ʒit⁵⁻³² pʰoi³³
□(隻)芎蕉比普通貴加一倍。
このバナナは普通のよりも倍たかい（這個香蕉比普通的貴一倍。）

| ʃin⁵⁵ | 成 | 割（成、percentage） |

ʒit⁵⁻³² ʃin⁵⁵ 一成。
1割（一成。）
ʃin⁵⁵ pan²¹ 成半。
1割5分（一成半。）

| tsen²¹ ka⁵³ | 增加 | ふえる・増加する（増加、to increase） |
| son²¹ | 算 | かぞえる；計算する（數；算、to count；to |

XXVI. 数量・数 (數量, 數目 Quantity, Numbers)   395

| tiam³⁵ | 點 | | calculate, to count) |

(1) son²¹ son²¹ kʰon²¹ 算算看。
(2) tiam³⁵⁻³³ kʰon²¹ 點看。
かぞえてみる (數數看。)

ka⁵³	加	たす (加、to add)
kam³⁵	減	ひく (減、to subtract)
ʃin⁵⁵	乘	かける (乘、to multiply)
kʰa³³ kʰe⁵⁵ lu⁵³	□□□	〈「kʰa³³ kʰe⁵⁵ lu⁵³ □□□」は日本語由来。加減乘除のことばの中では，日本語由来のものはこれが唯一である。〉
tʃʰu⁵⁵	除	わる (除、to divide)
ʒit⁵	一	一 (一、one)
ŋi³³	二	二 (二、two)
lioŋ³⁵	兩	
sam⁵³	三	三 (三、three)
si²¹	四	四 (四、four)
ŋ̍³⁵	五	五 (五、five)
liuk⁵	六	六 (六、six)
tsʰit⁵	七	七 (七、seven)
pat⁵	八	八 (八、eight)
kiu³⁵	九	九 (九、nine)
ʃip³²	十	十 (十、ten)
laŋ⁵⁵	零	零 (零、zero)
ŋi³³ ʃip³²	二十	二十 (二十、twenty)
sam⁵³ ʃip³²	三十	三十 (三十、thirty)
si²¹ ʃip³²	四十	四十 (四十、forty)
ʒit⁵⁻³² pak⁵	一百	百 (一百、a hundred)
ʒit⁵⁻³² pak⁵ kʰuŋ²¹ ʒit⁵	一百空一	百十 (一百零一、hundred and one)
ʒit⁵⁻³² tsʰien⁵³	一千	千 (一千、a thousand)
ʒit⁵⁻³² van³³	一萬	一万 (一萬、ten thousand)

ʃip³² ko²¹ tʃak⁵	十過隻	10個あまり（十多個，十來個、ten odd）
pak⁵⁻³² kʰuŋ²¹	百空	何百（成百、hundreds）
tsʰien⁵³ kʰuŋ²¹	千空	何千（成千、thousands）
tʰeu⁵⁵ ʒit⁵⁻³² tʃak⁵	頭一隻	最初の1つ（頭一個、the first one）
tsui²¹ mui⁵³ ʒit⁵⁻³² tʃak⁵	最尾一隻	最後の1つ；最後（最後一個、the last one；the last）
kon²¹ kiun⁵³	冠軍	優勝者（冠軍、champion）
a⁵³ kiun⁵³	亞軍	準優勝者（亞軍、runner-up）
ki²¹ kiun⁵³	季軍	第三位（季軍、the third）
tʰien³³ kiun⁵³	殿軍	最下位（殿軍、last in a competition）
su²¹ muk⁵	數目	数・額（數目、number）
ho³³ su²¹	號數	番号（號數、numbering）
ʃoŋ³³ ha⁵³	上下	くらい・前後（上下、more or less）
kam³⁵⁻³³ ʃau³⁵	減少	へる・減少する（減少、to decrease）
kit³² to⁵³ ʃin⁵⁵	幾多成	何割（幾成、how many 10th）
kit³² to⁵³ fun⁵³	幾多分	何分（幾分(1/100)、how many percent）

XXVII. 代詞・不定の表現（代詞, 不定詞 Pronoun, Indefinite Words）

ŋai⁵⁵	我	〔第一人称単数〕わたし（我、I' PRO 1stsg.）
ŋi⁵⁵	你	〔第二人称単数〕あなた（你、you (thou)' PRO 2nd sg.）
ki⁵⁵	佢	〔第三人称単数〕彼・彼女・それ（他、he, she' PRO 3rd.）〈標準中国語の「他／她／它」と同様，生物(animate)／無生物(inanimate)の対立はない。〉
ŋai⁵⁵ teu⁵³ (sa⁵⁵)	我□(儕)	〔第一人称複数排除形〕わたしたち（我們、PRO first exclusive plural）

XXVII. 代詞・不定の表現（代詞, 不定詞 Pronoun, Indefinite Words） 397

en^{53} ŋi^{55} teu^{53} (sa^{55})	□你□(儕)	〔第一人称複数包括形〕わたしたち（咱們、first inclusive plural）〈「わたし＋あなたたち」という意味である。〉
en^{53} ŋi^{55}	□你	〔第一人称複数包括形〕わたしたち（咱們、first inclusive plural）〈「わたし＋あなた」という意味である。〉
ŋi^{55} teu^{53} (sa^{55})	你□(儕)	〔第二人称複数〕あなたたち（你們、you (ye)' PRO 2nd pl.）
ki^{55} teu^{53} (sa^{55})	佢□(儕)	〔第三人称複数〕彼ら・彼女ら・それら（他們、they' PRO 3rd pl.）
kai^{55} teu^{53} (sa^{55})	□□(儕)	
tʰai^{33} ka^{53}	大家	みんな（大家、we all, all of us）
tsʰit^{32} ka^{53}	自家	自分（自己、self）
tsʰɨ^{33} ki^{35}	自己	〈「tsʰit^{32} ka^{53} 自家」は教養のない人が、「tsʰɨ^{33}
tsʰɨ^{33} ka^{53}	自家	ki^{35} 自己」は教養のある人がもちいる。〉
ŋin^{55} ka^{53} ({kai^{21} / e^{21}})	人家({個/□})	
ŋin^{55}	人	他の人・他人（人家、other people ; I）pun^{53} ŋin^{55} ti^{53} to^{35} 分人知倒。他人にしられる（被人家知道。）
pʰiet^{32} ŋin^{55}	別人	他人（別人、others）
pʰiet^{32} sa^{55}	別儕	〈「別 pʰiet^{32}」の介音 i は往々にして弱化して、脱落することがおおい。〉
ŋin^{55} ŋin^{55}	人人	だれも・どの人も（人人、everyone, all）
mui^{53} kai^{21} ŋin^{55}	每個人	ひとりひとり・各人（每個人、each one）
mui^{53} tʃak^{5} ŋin^{55}	每隻人	〈「mui^{53} kai^{21} ŋin^{55} 每個人」の方がやや上品である。〉
lioŋ^{35} kai^{21} ŋin^{55}	兩個人	2人（兩個人、both）
lioŋ^{35} sa^{55}	兩儕	〈量詞「tʃak^{5} 隻」をもちいることはできない。〉
ʒit$^{5-32}$ tʃak^{5} ʒit$^{5-32}$ tʃak^{5}	一隻一隻	ひとつひとつ・1人1人（一個一個、one

ʒit⁵⁻³² kai²¹ ʒit⁵⁻³² kai²¹	一個一個	by one)
		〈主として「tʃak⁵ 隻」はものに,「kai²¹ 個」は人につかう。〉
fu²¹ sioŋ⁵³ (poŋ⁵³ moŋ⁵⁵)	互相(幫忙)	たがいに（たすけあう）（互相(幫忙)、mutually (mutually help each other))
kok⁵⁻³² kok⁵	各各	めいめい・各自（各自、individually)
ŋai⁵⁵ {kai²¹ / e²¹}	我{個/□}	わたしの（我的、possessive pronouns, mine)
ŋoi⁵³ e²¹	□□	〈「ŋoi⁵³ e²¹ □□」は「ŋai⁵⁵ e²¹ 我□」のおどけたいいかた。〉
ŋi⁵⁵ {kai²¹ / e²¹}	你{個/□}	あなたの（你的、yours (sg.))
ŋia⁵⁵	□	〈「ŋia⁵⁵ □」は人間関係や所属組織にもちいる。〉
ki⁵⁵ {kai²¹ / e²¹}	佢{個/□}	彼の・彼女の・それの（他的、his, hers)
kia⁵⁵	□	〈「kia⁵⁵ □」は人間関係や所属組織にもちいる。〉
ŋai⁵⁵ teu⁵³ (sa⁵⁵) {kai²¹ / e²¹}	我□(儕){個/□}	〔排除形〕わたしたちの（我們的、ours (excl.))
en⁵³ ŋi⁵⁵ {kai²¹ / e²¹}	□你{個/□}	〔包括形〕わたしたちの（咱們的、ours (incl.))
en⁵³ ŋi⁵⁵ teu⁵³ (sa⁵⁵) {kai²¹ / e²¹}	□你□(儕){個/□}	
ŋi⁵⁵ teu⁵³ (sa⁵⁵) {kai²¹ / e²¹}	你□(儕){個/□}	あなたたちの（你們的、yours (pl.))
ki⁵⁵ teu⁵³ (sa⁵⁵) {kai²¹ / e²¹}	佢□(儕){個/□}	彼らの・彼女たちの・それらの（他們的、theirs)
lia⁵⁵ (tʃak⁵)	□(隻)	これ・この（這個、this)
lia⁵⁵ kai²¹	□個	〈「lia⁵⁵ kai²¹ □個」は人にもちいる。〉
kai⁵⁵ (tʃak⁵)	□(隻)	あれ・あの（那個、that)

XXVII. 代詞・不定の表現（代詞,不定詞 Pronoun, Indefinite Words）　399

kai⁵⁵ kai²¹	□個	〈「kai⁵⁵ kai²¹ □個」は人にもちいる。〉
lia⁵⁵ teu⁵³	□□	これら（這些、these）
kai⁵⁵ teu⁵³	□□	あれら（那些、those）
lia⁵⁵ (vui³³)	□(位)	ここ（這裡、here）
kai⁵⁵ (vui³³)	□(位)	あそこ（那裡、there）
lia⁵⁵ pʰien³⁵	□片	こちらがわ（這邊、this side）
kai⁵⁵ pʰien³⁵	□片	あちらがわ（那邊、that side）
lia⁵⁵ tsʰin³³ (ho³⁵)	□盡(好)	こんなに（よい）（這麼(好)、this much）
lia⁵⁵ toŋ⁵³ (ho³⁵)	□當(好)	
lia⁵⁵ an⁵³ (ho³⁵)	□□(好)	
kai⁵⁵ tsʰin³³ (ho³⁵)	□盡(好)	あんなに（よい）（那麼(好)、that much）
kai⁵⁵ toŋ⁵³ (ho³⁵)	□當(好)	
kai⁵⁵ an⁵³ (ho³⁵)	□□(好)	
lia⁵⁵ an⁵⁵ ŋioŋ⁵⁵ ŋin⁵⁵ (tso²¹)	□□□□(做)	このように（する）（這麼(做)、in this way）
kai⁵⁵ an⁵⁵ ŋioŋ⁵⁵ ŋin⁵⁵ (tso²¹)	□□□□(做)	あのように（する）（那麼(做)、in that way）
lia⁵⁵ ʒoŋ³³	□樣	こんな（這樣、like this）
kai⁵⁵ ʒoŋ³³	□樣	あんな（那樣、like that）
ma³³ sa⁵⁵	□儕	だれ（誰、who?）
lai³³ teu⁵³ sa⁵⁵	□□儕	どの人（哪些人、who?）
mak³² kai²¹	□個	なに（什麼、what?）
lai³³ tʃak⁵	□隻	どれ・どちら（哪個、which one?）
lai³³ teu⁵³	□□	どれ（哪些、which?）〈複数〉
	lai³³ teu⁵³ tuŋ⁵³ si⁵³ □□東西?	
	どれであるか（哪些東西?）	
	── {lia⁵⁵ / kai⁵⁵} teu⁵³ {□/□} □。	
	{これら／あれら}だ（{這/那}些。）	
lai³³ vui³³	□位	どこ（哪兒、where?）〈lai は nai³³ とも。〉
lai³³ pʰien³⁵	□片	どちらがわ（哪邊、which side?）
kit³² ʃi⁵⁵	幾時	いつ（什麼時候、when?）
mak³² kai²¹ ʃi⁵⁵ tsiet⁵	□個時節	

mak³² kai²¹ ʃi⁵⁵ heu³³	□個時候	
mak³² kai²¹ ʃi⁵⁵ kien⁵³	□個時間	
mak³² kai²¹ ɲit⁵⁻³² lə⁵⁵	□個日仔	いつ・どの日（哪天、which day）
lai³³ ɲit⁵	□日	
ɲioŋ³³ pan⁵³ ɲin⁵⁵ tso²¹	□般□做	どのようにする（怎麼做、how (to do?) -manner-）
	ɲioŋ³³ pan⁵³ ɲin⁵⁵ {koŋ³⁵ / sia³⁵} □般□{講 / 寫}? どのように{いう／かく}か（怎麼{講 / 寫}?）	
vui³³ lo³³ mak³² kai²¹	為□□個	なぜ（為什麼、why?）
tso²¹ mak³² kai²¹	做□個	
	ŋi⁵⁵ {vui³³ lo³³ mak³² kai²¹ / tso²¹ mak³² kai²¹} oi²¹ hi²¹? 你{為□□個 / 做□個}愛去？ あなたはなぜゆかねばならないのだ（你為什麼要去？）	
ɲioŋ³³ pan⁵³ ɲin⁵⁵	□般□	どうか・どうであるか（怎麼樣、how）
aːn³⁵ (ho³⁵)	□(好)	なんて（よいことか）・どんなに（よいことか）（多麼（好！）、how (good!) -degree-）〈「aːn³⁵ □」は強調したときの語形である。普通は陰平（53 調）で、「an⁵³ ho³⁵ □好」のようにいう。また、語気をより強める場合は、「o²¹ □」「a²¹ □」などの語気助詞をくわえる。「aːn³⁵ ho³⁵ {o²¹ / a²¹} □好{□/□}！」（なんていいんだ！）〉
kit³² to⁵³ tʃak⁵	幾多隻	いくつ（幾個？（十個以內）how much/how many (less than ten)）
kit³² to⁵³ {sa⁵⁵ / kai²¹}	幾多{儕 / 個}	〈量詞「tʃak⁵ 隻」はものに、「sa⁵⁵ 儕」「kai²¹ 個」は人にもちいる。10 以上を想定してたずねる場合は、「kit³² to⁵³ {ʃip³² / pak⁵⁻³²...} tʃak⁵ 幾多{十 / 百...}隻」（いく十／いく百））と

XXVII. 代詞・不定の表現（代詞, 不定詞 Pronoun, Indefinite Words）　401

		いう。また、「ʃip³² ki³⁵ tʃak⁵ 十幾隻」（十いくつ）・「pak⁵⁻³² ki³⁵ tʃak⁵ 百幾隻」（百いくつ）・「tsʰien⁵³ ki³⁵ tʃak⁵ 千幾隻」（千いくつ）は概数である。〉
kia³³ kai²¹	□個	いくつも（好幾個、a number of）〈「kia³³ □」は「ki³⁵⁻³³ a³³ 幾□」の融合音である。〉
kit³² kiu³⁵	幾久	（時間のながさが）どのくらいか（多久、how long (in time)）
ʒit⁵⁻³² sut⁵	一□	いくつか（一些、some (number)）
ʒit⁵⁻³² tiam³⁵	一點	すこし（一點、a little, some (quantity)） ʃit³² tʰet⁵ {ʒit⁵⁻³² tiam³⁵ / ʒit⁵⁻³² sut⁵} 食掉 {一點 / 一□}。 すこしたべた（吃了一點。） lim⁵³ tʰet⁵ {ʒit⁵⁻³² tiam³⁵ / ʒit⁵⁻³² sut⁵} □掉 {一點 / 一□}。 すこしのんだ（喝了一點。）
ʒit⁵⁻³² ha³⁵ (ə⁵⁵)	一下(仔)	しばらく（一會, 一下、a little while） ŋi⁵⁵ ten³⁵⁻³³ ŋai⁵⁵ ʒit⁵⁻³² ha³⁵ (ə⁵⁵) 你等我一下(仔)。 わたしをしばらくまってください（你等我一下。）
si³³ tsʰin⁵⁵	事情	こと（事情、matter）
ŋien⁵⁵ ʒin⁵³	原因	わけ・原因（緣故；原因、reason; cause）
ʒan⁵⁵ ku²¹	緣故	
fap⁵	法	やりかた・方法（法子, 方法、method, way）
mo⁵⁵ pʰan³³ fap⁵	無辦法	方法がない・どうしようもない（沒辦法、there is no way to, can do nothing about）
mo⁵⁵ fap⁵	無法	
tsʰin⁵⁵ kʰoŋ³⁵	情況	状況・様子（情況、condition）
nui³³ ʒuŋ⁵⁵	內容	
		mak³² kai²¹ {tsʰin⁵⁵ kʰoŋ³⁵ / nui³³ ʒuŋ⁵⁵} □個 {情況 / 內容}？ どのような様子か（甚麼情況？）
fan⁵⁵ kin²¹	環境	環境（環境、environment, circumstances）

tan⁵³ kai²¹ ŋin⁵⁵	單個人	ひとりで（一個人, 單獨、alone）	
ʒit⁵⁻³² kai²¹ ŋin⁵⁵	一個人	〈「tan⁵³ sa⁵⁵ 單儕」「ʒit⁵⁻³² sa⁵⁵ 一儕」は「人」	
tan⁵³ sa⁵⁵	單儕	はくわえない。〉	
ʒit⁵⁻³² sa⁵⁵	一儕		
kʰiuŋ³³ ha³³	共下	ともに・集団で（集體、ingreat numbers）	
		kʰiuŋ³³ ha³³ loi⁵⁵ hi²¹ 共下來去。	
		集団でゆこう（集體去。）	

XXVIII. 副詞（副詞 Adverbs）

ʒa³⁵	也	も（也、also）	
		ki⁵⁵ he²¹ tʰoi⁵⁵ van⁵⁵ ŋin⁵⁵, ŋai⁵⁵ ʒa³⁵⁻³³ he²¹ tʰoi⁵⁵ van⁵⁵ ŋin⁵⁵	
		佢係台灣人，我也係台灣人。	
		彼は台湾人だ。わたしも台湾人（他是臺灣人，我也是臺灣人。）	
ʒiu⁵⁵/³⁵	又	また（又、also, in addition）	
		ki⁵⁵ ʒiu⁵⁵/³⁵ loi⁵⁵ le⁵³ 佢又來了。	
		彼はまたきた（他又來了。）	
tʰuŋ⁵³ pʰaŋ⁵⁵	通□	みな・すべて（都, 全；統統、all ; entirely）	
tʰuŋ⁵³ tʰuŋ⁵³	通通	〈「loŋ⁵⁵ □」は閩南語由来。〉	
tsʰion⁵⁵	全		
tsʰion⁵⁵ pʰu³³	全部		
tsuŋ³⁵⁻³³ ha³³	總下		
loŋ⁵⁵	□		
		lia⁵⁵ teu⁵³ tuŋ⁵³ si⁵³ {---} he²¹ ŋai⁵⁵ teu⁵³ {kai²¹ / e²¹}	
		□□東西 {---} 係我□ {個 / □}。	
		これらはみなわたしたちのものだ（這些東西都是我們的。）	
		ki⁵⁵ teu⁵³ (sa⁵⁵) {---} na⁵³ tseu³⁵ (le⁵³)	

XXVIII. 副詞（副詞 Adverbs）　403

佢□(儕){---}拿走(了)。
彼らは全部もっていった（他們統統拿走了。）

tsak³² ko³⁵　　　□□　　ふたたび・また・もう…（再、again）
　tsai²¹ ko³⁵　　　再□　　〈いずれも「tsai²¹ ko²¹ 再過」に由来すると
　　　　　　　　　　　　　　かんがえられる。〉
ʒiu⁵³ han⁵⁵ tsak³² ko³⁵ loi⁵⁵ 有閒□□來。
ひまがあったらまたきなさい（有空再來。）
〈青年層は中国標準語の「再來」をそのまま客家語
音をもちいて「tsai²¹ loi⁵⁵ 再來」ともいう。〉
tsak³² ko³⁵ ʒit⁵⁻³² kon²¹ loi⁵⁵ □□一罐來。
もう一本（再一瓶。）
〈飲食店でビールなどを追加注文する場合にもちい
る。〉
{tsak³² ko³⁵/ tsai²¹ ko³⁵} ʃit³² (ka⁵³) ʒit⁵⁻³² tiam³⁵
{□□/再□} 食(加)一點。
もうすこしたべなさい（再吃一點吧。）
〈一般的に「ka⁵³ 加」をくわえる。〉

naŋ³³ ŋoi³³　　　　另外　　ほかに（另外、additionally）
kin⁵³ pu⁵³ ŋit⁵ ʒiu⁵³ sɨ³³ tsʰin⁵⁵, ŋai⁵⁵ teu⁵³ (sa⁵⁵) naŋ³³
ŋoi³³ tsak³² ko³⁵ tsʰim⁵⁵ ʃi⁵⁵ kien⁵³ loi⁵⁵ koŋ³⁵
今晡日有事情，我□(儕)另外□□尋時間來講。
今日は用事があるので、わたしたちはほかに時間を
みつけてはなそう。（今天有事，我們另外再找時間
說吧。）

tu³³ (tu³³) ho³⁵　　□(□)好　おりよく・ちょうど（正好、exactly）
tu³³ ho³⁵ ŋi⁵⁵ loi⁵⁵ tʰen²¹ ʃiu³⁵ □好你來□手。
ちょうどあなたが手伝いにきてくれた（正好你來幫
忙。）

tʃaŋ²¹　　　　　　正　　　ただ・だけ（只、only）
　sɨ⁵⁵　　　　　　□

(1) lia⁵⁵ vui³³ tʃaŋ²¹ ʒit⁵⁻³² kai²¹ ŋin⁵⁵ (tʰin³³ nin³³)
　□位正一個人(□□)。
(2) lia⁵⁵ vui³³ si⁵⁵ ʒiu⁵³ ʒit⁵⁻³² kai²¹ ŋin⁵⁵ tʰin³³ nin³³
　□位□有一個人□□。
　ここにはひとりしかいない（這裡只有一個人(而已)）。

tan⁵³ tan⁵³	單單	ただ・だけ・ばかり（光、merely）
tʃon⁵³ (tʃon⁵³)	專(專)	
tʃon⁵³ mun⁵⁵	專門	

{---} ʃit³² ŋiuk⁵ m̩⁵⁵ ho³⁵ {---} 食肉唔好。
肉ばかりたべるのはよくない（光吃肉不好。）

ʒit⁵⁻³² kʰiuŋ³³	一共	全部で・あわせて（一共, 總共、all together）
tʰuŋ⁵³ tʰuŋ⁵³	通通	
tsʰion⁵⁵ pʰu³³	全部	
tsuŋ³⁵⁻³³ ha³³	總下	

{---} ʒit⁵⁻³² pak⁵ {kai²¹ ŋiun⁵⁵ / ke⁵⁵}
{---} 一百 {個銀 / □}。
あわせて 100 元だ（一共一百塊錢。）

tʰai³³ ʒok⁵	大約	大体・およそ（大約, 約摸 about, approximately）
tʰai³³ tʰi³⁵	大體	

{---} ʒiu⁵³ ŋ̍³⁵ pak⁵ {sa⁵⁵ / kai²¹ ŋin⁵⁵}
{---} 有五百 {儕 / 個人}。
およそ 500 人いる（大約有五百個人。）

tsʰa⁵³ (ʒit⁵⁻³²) tiam³⁵	差(一)點	もうすこしで・ほぼ（差點, 幾乎、almost）
tsʰa⁵³ (ʒit⁵⁻³²) sut⁵	差(一)□	

{---} mo⁵⁵ fu²¹ to³⁵ {---} 無赴倒。
もうすこしで間にあわなかった（差點沒有趕上。）

ŋai⁵³ ŋai⁵³ ɔ⁵⁵	□□仔	大体・ほとんど（差一點、almost）

ŋai⁵³ ŋai⁵³ ɔ⁵⁵ kʰiuŋ³³ ʒoŋ³³ □□仔共樣。
大体おなじだ（差不多一樣。）

XXVIII. 副詞（副詞 Adverbs） 405

| sɨ⁵⁵ | □ | わずか・やっと（僅、scarcely, barely） |

sɨ⁵⁵ lia⁵⁵ teu⁵³ □□。
わずかこれらだけ（只這些。）
sɨ⁵⁵ lia⁵⁵ tʃak⁵ □□隻。
わずかこれだけ（只這個。）

| tsʰo³³ lin³³ pʰai²¹ | □□□ | いっそのこと（索性、might as well, all the way） |

ʒi⁵⁵ kin⁵³ to²¹ sin⁵³ tʃuk⁵, tsʰo³³ lin³³ pʰai²¹ to²¹ tʰoi⁵⁵ pet⁵ kʰon²¹ kʰon²¹
已經到新竹, □□□到台北看看。
もう新竹についたのだから、いっそのこと台北見物にいってみよう（已經到了新竹，索性到台北看看吧。）

| ʃoŋ³³ | 上 | 前の・先の（上(個禮拜)、previous） |

ʃoŋ³³ (tʃak⁵) {li⁵³ pai²¹ / sen⁵³ kʰi⁵⁵}上(隻){禮拜 / 星期}。
先週（上個星期。）
ʃoŋ³³ tʃak⁵ ŋiet³² 上隻月。
先月（上個月。）

| ha³³ | 下 | つぎの（下(個禮拜)、next month） |

ha³³ (tʃak⁵) {li⁵³ pai²¹ / sen⁵³ kʰi⁵⁵}下(隻){禮拜 / 星期}。
来週（下個星期。）
ha³³ tʃak⁵ ŋiet³² 下隻月。
来月（下個月。）

li⁵⁵ ha³³	□下	いま（現在、now）
lia⁵⁵ ha³³	□下	
tsʰiam³³ (ʃi⁵⁵)	暫(時)	しばらく（暫時, 暫且、temporarily）

ki⁵⁵ tsʰiam³³ ʃi⁵⁵ {put⁵⁻³² nen⁵⁵ loi⁵⁵ / tso²¹ m̩⁵⁵ tet⁵ loi⁵⁵ / loi⁵⁵ m̩⁵⁵ tet⁵}
佢暫時{不能來 / 做唔得來 / 來唔得}。
彼はしばらくこられない（他暫時不能來了。）

lia⁵⁵ vui³³ (ŋioŋ²¹) pun⁵³ ŋai⁵⁵ kai²¹ tʃʰa³⁵ ɔ⁵⁵ tsʰiam³³ ʃi⁵⁵ tʰin⁵⁵ ʒit⁵⁻³² ha³³

□位(讓)分我個車仔暫停一下。

ここにわたしの車をしばらくとめさせてください

(這裡讓我的車子暫停一下。)

〈ŋioŋ²¹ 讓〉をつけると謙虚なニュアンスになる。〉

tsioŋ⁵³ loi⁵⁵	將來	将来 (將來、in the future)
vui⁵³/³³ loi⁵⁵	未來	未来 (未來、future)
tsioŋ⁵³ loi⁵⁵	將來	
ʒuŋ³⁵⁻³³ kiu³⁵	永久	永遠・永久 (永遠, 永久、forever)
kʰuai²¹	快	まもなく・もうすぐ (快, 將近、soon)

{kʰuai²¹ / voi³³} to²¹ sam⁵³ ŋiet³² le⁵³ {快/會} 到三月了。

もうすぐ三月になる (快到三月了。)

heu³³ loi⁵⁵	後來	それから・あとで (後來、later)
sen⁵³	先	まず・先に (先、first)

ŋai⁵⁵ sen⁵³ {tseu³⁵ / haŋ⁵⁵} le⁵³ 我先 {走/行} 了。

先にいきます (我先走了。)

si³³ sien⁵³	事先	前もって (預先, 事先、beforehand)

si³³ sien⁵³ tʰuŋ⁵³ ti⁵³ 事先通知。

前もって通知する (預先通知。)

tʃʰin³³ tso³⁵	趁早	はやめに (趁早、to start early)

tʃʰin³³ tso³⁵ tʃʰut⁵⁻³² fat⁵ 趁早出發。

はやめに出發する (趁早出發。)

kiak⁵⁻³² kiak⁵	□□	はやく・いそいで (趕快、quickly)

kiak⁵⁻³² kiak⁵ tʃon³⁵ hi²¹ □□轉去。

いそいでかえっていく (趕快回去。)

kʰioŋ⁵⁵ kʰioŋ⁵⁵	強強	すぐに (很快, 一下子、soon)
ma⁵³ ʃoŋ³³	馬上	すぐ・ただちに (馬上, 立刻、immediately)

ma⁵³ ʃoŋ³³ {tseu³⁵ / haŋ⁵⁵} 馬上 {走/行}。

すぐにいく (馬上走。)

XXVIII. 副詞（副詞 Adverbs） 407

tshiu³³　　　　　就　　すぐ・じきに（就、right away）

(ko²¹) ʒit⁵⁻³² ha³⁵ ə⁵⁵, ki⁵⁵ tshiu³³ tʃon³⁵ loi⁵⁵ le⁵³

(過)一□仔，佢就轉來了。

しばらくしたら，彼はすぐにかえってきた（過一會兒，他就回來了。）

sui⁵⁵ ʃi⁵⁵　　　　隨時　　いつでも・つねに（隨時、at any time）

ʒiu⁵³ mak³² kai²¹ mun²¹ thi⁵⁵, sui⁵⁵ ʃi⁵⁵ {loi⁵⁵ thien³³ fa²¹ / ta³⁵⁻³³ thien³³ fa²¹ loi⁵⁵}

有□個問題，隨時{來電話/打電話來}。

なにか質問があれば，いつでも電話してください（有什麼問題，隨時來電話。）

ʃoŋ⁵⁵ ʃoŋ⁵⁵　　　常常　　しばしば・よく；いつも（常常；總是，老是、often；always）

ki⁵⁵ ʃoŋ⁵⁵ ʃoŋ⁵⁵ loi⁵⁵ lia⁵⁵ vui³³ 佢常常來□位。

彼はしばしばここにくる（他常常來這裡。）

ʒit⁵⁻³² to²¹ laŋ⁵³ thien⁵³, ki⁵⁵ ʃoŋ⁵⁵ ʃoŋ⁵⁵ laŋ⁵³ to³⁵

一到冷天，佢常常冷倒。

冬になると彼はいつも風邪をひく（一到冬天，他總是感冒。）

lun⁵⁵ liu⁵⁵　　　　輪流　　順番に・かわるがわる（輪流、in turn）

lun⁵⁵ liu⁵⁵ tʃit³² pan⁵³ 輪流值班。

順番に当番になる（輪流值班。）

m̩⁵⁵ tu³³ ho³⁵　　　唔□好　　偶然に・たまたま（偶然、casually, by chance）
　an⁵³ tu³³ ho³⁵　　　□□好
　tu³³ tu³³ ho³⁵　　　□□好

lu³³ ʃoŋ³³ {---} tu⁵⁵ to³⁵⁻³³ ki⁵⁵ 路上 {---} □倒佢。

途中偶然彼にであった（路上偶然碰上了他。）

tʃaŋ²¹　　　　　正　　ようやく・やっと（才、then and only then）

a:n³⁵ {am²¹ / ʒa³³}, ki⁵⁵ tʃaŋ²¹ tʃon³⁵ loi⁵⁵

□{暗/夜}，佢正轉來。

		こんなにおそくなって，彼はやっとかえってきた（這麼晚，他才回來。）
tsʰiuŋ⁵⁵ loi⁵⁵ m̩⁵⁵	從來唔	いままで…ない（從來不、so far never）
		tsʰiuŋ⁵⁵ loi⁵⁵ m̩⁵⁵ tʰuŋ⁵⁵ ŋin⁵⁵ sioŋ⁵³ tsʰau⁵⁵
		從來唔同人相吵。
		いままで人とけんかをしていない（從來不跟人家吵架。）
ʒit⁵⁻³² hioŋ²¹	一向	いままでずっと・平素・いつも（一向、
ʒit⁵⁻³² tan³⁵	一□	usually）
tsʰiuŋ⁵⁵ loi⁵⁵	從來	
ʒit⁵⁻³² tʃʰit³²	一直	
		ki⁵⁵ {---} {tsʰin³³ / toŋ⁵³} kʰen³³ kʰoŋ⁵³
		佢 {---}{盡 / 當} 健康。
		彼はいつもたいへん元気だ（他一向很健康。）
tʃʰit³² tʃʰit³²	直直	ずっと・まっすぐ（一直、all the time）
		hioŋ²¹ tsʰien⁵⁵ tʃʰit³² tʃʰit³² haŋ⁵⁵ 向前直直行。
		前にまっすぐゆく（往前一直走。）
pun³⁵⁻³³ loi⁵⁵	本來	もともと・本来（本來、originally）
ŋien⁵⁵ loi⁵⁵	原來	
ʒi⁵⁵/³⁵⁻³³ kin⁵³	已經	すでに・もう（已經、already）
		(1) ŋai⁵⁵ ʒi⁵⁵ kin⁵³ kʰon²¹ ko²¹ kai⁵⁵ pun³⁵ siau³⁵⁻³³ ʃot⁵
		我已經看過□本小說。
		(2) kai⁵⁵ pun³⁵ siau³⁵⁻³³ ʃot⁵ ŋai⁵⁵ kʰon²¹ ko²¹ le⁵³
		□本小說我看過了。
		わたしはもうあの小説をよんでいる
		（我已經看過那本小說。）
hi³⁵⁻³³ tsʰu⁵³	起初	最初（起初，當初，首先、at first）
toŋ⁵³ tsʰu⁵³	當初	〈「ʃiu³⁵⁻³³ sien⁵³ 首先」はあまりつかわない。〉
tsui²¹ sien⁵³	最先	
ʃiu³⁵⁻³³ sien⁵³	首先	

XXVIII. 副詞（副詞 Adverbs）　409

　　　　　　　　　　　{ʃiu³⁵⁻³³ sien⁵³ / tsui²¹ sien⁵³} po³⁵⁻³³ miaŋ⁵⁵
　　　　　　　　　　　{首先 / 最先} 報名。
　　　　　　　　　　　最初にもうしこむ（首先報名。）

　　　　　　　　　　　kai⁵⁵ tuŋ²¹ vuk⁵ toŋ⁵³ tsʰu⁵³ he²¹ ki⁵⁵ ʃat³² ke²¹ {e²¹ / kai²¹}
　　　　　　　　　　　□棟屋當初係佢設計 {□ / 個}。
　　　　　　　　　　　あの家は最初に彼が設計したのだ（那棟房屋當初是
　　　　　　　　　　　他設計的。）

kʰiun⁵³ loi⁵⁵　　　　　近來　　　最近（近來，最近、recently）
　tsui²¹ kʰiun⁵³　　　　最近
　　　　　　　　　　　tsui²¹ kʰiun⁵³ ŋioŋ³³ pan⁵³ ŋin⁵⁵, ho³⁵ mo⁵⁵
　　　　　　　　　　　最近□般□, 好無？
　　　　　　　　　　　最近どうか？元気か？（最近怎麼樣？）
　　　　　　　　　　　〈「好無」をつけないと，きき手はこたえることがで
　　　　　　　　　　　きない。〉

tu³³ tu³⁵　　　　　　　□□　　　ちょうど・たったいま；おりよく（剛剛；
　　　　　　　　　　　　　　　　恰巧、just now；just right, in the nick of time）
　　　　　　　　　　　tu³³ tu³⁵ ho³⁵ □□好。
　　　　　　　　　　　ちょうどよい（剛剛好。）

　　　　　　　　　　　ki⁵⁵ tu³³ tu³⁵ tsʰo⁵³ ŋoi³³ poi²¹ tʃon³⁵ loi⁵⁵
　　　　　　　　　　　佢□□坐外背轉來。
　　　　　　　　　　　彼はちょうど外からかえってきた（他剛剛從外面回
　　　　　　　　　　　來。）

　　　　　　　　　　　ŋai⁵⁵ {ʒit⁵⁻³² / tu³³ tu³⁵} to²¹ tʃʰa⁵³ tʃam²¹, fo³⁵⁻³³ tʃʰa⁵³ tu³³
　　　　　　　　　　　tu³⁵ loi⁵⁵
　　　　　　　　　　　我 {一 / □□} 到車站，火車□□來。
　　　　　　　　　　　わたしが駅につくと，おりよく汽車がきた（我剛到
　　　　　　　　　　　車站，恰巧來了火車。）

tu³³ tu³⁵　　　　　　　□□　　　さきほど（剛才、just a while ago）
　tʰeu⁵⁵ sien⁵³　　　　頭先　　　〈「先」は sen⁵³ とも。〉
　　　　　　　　　　　ŋai⁵⁵ tʰeu⁵⁵ sien⁵³ tu⁵³ to³⁵⁻³³ voŋ⁵⁵ sin⁵³ saŋ⁵³

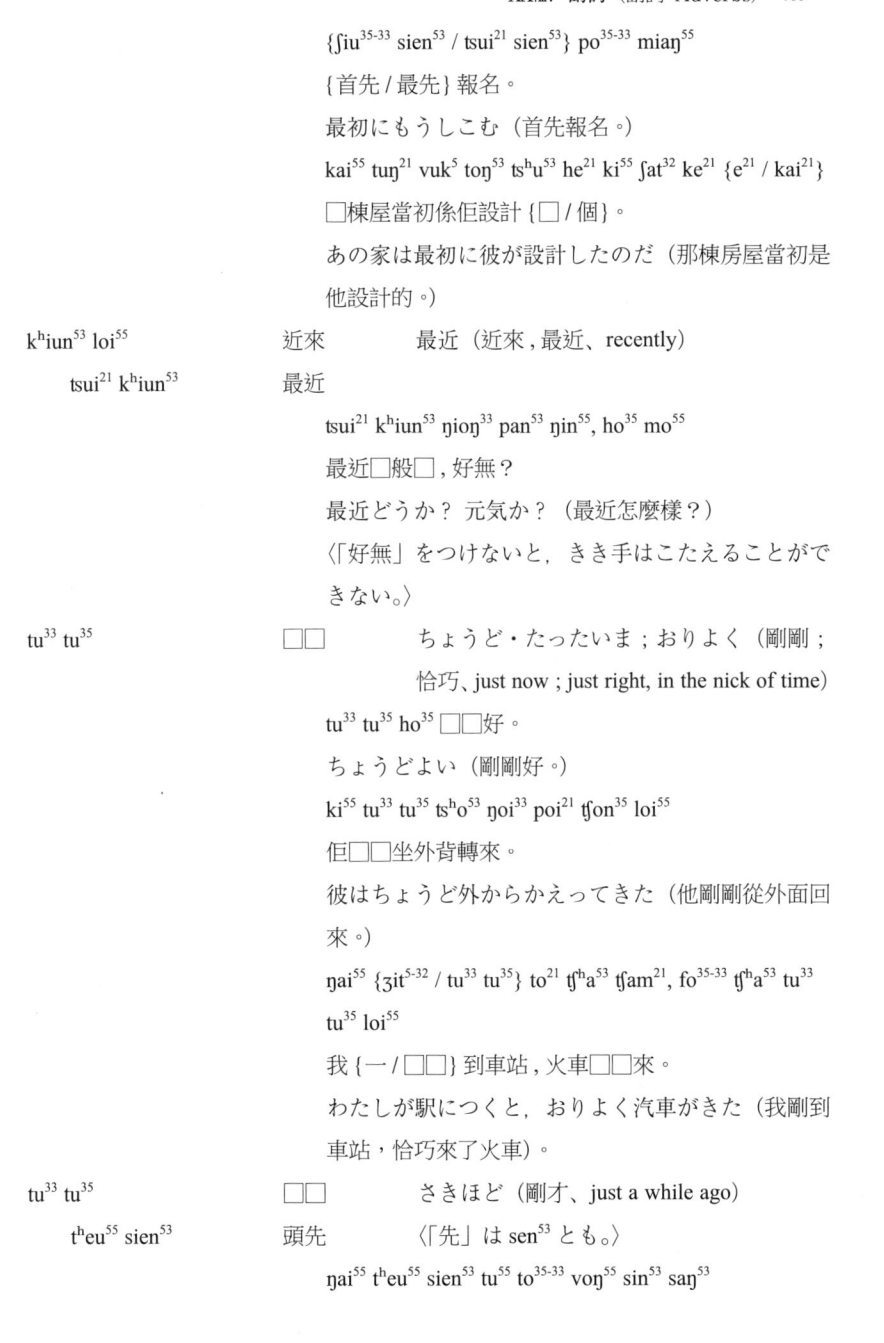

我頭先□倒王先生。
わたしはさきほど王先生にでくわした（我剛才碰上了王老師。）

tʰeu⁵⁵ ko²¹	頭過	以前（從前、formerly）
tʰeu⁵⁵ pai³⁵	頭擺	
ʒi⁵³ tsʰien⁵⁵	以前	

ki⁵⁵ {---} he²¹ kuŋ⁵³ ŋin⁵⁵ 佢 {---} 係工人。
彼は以前工場労働者だった（他從前是工人。）

tsʰiuŋ⁵⁵ se²¹	從細	こどもの時から（從小、from childhood）

ki⁵⁵ tsʰiuŋ⁵⁵ se²¹ tsʰiu³³ {tsʰin³³ / toŋ⁵³} oi²¹ kʰon²¹ ʃu⁵³
佢從細就 {盡 / 當} 愛看書。
彼はこどもの時から読書がとてもすきだ（他從小就喜歡看書。）

loi⁵⁵ m̩⁵⁵ tʃʰat⁵	來唔□	間にあわない（來不及、too late）

ŋai⁵⁵ ʒiu⁵³ si³³ tsʰin⁵⁵, loi⁵⁵ m̩⁵⁵ tʃʰat⁵ to²¹ fo³⁵⁻³³ tʃʰa⁵³ tʃam²¹ tsiap⁵⁻³² ki⁵⁵
我有事情，來唔□到火車站接佢。
わたしは用事があって，駅にいって彼をでむかえるのに間にあわない（我有事，來不及到火車站接他。）

han⁵⁵	還	まだ（還、still）

ki⁵⁵ han⁵⁵ tsʰo⁵³ vuk⁵⁻³² ha⁵³ 佢還坐屋下。
彼はまだ家にいる（他還在家裡。）

ʒin⁵⁵ ʒan⁵⁵	仍然	あいかわらず・依然として（仍舊，仍然，
han⁵⁵ he²¹	還係	as before）

ʒiu⁵³ teu⁵³ mun²¹ tʰi⁵⁵ ʒin⁵⁵ ʒan⁵⁵ mo⁵⁵ kai³⁵⁻³³ ket⁵
有□問題仍然無解決。
いくらかの問題は依然として解決していない（有些問題仍舊沒有解決。）

tso³⁵ am²¹	早暗	おそかれはやかれ（早晚，遲早，sooner or
tso³⁵ man³³	早慢	later）

XXVIII. 副詞（副詞 Adverbs） 411

lia⁵⁵ kʰen³³ si³³ tsʰin⁵⁵ {tso³⁵ am²¹ / tso³⁵ man³³} voi³³ pun⁵³ ŋin⁵⁵ ti⁵³ to³⁵

□件事情{早暗 / 早慢}會分人知倒。

このことはおそかれはやかれ人にしられてしまう（這件事早晚會被人知道。）

fut³² ʒan⁵⁵ kien⁵³		忽然間	突然（忽然、suddenly）

fut³² ʒan⁵⁵ kien⁵³ tʃʰut⁵⁻³² hien²¹ 忽然間出現。

突然あらわれる（忽然出現。）

tʃʰaŋ⁵⁵ tʰu³³		程度	程度（程度、degree）
tsʰin³³		盡	とても・たいへん（很、very）
toŋ⁵³		當	

{tsʰin³³ / toŋ⁵³} kiu³⁵ mo⁵⁵ {ken²¹ / kʰon²¹ to³⁵} ki⁵⁵

{盡 / 當}久無{見 / 看倒}佢。

とてもながいこと彼にあっていない（很久沒有見他。）

ha²¹		□	もっと・より・さらに（更、more）

lia⁵⁵ tʃak⁵ pi³⁵⁻³³ kai⁵⁵ tʃak⁵ ha²¹ ho³⁵ □隻比□隻□好。

これはあれよりもさらによい（這個比那個更好。）

tsui²¹		最	もっとも（最、most）

lia⁵⁵ tʃak⁵ tsui²¹ ho³⁵ □隻最好。

これがもっともよい（這個最好。）

toŋ⁵³		當	あまりにも・…すぎる（太、too excessively）
tsʰin³³		盡	
an⁵³		□	

{tsʰin³³ / toŋ⁵³ / an⁵³} mo⁵⁵ ʒi²¹ si³³ {盡 / 當 / □}無意思。

おもしろくなさすぎる（太沒有意思。）

〈「an⁵³□」を a:n³⁵ と発音すると、程度が強調されて、予想外であるというニュアンスをおびる。〉

tʰioŋ³⁵		□	…すぎる・あまりにも（過於、excessively）

tʰioŋ³⁵ {ho³⁵ / fai³³} □{好 / 壞}。

あまりにも {よい／わるい}（過於 {好 / 壞}。）
tʰioŋ³⁵ sat⁵ □殺。
あまりにもはやい（太快。）
tʰioŋ³⁵ siak⁵ □惜。
溺愛する（溺愛。）

(ʒiu⁵³) ʒit⁵⁻³² sut⁵ lə⁵⁵　　（有）一□仔　すこし・やや（稍微、lightly）
　ʒit⁵⁻³² tiam³⁵　　　　　　一點
　ʒit⁵⁻³² teu⁵³ u⁵⁵　　　　　一□□
　ʒit⁵⁻³² teu⁵³ ə⁵⁵　　　　　一□仔
　ʒit³² sut⁵ sut⁵　　　　　　一□□
　ʒit⁵⁻³² tiam³⁵⁻³³ tiam³⁵　　一點點
　to⁵³ ʃau³⁵ ə⁵⁵　　　　　　多少仔

{---}ŋiet³² {---} 熱。
すこし暑い（稍微熱一點。）
lia⁵⁵ tsʰa⁵⁵ fu⁵⁵ sai³⁵⁻³³ ʒit⁵⁻³² sut⁵ sut⁵ ko²¹ loi⁵⁵
□茶壺徙一□□過來。
この急須をすこしうごかせ（這茶壺挪一點。）

liok³² liok³² gə⁵⁵　　　　　□□仔　　すこしばかり（一點點、a bit of）
liok³² liok³² gə⁵⁵ tʰuŋ²¹ □□仔痛。
すこしばかりいたい（有點痛。）

ʒiu⁵³ ʒit³² sut⁵ lə⁵⁵　　　　有一□仔　　すこし（有點、somewhat）
　ʒiu⁵³ ʒit⁵⁻³² tiam³⁵　　　有一點
　ʒiu⁵³ ʒit⁵⁻³² teu⁵³ u⁵⁵　　有一□□

lia⁵⁵ vui³³ {---} ŋiet³² □位 {---} 熱。
ここはすこし暑い（這裡有點熱。）

toŋ⁵³　　　　　　　　　當　　　なかなか；十分に（挺；十分, rather,
　tsʰin³³　　　　　　　　盡　　　　　　pretty ; quite）
toŋ⁵³ ho³⁵ 當好。
なかなかよい（挺好。）
〈「voi³⁵ tso²¹ tet⁵ 會做得」とほぼ同義である。〉

XXVIII. 副詞（副詞 Adverbs） 413

         {toŋ⁵³ / tsʰin³³} fon⁵³ hi³⁵ {當 / 盡} 歡喜。
         十分にうれしい（十分高興。）

sioŋ⁵³ toŋ⁵³   相當   相当・かなり（相當、considerably）
         sioŋ⁵³ toŋ⁵³ ho³⁵ 相當好。
         相当よい（相當好。）
         〈「voi³⁵ tso²¹ tet⁵ 會做得」とほぼ同義である。〉

fui⁵³ ʃoŋ⁵⁵   非常   非常に（非常、unusually）
         fui⁵³ ʃoŋ⁵⁵ ho³⁵ 非常好。
         非常によい（非常好。）

tʰit³² pʰiet³²   特別   特に（份外、extraordinarily）
         kin⁵³ ŋien⁵⁵ laŋ⁵³ tʰien⁵³ tʰit³² pʰiet³² laŋ⁵³
         今年冷天特別冷。
         今年の冬は特にさむい（今年冬天分外寒冷。）

tsʰin³³ lioŋ³³   盡量   できるだけ（盡量、as much as possible）
         tsʰin³³ lioŋ³³ to⁵³ mai⁵³ {ʒit³² sut⁵ lə⁵⁵ / ʒit⁵⁻³² tiam³⁵ / ʒit⁵⁻³²
         teu⁵³ u⁵⁵}
         盡量多買 {一□仔 / 一點 / 一□□}。
         できるだけおおく買う（盡量多買一些。）

pʰien⁵³ pʰien⁵³ 偏偏   あいにく（偏偏兒、perversely, wilfully would
kʰan⁵³ kʰan⁵³ □□   of all things）
         ŋai⁵⁵ loi⁵⁵ tsʰim⁵⁵ ki⁵³, ki⁵⁵ pʰien⁵³ pʰien⁵³ mo⁵⁵ {tsʰo⁵³ /
         tsʰoi⁵³ / tsʰai³³} vuk⁵⁻³² ha⁵³
         我來尋佢，佢偏偏無 {坐 / □ / 在} 屋下。
         わたしは彼をたずねたが、彼はあいにく家にいな
         かった（我來找他，他偏偏沒在家。）
         kʰan⁵³ kʰan⁵³ oi²¹ tʰo³⁵⁻³³ ki⁵⁵ □□愛討佢。
         わざわざ彼女と結婚しようとする（偏偏要娶她。）

ho³⁵⁻³³ tet⁵   好得   さいわい（幸虧、fortunately）

ki⁵³ ʒan⁵⁵   居然   意外にも・なんと（居然、indeed, to one's
         pleasant surprise）

ŋi⁵⁵ ŋioŋ³³ voi³³ ki⁵³ ʒan⁵⁵ sioŋ⁵³ sin²¹ lia⁵⁵ tʃuŋ³⁵ foŋ⁵³ tʰoŋ⁵⁵ kai²¹ ku²¹ si³³

你□會居然相信□種荒唐個故事

あなたはどうしてこのような荒唐無稽な話を信じるのか（你怎麼居然相信這種荒唐的故事？）。

ko³⁵⁻³³ ʒan⁵⁵　　　　　果然　　　はたして（果然、actually (favorably or unfavorably)）

ko³⁵⁻³³ ʒan⁵⁵ he²¹ {lia⁵⁵ ʒoŋ³³/ kai⁵⁵ ʒoŋ³³ / an⁵⁵ ŋioŋ⁵⁵}

果然係{□樣/□樣/□□}。

はたしてそのようだった（果然是這樣。）

kʰi⁵⁵ ʃit³²　　　　　其實　　　実は（其實、as a matter of fact）

kʰi⁵⁵ ʃit³² ŋai⁵⁵ ʒa³⁵⁻³³ m̩⁵⁵ {min⁵⁵ pʰak³² / liau³⁵⁻³³ kai³⁵/ tsʰin⁵³ tsʰu³⁵} lia⁵⁵ kʰen³³ sɨ³³ tsʰin⁵⁵

其實我也唔{明白/了解/清楚}□件事情。

実はわたしもそのことについてはつまびらかでない（其實我也不明白這件事。）

to²¹ tai³⁵　　　　　到底　　　いったい（到底,究竟、in the last resort, really）

ŋi⁵⁵ to²¹ tai³⁵ sioŋ³⁵⁻³³ tso²¹ mak³² kai²¹ 你到底想做□個？

あなたはいったいなにをしたいのか（你到底想做什麼？）

ki⁵³ pun³⁵　　　　　基本　　　ねっから・まったく（根本、fundamentally）
　kin⁵³ pun³⁵　　　　根本

ki⁵⁵ {ki⁵³ pun³⁵ / kin⁵³ pun³⁵} m̩⁵⁵ voi³³ ʒin⁵³ vun⁵⁵

佢{基本/根本}唔會英文。

彼はまったく英語ができない（他根本不懂英文。）

ket⁵⁻³² ko³⁵　　　　　結果　　　結果的に（結果、finally）

ʒuŋ³³ {tsʰin³³ / tʰet⁵} so³⁵ ʒiu⁵³ {kai²¹ / e²¹} foŋ⁵³ fap⁵, ket⁵⁻³² ko³⁵ han⁵⁵ he²¹ tso²¹ m̩⁵⁵ tet⁵

用{盡/掉}所有{個/□}方法,結果還係做唔得。

XXVIII. 副詞（副詞 Adverbs） 415

あらゆる方法をつかったが、結果的にやはりだめだった（用盡了所有的方法，結果還是不行。）

| sɨ⁵⁵ | □ | まったく（簡直、downrigh imply） |

ʃit³² tsʰai³³ 實在

lia⁵⁵ fu²¹ fa³³ {sɨ⁵⁵ / ʃit³² tsʰai³³} tsʰioŋ²¹ tʃin²¹ {kai²¹ / ne²¹} kʰiuŋ³³ ʒoŋ³³

□幅畫 {□ / 實在} 像正 {個 / □} 共樣

この絵はまったく本物みたいだ（這幅畫簡直像真的一樣。）

fan³⁵⁻³³ tʃin²¹   反正   いずれにせよ（反正，橫是、anyway, after all）

{put⁵⁻³² / m̩⁵⁵} kon³⁵ he²¹ ma³³ sa⁵⁵, ŋai⁵⁵ teu⁵³ (sa⁵⁵) fan³⁵⁻³³ tʃin²¹ fon⁵³ ŋiaŋ⁵⁵

{不 / 唔} 管係□儕，我□(儕)反正歡迎。

だれであろうと、わたしたちは歓迎する（不管是誰，我們反正歡迎的。）

tsʰiam³³ ʃi⁵⁵   暫時   ひとまず（姑且，暫時、tentatively）

lia⁵⁵ tʃak⁵ mun²¹ tʰi⁵⁵, tsʰiam³³ ʃi⁵⁵ po³⁵⁻³³ liu⁵⁵

□隻問題，暫時保留。

この問題はひとまず保留する（這個問題，姑且保留。）

ʒit⁵⁻³² tʰin³³   一定   かならず（一定、certainly）

ki⁵⁵ ʒit⁵⁻³² tʰin³³ voi³³ loi⁵⁵ 佢一定會來。

彼はかならずくるはずだ（他一定會來。）

kʰok³² ʃit³²   確實   たしかに；実際に（的確；實在，確實、
ʃit³² tsʰai³³   實在   really and truly；actually, in reality）

{kʰok³² ʃit³² / ʃit³² tsʰai³³} he²¹ ŋai⁵⁵ {kai²¹ / e²¹} tsʰo²¹

{確實 / 實在} 係我 {個 / □} 錯。

たしかにわたしのミスだ（的確是我的錯。）

{kʰok³² ʃit³² / ʃit³² tsʰai³³} m̩⁵⁵ ho³⁵⁻³³ ʒi²¹ sɨ³³

{確實 / 實在} 唔好意思。

まったくもうしわけない（實在不好意思。）

kʰo³⁵⁻³³ nen⁵⁵　　　　可能　　　たぶん・もしかしたら（也許、possibly, perhaps）

ki⁵⁵ kʰo³⁵⁻³³ nen⁵⁵ {tso²¹ m⁵⁵ tet⁵ / put⁵⁻³² nen⁵⁵} loi⁵⁵

佢可能{做唔得/不能}來。

彼はたぶんくることができない（他也許不能來了。）

va³³　　　　　　　　□　　　　たぶん・おそらく（可能, 說不定、probably）

va³³ ki⁵⁵ tʰeu⁵³ □佢偷。

たぶん彼がぬすんだのだ（可能他偷了。）

tʰai³³ ʒok⁵　　　　　大約　　　大体（大概、largely）
　tʰai³³ tʰi³⁵　　　　大體

ki⁵⁵ {tʰai³³ ʒok⁵ / tʰai³³ tʰi³⁵} sam⁵³ ʃip³² soi²¹ {tso³⁵ ʒiu³³ / ʃoŋ⁵³ ha⁵³}

佢{大約/大體}三十歲{左右/上下}。

彼は大体30歳くらいだ（他大概三十歲左右。）

kiaŋ⁵³ pʰa²¹　　　　驚怕　　　おそらく（恐怕、I am afraid…）

kiaŋ⁵³ pʰa²¹ ki⁵⁵ mo⁵⁵ hi²¹ ko²¹ tʰoi⁵⁵ pet⁵

驚怕佢無去過台北。

おそらく彼は台北にいったことがない（恐怕他沒有去過台北。）

kʰiuŋ³³ ha³³　　　　共下　　　ともに・いっしょに（一起、in unison, together）

{lau⁵³ / tʰuŋ⁵⁵ / tʰen⁵⁵} ki⁵⁵ kʰiuŋ³³ ha³³ hi²¹

{□/同/□}佢共下去。

彼といっしょにいく（跟他一起去。）

fun⁵³ pʰiet³²　　　　分別　　　別々に（分別、separately）
　fun⁵³ kʰoi⁵³　　　　分開

{fun⁵³ pʰiet³² / fun⁵³ kʰoi⁵³} tʃʰu³⁵⁻³³ li⁵³

{分別/分開}處理。

別々に処理をする（分別處理。）

XXVIII. 副詞（副詞 Adverbs） 417

mo⁵⁵ ʒi²¹ 　　　　　　　　無意　　　不注意で（無意、not on purpose）
ku²¹ ʒi²¹ 　　　　　　　　故意　　　故意に・わざと；ゆえなく（故意；無端端、
　tʰiau⁵³ tʰiau⁵³　　　　　□□　　　purposely, deliberately ; without reason）
　　　　　　　　　　　　　{ku²¹ ʒi²¹ / tʰiau⁵³ tʰiau⁵³} tiau⁵³ nan⁵⁵ {故意/□□} 刁難。
　　　　　　　　　　　　　わざとこまらせる（故意刁難。）
　　　　　　　　　　　　　{ku²¹ ʒi²¹ / tʰiau⁵³ tʰiau⁵³} sen⁵³ sɨ³³ {故意/□□} 生事。
　　　　　　　　　　　　　ゆえなくさわぎをおこす（無端生事。）

ʃun³³ pʰien³³ 　　　　　　順便　　　ついでに（順便、at one's convenience）
　ʃun³³ sa²¹ 　　　　　　　順□
　ʒiu⁵³ ʒe³³ ɔ⁵⁵ 　　　　　有□仔
　sa²¹ ʃiu³⁵ 　　　　　　　□手
　　　　　　　　　　　　　{ʃun³³ pʰien³³ / ʃun³³ sa²¹} hi²¹ kʰon²¹ ʒit⁵⁻³² ha³³
　　　　　　　　　　　　　{順便/順□} 去看一下。
　　　　　　　　　　　　　ついでに見にいってみる（順便去看一下。）

lon³³ 　　　　　　　　　　亂　　　　やたらに・むやみに（亂,瞎,胡、blindly）
　　　　　　　　　　　　　lon³³ koŋ³⁵ 亂講。
　　　　　　　　　　　　　むやみにしゃべる（亂講。）

ma⁵⁵ ma⁵⁵ fu⁵⁵ fu⁵⁵ 　　　馬馬虎虎　まずまずだ（馬馬虎虎、passable）
　sui⁵⁵ sui⁵⁵ pʰien³³ pʰien³³ 隨隨便便

kʰuŋ⁵³ ʃiu³⁵ 　　　　　　　空手　　　てぶらで（空手、empty-handed）
　　　　　　　　　　　　　mak³² kai²¹ mo⁵⁵ mai⁵³, kʰuŋ⁵³ ʃiu³⁵ tʃon³⁵ loi⁵⁵
　　　　　　　　　　　　　□個無買，空手轉來。
　　　　　　　　　　　　　なにも買わずに、てぶらでかえってきた
　　　　　　　　　　　　　（甚麼也沒買，空手回來了。）

toŋ⁵³ mien²¹ 　　　　　　當面　　　面とむかう・じかに（當面、face to face）
　　　　　　　　　　　　　ʒiu⁵³ ʒi²¹ {ken²¹/ kien²¹}, toŋ⁵³ mien²¹ koŋ³⁵⁻³³ tsʰin⁵³ tsʰu³⁵
　　　　　　　　　　　　　有意見，當面講清楚。
　　　　　　　　　　　　　意見があれば、じかにはっきりいってください（有
　　　　　　　　　　　　　意見，當面說清楚。）

am²¹ tʃuŋ⁵³ 　　　　　　　暗中　　　こっそりと（背地裡、on the quiet, in secret）

	am²¹ tʃuŋ⁵³ koŋ³⁵⁻³³ ŋin⁵⁵ {tʃʰoŋ⁵⁵ ton³⁵ / fai³³ voi⁵³}	
	暗中講人{長短/壞話}。	
	かげで人の{よしあし/悪口}をいう（背地裡說人長短。）	
tsʰioŋ²¹ (ŋin⁵⁵)	像（人）	…のようだ（好像、seemingly）
	ŋoi³³ poi²¹ tsʰioŋ²¹ ŋin⁵⁵ lok³² ʃui³⁵ 外背像人落水。	
	外では雨がふっているようだ（外面好像下雨呢。）	
vaŋ⁵⁵ nen³⁵	橫□	橫になって（橫著、horizontally）
kʰi⁵³ nen³⁵	企□	縱になって（豎著、vertically）
fan⁵⁵ he²¹	凡係	およそ・すべて（凡是、all, commongeneral）
ʒit⁵⁻³² sim⁵³ ʒit⁵⁻³² ʒi²¹	一心一意	一途に（一心一意、of one heart and mind, devotedly）
met³² met³²	密密	つぎつぎと（陸續、one after another）

XXIX. アスペクト（體貌 Aspects）

XXIX.i. 完了相（完整體 perfective aspect）

(1) 完結相（完結體、completive）

tʰet⁵　　　　　　掉　　　　　…おわる

　　ʃit³² tʰet⁵ lia⁵⁵ von³⁵ pʰon³³ 食掉□碗飯。
　　このご飯をたべおわった（吃完這碗飯。）
　　ŋ̍³⁵ tʃak⁵ lin⁵³ go²¹ ʃit³² tʰet⁵ lioŋ³⁵ tʃak⁵
　　五隻□□食掉兩隻。
　　5個のリンゴのうち2個たべた（五顆蘋果吃掉了兩顆。）

(2) 既然相（完成體、anterior）

le⁵³　　　　　　了　　　　　…た・…になる

　　ki⁵⁵ e²¹ pʰiaŋ³³ ho³⁵ le⁵³, ʃit³² pʰon³³ le⁵³
　　佢□病好了，食飯了。

XXIX．アスペクト（體貌 Aspects） 419

彼の病気はよくなったので、食事をするようになった（他病好了,吃飯了。）

ki⁵⁵ pot⁵⁻³² pʰiaŋ³³ ʒiu⁵³ si²¹ tʃak⁵ ŋiet³² le⁵³
佢發病有四隻月了。

彼は病気になって4箇月になった（他病了有四個月了。）

ŋi⁵⁵ (ʒiu⁵³) ʃit³² pʰon³³ maŋ⁵⁵ 你(有)食飯旨？
あなたは食事をしたか（你吃飯了嗎？）

──(ʒiu⁵³) ʃit³² le⁵³ (有)食了。
　　たべた。（吃了。）

──(han⁵⁵) maŋ⁵⁵ ʃit³² (還)旨食。
　　まだたべていない（還沒有吃。）

ŋi⁵⁵ ʃit³² pau³⁵ maŋ⁵⁵ 你食飽旨？
あなたは食事をしたか（你吃飽了嗎？）

── ʃit³² pau³⁵ le⁵³ 食飽了。
　　たべた。（吃飽了。）

〈これはあいさつでのやりとりであり、あいさつをされた方は、食事の有無にかかわらず、上述のようにこたえる。〉

ŋi⁵⁵ ʃit³² { tʃau⁵³ / tʃiu²¹ / ʒa³³ } maŋ⁵⁵
你食{朝/晝/夜}旨？
あなたは{朝食/昼食/夕食}をとったか？　（你吃{早飯/午飯/晚飯}了嗎？）

── ŋai⁵⁵ ʃit³² le⁵³ 我食了。
　　わたしはとった（我吃了。）

(3) 完了相（完整體、perfective）

　完了相については、専用の標識は存在しない。文中に数量・動作量・到達点などの限界があれば、それによって文全体が完了相をしめすという解釈になる。

ki⁵⁵ ʃit³² lioŋ³⁵ von³⁵ pan³⁵⁻³³ tʰiau⁵⁵ 佢食兩碗粄條。
彼はライスヌードルを2杯たべた（他吃了兩碗粄條。）

koŋ³⁵⁻³³ ʒit⁵⁻³² pien²¹, ʒiu⁵⁵/³⁵ koŋ³⁵⁻³³ ka⁵³ ʒit⁵⁻³² pien²¹
講一遍，又講加一遍。
ひと通りはなし、またひと通りはなした（說了一遍，又說了一遍。）

(4) 経験相（經驗體、experiential）

ko²¹　　　　　　　過　　　　…たことがある

ʃit⁵　　　　　　　識　　　　〈「ko²¹ 過」は述語動詞の後に、「ʃit⁵ 識」は述語動詞の前におかれる。これらは併用が可能である。なお、「ʃit⁵ 識」は本来「しっている」という意味である。〉

ŋai⁵⁵ (ʒiu⁵³) tsʰo⁵³ ko²¹ ʃon⁵⁵, mo⁵⁵ kʰi⁵⁵ ko²¹ ma⁵³
我(有)坐過船，無騎過馬。
わたしは船にのったことがあるが、ウマにのったことはない（我坐過船，沒騎過馬。）

ki⁵⁵ tʰeu⁵⁵ ko²¹ (ʒiu⁵³) toŋ⁵³ ko²¹ pin⁵³ 佢頭過(有)當過兵。
彼は以前兵隊だったことがある（他以前當過兵。）

ŋi⁵⁵ ʃit⁵ hi²¹ ko²¹ tʰoi⁵⁵ pet⁵ mo⁵⁵ 你識去過台北無？
あなたは台北にいったことはありますか？（你去過台北嗎？）

—— ŋai⁵⁵ ʃit⁵ la³³ 我識啦。
　　はい（我去過。）

—— ŋai⁵⁵ {m̩⁵⁵ / maŋ⁵⁵} ʃit⁵ la³³ 我 {唔 / 盲} 識啦。
　　いいえ（我沒有去過。）

si⁵³ foŋ⁵⁵ ʃit⁵ tai²¹ ŋin⁵⁵, tuŋ⁵³ foŋ⁵⁵ {m̩⁵⁵ / mo⁵⁵ / maŋ⁵⁵} ʃit⁵ tai²¹ ŋin⁵⁵
西房識□人，東房 {唔 / 無 / 盲} 識□人。
西の部屋には人がすんだことがあるが、東の部屋には人がすんだことがない（西房住過人，東房沒有住過人。）

XXIX. アスペクト（體貌 Aspects） 421

XXIX.ii. 非完了相（非完整體 non-perfective aspect）
(1) 持続相（持續體、durative）

nen³⁵　　　　　　□　　　　…ている；…ながら〜

　　　　　　　　ki⁵⁵ ʃit³² nen³⁵⁻³³ pʰon³³ 佢食□飯。
　　　　　　　　彼は食事をしている（他在吃著飯呢。）

　　　　　　　　na⁵³ nen³⁵ 拿□！
　　　　　　　　もっていなさい（拿著！）

　　　　　　　　ki⁵⁵ tʃok⁵⁻³² nen³⁵⁻³³ ʒit⁵⁻³² ʃin⁵³ sin⁵³ sam⁵³ fu²¹
　　　　　　　　佢著□一身新衫褲。
　　　　　　　　彼はあたらしい服をきている（他穿著一身新衣服。）

　　　　　　　　tai²¹ nen³⁵⁻³³ mo³³ ɔ⁵⁵ tsʰim⁵⁵ mo³³ ɔ⁵⁵ 戴□帽仔尋帽仔。
　　　　　　　　帽子をかぶったまま帽子をさがす（戴著帽子找帽子。）

(2) 進行相（進行體、progressive）

tsʰo⁵³{lia⁵⁵ / kai⁵⁵}　　坐{□/□}　　…ているところだ

　　　　　　　　〈「lia⁵⁵ □」「kai⁵⁵ □」は本来指示代詞であり、
　　　　　　　　指示性を維持している。よって「tsʰo⁵³ lia⁵⁵
　　　　　　　　坐□」は話し手からちかいことがらに、
　　　　　　　　「tsʰo⁵³ kai⁵⁵ 坐□」はとおいことがらにもち
　　　　　　　　いられる。〉

　　　　　　　　ŋai⁵⁵ tsʰo⁵³ lia⁵⁵ ʃit³² pʰon³³, ki⁵⁵ tsʰo⁵³ kai⁵⁵ se³⁵⁻³³ ʃiu³⁵
　　　　　　　　我坐□食飯，佢坐□洗手。
　　　　　　　　わたしはご飯をたべているところで、彼は手をあ
　　　　　　　　らっているところだ（我在吃飯，他在洗手呢。）

　　　　　　　　lia⁵⁵ ha³³ ki⁵⁵ tsʰo⁵³ kai⁵⁵ tso²¹ mak³² kai²¹
　　　　　　　　□下佢坐□做□個？
　　　　　　　　今彼は何をしているのか？（這會兒他在幹甚麼？）

　　　　　　　　——ki⁵⁵ tsʰo⁵³ min⁵⁵ tsʰoŋ⁵⁵ taŋ³⁵ ʃoi³³ nen³⁵ kʰon²¹ ʃu⁵³
　　　　　　　　佢坐眠床頂睡□看書。
　　　　　　　　彼はベッドで横になって本をよんでいる（他躺
　　　　　　　　在床上看書呢。）

(3) 継続相（繼續體、continuative）

ha⁵³ hi²¹　　　　　　　下去　　…しつづける

{en⁵³ ŋi⁵⁵ teu⁵³ (sa⁵⁵) / ŋai⁵⁵ teu⁵³ (sa⁵⁵)} tso²¹ ha⁵³ hi²¹
{□你□(儕)/我□(儕)}做下去。
わたしたちはやりつづける（我們做下去。）

(4) 起動相（起始體、inchoative）

hi³⁵ loi⁵⁵　　　　　　　起來　　…しだす

ki⁵⁵ kiau²¹ hi³⁵ loi⁵⁵ 佢叫起來。
彼がなきだす（他哭起來。）

XXX．否定（否定 Negation）

m̩⁵⁵　　　　　　　　　唔　　…ではない（不（不好）、not (e.g. it is not good))

m̩⁵⁵ ho³⁵ 唔好。
よくない（不好。）
〈「mo⁵⁵ ho³⁵ 無好」はとはいえない。「maŋ⁵⁵ ho³⁵ 吂好」(還沒好) は可能である。〉
ho³⁵ ȝa³⁵⁻³³ m̩⁵⁵ ho³⁵ 好也唔好？
よいか（好不好？）

mo⁵⁵　　　　　　　　　無　　もっていない・…ない（沒有(我沒有錢)

have not (e.g. I have no money))
ŋai⁵⁵ mo⁵⁵ tsʰien⁵⁵ 我無錢。
わたしは金をもっていない（我沒有錢。）
ki⁵⁵ mo⁵⁵ loi⁵⁵ 佢無來。
彼はきていない（他沒有來。）

maŋ⁵⁵　　　　　　　　　吂　　まだ…ない（(還)沒(他還沒來)、not yet (e.g. he has not yet come))

ki⁵⁵ (han⁵⁵) maŋ⁵⁵ loi⁵⁵ 佢(還)吂來。

XXX. 否定（否定 Negation） 423

彼はまだきていない（他還沒來）

m̩⁵⁵ ho³⁵　　　　　唔好　　　…してはいけない（別！、"don't!"）

　tso²¹ m̩⁵⁵ tet⁵　　做唔得

　　　　　　　　　　{m̩⁵⁵ ho³⁵ / tso²¹ m̩⁵⁵ tet⁵} kʰon²¹ {唔好 / 做唔得} 看。

　　　　　　　　　　見てはいけない（別看。）

mok³²　　　　　　莫　　　…てはいけない（別、don't）

　　　　　　　　　　〈使用頻度はひくい。〉

　　　　　　　　　　mok³² kʰon²¹ 莫看。

　　　　　　　　　　見てはいけない（別看。）

　　　　　　　　　　mok³² an⁵⁵ ŋioŋ⁵⁵ ŋin⁵⁵ 莫□□□。

　　　　　　　　　　このようにしてはいけない（別這樣。）

m̩⁵⁵ sɨ³⁵　　　　　唔使　　…必要ない・…にはおよばない（不用（你

　　　　　　　　　　　　　　不用哭）、need not (e.g. you need not cry))

　　　　　　　　　　ŋi⁵⁵ m̩⁵⁵ sɨ³⁵⁻³³ kiau²¹ 你唔使叫。

　　　　　　　　　　なかなくてもいい（你不用哭。）

V m̩⁵⁵ Cr/Cd　　　V 唔 Cr/Cd　否定の可能補語構造（(我看不見 / 他進不

　　　　　　　　　　　　　去)、cannot (with resulitative / directional verb)

　　　　　　　　　　　　　(e.g. I cannot see / he cannot enter))

　　　　　　　　　　〈Cr は結果補語、Cd は方向補語。〉

　　　　　　　　　　ŋai⁵⁵ kʰon²¹ m̩⁵⁵ to³⁵ 我看唔倒。

　　　　　　　　　　わたしは見えない（我看不見。）

　　　　　　　　　　kʰon²¹ m̩⁵⁵ ʃit⁵ 看唔識。

　　　　　　　　　　見てもわからない（看不懂。）

　　　　　　　　　　kʰon²¹ m̩⁵⁵ tsʰin⁵³ tsʰu³⁵ 看唔清楚。

　　　　　　　　　　はっきりみえない（看不清楚。）

　　　　　　　　　　〈肯定形は以下のように「V tet⁵ 得 {Cr/Cd}」となる。〉

　　　　　　　　　　kʰon²¹ tet⁵⁻³² to³⁵ 看得倒。

　　　　　　　　　　みえる（看得見。）

XXXI. 介詞・助詞（介詞 , 助詞 Particles）

| kai²¹ e²¹ | 個 □ | …の（(我的書)、possessive marker (eg. my book)）〈属格標識としてのほかに、関係節標識としてももちいられる。〉 |

ŋai⁵⁵ {kai²¹ / e²¹} ʃu⁵³ 我 {個 / □} 書。
わたしの本（我的書。）

| pi³⁵ ko²¹ | 比 過 | …より（比(你比他高)、comparative degree marker (eg. you are taller than him)）〈「pi³⁵ 比」は「A +「pi³⁵ 比」+ B (+「ha²¹ □」) + V」(A は B より V だ)という構文で比較対象(B)を述語 (V) に前置するのに対し、「ko²¹ 過」は「A (+「ha²¹ □」) + V +「ko²¹ 過」+ B」という構文で比較対象(B)を述語に後置する。〉 |

(1) lia⁵⁵ tʃak⁵ pi³⁵⁻³³ kai⁵⁵ tʃak⁵ ha²¹ ho³⁵ □隻比□隻□好。
(2) lia⁵⁵ tʃak⁵ ho³⁵⁻³³ ko²¹ kai⁵⁵ tʃak⁵ □隻好過□隻。
これはあれよりよい（這個比那個好。）

ŋi⁵⁵ pi³⁵⁻³³ ki⁵⁵ (ha²¹) ko⁵³ 你比佢(□)高。
あなたは彼より背がたかい（你比他高。）

{lau⁵³ / tʰuŋ⁵⁵}…kʰiuŋ³³ ʒoŋ³³ {□ / 同}…共樣

…とおなじ（跟…一樣(你跟他一樣高)、as …as, same as (eg. you are as tall as he is)）〈「kʰiuŋ³³ ʒoŋ³³ 共樣」のかわりに「pʰiaŋ⁵⁵ 平」をもちいることができる。〉

ŋi⁵⁵ {lau⁵³ / tʰuŋ⁵⁵} ki⁵⁵ {pʰiaŋ⁵⁵ / kʰiuŋ³³ ʒoŋ³³} ko⁵³
你 {□ / 同} 佢 {平 / 共樣} 高。
あなたは彼とおなじくらいの背丈だ(你跟他一樣高。)
〈この文は、「ŋi⁵⁵ lioŋ³⁵ sa⁵⁵ pʰiaŋ⁵⁵ ko⁵³ 你兩儕平高。」(あなた方２人はおなじくらいの背丈だ（你們倆一

XXXI. 介詞・助詞（介詞・助詞 Particles）　425

様高。))ともいえる。〉

lia⁵⁵ tʃak⁵ {lau⁵³ / tʰuŋ⁵⁵} kai⁵⁵ tʃak⁵ kʰiuŋ³³ ʒoŋ³³

□隻{□/同}□隻共樣。

これはあれとおなじだ（這個和那個一樣。）

pun⁵³　　分　　①〔受動標識〕…に〜られる（被(他被哥哥打了)、passive marker (eg. he was hit by his brother))

(1) ki⁵⁵ pun⁵³ a³³ ko⁵³ ta³⁵ (le⁵³) 佢分阿哥打(了)。

(2) ki⁵⁵ pun⁵³ kia⁵⁵ ko⁵³ ta³⁵ (le⁵³) 佢分□哥打(了)。

彼は兄になぐられた（他被哥哥打了。）

〈(1)は身内に，(2)は他人にいう場合にもちいる。〉

ŋai⁵⁵ {kai²¹ / e²¹} tsʰien⁵⁵ pau⁵³ pun⁵³ tsʰet³² lɔ⁵⁵ tʰeu⁵³ {hi²¹ / tseu³⁵} (le⁵³)

我{個/□}錢包分賊仔偷{去/走}(了)。

わたしの財布は泥棒にぬすまれた（我的錢包被小偷偷了。）

pun⁵³ sin⁵³ saŋ⁵³ ma²¹ (le⁵³) 分先生罵(了)。

わたしは先生にしかられた（被老師罵了。）

②〔受益者標識〕…のために・…に（給，為(給他做)、in place of (eg. do it for him))

pun⁵³ ki⁵⁵ tso²¹ 分佢做。

彼のためにする（給他做。）

ta³⁵⁻³³ tʰien³³ fa²¹ pun⁵³ ki⁵⁵ 打電話分佢。

彼に電話をかける（打電話給他。）

〈「分佢打電話」とはいえない。〉

③〔使役動詞〕…に〜させる(讓(我讓他學客語)、to allow ; to cause or to make someone do something)

ŋai⁵⁵ pun⁵³ ki⁵⁵ hok³² hak⁵ voi⁵³ 我分佢學客話。

わたしは彼に客家語をまなばせる（我讓他學客語。）

ʒuŋ³³	用	〔具格標識〕…をつかって・…で（用(用剪刀剪) instrumental marker (eg. to cut with a pair of scissors)）
		ʒuŋ³³ tsien³⁵⁻³³ to⁵³ tsien³⁵ 用剪刀剪。
		はさみできる（用剪刀剪。）
tʃau²¹	照	[1]…のとおりに（照(照我看)、according to）
		{tʃau²¹ / he²¹} ŋai⁵⁵ kʰon²¹ {照 / 係} 我看。
		わたしが見たところ（照我看。）
		[2]…によって（論(論斤賣) by (eg. it is sold by the catty)）
		tʃau²¹ {kin⁵³ / tʃʰin²¹} mai³³ 照 {斤 / 秤} 賣。
		目方でうる（論斤賣。）
tui²¹	對	…に対して・…に（對(對你說)、toward, facing）
lau⁵³	□	
tʰuŋ⁵⁵	同	
		{tui²¹ / lau⁵³ / tʰuŋ⁵⁵} ŋi⁵⁵ koŋ³⁵ {對 / □ / 同} 你講。
		あなたにいう（對你說。）
tʃʰu⁵⁵ lia⁵⁵ … ʒi⁵³ ŋoi³³	除□…以外	…以外（除了…以外、except for）
		tʃʰu⁵⁵ lia⁵⁵ hak⁵ voi⁵³ ʒi⁵³ ŋoi³³, ŋai⁵⁵ han⁵⁵ voi³³ koŋ³⁵⁻³³ ŋit⁵⁻³² pun³⁵⁻³³ voi⁵³
		除□客話以外，我還會講日本話。
		客家語以外に，わたしは日本語をはなせる（除了客語以外，我還會講日語。）
tsʰo⁵³	坐	〔処格標識〕…で（在(在家裡看書)、at）
		tsʰo⁵³ vuk⁵⁻³² ha⁵³ kʰon²¹ ʃu⁵³ 坐屋下看書。
		家で本をよむ（在家裡看書。）
lau⁵³	□	〔処置標識〕…を（把(把門關上)、a kind of disposal marker）
tʰuŋ⁵⁵	同	
		lau⁵³ kai⁵⁵ (tʃak⁵) mun⁵⁵ kuan⁵³ hi³⁵ loi⁵⁵
		□□門關起來。

あのドアをしめなさい（把門關上。）

〈「lau⁵³□」「tʰuŋ⁵⁵ 同」は処置標識であるが，海陸客家語では標準中国語の処置文にあたる構文の使用頻度はたかくはない。一般的に，つぎのような，受事前置文やSVOの語順が使用される。〉

({lia⁵⁵ / kai⁵⁵} tʃak⁵) mun⁵⁵ kuan⁵³ {hi³⁵ loi⁵⁵ / tʰet⁵}
({□/□}隻)門關{起來/掉}。
（その）ドアをしめなさい（把門關上。）

ŋai⁵⁵ ta³⁵⁻³³ lo³³ tʰai⁵³ 我打老弟。
わたしは弟をなぐった（我把弟弟打了。）

XXXII. 接続詞（連詞 Connectives）

{kai²¹ / e²¹} ʃi⁵⁵ tsiet⁵	…{個/□}時節	
{kai²¹ / e²¹} ʃi⁵⁵ heu³³	…{個/□}時候	
	…の時；…しようとする際に（…的時候（我來的時候）；臨(他臨走)、when (eg. when I came)；just before (eg. just before he left)）	
	ŋai⁵⁵ loi⁵⁵ {kai²¹ / e²¹} {ʃi⁵⁵ tsiet⁵ / ʃi⁵⁵ heu³³}	
	我來{個/□}{時節/時候}。	
	わたしがきた時（我來的時候。）	
	ki⁵⁵ tseu³⁵ {kai²¹ / e²¹} ʃi⁵⁵ tsiet⁵ 佢走{個/□}時節。	
	彼がいこうとする時（他臨走。）	
ʒi⁵³ tsʰien⁵⁵	以前	…の前・以前(以前, 前頭(我來以前) before (eg. before I came))
	ŋai⁵⁵ loi⁵⁵ ʒi⁵³ tsʰien⁵⁵ 我來以前。	
	わたしがくる前（我來以前。）	
ʒi⁵³ heu³³	以後	…ののち・以後（以後, 後頭(我來了以後)、

		after (eg. after I came))
		ŋai⁵⁵ loi⁵⁵ ʒi⁵³ heu³³ 我來以後。
		わたしがきたのち（我來了以後。）
to²¹ … vui⁵⁵ tʃi³⁵	到…為止	…までに(到…為止(到我來為止)、until (eg. until I came))
		(1) to²¹ ŋai⁵⁵ loi⁵⁵ vui⁵⁵ tʃi³⁵ 到我來為止。
		(2) ŋai⁵⁵ loi⁵⁵ to²¹ vui⁵⁵ tʃi³⁵ 我來到為止。
		わたしがくるまでに（到我來為止。）
tsʰiuŋ⁵⁵ … ʒi⁵³ loi⁵⁵	從…以來	…以來（自從…以來（自從你出生以來） since (eg. since you were born))
		tsʰiuŋ⁵⁵ ŋi⁵⁵ tʃʰut⁵⁻³² ʃe²¹ ʒi⁵³ loi⁵⁵ 從你出世以來。
		あなたがうまれて以來（自從你出生以來。）
kon³⁵ tʃʰin³³	趕 趁	…のうちに・‥に乘じて（趁(趁熱吃)、while, taking the opportunity of (eg. eat while it is hot))
		{kon³⁵⁻³³ / tʃʰin³³} lia⁵⁵ tʃak⁵ ki⁵³ fui³³ ²¹
		{趕 / 趁}□隻機會…。
		この機会に乘じて…（趁這機會。）
		kon³⁵⁻³³ ʃau⁵³ ʃit³² 趕燒食。
		熱いうちにたべる（趁熱吃。）
		〈この場合「tʃʰin³³ 趁」をもちいることはできない。〉
ʒin⁵³ vui³³	因為	…なので（因為(因為他不能來)、because (eg. because he can't come))
		ʒin⁵³ vui³³ ki⁵⁵ {tso²¹ m̩⁵⁵ tet⁵ / put⁵⁻³² nen⁵⁵} loi⁵⁵
		因為佢{做唔得 / 不能}來…。
		彼がくることができないので…（因為他不能來…。）
vui³³ lo³³	為□	…のために（為了(為了他)、for the sake of (eg. for the sake of him))
		vui³³ lo³³ ki⁵⁵ 為□佢。
		彼のために（為了他。）

XXXII. 接続詞（連詞 Connectives） 429

so³⁵ ʒi⁵³	所以	だから（所以、therefore）
ki²¹ ʒan⁵⁵	既然	…である以上は（既然（既然你不喜歡）、since (eg. since you don't like it)）
		ki²¹ ʒan⁵⁵ ŋi⁵⁵ {m̩⁵⁵ fon⁵³ hi³⁵ / m̩⁵⁵ oi²¹ / mo⁵⁵ oi²¹}
		既然你{唔歡喜/唔愛/無愛}…。
		あなたがすきでない以上…（既然你不喜歡…。）
tsʰiu³³	就	ならば…だ（就、therefore, then）
sɨ³³	□	
ka³⁵⁻³³ sɨ³⁵	假使	もし（要是, 假如、if）
van³³ ʒit⁵	萬一	万が一（萬一、by any possibility）
tsʰiu³³ he²¹	就係	どうであれ…だ（就是、even if）
sɨ³³ he²¹	□係	
tɕʰu⁵⁵ fui⁵³	除非	…しないかぎり（除非、unless）
sui⁵³ ʒan⁵⁵	雖然	…ではあるが（雖然、although）
ku²¹ ʒan⁵⁵	固然	もとより…だが（固然、granted that…）
tsuŋ³⁵ he²¹	總係	しかし（但是, 可是、but）
kʰo³⁵⁻³³ sit⁵	可惜	
		ŋai⁵⁵ toŋ⁵³ sioŋ³⁵⁻³³ oi²¹ tsʰien⁵⁵ tsia²¹ ŋi⁵⁵, tsuŋ³⁵ he²¹ ŋai⁵⁵ mo⁵⁵ tsʰien⁵⁵
		我當想愛錢借你，總係我無錢。
		わたしはあなたにお金をかしてあげたいが、しかしわたしはお金をもっていない（我很想要借錢給你，但是我沒有錢。）
m̩⁵⁵ ko²¹	唔過	でも（不過、but only）
lau⁵³	□	…と・および（跟, 和, 同、and）
tʰuŋ⁵⁵	同	〈「tʰen⁵⁵ □」は本来「つきしたがう」という意味である。〉
tʰen⁵⁵	□	
		ŋai⁵⁵ {lau⁵³ / tʰuŋ⁵⁵ / tʰen⁵⁵} ki⁵⁵ hi²¹ 我{□/同/□}佢去。
		わたしは彼といく（我跟他去。）
lien⁵⁵	連	…さえ（連（連他也不想去）、even, including

	(eg. even he doesn't want to go))
	lien⁵⁵ ki⁵⁵ ʒa³⁵⁻³³ m̩⁵⁵ sioŋ³⁵⁻³³ hi²¹ 連佢也唔想去。
	彼さえもゆきたくない（連他也不想去。）
ʒiu⁵⁵…ʒiu⁵⁵	又…又〜　…でもあり〜でもある・…もしたり〜もしたりする（又…又〜、both…and）
	ʒiu⁵⁵ oi²¹ lia⁵⁵ ʒiu⁵⁵ oi²¹ kai⁵⁵ 又愛□又愛□。
	これをほしがったりあれをほしがったりする（又要這個又要那個。）
	ʒiu⁵⁵ oi²¹ ʃit³² ʒiu⁵⁵ oi²¹ na⁵³ 又愛食又愛拿。
	たべたがったりほしがったりする（又要吃又要拿。）
	ʒiu⁵⁵ {ʒiu⁵³ ho³⁵⁻³³ / tso²¹ tet⁵} ʃit³² ʒiu⁵⁵ {ʒiu⁵³ ho³⁵⁻³³ / tso²¹ tet⁵} na⁵³
	又{有好/做得}食又{有好/做得}拿。
	たべてもいいしもらってもいい（又可以吃又可以拿。）
ʒit⁵⁻³² tʰeu⁵⁵…ʒit⁵⁻³² tʰeu⁵⁵	一頭…一頭〜　…しながら〜する（一邊…一邊(他一邊走一邊吃)、at the same time, while…, as… (eg. he eats while he runs))
	ʒit⁵⁻³² tʰeu⁵⁵ haŋ⁵⁵ ʒit⁵⁻³² tʰeu⁵⁵ ʃit³² 一頭行一頭食。
	あるきながらたべる（一邊走一邊吃。）
ʒit⁵⁻³² ha³³…ʒit⁵⁻³² ha³³	一下…一下〜
ʒit⁵⁻³² ha³⁵ ə⁵⁵…ʒit⁵⁻³² ha³⁵ ə⁵⁵	
	一下仔…一下仔〜
	…したかとおもうと〜する（一會兒…一會兒（一會兒說來一會兒說不來）、at one time…at another time (eg. at one time he says he is coming at another time he says he is not coming))
	ʒit⁵⁻³² ha³³ koŋ³⁵⁻³³ oi²¹ loi⁵⁵, ʒit⁵⁻³² ha³³ ʒiu⁵⁵ koŋ³⁵⁻³³ m̩⁵⁵ loi⁵⁵
	一下講愛來，一下又講唔來。

XXXII. 接続詞（連詞 Connectives）　431

くるといったかとおもえば，こないという（一會兒說來一會兒說不來。）

ʒiu⁵³ ʃi⁵⁵ … ʒiu⁵³ ʃi⁵⁵　　有時…有時〜
ʃaŋ⁵⁵ ha³³ … ʃaŋ⁵⁵ ha³³　　成下…成下〜

　　　　　　　　　…という時もあれば〜という時もある（有時候…有時候(他有時候乖有時候不乖)、sometimes... sometimes... (eg. sometimes he is naughty, sometimes he is good)）

　　　　　　　　　ki⁵⁵ {ʒiu⁵³ ʃi⁵⁵ / ʃaŋ⁵⁵ ha³³} kuai⁵³, {ʒiu⁵³ ʃi⁵⁵ / ʃaŋ⁵⁵ ha³³} m̩⁵⁵ kuai⁵³

　　　　　　　　　佢{有時/成下}乖,{有時/成下}唔乖。

　　　　　　　　　彼はおとなしい時もあれば，おとなしくない時もある（他有時候乖有時候不乖。）

ʒit⁵⁻³² loi⁵⁵ … ŋi³³ loi⁵⁵　　一來…二來〜

　　　　　　　　　一つには…二つには〜（一來…二來(一來太貴, 二來太大)、in the first place...secondly (eg. in the first place, it is too expensive, secondly, it is too big)）

　　　　　　　　　ʒit⁵⁻³² loi⁵⁵ tʰet³² kui²¹ ŋi³³ loi⁵⁵ tʰet³² tʰai³³

　　　　　　　　　一來□貴, 二來□大。

　　　　　　　　　一つ目にたかすぎ，二つ目におおきすぎる（一來太貴, 二來太大。）

m̩⁵⁵ tsʰiam³³ … han⁵⁵　　唔□…還〜　…だけでなく〜（不但…而且、not only...
m̩⁵⁵ tan⁵³ … han⁵⁵　　唔單…還〜　but also）

　　　　　　　　　{m̩⁵⁵ tsʰiam³³ / m̩⁵⁵ tan⁵³} oi²¹ ʃit³² han⁵⁵ oi²¹ na⁵³

　　　　　　　　　{唔□/唔單}愛食，還愛拿。

　　　　　　　　　たべたがるだけでなくほしがる（不但要吃，而且要拿。）

mo⁵⁵ tʰin³³ he²¹ … mo⁵⁵ tʰin³³ he²¹

　　　　　　　　　無定係…無定係

ȝa³⁵⁻³³ he²¹ … ȝa³⁵⁻³³ he²¹ 也係…也係～

あるいは…あるいは～（或是…或是、either...or）

{mo⁵⁵ tʰin³³ / ȝa³⁵⁻³³} he²¹ ŋi⁵⁵ {mo⁵⁵ tʰin³³ / ȝa³⁵⁻³³} he²¹ ki⁵⁵
{無定 / 也} 係你 {無定 / 也} 係佢。
あるいはあなたか，あるいは彼か (或是你，或是他。)

ȝa³⁵⁻³³ he²¹　　　也係　　…か、それとも～か（還是(你吃飯還是吃麵?)、either...or (interrogative) (eg. ere you eating rice or eating noodles?))

ŋi⁵⁵ ʃit³² pʰon³³ ȝa³⁵⁻³³ he²¹ ʃit³² mien³³ 你食飯也係食麵？
あなたはご飯をたべるか，それとも麵をたべるか (你吃飯還是吃麵？)

ȝat³² … ȝat³²　　　越…越～　　…であればあるほど～（越…越(他越大越
kin³⁵ … kin³⁵　　　緊…緊～　　聰明)、the... the (eg. the older he grows the smarter he becomes))

ki⁵⁵ {ȝat³² / kin³⁵} tʰai³³ {ȝat³² / kin³⁵} tsʰuŋ⁵³ min⁵⁵
佢 {越 / 緊} 大 {越 / 緊} 聰明。
彼は成長すればするほどかしこくなった (他越大越聰明。)

ȝit⁵⁻³² … {tsʰiu³³ / sɨ³³}　　一…{就 / □} …するとすぐ～（一…就(他一吃就吐)
instantative, "as soon as he eats he vomits")

ȝit⁵⁻³² kʰon²¹ {tsʰiu³³ / sɨ³³} ti⁵³ 一看 {就 / □} 知。
見るとすぐわかる (一看就知道。)

V a³³ C…　　　V □ C　　VC するとすぐに…
〈V は動詞、C は補語。〉

ki⁵⁵ ʃit³² la³³ to³⁵, {tsʰiu³³ / sɨ³³} eu³⁵
佢食□倒, {就 / □} 嘔。
彼はたべるとすぐはく (他一吃就吐。)

XXXIII. 類別詞（量詞 Classifier）

ʒit$^{5-32}$ kai^{21} ŋin^{55}	一個人	ひとり（一個人、one person）
ʒit$^{5-32}$ sa^{55}	一儕	〈「kai^{21} 個」などのかわりに「tʃak^5 隻」をつかうとマイナスのニュアンスになる。〉
ʒit$^{5-32}$ tʃak^5 kai^{53} ə^{55}	一隻雞仔	ニワトリ1羽（一隻雞、one chicken）
ʒit$^{5-32}$ tʃak^5 sioŋ^{53} ŋə^{55}	一隻箱仔	箱1つ（一個箱子、one box）
ʒit$^{5-32}$ tʃak^5 von^{35}	一隻碗	碗1つ（一個碗、one bowl）
ʒit$^{5-32}$ tʃak^5 vok^{32} gə^{55}	一隻鑊仔	鍋1つ（一口鍋、one pot）
ʒit$^{5-32}$ tʃak^5 ʃiu$^{35\text{-}33}$ piau^{35}	一隻手錶	腕時計1個（一塊手錶、one watch）
ʒit$^{5-32}$ tʃak^5 ʃiu^{35}	一隻手	1本の手（一隻手、single-handed）
ʒit$^{5-32}$ ki^{53} ʃiu^{35}	一枝手	
ʒit$^{5-32}$ tʰiau^{55} keu^{35}	一條狗	イヌ1匹（一條狗、one dog）
ʒit$^{5-32}$ tʰiau^{55} tʃu^{53} ə^{55}	一條豬仔	ブタ1頭（一頭豬、one pig）
ʒit$^{5-32}$ tʰiau^{55} ŋiu^{55}	一條牛	ウシ1頭（一頭牛、one cow）
ʒit$^{5-32}$ tʰiau^{55} ʃon^{55} nə^{55}	一條船仔	船1艘（一條船、one boat）
ʒit$^{5-32}$ tʰiau^{55} sien^{21}	一條線	糸1本（一條線、one line）
ʒit$^{5-32}$ mui^{55} ŋ̍^{55} (ŋə^{55})	一尾魚仔	魚1尾（一條魚、one fish）〈「尾」は本来陰平（53調）である。〉
ʒit$^{5-32}$ mui^{55} ʃa^{55}	一尾蛇	ヘビ1匹（一條蛇、one snake）
ʒit$^{5-32}$ tʰiau^{55} ʃa^{55}	一條蛇	
ʒit$^{5-32}$ lui^{55} fa^{53}	一□花	花1輪（一朵花、one flower）
ʒit$^{5-32}$ tsʰuŋ^{55} ʃu^{33} ə^{55}	一叢樹仔	木1株（一棵樹、one tree）
ʒit$^{5-32}$ tʰeu^{55} ʃu^{33} ə^{55}	一頭樹仔	〈「tʰeu^{55} 頭」は「ʃu^{33} tʰeu^{55} 樹頭」（木の根元）と関係する可能性がある。〉
ʒit$^{5-32}$ tsʰuŋ^{55} tsʰo^{35}	一叢草	草1むら（一叢草、a tuft of grass）
ʒit$^{5-32}$ pʰi^{55} (ʃu^{33}) ʒap^{32} (bə^{55})	一□(樹)葉(仔)	木の葉1枚（一片樹葉、a leaf）
ʒit$^{5-32}$ liap^5 mi^{35}	一粒米	米1粒（一粒米、one grain of rice）
ʒit$^{5-32}$ tsʰon^{53} pʰon^{33}	一餐飯	食事1食（一頓飯、one meal）

ʃit³² ʒit⁵⁻³² tsʰoŋ⁵³ 食一餐。

1 食たべる（吃一頓。）

ʒit⁵⁻³² ki⁵³ ʒan⁵³	一支煙	タバコ１本（一支煙、one cigarette）
ʒit⁵⁻³² ki⁵³ to⁵³ ə⁵⁵	一支刀仔	ナイフ１本（一把刀、one knife）
ʒit⁵⁻³² ki⁵³ tʃʰin²¹ nə⁵⁵	一支秤仔	はかり１台（一桿稱、one scale）
ʒit⁵⁻³² ki⁵³ tʃa⁵³ ə⁵⁵	一支遮仔	傘１本（一把傘、one umbrella）
ʒit⁵⁻³² liaŋ⁵³ sam⁵³	一領衫	服１着（一件衣服、one piece of clothing）
ʒit⁵⁻³² liaŋ⁵³ pʰi⁵³	一領被	かけ布団１枚（一條被子、one quilt）
ʒit⁵⁻³² liaŋ⁵³ min⁵³ tʃoŋ²¹	一領蚊帳	蚊帳１張り（一頂蚊帳、one mosquito net）
		〈「min⁵³ tʃoŋ²¹ 蚊帳」は「mun⁵³ tʃoŋ²¹ 蚊帳」とも。〉
ʒit⁵⁻³² tʃoŋ⁵³ tʃi³⁵	一張紙	紙１枚（一張紙、one piece of paper）
ʒit⁵⁻³² tʃoŋ⁵³ tsok⁵⁻³² gə⁵⁵	一張桌仔	テーブル１卓（一張桌子、one table）
ʒit⁵⁻³² pun³⁵ ʃu⁵³	一本書	本１冊（一本書、one book）
ʒit⁵⁻³² ʃin⁵³ sam⁵³ fu²¹	一身衫褲	服１そろい（一套衣服、one suit of clothes）
ʒit⁵⁻³² tʰo³³ sam⁵³ fu²¹	一套衫褲	
ʒit⁵⁻³² tuŋ²¹ vuk⁵	一棟屋	家１軒（一幢房子、one house）
ʒit⁵⁻³² kien⁵³ vuk⁵	一間屋	部屋１間（一間屋子、one room）
ʒit⁵⁻³² lioŋ⁵⁵ tʃʰa⁵³ ə⁵⁵	一輛車仔	車１台（一輛車、one car）
ʒit⁵⁻³² kʰen³³ sɨ³³ (tsʰin⁵⁵)	一件事(情)	１つのことがら（一件事、ong thing）
ʒit⁵⁻³² kʰiun⁵⁵ ɲin⁵⁵	一群人	１群の人（一夥人、one group of people）
ʒit⁵⁻³² tʰiap³² tʃi³⁵	一疊紙	１束の紙（一疊紙、one stack of paper）
ʒit⁵⁻³² puŋ³⁵ tʰi³³ tʰeu³³	一捧地豆	両手いっぱいのラッカセイ（一捧花生、a double handful of peanuts）
ʒit⁵⁻³² tʃʰak⁵ tʃʰoŋ⁵⁵	一尺長	１尺のながさ（一尺長、a foot）
ʒit⁵⁻³² tsiet⁵ ʃu³³ tʰeu⁵⁵	一截樹頭	木材１切れ（一截木頭、one piece of wood）
ʒit⁵⁻³² tsiet⁵ ʃu³³ ə⁵⁵	一截樹仔	
ʒit⁵⁻³² tsiet⁵ muk⁵⁻³² tʰeu⁵⁵	一截木頭	
ʒit⁵⁻³² te²¹ tʃoŋ⁵³ nə⁵⁵	一□磚仔	レンガ１つ（一塊磚、one brick）

XXXIII. 類別詞（量詞 Classifier） 435

ʒit⁵⁻³² fu⁵³ tsʰoi²¹ ʒan⁵⁵	一□菜園	野菜畑1区画（一畦菜地、one partition of
ʒit⁵⁻³² te²¹ tsʰoi²¹ ʒan⁵⁵	一□菜園	vegetable garden)
		〈「fu⁵³□」とは方形の土地を指す。〉
ʒit⁵⁻³² fu⁵³ tʰien⁵⁵	一□田	田畑1区画（一丘田、a patch）
ʒit⁵⁻³² fu²¹ ŋin⁵⁵ ka⁵³	一戶人家	1戶（一戶人家、a home）
ʒit⁵⁻³² ka⁵³	一家	
ʒit⁵⁻³² tiam³⁵ muk⁵⁻³² tɕip⁵	一點目汁	涙1しずく（一滴眼涙、a tear）
ʒit⁵⁻³² tɕʰin³³ ʃui³⁵	一陣水	ひとしきりの雨（一陣雨、a shower）
ʒit⁵⁻³² to²¹ ŋiau³³	一□尿	1度の小便（一泡尿、a urine）
ʒit⁵⁻³² pau⁵³ ŋiau³³	一包尿	
	o⁵³ sam⁵³ to²¹ 屙三□	
	3度小便をする（尿三次。）	
ʒit⁵⁻³² ʃan²¹ mun⁵⁵	一扇門	ドア1枚（一扇門、one door）
ʒit⁵⁻³² kʰua³⁵	一□	ひとにぎり・ひとつかみ（一把、a handful
ʒit⁵⁻³² pa³⁵	一把	of）
ʒit⁵⁻³² kʰak³²	一搭	
	na⁵³ ʒit⁵⁻³² kʰua³⁵ hi²¹ 拿一□去。	
	ひとにぎりもっていく（拿一把去。）	
ʒit⁵⁻³² suk⁵	一束	1たば（一束、batch）
ʒit⁵⁻³² kʰit³²	一□	ひとかたまり（一塊、one piece）
ta³⁵⁻³³ ʒit³² tun²¹	打一頓	ひとしきりなぐる（打一頓、to hit once）
koŋ³⁵⁻³³ ʒit⁵⁻³² pien²¹	講一遍	ひと通りはなす（説一遍、to say once）
haŋ⁵⁵ ʒit⁵⁻³² pien²¹	行一遍	1度いってくる（走一趟、to take a trip）
ʒit⁵⁻³² tsi²¹	一次	1回（一次、once）
ʒit⁵⁻³² pai³⁵	一擺	
ʒit⁵⁻³² to²¹	一□	
ʒit⁵⁻³² ha³³	一下	
ʒit⁵ lin⁵³	一□	1周（一圈、round）
ʒit⁵⁻³² kuŋ⁵³ fun⁵³	一公分	1 cm
ʒit⁵⁻³² kuŋ⁵³ tɕʰak⁵	一公尺	1 m

ʑit⁵⁻³² kuŋ⁵³ li⁵³　　一公里　　1 km

著者紹介

遠藤雅裕（えんどう・まさひろ）

1966 年　静岡県生まれ
1997 年　早稲田大学文学研究科博士課程単位取得満期退学
同　年　中央大学法学部専任講師（中国語担当）をへて 2007 年より現職

現　在　中央大学教授
専　攻　中国語学（台湾客家語の記述的研究・意味論・辞書論・歴史文法）

学術論文

「古代中国語の色彩語彙」（1994 年、『中国語学』（日本中国語学会）241 号）
「漢語方言處置標誌的地理分布與幾種處置句」（2004 年、『中国語学』（日本中国語学会）251 号）
Basic Color Terms in Chinese Dialects and Thai. (2009. *Proceedings of the Chulalongkorn-Japan Linguistics Symposium*. Tokyo : Kobun Shuppan)
「台灣海陸客語的完整體」（2010 年、『臺灣語文研究』（臺灣語文學會）5-1）
「南方漢語のモダリティ標識「有」について―台湾海陸客家語を中心に」（2014 年、『中国文学研究』（早稲田大学中国文学会）40 号）
他 30 余編

辞書執筆など

小学館『日中辞典』第 2 版（2002 年）校閲・執筆
小学館『日中辞典　新語・情報篇』（2008 年）執筆
小学館『オールカラー中国語生活図解辞典』（2011 年）監修
小学館『日中辞典』第 3 版（2015 年）編集委員
他

台湾海陸客家語語彙集
附同音字表

中央大学学術図書 (89)

2016 年 3 月 15 日　初版第 1 刷発行

著　者	遠　藤　雅　裕	
発行者	神　﨑　茂　治	

郵便番号 192-0393
東京都八王子市東中野 742-1

発行所　中央大学出版部
電話 042(674)2351　FAX 042(674)2354
http://www2.chuo-u.ac.jp/up/

© 2016　Masahiro Endo　　印刷・製本　ニシキ印刷㈱／三栄社
ISBN 978-4-8057-6187-8

本書の出版は中央大学学術図書出版助成規定による。